物证鉴定科学实案应用教学参考书

世纪争产案遗嘱真伪之辨

詹楚材　张泽民　著

群　众　出　版　社

中国人民公安大学出版社

2010年·北京

图书在版编目（CIP）数据

世纪争产案遗嘱真伪之辨 / 詹楚材，张泽民著．—北京：群众出版社，2011.1

ISBN 978-7-5014-4749-7

Ⅰ．①世… Ⅱ．①詹… ②张… Ⅲ．①遗产—继承—案例—分析—香港 Ⅳ．①D927.658.35

中国版本图书馆 CIP 数据核字（2010）第 169174 号

世纪争产案遗嘱真伪之辨

著　　者：詹楚材　张泽民
责任编辑：王　颖　孟向荣

出版发行：群众出版社　中国人民公安大学出版社
地　　址：北京市西城区木樨地南里
邮政编码：100038
经　　销：新华书店
印　　刷：北京蓝空印刷厂

版　　次：2011 年 1 月第 1 版
印　　次：2011 年 1 月第 1 次
印　　张：18
开　　本：787 毫米×1092 毫米　1/16
字　　数：331 千字
印　　数：0001～5000 册

书　　号：ISBN 978-7-5014-4749-7/D·2290
定　　价：38.00 元

网　　址：www.qzcbs.com
电子邮箱：qzcbs@163.com

营销中心电话：(010) 83903254
读者服务部电话（门市）：(010) 83903257
警官读者俱乐部电话（网购、邮购）：(010) 83903253
教材分社电话：(010) 83903259
公安图书分社电话：(010) 83905672
法律图书分社电话：(010) 83905745
公安文艺分社电话：(010) 83903973
综合图书分社电话：(010) 83901870
杂志分社电话：(010) 83903239
电子音像与数字出版分社电话：(010) 83905727

目 录

>>> **代序：**

我的心情糟透了

1

2002年11月21日上午。铃声响起，我拿起桌上的电话听筒，对方那一腔很熟悉的“广味”普通话立马就让我知道，这就是那个期盼已久的电话了。满以为一切都会在预料之中，没想到李景涛律师的话如同横空打来一记闷棍——

“啊？我们输了？”我的脑袋里“嗡”的一响，一片空白，几乎就是凝滞了。稍停片刻，我大声地问李律师：“为什么？怎么就输了？”

“詹老师，您别着急呀。”听筒里李律师悠悠地说道，“这个判决我们都觉得有问题……还有，听说判决出来之前……”

“是吗？那判决书上是怎么说的？它总不能不尊重科学吧？”

“我们正组织人翻译呢，判决书长得很，足足五百多页哩！”

“好、好，那就赶快翻译吧，越快越好……”

放下电话没多会儿，就接到了徐立根教授的电话，说：“老詹，这个结果太意外了，我们不会错吧？”

我说：“决不会错的！我们几个老家伙搞了这么多年了，这个把握还是有的。”

“是啊，判我们败诉，我真是想不通啊！”

贾玉文教授的电话也来了，他开口就来了一句粗口。我知道，若不是愤怒到了极点，他是不会这样的。虽说这个案子的笔迹鉴定是我们三人共同完成的，签署的是三个人的名字，但作为出庭证人，贾玉文所承受的压力无疑是最大的。

2002年11月21日这一天，曾被香港一些媒体称之为“铁三角组合”的“三位大陆顶级专家",就是处于这么一种情绪状态中。第二天,华懋集团主席龚如心在与家翁王廷歆争夺王德辉遗产一案中败诉的新闻,在香港的各大报纸上都占据了大幅版面,此案中的四份有争议的遗嘱文件也被一一刊登标示,或在每一份文件上面注明一个"假"字,或旁注上伪造文件字样。[①]法院的判决和相关的报道,把我们一年多来的工作一否到底,等于说龚如心向法庭提供了一份伪造的遗嘱,我们三个干了一辈子笔迹鉴定的专家一年多来所做的工作,就是在围绕着一份伪造的遗嘱,运用自己的专业知识去论证它不是伪造的。这一判决,使龚如心失去约400个亿的巨额遗产和亚洲第一富婆的地位,但对于我们三人来说,却将陷入万劫不复的境地,丧失殆尽的是全部人格!而且,香港实行的法律属于英美法系,像"世纪争产案"案值如此之巨大、影响如此之深广的案子,很可能作为判例在英美法系国家的审判中被反复引用,如果是这么一个结局,那我们真是像老贾所说的:几辈子都闭不上眼!

2

但是,当我从最初的震惊中恢复过来后,更多的是感到奇怪、不解。我清清楚楚地记得,在我们一方出庭作证的日子里,那位任懿君法官对贾玉文所论述的许多关键性问题,比如谈到为什么王德辉的签名不是模仿的、谢炳炎的签名也不是模仿的,任法官都听得十分认真,并且当庭频频点头赞许。而且我们了解到,对方的律师在贾玉文作证期间,虽然在庭上提了许多刁钻古怪的问题,但私下里却感到这场官司他们要输。所以,我们在庭审结束后,一直是满怀信心地等待着胜诉的结果。怎么在判决中,任法官会把我方专家证人的法庭陈述全都给否定了呢?这中间他到底是出于什么样的考虑或是受了什么样的影响才作出如此判决的呢?对此,我们三个都想不通,都始终无法接受。

如果说,在个别案件的笔迹鉴定中我可能有看得不细的地方,有看走眼的时候,但这个案子是绝对不会的。从我们拿出第一份鉴定书起,到去香港出庭作证,那些日子里天天都在琢磨分析这几个签名的问题,有一大半时间都在为出庭做准备,怎么在法庭上阐释我们的观点,如何回应对方的质证,哪怕有一星半点不踏实的地方,我们都会提出来解析,如果没办法解释清楚,那就说明我们的鉴定存在问题,但我们始终没有发现解释不了的问题。

香港法庭的判决书使用的是英文。翻译成中文的判决书一部分一部分地寄来了。我们三人仍然是各看各的。我越看越感到不可思议,判决书洋洋洒洒数百页,在笔迹鉴定部分竟然是完全采纳了对方的意见,原文原话地一大段一大段地引用,根本没有把两方的观点都摆出来,而是把我们的观点当成靶子用对方的话来批驳,其中还夹杂着攻击污蔑我们的词汇。这样的判决书,我们是闻所未闻。

这时候,我们三人所能做的,就是针对判决书中的不实之词和不公正的判决,各自写下书面意见,通过律师呈交法庭。我们相信,只要法官好好研究双方的意见,保持客观公正的立场,在二审或终审中胜诉,应该还是有希望的。

3

然而,随之而来的等待,却使我们感到是如此漫长,又是如此痛苦不堪备受煎熬。最初,接到的是我的一个学生打来的电话,说:“詹老师,是不是你办的案子给搞错了呀?”

我问他是怎么知道的。他说是从网上看到的。我告诉他,那个案子还没有完结,还有二审、终审呢。是吗?他于是客气地说了两句祝愿胜诉的安慰话。他这么说,自然是出于一番好意,但我听着心里很不是滋味。因为最后能否胜诉,并不取决于我们的信心如何,我们能做的都做了,现在全部权力都在法官那里,只能由法官说了算。一审的法官已经有了判决,二审和终审法官会怎么判,的确难以预料。

还有一位学生打来的电话更让我难堪。他说:“怎么当初就接了这案子?贾玉文和您,都是我国刑侦文检方面的泰斗,怎么会得到这么个结果?我们都非常难过……”

我简直是无言以对。

那段时间,我的心情糟透了,经常莫名其妙地发火,对老伴做的饭菜稍不满意,就甩手出门,一个人到外面找地方去喝酒,要不然就长时间地漫步街头,以排遣心中的郁闷。到了我这般年纪,本来应该要活得仔细些,心态放平和些,什么事情都能把它看轻看淡,拿得起,放得下,得自在,但我却无法做到,常常是心如乱麻,各种想法绞缠在一起,剪不断,理还乱。

我仍然时常接到各位朋友的电话,包括我高中时的同学,都在问这桩案子。走在路上,遇见熟人、同事,大约也要以不同的话语,表达一下对我的同情和惋惜,都说当初要是不接这个案子就好了。有人听我说这案子还有二审、终审,便神秘兮兮地把嘴凑到我耳边,悄悄问:“有把握吗?”

我干脆说:“没有把握,我就不干这行了!”

“搞得不好,终审真输了怎么办?”

“输了?……都是老家伙了,还有什么可考虑的?”

实际上,我已经不止一次地想过这样的结局,如果终审输了,那也是没办法的事,国际上这样的案子不是没有,任你是什么权威专家,法庭判你输了,这样的事实是无法回避的,你只能面对它、接受它,尽管你可能会用各种方式来表达自己对判决的意见,但丝毫改变不了败诉的事实。我想,从事物证鉴定的人,不论在法庭上是胜还是败,只要始终对得起良心,对得起科学,也就心满意足了。

随着时间的推移,沸腾翻滚的情绪渐渐冷却下来了。我常常在想,是不是当初真不应该接下这个案子?那时如果我回绝了李律师不就没有后来的这一番故事了?但这个世界上是没有卖后悔药的,而过分的后悔自责只能像祥林嫂那样招致厌烦,成为笑柄;何况,当初接下这个案子决不是一时心血来潮的轻率之举,而是深信自己,深信我们三人有这个能力作出科学的结论。

大约就是在这个时候,我忽然起了这样的念头,也许输赢胜败对于我来说都微不足道,都应该给搁置到一边去,而最应该认真做的,是彻底反思在这场官司中的得与失,我们自己究竟做得怎么样?在每一个步骤中有没有疏忽纰漏?有哪些经验教训?即便是最终败诉,也很值得将失败的过程原原本本地如实道来。记录失败,特别是由当事者本人将失败的过程真实地记录下来,有时候更为珍贵,更有意义。当然,这样做需要有足够的勇气,尤其是对于我这个从事笔迹鉴定近半个世纪的老家伙来说,更是如此。

注释

①参见香港《文汇报》2002年11月22日A3版,及同一日出版的《成报》《大公报》《东方日报》等。

第一章

笔迹鉴定委托来自香港

4

那是2000年8月初的一天,同事小黄找到我说,有一位广州金马律师事务所的李景涛律师指名要跟我谈一起案件的鉴定事宜。我一愣神,问是什么样的案子。小黄笑着说:"这位李律师你认识的。你还记得去年冬天有位律师让你看过一个案子吗……"

这一提醒,我想起来了,当时是一位老同事的儿子曾介绍这位与人称"小马哥"的影星同名的李律师来找我,为的是广东的一起合同文件上的签名笔迹鉴定。在顺峰饭店请的饭,我去时酒菜已经点好。席间我用放大镜看了他拿来的复印件检材和样本签名笔迹,由于拿来进行比对检验的样本太少。我当时跟他说,这个案子要作出明确的鉴定结论,一要有检材原件,二要再收集资料,样本不够。李律师答应回去再收集一些样本,并将检材原件带来,请我来鉴定。不过,出于为他们考虑,我当时告诉他,下次不必大老远地跑到北京来了,广州有我很多学生,水平都不错,可以直接去找他们。我告诉了他几个人的名字以及联系电话。席间,我和李律师就笔迹鉴定问题进行过讨论,觉得这位李律师知识面比较广,喜欢钻研问题。

我自1998年从公安部物证鉴定中心退休后,由于需要文字检验专业人员的地方多得很,因而很快就受到了北京华夏物证鉴定中心的聘请。退休前,我在单位从事的多是刑事案件鉴定,完全属于工作任务,只要有案件交来就必须做,不管是认定还是否定或是倾向性意见,都必须拿出鉴定结论,那是侦查破案的需要。而退休后在"华夏"所接触的大多是民事案件,人家花了钱请你做鉴定,从情理上讲都是希望你的鉴定结论于他有利,但事实上可能就无法遂人心愿。所以,对于一起案件鉴定的接受与否,我是有自己的一定之规的,一旦接受了鉴定委托,那就要实事求是地尽快作出结论。当然,也不排除有的案件难度较大,需要一定时间的仔细研究分析才能得出结论,这也是没有办法的事。

我一笑,对小黄说:"有案子就可以谈呀,你约定时间吧。"

实际上,李律师已经从广州飞到北京,下榻在西苑饭店。小黄开着私家车拉着我一块去了那里。见面后自是一番客套寒暄,差不多到了晚饭时间,李律师邀请我们到二楼餐厅,说咱们边吃边谈吧。我们找了一处比较僻静的桌子,李律师叫我点菜。我一看菜单,荤菜素菜都挺贵的,就说还是你们来点吧,简单吃点就行了。于是,由李律师和小黄完成了点菜。等菜陆续上桌后,我们的谈话已经转入正题。李律师说,此案当事人是香港女富豪,也是亚洲第一女首富龚如心的案子,她的丈夫王德辉几年前被人绑架,估计已经遇害,现在因为他的遗产问题,公公和媳妇打起了官司。龚如心拿出一份遗嘱,她的公公怀疑是伪造的,就把她告上了法庭。我说,既然案子在香港,为什么不去找香港警务处,还要跑到内地来?他说,遗嘱文件是中文写的,签名也是中文,所以需要到内地来找几个专家做笔迹鉴定。我说,你这个律师管得还真多,业务都做到香港去了。他说,我们跟香港的律师都有联系,是他们委托我找的,他们对内地情况不熟悉。我说,我都退休了,你还是找在岗位上的人吧,权威机构的鉴定好使。他笑了,说,就你这样的最合适,为了客观,这个案子最好不找官方机构,但专家一定要顶尖的、有名气的,一定要公认的名家,至于费用嘛,肯定要比内地高了。这时他又介绍说,龚如心还是全国政协委员呢,电视里常出镜,老太太扎着两条翘起的小辫子,人家都叫她"小甜甜"。我说,我不大看电视,还真不知道谁是龚如心。既然找来了,我就向他推荐了聘用我的北京华夏物证鉴定中心。他觉得名气不够。我想了想又说中国人民大学行不行。他说人大的名气可以,知道有个徐立根教授。我说,我跟徐教授认识,我还是他们物证技术鉴定中心特聘的技术顾问。他说,你跟徐教授都可以,但两个人还不够,还要再找一个,人家说至少找三位专家。我想了一下,就提到了中国刑事警察学院的贾玉文教授。20世纪60年代初,我曾与贾玉文同在沈阳的公安部第一民警干校(即中国刑警学院前身)执教,在一个教研室,都是教文件检验的,后来我调至北京,80年代末期到90年代初,我们合作办过一些刑事大案。我认为,贾教授既有高深的理论知识,又有丰富的实践经验,而且工作中特别认真细致,于是向李律师介绍了老贾的情况。他说,那就委托人民大学物证鉴定中心,聘请你和贾教授参加鉴定。我说,接受鉴定委托的单位是人民大学物证鉴定中心,具体请几位专家参加鉴定,我只是提建议供参考,要与徐教授协商后才能决定。

于是,我和李律师一块去人民大学见徐立根。在听了李律师介绍的基本案情后,徐教授当即表示同意接受委托。李律师又说,考虑到此案的复杂性,又是初次为香港办理这方面的案件，最好邀请几位国内有名的专家共同进行鉴定，建议是否请詹、贾两位参加。徐教授也同意，并与贾教授电话联系。贾也没意见。这样，接受鉴定委托的事就有了眉目。

李律师这次来北京，带了几份复印的案件检材和一些样本，我们大致看了一下，就告诉他，回去多收集些样本，特别是要找与检材的书写时间差不多时期的样本，同时把原件拿来，这样才好鉴定。李律师说，原件实在拿不到，由香港政府化验所保管着呢，别的会尽量去找。

过了一个多星期，李律师回来了，带来的样本有原件，也有复印件，检材仍然是复印件。8 月 23 日，中国人民大学物证技术鉴定中心正式接受了由广州金马律师事务所李景涛律师代表香港孖士打律师行委托的笔迹鉴定，并签收了第一次送来的四份检材和 11 份样本。该中心确定，由徐立根和正式聘请的专家詹楚材、贾玉文一同参加此案的鉴定。

四份检材即为龚如心的丈夫王德辉所留下遗嘱的复印件。第一份上有“1990 年 3 月 12 日”字样，其余三份都没有标明时间；有三份材料的内容是关于王德辉死后对财产的处理意见，书写格式都是中文竖写，有一份上呈阶梯状写着“One life one love”四个英文单词；四份材料的左下方均写有“王德辉”三字，第一份的右侧写有“证人：谢炳炎”，其余三份右侧只写有“谢炳炎”。

委托方要求我们进行鉴定的问题有四个：1. 四份检材的正文是否同一人书写？2. 三份中文检材正文是否王德辉所写？3. 四份检材上的“王德辉”、“谢炳炎”签名，是否王德辉、谢炳炎本人所写？4.“王德辉”的签名是何时所写？所依据的鉴定样本，有 1984 年和 1985 年王德辉在律师委托书、护照等文件上的签名原件共五份；谢炳炎 1990 年间为皇家香港警务处作供上的签名复印件、1990 年 3 月在“付款凭单”上的签名原件、1999 年 9 月写的证言材料上的签名原件共计六份。

从 8 月 25 日起，我们开始了初步检验。先是由徐立根教授检验，完了将材料交给我检验，最后是贾玉文教授。每个人都独自检验了 10 天以上，加上转送材料的时间，就到了这年的国庆节之后。贾玉文来到北京，我们在一起开了个小会，把各自的检验过程及发现的符合点、差异点和结论进行交流。整个过程都是由李律师负责联络、组织，他问我们结果怎么样。我们说，结论基本上是一致的，“王德辉”的签名是王德辉写的，“谢炳炎”的签名是谢炳炎写的，但是由于检材全是复印件，没见到原件，还不能出鉴定书。李律师说是不是一定要看了原件才能出鉴定报告。我们告诉他，除非检材本身就是复印件，有原件的就一定要看原件，因为原件经过复印，不能做到百分之百地保留原件的特征，由于墨粉的浓淡不同，或者是原有的一些微小特征不能被真实地反映出来，或者是增加了一些原本没有的微小特征，特别是笔画顺序、起笔与收笔等特征难以看出，导致鉴定不准确。听了我们的解释，李律师说，那好，我会尽快安排你们去香港看原件的。

5

代表龚如心的律师办事效率很高，在他们的安排下，10 月 12 日我们三人和李律师就到了香港，住在九龙的皇家太平洋酒店，距香港政府化验所大楼很近。

政府化验所成立于 1913 年，原为医务卫生署下面的一个机构，自 1978 年 4 月 1 日起脱离医务署，成为香港政府的独立部门，当时是向布政司负责。政府化验所的职责是为其他政府部门提供全面性的分析、调查和咨询服务，在法治、公众卫生及安全、环境保护、政府税收和消费者权益等各方面工作提供技术支援。政府化验所于 1969 年始开设法证事务部，处理一般法证、毒品和毒理有关的所有工作，此后法证鉴辨业务不断扩展，设有生化组、物理组、化学组等，笔迹鉴定业务归文件鉴辨组负责。

13 日上午，龚方聘请的孖士打律师行律师陈女士，还有专门负责我们在港活动事务的黄先生，同我们一道来到政府化验所大楼。20 年前，我曾进过这座大楼，那次是学术访问，和香港的笔迹鉴定同行们进行过座谈交流。这次，我们是直接坐电梯去证物库，要通过一道铁门，负责接待的潘博士已在等候。进去后是一间办公室，摆有六七张办公桌，库房在里面，还要通过一道厚实的铁门。我们在这里稍作等待。在原告方律师到来后，由双方律师共同随潘博士进库房提取证据。铁门拉开后，我们可以看到库房里摆放着一个个黑色的保险柜。他们取了证据就出来了，库房门随即关闭。潘博士将证据原件一件一件点交给我们，交接完毕，我们三人与潘博士逐个在材料清单上签名。

我们拿到的材料共计 18 项，其中检材原件包括一个大信封、四个小信封和写有遗嘱的四张纸，算是两项。据介绍，这份遗嘱是 1998 年由龚如心交给香港法庭的，一个大信封里面装着四个小信封，信封上都没有字。龚如心说，这是王德辉交给她保管的遗嘱，里面的内容是什么她并不十分清楚。这份遗嘱当时是由法官启封的。我们看到的大信封没有封口，四个小信封都有一次拆封的痕迹，小信封里各装着一张有字的纸，纸张微黄，我们将其分别称为检材 A、B、C、D。粗看，A、B、C 为一种纸，D 的纸略大些、厚些、颜色重些。此外，还有 16 项分别为有“王德辉”、“谢炳炎”签名的样本文件，有的我们见过，有的我们是第一次见到。

检材 A 的正文为：

遗嘱　一九九〇年三月十二日，本人王德辉住香港山顶百禄径 15 号，仅立遗嘱本人死后，我所有一切财产全部遗赠我妻子龚如心。

检材 A 的右侧写有"证人:谢炳炎",下方还有几个英文字母"Leekisg",似为另一证人签名;左侧下方是"王德辉"三字。

检材 B 的正文为:

我王德辉死后一切财产全交妻子龚如心管理(,)任何人不得异议(,)我爱妻子,世上她是我最爱(。)在我死后,任何属于我的财产、物业、我的身体,都属于我爱妻(。)我的父母虽然令我失望,但我也坚持妻子必定要照顾他们(。)还有那有毛病的妹妹,她也不可能自立。

检材 B 右侧写有两个上下分开的"×",两"×"之间是"谢炳炎"三字;右侧下方是"王德辉"三字。

检材 C 的正文为:

我死后一切财产全交妻子,任何人不可反对,我妻子管理全部产业,但切不可将任何金钱利益或物业交赠我王家其他任何人,他们全都令人失望,但妻子也不容许将财产分赠你龚家任何人,因你龚家各人也令人讨厌。

检材 C 的右左两侧分别写有"谢炳炎"和"王德辉"。

检材 D 的一张大纸上仅有自左而右呈阶梯式依次书写的"One life one love"四个英文单词,右左两侧分别有"谢炳炎"、"王德辉"的签名。

四份检材内容与我们看过的复印件完全相同。

我们三人开始分别鉴定。潘博士为我们提供了一台显微镜,还有放大镜。我取出白手套戴上,小心翼翼地将原件展平。我们发现,原件与先前看的复印件有一些不一样:原件的正文中有些笔画被打孔提取墨水物质,在检材 C 上"王德辉"签名中也有个别笔画被打孔提墨,说明此前有人对四份检材进行过破坏性检验。于是,我们就问在场的律师是否知道检材字迹笔画已被提取墨水物质。原告方律师是位三十多岁的小伙子,他听了很惊讶,说不知道。我们将此情况如实记录下来。对这些物证材料,我们三个轮流交换着看,基本没有语言交流,双方的律师始终在场监督。到了中午 12 点,所有文件又逐一清点签字交还给潘博士。下午约 1 点 45 分,我们又回到化验所大楼,按照上午的交接程序,拿到文件后继续进行检验,工作到约 5 点,又将材料交还,手续是一道也不能省略的。当晚,我们饭后散步,简单议论了一下,大家都很小心,谁也没有深说。

14 日上午,我们又去工作了半天,主要是复印全部检材和相关材料。在征得潘博士同意后,我们就用化验所的复印机开始复印。徐立根负责不要漏印了,他将文件一份一份交给贾玉文。贾玉文负责操作复印。我负责印完后检查有无问题。仍然是双方律师在场的情况下,我们三个老家伙按照分工干得很顺利。复印的文件,有原件的都复印,有的只复印签名,有的按原大小复印,有的放大复印,每件都复印四份。

但是,在并列复印四份检材上"王德辉"的签名时出了点小意外:为了防止其他字迹的干扰,我们在每份检材背面都衬一张白纸,不料印出后,我发现检材C上"王"字出现笔画缺失的异常情况,原告方律师当即问我们是怎么回事。经仔细查看,原来那个"王"字连笔部位不知何时被划破并稍有翘起,被后面衬垫的白纸压住了,我们立即将翘起部位抚平恢复原状重新复印,就正常了。我们对原告方律师解释,有可能是书写时笔尖划破了纸张,也有可能是提取墨水物质时打孔造成的破损,复印时破损翘起部位被压而出现的情况。

工作结束后,我们将所有借阅文件交由潘博士验收,并双方签字。然后,潘博士当着我们和双方律师的面,将全部材料按原样装好,放回证物库。

实际上,在我们到达香港之前,香港法庭已将这份遗嘱交由政府化验所进行过鉴定,我们已经听说检验结论认定遗嘱签名是仿冒的;原告方也聘请加拿大华人专家徐志强先生进行笔迹鉴定,还有美国的著名笔迹专家Gus R. Lesnevich,他们均否定了遗嘱签名是由王德辉本人所写。按照香港法律,原告方的鉴定必须提供给被告方,但我们还没有拿到他们的报告,仅是听说了他们的结论。此种情况,使得我们对自己的鉴定更加认真仔细,如果我们仍然得出的是与对方相反的结论,那么在法庭上肯定少不了一场"短兵相接"。

15日上午,我们每人提着一大包资料,分别飞回北京和沈阳,又是分头进行检验,因为都还有自己的一摊工作,所以只能抽时间做。

到11月中旬,我们再次在北京集中,交流各自检验的意见。这时候,我们的鉴定意见仍然是一致的,于是由徐立根执笔,经过讨论,共同制作完成了提交法院的鉴定书。

>>> 第二章

破解四大疑问

6

如果仅从笔迹鉴定的角度看,此案的难度并不大。

虽然王德辉的签名样本中,距检材书写时间最近的是1985年的,也相隔了五年时间,但还有他在20世纪50年代末期、60年代初期和中期、70年代中期的笔迹样本,共计18个;通过对一个人不同年代笔迹的分析和比对,基本可以从中发现他本人特有的书写习惯,从而以此为依据进行比较检验并进而作出结论。而谢炳炎的笔迹样本有许多是与检材同期书写的,即在1990年所书写,还有几份样本是在不同年份书写的。可以说,此案的笔迹鉴定条件还是比较充分的。

尽管如此,我们还是极为慎重地对待此次鉴定。因为此案毕竟是发生在香港特别行政区,在法律和审判程序上都不同于内地,加之涉及的遗产额十分巨大,遗嘱又是审判的最重要证据,所以这个结论必须要做到百分百的把握。按照以往的做法,我们出鉴定报告,一般是写上两三页纸就够了,而这一次写了25页,有上万字,也算是破天荒第一次。后来在法庭上的交叉质询表明,这样不厌其详地完成鉴定书不仅是非常必要的,而且还应该更周详些。

我们这份厚厚的鉴定书,从接受鉴定委托起,一直到结论,总共有四大部分,所有的鉴定工作,都有根有据地加以记录,以充分地体现鉴定本身所具有的客观性、实证性。附件部分列入了鉴定中使用的所有检材和样本的复印件,以便核对查看。

首先是对四份检材原件的检验。掌握检材原件上的特点,是笔迹鉴定的有机组成部分,也是获得结论的重要依据和逻辑支撑。

检材 A、B、C 所用纸张差不多同样大小,略呈黄色;检材 D 的纸张要大些,纸稍厚些且黄色较深。

王德辉在检材上的所有签名均为黑墨水粗尖硬笔书写,其墨水物质有被提取痕迹,签名的笔画有多处被笔尖划破纸张的现象。

检材 A、B、C 正文使用的是蓝墨水硬笔书写,检材 D 使用的是蓝黑色墨水硬笔书写,四份检材正文都有提取墨水物质的孔状痕迹。

检材中所有汉字均用竖式书写,检材 D 上的英文呈阶梯状排列。

我们发现,检材 A、B、C 的正文字迹中间,有不易看清的书写英文压痕字迹,在侧光下仔细辨认,可认出是“One life one love”。这几个英文字压痕在三份检材上的布局不同:在检材 A、B 上,“One life one love”的压痕布局是写成一行的,其下并有“Nina”的英文字母压痕;在检材 C 上,“One life one love”则呈阶梯状排列,其下无其他英文字母。经过透光比对,检材 A、B 上的英文字压痕可以重合,检材 C 上的英文字压痕与检材 D 上的蓝黑色墨水英语正文可以重合。说明在书写之时,有过一次练习书写,检材 A、B 是垫在练习纸下的;正式书写时,检材 C 应是垫在检材 D 之下的。我们还发现,在检材 D 所用纸张的下方有水印文字,内容是“PEACOCK BOND”。

接下来,是回答委托鉴定的第一个问题:四份检材的正文字迹是否同一人书写?

经过比较检验,检材 A、B、C 三者书写水平相当,从中找出一些三份检材中的相同字,如“财”、“产”、“死”、“后”、“我”、“切”等,在这些相同字的连笔特征、笔顺特征、笔画搭配比例特征等方面,可认定检材 A 是一个人书写,检材 B、C 是另一人书写。检材 D 正文是英文,与检材 A、B、C 上的汉字正文无可比性,故不能确定其与检材 A、B、C 正文是否为同一人书写。

第二个问题,三份中文检材正文是否为王德辉所写?

我们见到的所有样本,没有全篇正文与签有“王德辉”三字是同一人书写的,因而只能使用“王德辉”三字的签名样本进行比较检验。检材 A、B 的正文中均有“王德辉”三字,检材 C 的正文中只有一个“王”字,由于前面已认定检材 B 与检材 C 系同一人书写,这也就不成为问题了。

比较检验的结果是,检材与样本字迹在笔画搭配比例、简化连笔方面均有明显差异,如“王”的三横画的长短搭配比例、“德”字双人偏旁的简化连笔、“辉”字“光”部的连笔特征及“军”字的秃宝盖与其下面“车”字的笔画搭配,均有明显区别。但另一方面,还看到检材与样本也存在某些符合点,如检材 A 正文中“王”字的笔顺特征、“辉”字的连笔方式,均与样本相似,只是这些相似特征是汉字写法的一些共性特征,比如一些连笔字的写法,许多人的写法都相似。因此,这些相似处并不具有特殊性,而差异的特征则是反映书写个性的特征,根据它们的差异点可以认定检材A、B、C的正文字迹不是王德辉书写。

第三个问题，四份检材上的"王德辉"、"谢炳炎"签名，是否王德辉、谢炳炎本人所写？

这是鉴定中最核心的问题，它直接决定着这份遗嘱的真伪。我们先从四份检材的"王德辉"签名的相互比较做起。直观检验，可看出四个签名结构正常、运笔自然，笔压轻重节奏明显，用力重时甚至将纸划破。在香港政府化验所检验时，曾使用他们提供的体视显微镜和红外视频比较仪放大观察，对四份检材上的"王德辉"签名细微特征进行仔细检验，未发现笔画有停笔重描、笔画呆板、形快实慢等模仿笔迹的常见特征。四个检材签名书写水平一致，签名所处位置、风貌特点相同；从每个字的笔迹特征来看，字的结构、运笔特征均相互符合，表现了同一人的书写动作习惯。由此可以认定四份检材上的"王德辉"签名字迹系同一人的笔迹。同时我们发现，四份检材上"王德辉"签名中有的笔画有程度不同的运笔抖动现象，差不多每个字中都有一笔，多出现在长笔画上，如"王"字的第一横上，"德"字右半部的上横画，"辉"字军部的下横画和长竖画等。

在确认四份检材中"王德辉"签名为同一人书写后，我们再将其与样本中王德辉签名笔迹进行比较检验。从总体上看，两者书写水平相当，文字布局、签名风貌特点相同。在四份检材签名中的"辉"字稍稍偏右，这一点与王德辉平时在竖式签名中把"辉"字写得稍稍偏右的习惯也是相符的。从我们看到的现有样本，似乎表明王德辉习惯在他人写好的文件上签名，而四份检材的正文也不是王德辉所写，看来，这一点也与王德辉多在别人写好的正文后签名的习惯相符合。但是，我们在王德辉的签名样本中未发现任何笔画有抖动现象，这是签名样本与检材签名之间最大的区别。

在此基础上，我们进一步将签名样本与四份检材签名的笔迹细节特征加以比较，发现许多细节特征都相互符合：在"王"字上，第一横画写得最长，二、三横笔连写；"德"字双人偏旁笔画的简化写法像三点水连写的写法，"德"字右边中间"四"部的连笔动作，下面"心"部的连笔特点、运笔方向和笔画搭配比例特征；"辉"字左右两边的笔画搭配比例，左边"光"部的连笔动作，右边"军"部的连笔和笔顺特征，最后横、竖两笔不连写及其收笔方向。这些细节特征，在四份检材签名中和签名样本中都相符合。

当然，在细节特征上除了上述的符合点外，还存在着某些差异点，但经检验，这些差异点只属于每个人书写动作的自然变化，不是本质性的差异，不能说明字迹不是同一人写的。即便在诸多的签名样本之中，我们也从"王德辉"三字的笔画上发现这种非本质性的差异点，但并不因此就改变了这些签名样本均为王德辉本人所写这一事实，它们之间的差异不过是书写动作自然变化的表现。

再看"谢炳炎"三字。将四份检材上"谢炳炎"签名笔迹互相比较，都是字迹工整的长方形字体,极少连笔,书写水平相同;在四份检材上所处的位置,整体风貌,字的结构、运笔特征等均相符合,可以认定四份检材上"谢炳炎"签名为同一人所写。将四份检材"谢炳炎"签名与谢炳炎的签名样本比较,同样都是少有连笔,其整体结构及风貌均与样本相符合。在笔画细节特征上也有明显的相符之处:"谢"字的"言、身、寸"三部分的搭配比例特征和运笔动作;"炳"字"火"部的笔顺,笔画间的相交位置,起、收笔方向,笔力,笔画形态特征,"丙"部横画的形状、方向,横折勾笔的形态、角度;"炎"字两个"火"部的上下比例为上小下大,"火"部的笔顺特征、笔画间的交接位置特征等。

我们还发现,在四份检材"谢炳炎"签名中,个别笔画有抖动现象。鉴于检材签名书写工整、运笔流畅,未发现有停笔重描、运笔呆板等模仿笔迹特征,所以我们认为,四个签名笔迹中个别笔画存在抖动现象不是模仿书写造成的。同样,我们在谢炳炎签名样本中也发现个别笔画上出现抖动现象,与检材签名中的抖动现象如出一辙,因此对于个别笔画的抖动现象,只能作出它是谢炳炎本人书写习惯的反映这一解释,这又恰恰进一步说明,四份检材上"谢炳炎"签名是谢炳炎亲笔所写。

在进行比较检验之后,我们认为,四份检材中"谢炳炎"签名与谢炳炎签名样本之间,它们的符合点既有书写水平、字体结构、整体风貌的相同,又有笔顺、搭配特征的一致性,特别是有反映个人书写动作习惯本质的运笔、起收笔动作方向和笔力等细节特征上的符合,以及在个别笔画上有轻微抖动的符合;其符合点不仅数量多,而且质量高。而对于检材与样本之间存在的差异点,我们也予以了充分注意,比如一些笔画的位置、交接部位等存在差异,但经过一一分析后,发现这些差异点形成的因素,有的是因书写速度不同而形成,有的是因竖行书写与横行书写不同而出现,有的则是个人书写动作习惯多样化的表现,完全属于正常书写范围内的差异。

最后一个问题,"王德辉"的签名是何时所写?

在四份检材中,只有检材 A 的正文写明遗嘱书写日期是 1990 年 3 月 12 日。这个日期是否就是四份检材上王德辉签名的书写日期?如果假定四份检材的正文和签名写于 1990 年,那么书写时间已超过 10 年。通过墨水化学成分的变化鉴定是一种确定书写时间的方法,但条件必须是要具有使用同一批号的墨水连续多年书写的字迹作为样本比对,方能获得结论。由于委托方无法提供王德辉从 1980 年至 1990 年用与书写四份检材上签名的同一支笔所写的字迹作为比对样本,"王德辉"的签名使用的又是稳定性极好的黑墨水,而且书写时间过久,从目前的各国鉴定书写时间技术发展水平和现有的鉴定条件来看,无法通过墨水化验来确定四份检材上"王德辉"签名的书写时间。此外,检验遗嘱所用的纸张、墨水及书写用笔的生产年代,也可以认定其书写时间,但同样需要相关样本、实物或数据资料进行比较检验。

我们还曾把王德辉在不同年代的签名按时间顺序仔细比较，意图从他的书写动作习惯发展变化的规律上，找出一些能判定四份检材签名书写时间的依据，但由于样本过少，没有结果。

根据我们所掌握的国内外有关书写时间鉴定技术的资料，以及我们所采用的各种方法，我们认为当时已经失去或不具备确切地鉴定其书写时间的条件。

这时候，我们开始把注意力放在四份检材中“王德辉”签名个别笔画有抖动明显这一差异点上，它不像谢炳炎的签名，在检材与样本中都存在着抖动，是一种书写习惯特征，在王德辉的签名样本中找不到有抖动的笔画。在以往的一些疑难案件鉴定中，我们都有过这样的经验，即在一定条件下，对于笔迹的某些十分异常的特征加以研究，找出这种异常特征产生的原因，从而获得一些新的判定，比如字迹书写的大致时间，完全是可行的。那么，从这四份检材上的抖动现象中，我们能发现些什么呢？

首先应考虑的是，抖动的笔画是否由于模仿书写造成。四份检材上的“王德辉”签名均书写笔画正常，无停笔、重描、运笔呆板等现象，完全能够排除模仿笔迹的可能。

我们也曾设想王先生是否已年老体衰，但了解到 1990 年时王先生才 50 多岁，而且签名上并未发现老年人写字时容易出现笔画抖动和字迹结构松散、失称的现象，这一点也可排除掉。

那么，这抖动会是什么原因造成的呢？我们向委托鉴定单位进行了询问了解，得到了一个原本不知道的情况：1990 年 3 月 10 日，王德辉在马会骑马时曾从马背上摔下，造成头部、手臂多处受伤，并因此住院治疗三天，于 3 月 12 日出院。为证实此情节，委托方派人送来了王先生住院治疗的交费单和他受伤时穿的染有大片血迹的衬衫、内裤、内衣和头盔的照片。

听到这一情况，我们都有豁然开朗之感：四份检材上王德辉签名某些笔画出现的抖动现象很可能和他本人受伤有直接关联。但不一定是脑部受伤所致，因为影响书写功能的脑部受伤，将导致更明显的笔迹变化，甚至会丧失书写能力，而不仅限于某些运笔的抖动弯曲。若是身体不适，比如执笔的手臂有伤痛，就可能对动作幅度较大的运笔动作有影响，从而致使出现笔画抖动弯曲现象。

经过多角度多层次的认真分析，我们郑重地在鉴定书中写下这样的结论：

（一）检材 A、检材 B、检材 C 的正文不是同一人书写，检材 A 为一人的笔迹，检材 B 和检材 C 是另一人的笔迹；由于无英文样本，故无法对检材 D 的正文进行鉴定。

（二）检材 A、检材 B、检材 C 正文不是王德辉所写。

（三）检材 A、检材 B、检材 C、检材 D 左下方“王德辉”三字和右侧“谢炳炎”

三字，分别是王德辉、谢炳炎本人亲笔所写。

(四)检材A、检材B、检材C、检材D四份检材上“王德辉”签名很可能是王德辉于1990年3月受伤后书写的。

我们三个鉴定人在鉴定书上分别签名。

此鉴定书完成于2000年12月8日。

>>> 第三章

接受英国教师模拟训练(上)

7

按照中国内地的办案规律,完成了鉴定书,作为鉴定人员也就大体上算是可以交差了,偶尔会碰到需要出庭的情况也比较简单,照着鉴定书念就是了,很少有律师就鉴定书提问的情形。在香港,虽然作为专家证人肯定要出庭作证,要接受双方当事人律师的交叉质询,但我们这次是三个老家伙共同鉴定,出庭作证的事想必也不会有什么大问题。

我曾在 1994 年和 1996 年,两次以专家证人身份到澳大利亚为一起伪造汇票案出庭作证,最终为国家挽回 1.8 亿多美元经济损失,有媒体因此称我为文检专家出国作证第一人,究竟是不是第一人不好说,但终归是尝试过英美法系法庭的滋味,对他们的审判程序和律师的提问套路多少也算知晓一些。

所以在完成了鉴定书之后,我们三人议论了一下,感觉这个案子目前该办的事都办了,开庭尚待时日。于是,我们又都回到了平日的状态,各自忙各自的事去了。

大约快到争产案开庭的时候,我们先后收到李景涛律师转来的美国笔迹专家 Gus R. Lesnevich 先生和加拿大法庭科学文件鉴证专家徐志强先生的检验报告。大约在 6 月底或 7 月初,香港政府化验所文件鉴辨组专家郑佑生先生的检验报告也拿到了。这里提及的"鉴证"、"鉴辨"二词,应该是与我们所说的"鉴定"或"物证鉴定"为一个意思,只是语言习惯不同罢了。近些年来,鉴证、鉴辨这两个词内地也比较喜欢用了,不过词典上暂时还找不到确切注释。

这几位同行先生的报告书同样都是厚厚一大本。在他们当中,徐志强先生我是认识的,1980 年我到香港做学术访问时,他那时在香港政府化验所任文件鉴辨组主任,是香港首位取得笔迹鉴定资格的华人专家,记得当时我们的交流坦诚愉快,且涉及相当深度,没想到若干年之后,我们竟会在争产案中相遇,而且分处于诉辨对立的两方,对同样检材各自提出了与对方不同的鉴定结论,真是有些世事沧桑不可预料的味道。对于 Gus R. Lesnevich 先生我们不熟悉,据说他有着美国军队和政府保密部门的从业背景,曾是美国联邦调查局聘请的笔迹专家证人,在美国国内享有很高的权威地位和知名度。郑佑生先生时任香港政府化验所法政事务部文件鉴辨组高级化验师及主管,过去好像没有接触过,据报载,他与徐志强先生"共事近三十年",是同行加"老友",在此案中为原告方提出传召的独立专家证人。

拿到了与我们结论不同的这些鉴定书后,我们还是各自看各自的。说实话,起初我对他们三人的鉴定多少是抱有一些好奇心的。他们都是资深专家,个个非同寻常,怎么会得出那样的结论?英文笔迹专家是如何检验汉字的?论证过程又是怎样的?但是看过之后,对他们的鉴定报告我心里有底了。他们与我们的分歧确实无所不在,几乎处处针锋相对,但我们大可不必跟他们处处理论。因为他们的鉴定方法,问题是明显的,最根本的一条,就是犯了机械比对、先入为主的毛病。可以明显看出,为了满足结论的需要,他们把所有的差异都当成了否定的依据,似乎就不知道有自然变化的差异存在,又根本不去理会其中的相同点,顶多只是小心翼翼地提上一句"相似点"——这样,在整体评价上就难免出现自相矛盾与互相矛盾的地方。

看看几位同行的结论也是一件蛮有意思的事,特别是他们都处于与我们不同的法系背景下,得出的又是与我们截然不同的结论——

Gus R. Lesnevich 先生的文件名叫"鉴辨报告",文件上标明他是美国法庭文件鉴辨员委员会文凭持有人,他提交的文件分为三部分,分别是 2000 年 6 月 16 日完成谢炳炎签字鉴辨,7 月 5 日完成王德辉签字鉴辨,7 月 25 日完成检材 A 正文字迹鉴辨及对谢炳炎签字、王德辉签字新增加的样本原件的鉴辨。结论是:四个有争议的谢炳炎签名不能被辨认为谢炳炎的签字真迹。四个有争议的王德辉签名不能被辨认为王德辉的签字真迹。他认为,检材中有争议的签名含有不相似的字母或方块字的形成及书写动作。检材 A 的正文,可能是龚如心书写。

徐志强于 2000 年 8 月 15 日完成鉴定,标明是法庭文件鉴辨员,他的"文件鉴辨报告"结论是:很可能四个有争议的王德辉签字并非由王德辉先生所签写,四个有争议的谢炳炎签字并非由谢炳炎先生所签写;王德辉并没有书写检材 A、B、C 的正文部分,检材 A 的正文部分很可能是由龚如心女士所写。

郑佑生的文件名为"政府化验所证人陈述书",完成于 2000 年 5 月 29 日,是商业罪案调查科将有关证物交付至政府化验所的。他的鉴辨用语及表述方式很有意思，他认为：检材B、C的正文是由同一人所书写，而检材A的正文并非检材B、C的正文书写人所书写。检材A、B、C的正文笔迹很可能并非王先生所书写。无法确定或否定王先生是否须为检材D的英文笔迹承担责任。无法确定或否认王夫人是否是检材A的正文笔迹的书写人。四纸遗嘱上属于谢先生的有争议的签字并非谢炳炎先生所书写。对于有争议的王德辉的签名，"考虑到目前鉴辨中的各种限制，本人有条件地认为，在有争议的属于王德辉先生的签字可能并非王德辉先生所书写"。对这里所说的"各种限制"，他做了个注释：缺乏足够的作为对照的样本；缺乏同时代的作为对照的样本；使用了不同的书写工具；有两个作为对照的样本并非原件样本；签字的不同方向；作为对照样本的不同图形；作为对照的样本的变化范围。此外，郑先生还对压痕、纸张、信封等进行了鉴辨，主要是描述性的，结论对遗嘱的真伪意义似乎不大。

听说他们在鉴定中使用的是百分比的方法，即只要差异点超过6%就下否定结论，到5%就是倾向否定。这种比对方法看上去似乎很科学，引入了统计概率方法，但明显地忽略了对差异的解释，忽略了本质性差异与非本质性差异的不同价值，这样的结论往往经不起具体分析。在他们的鉴辨报告里，有的地方可看出是应用了百分比，但不论是应用了百分比，或没应用百分比，他们的确是在一笔一画地寻找差异，比如这一笔长些，那一笔短些，等等，而对符合点少有提及，明显是在机械比对，根本看不到对书写习惯动作的比较归纳，更谈不上进行综合分析了。

我们在笔迹鉴定上，可以说，比他们碰上的案件多得多，包括正反两方面的，经验与教训的总结都告诉我们，笔迹签定应注重综合性分析，无论是书写动作习惯，还是符合点、差异点，都应是认定或否定的主要根据，无论偏废了哪一方面，所得出的结论也就不具有全面的客观性，距离失误也就不远了。

从他们三人的结论用语看，"并非"是完全否定，"很可能并非"接近完全否定，"可能并非"倾向否定，他们虽然都是否定性的结论，但在否定的程度上仍然是有差别的——可见，在他们的鉴辨中使用的并不是一个如DNA检验那样纯粹客观实验的方法，仍然多多少少带有主观判断的因素。

有了这些大致的看法，我也就没再把这事放在心上，没有更多地去关注他们的鉴定书。当时，我的考虑比较依赖于过去的经验，因为，我在澳大利亚出庭时，在法庭上，专家证人只需陈述自己的鉴定结论和根据，而律师则是根据你的鉴定书提问，专家证人不需要对对方的鉴定意见提出自己看法，通过鉴定所提供的证据是否采信由法官决定。后来的发展证明，"王德辉遗嘱案"比我在澳大利亚出庭的那起案子要复杂得多。

由于觉得暂时没有什么事做，我仍然接办一些送来的案件鉴定，有时候还去参加会议，那段时间各种学术方面的会议特别多。

大约是在2001年6月底,李景涛律师打来了电话说,咱们要到澳门去几天,可能委托方请了个英国教师,来给咱们讲讲出庭作证的注意事项。委托方想得真是周全,我们虽然都顶着个教授、研究员的头衔,但听这样的课,确实还是大姑娘上轿头一回,即便原来看过一些书稍懂一些,也是不全面的、零碎的。好事一桩。

大约在7月初,我们一行到了珠海,接待我们的仍然是李律师和老黄。随后,英国教师和他的助手也到了珠海。这位教师四十多岁,中等个头,一身黑色西服,体态略胖,卷曲的金发浓密而有力度,一双浓眉大眼透着自信。师生互相见过面,客客气气地交换名片,共进午餐,谈论一下饭菜的特色,算是彼此熟悉了。

8

第二天早饭后,一行人通过拱北海关到了澳门。听课的地方就在著名的葡京大赌场旁边,是一家不错的酒店,租了一间会议室当课堂。我们先进到一个小走廊,那里摆有茶点、桌椅,有服务员给泡茶,点心自取。老黄说,想吃什么,大家不必客气。进了门就是长方形的会议室,约有50平方米,前面立着一块黑板,面对黑板的是一排排带靠背的长条木椅。听课的就是我跟贾教授、徐教授三人,进来的还有翻译和英国教师的助手,李律师和老黄也找了地方坐下来。

英国教师往黑板前一站,没有任何客套话,上来就开讲——

到了法庭,律师和专家就处于对立状态,但专家还是专家,他有自己的经验和理论……

我拿出本子来记。他说一句,翻译翻一句,我记一句,要点基本都记录了。

香港沿用的是英国的法律,庭审采用的是英美方式,所以作为专家证人,有必要了解审判过程,在心理上有所准备。英国教师说,他曾给七八个中国专家讲过课,根据以往的经验,华人的文化背景与西方不一样,比较顾全面子,但这一点在庭审中很难做到。

当你们一进入法庭,对方律师可不管你是什么身份的人,他的目的就是要摧毁你的自尊,打倒你的观点,刺激你的情绪,弄得你很难堪,让你神气不起来。在今天的课上,我会有意安排一些错误的东西给你们分析,希望你们经过训练后,能够了解到相关情况,从而保住自己的面子。

英国教师说,前不久他应邀到中国内地,去法庭看了看,感到内地的法庭和其他地方完全不同。他去参观的法庭安置了500张座位,坐上去很是舒适。而香港法庭可不是这样,用的都是木质的硬板凳,不好坐。

听课之中,李律师和老黄频繁地进进出出,但英国教师只管讲他的,并不受影响。

在香港的法庭上,不允许说话,要关掉手机。为什么这样?主要怕影响录音效果。如果手机响了,会暂停审判,没收手机,把你押出法庭。另一个,在庭上一说话,翻译听不清人家的话,也不好去问,结果会导致答非所问。因此,你们听不清的内容必须要马上问,发现其他问题,也要马上问。

英国的大律师,包括香港的律师,经验丰富,在法庭上把关,主要是商业纠纷,还有土地、遗产等方面的诉讼,对于处理原、被告双方之间的纠纷和争执,他们非常有经验……好了,讲了这么多,我们现在开始训练。

首先请记住一件事,法庭上法官是很辛苦的,因为要不停地听双方的讲话,你说话时间长了他会感觉很累,所以,你们说话要简洁。现在要做三件事:第一,放下你的身份、架子;第二,要求你们都要简单地介绍自己,简单地回答问题;第三,在法庭上要面对法官,不要看其他人……

现在来介绍香港的有关情况。在这个世界上主要有两种法律形式,一是普通法,即英美法系;一是成文法,即大陆法系。几乎所有使用英语的国家都采用普通法,而法、德等国则是采用成文法,中国采用的也是成文法。这是基本的区别。希望通过训练,掌握在采用普通法的法庭上怎么当专家,怎么出庭作证。

说到这里,英国教师叫他的助手给我们每人送了一本书,英文的,名为《专家证人培训》。他说,下面讲的内容,可以用这本书作参考。

看来,我们接受培训并不是个特例,在英美法系中培训专家证人就是一门成熟的专业课程。出庭作证会涉及各类专家,他们必定会遇到各种问题,首先可能面临的是不了解法庭的情况,于是便有了培训的需求和必要,相关的课程、教材、教员自然应运而生。

接下来开始介绍两大法系的区别:成文法是明文制定的法。普通法在形式和内涵上都不同,它是零碎的、松散的,如果改变了某一法律,新法与旧法同时存在,参考时都应该看。

审案最终的结果都是要寻找到真相并依法作出判决,但两大法系的路数不同。大陆法系中,发现真相是法官的责任,由法官来负责调查、检验并掌控整个过程。英美法系的法官是中立的,在法庭上,当事人在陪审团面前介绍自己的案情并互相辩论,用中文来说就是对抗式的。在中世纪,当事人会逐字地进行辩论,然后被放到水中或火中检验。现在文明多了,是当事人委托大律师,在法庭上舌战,进行交叉辩论。普通法认为,真理是辩论出来的,由法官据此确定。法官不搞调查,只是旁观者。这点对于你们非常重要,因为你们面对的是双方的律师,辩论是必然出现的,双方各自要陈述自己的理由,法官不会去做调查,只是听你们的表达。这是普通法与成文法的明显区别。另一个区别是,在法庭上,普通法主要是用嘴说出你的做法,说出案件的情况,法庭把它记录下来或录音,因此别人的提问一定要回答。问题的关键在于,我们如何表达自己的观点。

成文法,法律条文比较简短,不详细,当有问题时,由相关部门对条文加以解释。普通法不是单一的来源,它包括习惯法、平衡法、国会通过的法条、判例法等……

英国教师在对普通法的历史沿革详细介绍后结束了上午的课。

9

下午开始进入证据部分。在普通法对抗的庭审中,法官会采用哪方的观点?在证据充分的情况下,法官要看哪方的证据重要,因双方的证据、包括专家的意见是不同的。这些内容都在法庭上的口述中:法庭声明是否正确;证人的供词和专家意见,哪一方是真实无误的;根据状词中双方的争论点,看专家报告是支持哪方的说法,还要看是否符合法律的要求,只有符合法律的要求,证据才能被采纳。

原告对被告提出申诉,有时被告提出反申诉。举证的责任通常是在原告一方。在法庭上,举证的机会很重要。你举证的机会多,则可能胜诉。法官根据举证,觉得甲方的可能性略高一些,则甲方就对了、赢了。

所以,当你们提出论证时,是在向法官作证,所提的意见非常重要,因为你们不是当事人。专家应该怎么提出论证?如机器的折旧,有很多的定义,专家就要说出所有的可能性,结论是可能性中的一个或两个。好比医生看病,没有进行诊断前,可能有若干原因、几个说法,这些都应向法官讲明。如果你不说,对方就可能提出那些可能。因此,专家的结论当然不能作百分之百的肯定,而是要从几种可能中定出哪种可能最大,得出的是一个最有可能的结论。

接着介绍了证据的种类。普通法中包括口头证据、传闻证据、原始证据、环境证据、实物证据等。在这起案子中你们检验的是原始证据,主要向法官提供他所不知道的专业性知识,同时要考虑到人家会如何提问。证词与口述同样重要,法官听了双方的报告,然后作出判断。当专家的报告是有关人员帮助整理的,应该向法官说明:这不是我亲自做的,但其是在我的允许指挥下做的,我同意并认可了。如果报告中有假设的成分,应该把假设点是什么、为什么,都要写明。

所有的律师都是狡猾的,提出一些让证人答不上来的问题,由此证明你可能错了。你不要一答不上来就以为错了,错误与否不是由律师定,他没有资格定,最终是由法官来定。这时候,就需要很大的自信,要相信自己的结论,但不要直说这就是答案,答案由法官决定。你在法庭上必须要把握住自己分析问题的思路,几种可能性中,不要说哪种是哪种不是,只说哪一种可能性最大,最后由法官确定。因为,法官不希望受到别人指挥,他要维护自己的尊严。

一个合理的手术医生,应使用锋利的手术刀,如果发现他用的不是最锋利的刀,说明这个医生没有达到合理的水平。你应该解决的问题没有解决好,只能说明你没水平。聪明的专家不说答案,只是通过他所提出的理由自然而然地引导法官,最后由法官说出你的结论是对的。措辞上不要用"我们的结论",而要说"我们的看法"。当然,这也不是一概而论,还要结合具体情况而定。记住,你们主要是结合案情提出根据,提出造成事实的原因,不要说结论;如果法官相信你说的,法官自会作出肯定的答案。

在香港,专家证人有两类,一是法庭委托的。因为审案的需要,法庭有权委托专家证人,但一般极少使用。二是一方委托的,大多数是这种。这种一方委托的专家证人很奇怪的,一是要报酬;二是也可以同时接受对方的委托,也要报酬。使用成文法的地方,一般不信任这种专家,因为他是收了钱的。

专家首先应该对法律、对法庭负责,但有的专家在法庭上不诚实,只对钱负责,不对法律负责,很可能做出违背某种客观事实的事来。因此,专家在法庭上怎样表现,这对他留给法官的印象很重要。良好的印象应是一个诚实的有能力的专家。因此,对专家在法庭上的第一个要求就是要诚实。二是要有合适的资格——如腿断了,一般医生都可以看出来,如是心脏有问题,则必须是心脏病专家才能确诊。年纪大的才有经验,见得多嘛。比如说汉字书法,这方面你们是专家;检验英文笔迹,则英国人是专家。三是专家与案情的关系。四是个人的品格与能力,能把自己的想法、观点在法庭上向法官清楚地表示出来。五是要让他人信任你,相信你是诚实的,这里是指结论和根据是诚实的。当大律师提问时,你左顾右盼,给人的印象是逃避;说话时,态度暧昧、语言不流利,吞吞吐吐,给人不诚实的感觉;回答问题时声音有力、清楚,这就是有信心的表现。因此请记住,回答问题时,声音要大而有力,大到能听清楚就行了,语速中等,不要太快,坐得端正,不要引起他人对你产生其他感觉。六是到庭时要显得你很有信心,要整理好衣扣、领带、头发,给法官一个好印象。因你不是法官指派的,法官不认识你,所以你给法官的第一印象很重要。不要穿花衬衣,要穿深色的,鞋、袜也要深色的,领带要打得整齐。七是要懂得相关的法律知识。专家要懂得的内容,还包括庭上怎么称呼法官,不同法庭的规格不一样。可以称呼法官大人,或法官阁下,两种称呼都可以,但不要称先生。以上是对专家的要求。

专家的报告非常重要。第一,你的报告要写出来,而且必须签名;第二,在法庭上作证,说的意见不能与报告不一样,用词要恰当,让法庭能够接受。所以,报告要多次修改,不能写出来就行了。试想,如果说的与报告不一样,法官还能相信你吗?你的报告与庭上作供不一样,那就是不诚实、发假誓,在普通法里,这是最严重的问题。

当你到了法庭，首先是委托方提问，然后是对方律师提问。你只答是或不是，不要过多解释，一定要听清对方提的问题；没听清，答非所问，就不好了。要在法庭上保证自己的尊严，主要是对付对方律师，他可能提很多问题，他要摧毁你的结论。可能提问时，有的与报告有关，有的无关，不按顺序，很乱，所以你不可能按照原来准备的顺序答。所以，报告内容一定要真实，要对报告的每一个问题都要心中有数，了如指掌。

法律对专家的要求。所有专家都要符合法律要求，可能应知的常识必须知道，否则人家认为你不是专家。法律对专家的要求在给你们的那本书里都写明了，重点是：专家的报告一定要有独立性，不要受委托人的影响，要保持客观立场。说话时要与专家资格相符，无关的不说，专家身份与大律师身份不要合二为一。如你做了什么检验，可以运用假设，但不要把假设当事实，要实事求是。是你专业内的，就如实去说；不是你专业内的，不明白的，就不要说，而且不能说“我不知道”。有些时候，如果资料不够，一定要说明“我的资料不太多”。如果你在法庭上遇到一些问题原先没有发现，要改变原先看法，不要在法庭上说，要立即通知律师等相关人员，包括对方律师。参考的是什么资料也要通知对方。还有专家证人得到报酬的方式，符不符合相关的规定，如不符合相关的规定，口供的证明力度要受到影响。

第一天的课到这里就结束了。英国教师没有照本宣科，他讲的都是实用的干货，虽然有些内容说了又说，自由度很大，却又明显带有强调之意，我们总的感觉还是满意的。

>>> 第四章

接受英国教师模拟训练(下)

10

第二天的课专门讲出庭前的准备工作,包括道德和行为。同头天一样,英国教师首先还是告诫我们,千万要放下专家的架子和脸皮。要注意什么是对的,什么是错的——这是指专家报告的内容。因为你们是专家,应该知道对错真假。要用自己的思考去确定一件事,它可能是怎样的,如果发现有不妥当的地方,有经验的专家会不做回答。如果有人要求你做一些不好的事,要坚持自己的立场;如果这件事的对错一时难确定,你要是没把握就接受了,到了法庭会被摧毁,那是很丢脸的事,所以应该坚决不做;但如果自己认为有把握,就可以接受。记住,专家如果在法庭上被打倒一次,将会影响他一辈子。法庭审讯是公开的,透明度很强。在庭上,你能回答的就回答,不能回答的你回答了,被人家抓住把柄就坏了,因此必须坚持听得明白、问得明白,要明白人家所提问题的实质。

出庭前,专家要与委托方律师见面,这一点非常重要。律师、当事人,都要和你们谈,希望从技术角度分析对方的情况,了解相关的技术方面的问题,看能否坚定地支持他们的意见。比如,你们委托方的大律师李柱铭不懂得笔迹检验,你们要讲给他听,他会因此提出一些有难度的问题,也可能提的问题是要你反对对方的,以保证辩论胜诉。作为专家,也需要和大律师交换意见,了解相关情况。有了问题要共同商讨,特别是要害问题,以及应注意的问题,要求得共识;如果理解错了,意见不一致,可能后悔莫及。有些技术问题,法官可能看不懂,也听不懂。为了让法官看懂听懂,就要根据大律师的要求准备一份材料。在材料中,既要坚持自己的意见,又要做到不被对方律师无理利用,所以要多听己方律师的意见,取得一致。因为律师与法官的思路基本一致,法官中多数是律师出身。

双方专家见面问题。在英国,每一起案子双方专家都要会面。在香港,三年前有的案子有见面,有的没有,将来法律上可能会有这方面的规定。会面的目的不是谈判,不是和解私了,也不是互相让步,应该是双方坦白地互相讨论对方的报告。如法官命令双方专家会面,你看对方的报告,有的内容认同,有的内容不认同,对方看你的报告也是如此,双方可以找出共识的部分。好的、诚实的专家应该是多数内容都能达到共识,但有的内容是不可能共识。不论有没有共识,双方的理由是不一定相同的,尤其是不同的看法。为什么有不同看法?各自理由是什么?看能否互相取长补短,在此基础上求得合理的共识。但有的内容肯定不会取得共识,这时只能交给法官定夺。这就需要写个材料,说明自己的观点及其理由。通过见面交流,可以缩短出庭作证时间。

但是要注意,双方的专家之间千万不要私自交流。只有经法庭批准后才能交流。互相认识,可以接触,但绝对不允许谈论此案的相关内容;如果谈了,等于自杀。

洗手间也是问题之一。当你内急的时候,脑子很难去思考什么。因此,出庭前要了解厕所的位置,否则有可能走错路耽误时间。

法庭的时间,是法官的时间,不是我们手表的时间;如果我们迟到一分钟,法官会不高兴的。要尊重法官和他的时间。

对专家的结论,有的法官可能百分之百肯定,也可能只同意百分之几十,或者予以否定。肯定你的意见你会高兴,但被否定时,一定要向大律师讲清楚,要对判决书中我们不能认可接受的地方一一提出我方意见,交给我方律师。

假定明天要出庭,你们想想,有什么工作要准备?应该包括技术准备和心理准备两个方面。一个好的专家,必须是技术与心理的完美结合,能够心情平静,没有担忧的表现,显得很有信心。

具体的准备工作,包括需要带的文件、图片、相关资料等,今晚都要仔细看一遍,准备明天回答问题。如果忘带了某个需要的文件,这会对心理状态产生不好的影响。

早上吃什么食物也要注意,万一吃坏了肚子,到法庭上可就麻烦了。穿什么衣服,打什么领带,穿什么鞋,今晚就要准备好。给法官的第一印象很重要,对结果可能产生影响。

准备好纸笔,有吉祥物也别忘了带在身上。

到法庭的时间,要提前15分钟到达,这是考虑到了电梯的情况。

讲到这里,徐立根教授提问,电梯常坏吗?

英国教师说,大家都上班,上电梯要排队。(这位教师好像什么都预见到了,开庭后,我们还真碰到一次上电梯排队的事)出了电梯先找厕所,找到厕所还要进去看看能不能使用,然后再找法庭。进去后坐在指定位置,要靠边坐,便于随时出来。正式上庭前心理上有些紧张是正常的,不必过于介意。遇到对方律师提问,要有礼貌、有信心,说话要清楚,声音大些,掌握好语速,在有压力的情况下,常常会不由自主地说得很快。听听其他人的声音,看看人家能不能听清楚。当你说话时,要看着法官的表情,以决定讲多些还是讲少些。因为对各个国家来说,法官都认为自己最重要最有尊严。

这天只讲了半天课,下午在澳门观光,放松一下。

11

第三天又是一天的课,免不了有些内容是重复的,但仍然有许多值得记录的新东西。英国教师主要介绍的是应对律师提问的问题。

对方律师会有不同的提问方式,比如,他们经常会给你设置一些陷阱,用不同方式分散地问你一些表面上没有关系的问题,如果你的答案不能保持一致,那就中计了。但这不是好律师干的。不过,如果对方律师东一句、西一句地提问,多数是他没有准备好。

对于律师的提问,不要管他表现出怎样的态度,无论是咄咄逼人的厉声提问,还是攻击性很强的连续发问,你都不要去管他,他的态度只是一个策略,一个招数,你无须考虑,只管按照他的提问去回答好了。

通常,大律师是很有礼貌和教养的。一般来说,使用有礼貌的提问会让你轻松地回答问题,有时还会使用一些甜言蜜语赞扬你,但当你完全进入松弛状态时,他会突然采用攻击性提问,使你回答问题不合情理。这往往是最后没有办法了才采用的手段。

此外,律师还会表面上与你在某一领域中意见一致,但却慢慢地不知不觉中将你带进一个死胡同中,让你陷入绝境。有的采用的是一步步地将专家报告结论摧毁,比如刚才你怎么说,在另一地方又怎么说;过去你出的书上怎么写的,现在你又是怎么说的,等等。

很多时候,对方律师在交叉提问时会设立很多假定,让你回答。他的目的多半是,把你的回答一个个串起来,用来摧毁你的结论。提问虽然是假定的,但专家不可不回答。因为回答的是假定问题,答案本身当然也是假定的,这一点应该向法官说明。比如,你可以说:这是假设,可能与某一客观事实不同,自然我做出的回答也是假定的,与客观事实不同,等等。

有时候得需要一些条件才能回答问题,这需要一些时间,可向法官提出。正常情况下很少出现,一旦出现,不要怕麻烦,争取时间,解决问题。当你发现你的回答与客观事实不一致时，需对不一致的地方进行补充，并说明原因。

回答问题时一定要注意，先说答案后进行解释，切忌先说原因后说答案。大律师和法官都喜欢你先答问题。答案一般只需说“是”或“不是”，简单明了。如果你先讲原因，可能会讲很多话，人家会认为你啰唆，给人印象是回避实质性问题，不让法官了解真相。

交叉提问中，我方律师问过的问题，对方律师感觉需要问，还可再问。专家证人不要说这个问题刚才回答过，现在不答。这种情况下，提问的控制权在对方律师手里。

下面，讲讲对专家证人的建议——

专家容易出现的一个通病就是，不肯说我不知道。作为专家，最好小心谨慎一点，知之为知之，不知为不知，不要不懂装懂。因为没有一个人是什么都知道的。

对方律师设定问题时，可能有意跳过某一问题，让你估计或猜测他的看法。这时，我们不要去估计或猜测什么，对方问什么就答什么。因为，有时对方设定的问题，不一定是一个答案。如病人是否需要手术，有人主张动手术，有人认为可做可不做，还有的用药物治疗就行了。再如写字中的抖动形成，是主观原因还是客观原因？经验告诉我们，哪个字的压力大小，特别是连笔之处接触纸的压力，不同的专家有不同的看法，有的会认为是模仿，有的认为不是模仿。对于对方的意见，我们的态度是，对的肯定，不对的否定，这才是实事求是的专家。但是，对于对方的意见同意也好，不同意也好，都不要随便说出来，如“我同意你的意见”，或“我不同意你的意见”，不要形成这样的习惯，表达时要谨慎。因为，如果你没听明白对方的问题，表示同意就麻烦了。

千万千万不要与对方大律师斗嘴争吵，羞辱人家。证人在法庭上作证时谁最重要？记住，是法官最重要，回答问题时，要面向法官。这样，你在跟律师斗嘴时，面向的是法官，容易让人以为你好像对法官有意见似的。面对法官时，要时刻注意自己的形象，脸微微地向着法官，不要对着对方律师。法官让你坐下就坐下，这时要使椅子微对法官，背部要完全靠在椅背上。站着精神集中，坐着容易放松，法庭上有点紧张是好事。

要认真看专家报告，若需要修改立即通知本方大律师。最好出庭前与本方大律师会面，了解相关情况，亲自说明自己的想法，可以表达得更清楚，不要让他人转达。

香港的法庭，所有的文件都放在文件架上，包括双方的专家报告。最好在出庭前，与本方律师共同了解，自己的报告和参考资料等放在了哪个位置上。专家报告只是本案文件的一部分，专家应该知道自己的报告所摆放的位置，一旦需要可以马上找到，这样可以显示我们的自信心。专家报告放在那里，一般不必去翻阅,只需知道放在什么地方就行了,给人的印象是,你非常专业。

专家应对对方的诉状有所了解,对本方的也应了解。我不知道你们是否看了双方申诉状,如果没有看,建议要看一下,包括有什么样的修改。如果对方发现专家报告与诉状的某一部分有矛盾,那将会非常被动。

在交叉提问时,对方律师一定会千方百计地促使你成为逃避问题的证人,如果法官也感到你是在逃避问题,这时需要与法官交流,主要是以眼神交流,三到五秒为好,不要长时间看着法官,不要瞪眼看,要平视。有时,你要特别说明一下:我不是逃避问题,而是诚实地把答案告诉你。

法官是聪明的,他们对专家的希望是,能够帮助他们解决案件中的专业技术性问题。作为专家证人,应是独立、诚实地帮助法官解决问题。

如果法官命令某专家回答什么问题,那么这时对专家的印象是非常不好的。作为专家,下面几点要注意:

不要为自己的客户辩护或为他说明什么。你是专家,维护的是专家报告的科学性;如果为当事人抗辩,或说些与专家报告无关的问题,对专家是不利的。也不要攻击对方专家,只讨论对方专家的报告,说出自己的意见,哪些不对、哪些对,理由是什么。

带什么物品进入证人席?这个问题难以回答。最好什么也不要带,轻轻松松地进入证人席;若带东西,带得越少越好,带多了行动不便。很少有自己带材料的,因为有关材料都放在了文件架上。在法庭上拿出来的所有东西,法官是看到了的。专家喜欢看自己专用的报告,但文件架上已放了报告,最好就用文件架上的,因为你手中的报告可能与文件架上的报告页码不一致,最主要的是,你在自己用的报告上做了记号,这是不好的。若是对方律师看见你手中的材料,提出要看的要求,法官通常是批准的,那就得给对方看。举例说,对方律师问你,某月某日到珠海看到了什么,你回答说看到了什么什么,并翻阅自己的记录本。呵呵,这时对方律师就会要求看这个记录本,那就麻烦了。因此,出庭作证最好不要带什么材料,都要装在脑子里。

总之,独立、公正、诚信,这是专家必须具备的品质。

有时候,法官会询问某一问题,这是非常重要的,而且往往难答。回答时,要尊重法官,不要想过去是怎么答的,只需实话实说就行了。

这天的课上,后面留出了一些时间进行了交叉提问练习。

12

第四天上午进入法庭模拟课程。听课的会议室被简单地布置了一下,法官的位置、证人的位置、翻译的位置,都按照法庭的样子摆设。我们三个专家证人在门口的小走廊等待,然后一个一个进去“过堂”。贾玉文是第一个,大约用了个把小时。第二个是我。英国教师既当法官又当律师,他的年轻助手也坐在法官席上,老黄和另一人共同担任英语翻译。

“詹先生,请站起来回答问题。”英国教师拿出一副公事公办的面孔。

我马上从坐姿变为站姿。

“你是詹楚材吗?”

“是。”

“是在第二研究所工作吗?”

“是。”

“你是研究员吗?”

“是。”

“从事什么工作?”

“笔迹检验。”

“办过多少案子?”

“大概有几千例吧。”

“你出庭作证过吗?”

“出过。”

“詹楚材,坐吧。”英国教师转向担任翻译的老黄说。

我觉得不累,而且站着回答问题也是对法官的尊重,就说:“没事,站着说吧。”

接下来问了一些笔迹检验的基本内容,然后是根据鉴定书提问。这时候,他突然问我:“你除了从事笔迹检验,还做过什么其他工作?”我一怔,说:“法官大人,您提的问题我可以回答,但我认为与本案无关。”在澳大利亚出庭时就遭遇过问无关问题的事,我就是这么说的,说律师提的问题与本案无关,结果得到了法官的支持。不料,老黄向英国教师翻译我的回答后,英国教师当即声调严厉地对我说:“我问你什么,你就得答什么!”我当时心里一紧,嚯,怎么一下子就凶起来了! 于是如实告诉他我所从事过的机关办公室工作等。

就是这一句“我问你什么,你就得答什么!”给我的印象十分深刻,真是跟受审一样,怨不得香港法庭把出庭作证,都称之为“作供”、“聆讯”,还是有其道理的。

一上午,我们三人都经受了英国教师的“考核”,有惊无险,顺利通过。后来知道,这种考核也有选择让我们三人中哪一位出庭的含义。大致结论是,我说的湖南味普通话不大好懂;徐立根的话语清楚,但听力不大好,有的提问他听不清,还要法官再重复;而贾玉文各方面的条件则比较合适。这是后来才知道的。而当时我们认为,到时候三个人都是要出庭的,或者是轮流出庭。在此后的一段时间内也都是这么认为的。

下午,英国教师来得较晚。他说:“谢谢你们等待。”说完之后马上表示,他这样做是让我们体会到把面子拿下来,这也是一项艰辛的工作。他说:“上午我知道了,詹先生在澳大利亚为作证等了一天,我让你们等了两个小时,不多。”

英国教师根据我们的表现,再次给予了细致入微的指导点拨——

上午模拟法庭的人并不多,但你们就有点感到不自在。法官不一定老在看你,但他肯定是在小心地听你讲话、做笔记。你们还是要注意法官,不管什么情况,都要注意看法官。

需要眼镜时,可以戴着,也可以放着,但不是玩具,不要老去动它。因为,你们之中有位先生在庭上不时摆弄手中的眼镜,这就不好了。如果提问了,你需要思考,可把眼镜拿出来,擦一擦,以此争取一些时间思考。

每次回答问题前,给自己一点回答的时间。难答的问题需要思考,简单的问题也要停顿一下再回答,即难、易问题都留时间思考,这样,对方可能有些问题就不问了。

但是,当你在回答问题时,那边律师问得很急,对你穷追猛打,你这边说两句,停下,再接着说——这是不好的方法。会让人讨厌的。答案要一次说完。

当遇到难答问题时,可以看看报告,向法官提出来看文件,脑子里记得也要看看清楚。这是让法官能对你有信心,也是让自己准确地回答问题。

当法庭上的法官、律师等相关人员交谈时,你可以放松一下,但随时要准备工作,这时提出的问题,你要小心哩!

我们的课程没有注意这起案子本身,只是讲解了法庭上的典型问题,说不定你们在香港的法庭上就会遇到。

记住,我们所从事专业的尊严,决定了我们不应做出有辱尊严的举动。

现在可以告诉你们,我对你们法庭模拟的提问,每个人的内容、方式、风格都不一样。第一位,我是一个很刁钻的角色;第二位,我是一个难对付的角色;第三位,我是一个高傲的角色。

我原来不认为你们是很好的专家,但事实上都做得很好。给你们的那本书里有很多有意思的东西,一是历史信息,讲要这么做的原因,属于常识;二是技术问题,虽然没有一条条地讲,但都大概涉及了,应该好好看看。要用中文、英文对照着看。

最后,再说一下翻译的问题。通过翻译答问时,是一气说完好还是两次说完好?应该是说三到四句停一下,翻译完再说。不论谁翻译,讲得越长,翻译错误越多。所以,说话时,可将主题概括出来,就不容易出错了。同时,等翻译后,要看法官的动作,他还在记,就不要急着讲。当我的答案还未完,对方律师就提问了,应向法官提出:我可以继续讲完吗?不要讲太快了,要让翻译有时间翻译。面向法官回答完问题后，再转身向对方律师，让他提问，这是给对方传递信息。答问题时，一定要面向法官，让法官了解你的专业标准。

感谢大家！

英国教师的课到此结束。他说，过去是需要五天训练的，这次授课缩短了时间。虽然是省略了一部分内容，但他所讲的都是法庭上的经验之谈，惯例之谈，典型问题之谈，方方面面注意事项之谈，对于需要尽快熟悉英美法系庭审的人，绝对是“速成”的良药。我之所以力所能及地进行回忆，并不厌其详地将记录加以整理，是因为其中所讲的不少情景都在后来的法庭上出现了，看了这部分内容有助于我们了解英美法系法庭的一些特点，也希望读者能够从中有所获益。

第五章

三份遗嘱与两次绑架

13

从澳门回来后，我们的工作开始紧张起来。每人都拿到了一套鉴定书的副本，比照英国教师所讲的要求，思考有无补充的内容，熟悉鉴定书的全部内容，每一个问题，每一个段落，每一章节，都要达到了如指掌，以免在法庭上出现回答问题与鉴定书相矛盾的情形。同时，按照委托方的要求，集中精力研究对方聘请的两位专家证人和郑佑生先生的鉴辨报告，了解他们的检验方法和观点、结论，搞明白错在哪里，为什么错，等等。2001 年 7 月里，我们主要就做这两项工作。还有一项工作，就是各自都开始办理到香港出庭的相关手续。

7 月底时，贾玉文、徐立根二位先后到了香港。我因为办护照耽搁了几天，8 月 3 日一早从北京飞到深圳，然后坐火车进入香港特别行政区，10 点多钟在九龙站下车。接站的人群中，我看到了老黄，他上穿浅格白 T 恤，裤子则是淡黄色的，加上偏胖的身材，颇有几分富态悠闲之气。他满面笑容地迎上来，握住我的手说："詹老师啊，辛苦啦，贾老师和徐老师都到了，就等你了，我们可都等急了。"

"我也着急呀，就是护照给耽误了。"

我们说着话出了站。天气十分炎热，还夹带着潮湿黏糊的感觉。老黄抢过我的一个行李箱拖着，边走边擦汗边说："这里开车不方便，很不方便的，堵得厉害，咱们就直接走过去吧，就是那个日航大酒店了，不远的。"他抬手朝前指去。

我一看，确实没多远，而路上的车却连成了不见头尾的长龙，缓缓移动，而且是单行道，需开出很远才能绕转过去，感觉走路要比开车方便。大约 20 分钟后，我们走到日航酒店，安排好房间，放下行李，就前往华懋集团总部的所在地华懋大厦。华懋大厦位于日航酒店对面,巍然耸立,很有气势。委托方给我们提供的办公地点在大厦四层,走进去是一间大会议室,里面套着一间小会议室,约有 20 平方米,门一关很是安静,贾玉文、徐立根已经等在那里。这时候是上午 11 点半钟,闲话没有,坐下就开会。他们告诉我,这两天,与委托方聘请的大律师李柱铭见过面了,通报了一些情况,李大律师提出一些问题,有的需要赶紧办,有的需要研究准备。

第一是每人得写一份简历,尽量详细些。这个好办,我带的材料里有现成的。第二是我们三个人怎么就到了一起参加这个案件的鉴定。这个也好办,照实说就是了。第三,可能对方要问到我们鉴定的报酬是多少。这个也不难回答。第四是贾玉文给李柱铭讲解了汉字结构的特点,我们进行鉴定的理论根据、基本方法、原则等。第五是要求我们仔细研究对方专家的鉴定书,要写出材料来;我们出庭或对方出庭,发现了问题和漏洞,随时用文字记录出来,交给大律师。第六,要搞一个综合性的比对表,制成胶片,符合点、差异点都要有,讲得细一些。这个比对表我们后来搞得时间比较长,反复制作了若干次。第七,分析对方可能提出"王德辉的签名是 50 年代签的",怎么看这个问题。我们认为,这个只能做墨水年代鉴定,单纯的字迹检验无法达到这一点。第八是王德辉的签名有抖动,表现在哪里?为什么以前没有?其实,在以前王德辉签名中也能找到个别笔画抖动的,但那些原始签名没被法庭接受并列为样本。第九,对方怀疑王德辉签名是一个高手练习后摹仿形成的,是否摹仿了 1958 年时的签名?我们说无摹仿,那么理由是什么?第十,李柱铭问我们是否看过美国人奥斯本(英文:Osborn)的文件检验专著,如没看过要马上看,那里面讲到了疑难案件的检验,有判例,其中就有关于造成字迹抖动的多种原因。英文与汉字的鉴定有区别,但也有相同的地方。第十一,对方提出的所有差异点,要有针对性地提出我们的看法,如"王"字竖笔偏左与偏右的问题。第十二,王德辉签名的样本数量问题,虽然够用,但不能说充分,因为没有 1985 年以后的样本。第十三,样本反映的主要特征不充分时,可以不做结论;但本案样本的特征反映是好的,可以做结论。第十四,对王德辉签名的描述希望更充分,每个字都要有详细说明。第十五,对谢炳炎的签名,对方只用了少数样本,用的是 1990 年口供笔录上的八个样本,认为有差异。而我们只分析了慢写的样本,为什么?这要讲清楚。第十六,王德辉签名的抖动,是不是和受伤有关?其实,在王德辉的一些签名样本中,比如 1958 年的签名样本,严格看都是能看出抖动的。所以,我们只是说"可能有关",是个或然性的有倾向的判断。

李柱铭提的这些问题,已让我有了相当的犀利感,如果是对方的律师提问,肯定还要更尖锐。后来的法庭辩论证明,在这个案子中,由于诉辩双方专家鉴定结论的不一致,笔迹鉴定的细化分析被推到了一个咄咄逼人的高度,可以说是达到了空前的极致。

大约谈到下午1点多钟,谈完才去吃午饭。饭后休息了个把钟头,便前往孖士打律师行拜会李柱铭大律师。那时我对李柱铭的了解,仅限于听说他在香港名气很大。孖士打律师行设在一座写字楼里,我们坐电梯上到大约十几层,走廊里有个门房,挂着律师行的牌子,接待的人把我们带到了会议室,李大律师的助手李律师、沈律师过来招呼我们,给我们倒水。彼此寒暄几句,李大律师来了,我们三人都站起来和他打招呼。他过来和我们一一握过手,然后大家就座开始谈情况。李大律师的个头与贾玉文差不多,一米七几,戴一副眼镜,不胖不瘦,说话慢条斯理,握手的感觉很轻,一带而过。谈话中主要由助手来介绍情况,他不大说话,只是说到关键的地方会不失时机地插上几句,从律师的角度提出不少问题。我感觉他对大陆的笔迹鉴定似乎信心不太足,当然也可能是出于职业习惯,他首先要消除所有疑问,才有可能让法官接受我们的鉴定结论。

他们向我们介绍了开庭情况和庭审日程安排。开庭后先是对方律师呈述,接着传讯证人,对方有五至七人,包括王廷歆老先生,王德辉的兄、妹等,大致需要七天。之后是对方的鉴定专家,包括墨水鉴定专家。在法庭有我们的指定座位。法庭上可以用英文,也可用香港话,法庭上有翻译,英语、普通话、香港话都能翻。如果有什么问题要提,可以告诉律师来问。如果在旁听中发现了问题,而且这问题很大,可以随时写字条递给律师。

每天的开庭时间为上午9点到11点半,下午2点半到4点半。李柱铭希望我们开庭后一定"到法庭看看"。律师询问对方的墨水专家、笔迹专家要用两三个星期,最好去法庭看看。初步估计对方证人出庭时间共需六星期。

关于谢炳炎签名,要做成一对一的比对图,然后做一张完整的比对图表,以进一步说明检材与样本之间的差异点与符合点;原来的比对表比较单一,不全面。王德辉签名也需要采用同样的方法制作。

李柱铭他们大体是把中午我所听到的那些意见又给说了一遍。

此后,我们按照李柱铭所说的,全力给他准备材料。重点是针对对方专家的观点,将有争议签名做成一目了然的对照图表。据此,我们三人也做了必要的分工,涉及"王德辉"签名笔迹问题的图表由贾玉文负责,"谢炳炎"签名笔迹的图表由詹楚材负责,需对对方观点进行文字说明后批驳的由徐立根负责。同时,我们又要互相协作,遇到疑难,共同研究。徐立根的英文好,在开庭后必要时由他去参加庭审,以便及时了解对方证人的观点。

14

就在我们忙碌之中,8月6日,王廷歆诉龚如心案正式开庭。这一天的庭审内容第二天便台风般地覆盖了港城的几乎所有新闻媒体,为燠热乏味的长夏注入了亢奋的元素,随处都能听到人们在津津乐道地谈论着这起世纪争产案,指点着报纸上的大幅照片,分析着案件的走向和结果。

8月7日的《香港经济日报》《东方日报》《明报》《星岛日报》等都使用了诸如“龚如心被爆通奸”“家翁指龚如心曾通奸”字样的大标题。这样的新闻无疑具有爆炸性,立马就成了坊间勾栏的八卦谈助。在民事案件中,能公开如此不利于一方当事人的内情,确实让我感到吃惊。细看报道,方知此内容是这起争产案因果链条中不可回避的一环。8月6日开庭后,首先是王廷歆老先生聘请的资深大律师进行开案陈词,其中指称,在1968年年初,王德辉怀疑妻子与人通奸,曾聘请私家侦探暗中调查。随后,侦探拍到大约十张相关照片,证实了王德辉的怀疑。这些将作为证据呈交给法庭的照片,是导致王德辉更改遗嘱的直接动因,这份被王德辉锁入保险箱中的于1968年3月立下的遗嘱取消了龚如心的遗产受益人资格,指明父亲王廷歆是其遗产的唯一受益人。

因为,王德辉在1960年4月曾立过一份遗嘱,写明由父亲王廷歆和龚如心平均继承遗产,如日后有子女的话,则龚如心便要将所得遗产的一半留给子女。至于王德辉为什么会在26岁、婚后还不足五年之时就立下自己的遗嘱,原因不得而知,或许是他那时就有了某种预感。但是,按照香港的法律,有了1968年3月的遗嘱,1960年的遗嘱也就无效了。

对此段夫妻经历,龚如心在法庭誓章中是这样提到的:20世纪60年代中期,两人聚少离多,以致婚姻亮起红灯,她曾离开王德辉到美国住了一段时间,待王德辉患病她才返港陪伴。1967年王德辉又到台湾发展业务,两人的分开再度导致夫妻关系紧张。到1968年年底王德辉结束了台湾的生意,龚如心也将精力投到华懋公司的生意上,两人又和好如初,随后便是长达二十余年的夫妻恩爱生活,婚姻关系没再出现问题。

到了1990年,王德辉第三次写下遗嘱,就是前边章节所写的委托我们三人做笔迹鉴定的那四页文字,又明确将所有遗产留给妻子龚如心。这样一来,1968年的遗嘱自然就无效了。王老先生得知此情后,当时就认为这个遗嘱纯属伪造仿冒,并将龚如心告上法庭。于是双方各讲各的理由,各找各的证据,开始了这场罕见的翁媳争产官司。

15

对于这场官司的前因,开庭前我听到过一些说法、片段,并不连贯且版本各异,开庭后经媒体公开报道什么都清楚了。争产案的关键是出现了王德辉的第三份遗嘱,没有这份遗嘱,争产案也就不成立了。

然而，要想客观地了解这场翁媳争产的来由，就不能不了解王德辉本人的两次遭遇绑架。

第一次是在1983年4月12日，王德辉夫妇从他们居住的山顶百禄径寓所驾车去上班，在狭窄的山道上被突然出现的两辆客货车前后夹击，无路可走。蒙面贼人用刀控制住王德辉夫妇，将王德辉强行拉下，关入一辆货车的铁箱中；又逼迫龚如心回去，在三日内往海外信托银行一账户存入1100万美元。当时龚如心跟绑匪说："你捉我吧，放了王生啦！"香港人习惯将先生略称为生。龚如心要求把自己留下当人质，让王德辉回去筹赎金，因为她怕丈夫的脾气不好，担心他会反抗发生麻烦。但是，绑匪还是先放了龚如心，让她拿钱赎人，将王德辉强行塞进一口大铁柜拉走了。龚如心回去后赶快筹齐赎金存入绑匪指定银行账户。王德辉于八日后被放回，虽然受到一场惊吓，但毫发未损，只是对龚如心这么快就交出赎金很是担心，怕将来还会出事。案发后，香港警方根据王德辉提供的线索，在案发13日后抓获了参与绑架的三男一女匪徒，并起回大部分赎金。此案主犯叶荣添、鲍郑娜分别被判刑15年、7年。

谁想到，王德辉的担心竟然成真，七年之后他第二次遭遇绑架。

1990年3月10日，王德辉到他常去的马会骑术学校骑马。他早就是赛马会会员，骑马是他喜爱的休闲运动项目。奇怪的事在这天发生了：一向极为驯顺听话的坐骑突然发疯一般地暴躁起来，王德辉猝不及防，从马上猛然摔下，头部、手臂等多处受伤，衣服破了，流了不少血。王德辉住进了圣保禄医院，经检查没有发现严重的伤筋动骨，治疗观察两天后出院。

按照王德辉第三份遗嘱上所写的时间推断，这份遗嘱应是在3月12日他出院这天的晚上写下的。从王德辉能想到把出事时的头盔、血衣、住院治疗的单据等保存下来，留为证据，可以推断出他当时保持着相当的警惕，他的心情十分复杂，想到的问题也很多。王德辉夫妇至少相信，这不是一次简单的意外事故，他们怀疑有人给马喂食了某种药物导致了马的反常行为，而在此事的背后可能隐藏着更大的阴谋和危险。

就在王德辉摔伤整一个月之时，4月10日，厄运真正降临到他的头上。这天晚上6点多钟，王德辉下班后独自开车到跑马地赛马会打壁球，离开公司前还和龚如心打招呼，问她是不是还要和律师开会，龚如心说是，他就一个人开车走了。近8点钟时，王德辉锻炼完了离开马会返家。又是在快到家中的山道上，王德辉遭遇绑匪车辆前后拦截，连人带车被绑架，他被挟持到海边，押上一艘小艇迅即驶离香港海域，从此便从人间蒸发。王德辉驾驶的白色平治轿车被绑匪推入海中。两日后，华懋集团收到绑匪电话，声称要6000万美元赎金。多次来电后，龚如心按绑匪指示先将3000万美元存入指定的银行账户内，随即向警方求助。存入3000万美元的户头虽然被户主迅速取消，但香港警方根据资料还是追查到该账户主人是个台湾男子，于是顺藤摸瓜，与台湾警方合力侦查，最后在台湾拘捕了十多名男女，同时缴获七亿元新台币。有绑匪供述，他们的船在海上遇上内地的缉私船并被追击，在逃跑中"肉参"王德辉被抛落大海，不知所终。但这一说法始终没有得到证实，王德辉至今活不见人、死不见尸。

王德辉一案在港城马上传得沸沸扬扬。随即，影视界的编导们大展身手，用真实案情改编拍摄出《重案组》《绑架黄七辉》等电影作品，于 1993 年上映。有意思的是，这两部影片中被绑架的富商都叫黄七辉，而《重案组》中的主演成龙，更因在片中的出色表演，获得了 1994 年台湾金马奖最佳男主角奖。即使在十多年后，2005 年由郭富城主演的《三岔口》也用到了王德辉失踪的情节。到了 2006 年，仍有香港的电视台打算在一部名为《香港疑案》的系列剧中再现"富商王德辉绑架案"，筹划透过多个角度重演这起案件，破解其中谜团。

此案的调查情况是在案发数年后的一次国际警察交流会议上被揭秘的，负责调查此案的一名外籍高级警司将此案作为典型案例在会议上进行了交流。这起绑架案的策划者是一名叫钟维政的香港退休侦缉警长，有黑社会背景，为策划这起绑架足足筹备了五年。参与者多为港、台的黑道中人，其中包括钟维政的儿子钟志能，他被抓获时的身份是香港一家媒体的记者，同事对他的涉案无不感到吃惊。钟维政的犯罪预谋十分周密，他设立了五个小组，分别是监视绑架目标的狗仔队、绑架目标的行动队、运载肉参的船队、负责致电勒索的交涉小组、将赎金化整为零汇往台湾的汇款小组。动手前进行过多次演练，务求一举成功。每一个小组的头儿都是知情的亲信，招来的组员都是不知道全盘计划的青年人。所有命令都是单线向下，只有钟维政一人掌控着全局。在警方根据龚如心的报警对此案展开调查后，通过电话和银行账户两条线追查绑匪。确定在案发日晚 6 时至 8 时的时间段，匪首与各小组电话联络频繁，后来电话这条线都断了，警方最终通过账户破获了此案。案发后许多年了，钟维政等四名涉案要员仍亡命天涯，一直被警方列为全球的通缉对象。[①]

16

再说华懋集团这边，自王德辉遭绑架失踪后，龚如心独自承担起掌门人的重任，开始在商界大展身手：果断投资英国的房地产业，不断收购香港的物业，通过控股的英国某公司收购了俄罗斯的大批森林、石油、金矿等资源性企业……在投资经营方面，龚如心表现得非常圆熟老到，独特的商业眼光为华懋集团的壮大发展创造了一个又一个传奇。比如，她在英国投资了 3000 万英镑经营房地产，这笔投资几年后就增值到了 1 个多亿。1997 年，美国《福布斯》杂志公布的世界超级富豪榜中，龚如心以 70 亿美元个人资产名列世界华人女性之首。

华懋的产业在不断扩张增容，然而，一场争夺遗产的官司也在暗中有条不紊地准备之中。

1997 年 4 月，王廷歆通过律师，得到了存在保险柜中的王德辉 1968 年遗嘱的复印件。同年 5 月 22 日，香港报纸上出现了这样一则耐人寻味的《寻人启事》：

寻人 王廷歆寻儿王德辉（原华懋集团主席）。自您于 1990 年 4 月 10 日失踪后，不知所踪了无音讯，各方人等知其下落者见报后，请即与本人代表律师书面联络。1997 年 5 月 22 日。

王德辉被绑架失踪已数年，为啥偏偏这会儿还要刊登明知没有希望的“寻人启事”？早干什么去了？原来，玄机就在发布启事的日期上。按照香港法律，如有人失踪满 7 年而又没有证据证明失踪者可能还生存，法庭便可颁令假设死亡，失踪者的家人即可办理手续申领遗产。从 1990 年 4 月 10 日起，或者从绑架报案时算起，到 1997 年 5 月，王德辉失踪已满 7 年。王廷歆这是在为争产诉讼铺平道路。

1997 年 5 月 26 日，王廷歆向香港高等法院禀告，要求宣布王德辉已死亡，并确认王德辉 1968 年立下的遗嘱为他最后一份遗嘱。上诉庭向王廷歆指出，不可在确认王德辉已死前确认其遗嘱，程序上出错，驳回其请求。

作为对王廷歆诉求的回应，华懋集团高层在 1997 年 9 月 2 日公开表示，王德辉尚在人世。1998 年 1 月 16 日，龚如心向香港高等法院呈交两个信封，一个里面有王德辉 1968 年遗嘱副本，一个是用大信封封好的王德辉 1990 年遗嘱。龚如心说，遗嘱是王德辉失踪之前交给她的，告诉她只能在他死后才能打开。

1998 年 5 月 21 日，王廷歆登报称王德辉遗产诉讼正在进行，敬告各方与王德辉持有利益的公司交易时要慎重。

1999 年 6 月 13 日，王廷歆再次就宣布王德辉在法律上已死亡及确认王德辉 1968 年遗嘱向香港高等法院禀告，并将龚如心列为答辩人。同年 9 月 6 日，龚如心同意拆封 1990 年遗嘱。高院即日将这份遗嘱拆开查看内容。9 月 8 日，此案以内庭形式开审，王廷歆与龚如心对簿公堂。由于在庭审中龚如心无法提出王德辉仍然在世的证据，1999 年 9 月 22 日高等法院裁定，容许王廷歆宣布儿子王德辉在 1990 年 4 月 10 日或以后死亡，并可正式开展争产诉讼。

1999 年 10 月 6 日，王廷歆通过律师报警，指认龚如心提交的 1990 年遗嘱是伪造的。

2000 年 3 月 15 日，高等法院就王廷歆与龚如心的争产诉讼，批准委任独立接管人在诉讼期间暂时负责管理王德辉的遗产。

2000 年 4 月 12 日，根据王庭歆和龚如心各自声称拥有王德辉遗嘱的案情，高等法院继续在内庭进行聆讯。

就在这时候出现了一个插曲。由于王廷歆报警告龚如心伪造遗嘱，高等法院将王德辉1990年遗嘱送交政府化验所检验。按照郑佑生先生提交的“政府化验所证人陈述书”上标示，他是在2000年5月29日完成检验的。而在同年6月12日，龚如心接到自称是政府化验所高级化验师的电话，说他负责对龚如心提交的遗嘱进行鉴证，发现是伪造的，如果龚如心肯拿出1000万港元，他们可以撰写有利于她的报告，以证明她所持遗嘱是真的；否则，鉴证报告将会不利于她。三天后，龚如心再次接到勒索电话，对方要求她把钱存在湾仔艺术中心的储物柜里。随后，龚如心向香港廉政公署举报，有公职人员涉嫌向她非法索取利益。廉政公署遂按照指定时间派出调查员在湾仔艺术中心设伏，将两名前去取钱的人当场捕获。这两人是35岁的大律师巫思龙和30岁的律师杨展达，他们是在冒充公职人员进行敲诈勒索。调查人员在巫思龙寓所找到一份王德辉遗嘱的副本，同时在巫思龙身上检获一张写有与龚如心谈话内容的纸条。据杨展达交代，是从他所在的律师行得到王德辉1990年遗嘱的情况，而王廷歆打官司聘用的正是该律师行。巫思龙在法庭上辩称，他这样做只是开开玩笑，要“玩龚如心一镬”，目的是要证明龚如心“身有屎”，从而满足他个人的好奇心理。这二人被香港区域法院裁定有罪，各判坐牢三年。当然，垂涎王德辉巨额遗产的绝不止这二人，后来又有一名精神病汉多次致电龚如心，声称王德辉在他手上，允许龚如心用85万美金来换取王德辉的自由。

不过，勒索案件的出现并不影响争产官司的进程。在内庭审案期间，龚如心的资深大律师冯华健得知，政府化验师郑佑生鉴证龚如心所持遗嘱涉及伪造，可能导致有人入罪成分，警方商业罪案调查科一直在调查此事。根据这一情况，考虑到维护当事人的权益，冯华健认为，警方将来若真的就伪造遗嘱一案进行刑事审讯，案件有可能交给陪审团裁决，而龚如心此前要在争产案中作供，这种情况可能对龚如心带来不公平，可能会使陪审团形成偏见，为此他代表龚如心提出申请，先将争产案暂时搁置，待警方刑事调查完毕才进行。这一申请的法律原因，就是面对刑事案件调查，龚如心有保持缄默的权利，但此时进行争产案聆讯使其无法享有这一权利。

王廷歆的资深大律师则反对搁置案件，因为原诉人的指控只集中在遗嘱属伪造上，并没有指控遗嘱就是由龚如心伪造。

2001年6月20日，审理此案的法官任懿君于内庭作出两项决定，一是否决龚如心要求暂时搁置聆讯的申请，二是因内容有可能影响刑事程序，决定将争产案以内庭形式聆讯。冯华健于7月11日对这两项决定提出上诉，指香港从未有遗产案闭门聆讯，闭门聆讯会引起传媒对案件揣测，同样对龚如心不公平，要求将案件暂缓至所有刑事程序完成才再开始。上诉庭的意见是，维持对搁置聆讯申请的否决，但批准争产案以公开形式进行。因为所有闭门或公开聆讯案件的判词均要公开，故此公开聆讯此案也不会构成任何影响，但双方可以申请将部分过程以闭门形式进行。同时，上诉庭确定争产案将于 8 月 6 日在高等法院原讼法庭作公开审理。冯华健随即提出申请继续上诉到终审法院，但被上诉庭即时否决。此后，媒体传出龚如心被警方邀去警署协助调查一宗伪造遗嘱案，但此事没有得到警方和华懋集团的证实。

8 月 2 日，代表龚如心的资深大律师冯华健再次做出努力，前往终审法院陈述理由，希望法庭暂时搁置这宗争产案，待涉及刑事的调查完成及可能因此出现的刑事审讯结束后，再继续审讯争产案，并力图说服终审法院准许龚如心以此提出上诉。然而，终审法院认为，上诉庭正确地行使了有关权力，并恰当地考虑了案情，没有犯错，所以不许可龚如心继续上诉。

至此，这宗争产案公开审理已确定不移。8 月 6 日上午，此案如期在高等法院原讼庭开庭，第一天的庭审结果正如大律师冯华健事先所料，龚如心一方立即在舆论上处于非常不利的地位。

注释

① 参见《东周刊》1997 年 5 月 29 日、《壹周刊》1997 年 5 月 30 日。

第六章

法庭与律师

17

香港的法庭审判机构设置与内地有很大差异,分工比较细致,有明显的专业化特征。如各具司法管辖权的审裁处,就分为土地审裁处、劳资审裁处、小额钱债审裁处、淫亵物品审裁处等,它们只负责审理指定范畴内的纠纷并作出判决。法院则分为少年法庭、死因裁判法庭、裁判法院、区域法院、高等法院、终审法院等,其中高等法院又设有原讼法庭和上诉法庭。

王廷歆告龚如心的这起世纪争产案由于案值巨大,只能由司法管辖权不受限制的原讼法庭审理。审案法官由原在内庭审理时就负责此案的任懿君一人担任。时年53岁的任法官信奉基督教,在他做出的判词中经常引用圣经上的话。他是1975年毕业于香港大学法律系,于1976年分别在英国及香港取得大律师执业资格,此后10年从事大律师职业,1987年加入司法机构,1994年晋升为高等法院原讼庭法官。

香港的律师制度也很有特点,它脱胎于英国的律师制度。在同样律师的称谓下,却有着分工与职能不同的两个分支,即大律师与律师(或称事务律师),香港话所说的大状是专指出庭辩护的大律师,按规定一个人不能同时既是大律师又是律师。它们各自有各自的行业自律组织:香港律师公会和香港大律师公会。这两个公会都是纯民间性质的,不带任何官方色彩,但要具备律师或大律师资格,在经过各自的公会考核或审查后,还向香港最高法院提出申请,由最高法院法官承认申请人为律师或大律师后,律师公会或大律师公会才发给执业证书。公会的职责主要在于对律师从业者进行职业操守的监查并维护他们的权益。要成为大律师,首先要具备事务律师资格,二者除了在专业水平上有各自的要求外，其最大区别在于，事务律师的出庭发言权是受到限制的，他们只被允许承办区域法院及以下法院管辖的诉讼案件和非诉讼事务，简单说，就是承办一般性案件；而大律师在所有法院均享有不受限制的发言权，可以承办各种案件，担任出庭辩护人的角色。大律师如果从业10年以上，而且业绩表现出众并获得公认的成就，便可申请当资深大律师（香港回归前称为御用大律师）。资深大律师的业务水准要求自然又在大律师之上，一些较为复杂的重大案件的当事人通常是要聘用资深大律师出马的，不过聘金当然也要高出许多。[①]

出现在争产案法庭上的双方律师阵容如下：

王廷歆一方是以资深大律师陈景生为代表，大律师曾汉坚、陆英华协助。陈景生于1972年毕业于香港大学法律系，1974年和1975年分别在英国和香港获大律师执业资格后一直在香港执业，1989年成为御用大律师，自1995年起获任高等法院特委法官，时任大律师公会副主席。陈景生是香港收费最昂贵的资深大律师之一，以擅长处理遗产、诽谤及土地法等民事诉讼而闻名，普遍为人所知的案件是1998年代表陶渊明后人，成功争取回一处古建筑的业权，使陶氏后人可获得三亿港元的赔偿。陈景生还对风水术数颇有研究，在法律界有"陈道长"之称，特别偏好红色，身上总有一件红色衣物，如红领带、红袜子，驾驶的宝马车、办公室的地毯等都是红色。有人说他是认为红色有利运势，能为他带来好运气，而他说自己纯粹只是喜欢红色而已。

龚如心一方在内庭审案时聘用了资深大律师冯华健和大律师莫树联，在由内庭闭门审讯转向公开形式庭审后，又改聘两名资深大律师李柱铭、郭兆铭为代表，加上沈世文、李倩冰、Ramesh Sujanani三名大律师协助。李柱铭于1965年和1966年分别在英国和香港取得大律师资格，1979年成为御用大律师，又是立法会议员，在民事和刑事案件官司上均有成就。有一名在上海就读法律专业的女大学生恰好放暑假回港探亲，闻知李柱铭为争产案出庭，立即前去法院旁听，以一睹著名大律师亮相法庭的风采。郭兆铭是来自津巴布韦的白人，于1967年取得大律师资格，担任过律政司副刑事检控专员，曾在办理商业诈骗案方面很有名气，1993年在香港开始大律师执业并取得御用大律师资格，专注于涉及字迹、墨迹辨识的案件，亦有出色建树。

媒体评论双方的律师团是旗鼓相当、阵容鼎盛，更有媒体由律师阵容入手，进而对大状费用作出评估，有的分析这场遗产官司将会旷日持久，也将使双方律师费用数以亿计，有的说仅诉讼堂费就会逾千万元。一位谢姓律师在报纸上分析说，一般高等法院的官司，输方动辄付出以百万计的堂费，大律师接案费以年资计，估计费用25万元至70万元不等，每上一堂费用多收六万多元。据一份材料说，香港资深大律师的收费标准，往往是根据案情进行"面议"，一般来说，首日出庭的收费高达100万港币；此后，每出庭一天的收费从20万到30万港币不等。另外,如果当事人请资深大律师帮助研究案情,每小时的付费标准从一万到数万元港币不等;而请他们研究文件或起草有关法律文件,所付费用则是按小时计算的,每小时从 3000 到 5000 港币不等。[②]

不过,尽管大状们的酬金如此丰厚,开庭第一天的法庭上还是略显平淡,未见有多么了不得的唇枪舌剑,这一天主要是陈景生代表原诉方进行长篇陈词,其间,李柱铭只做了几次提问,大多数时间都是坐在陈景生身边静静地聆听。

即使如此,媒体还是找到了许多吸引眼球的卖点,涉及的方面很多,包括公布双方笔迹检验的结果,公布王德辉前后立下的三份遗嘱,向公众解释如何使用显微镜、静电仪鉴别笔迹,甚至在报章上图示私家侦探截听他人电话的技术,但多数都在"家翁怀疑龚如心通奸"上大做文章。

也有媒体从法律角度切入,让法律专家对通奸的法律含义做出解释,指出"通奸"的指控比一般所指的"婚外情"要严重许多,一般只在离婚案件中用到;光是关系亲密、出双入对还不能构成指控,必须要有发生性关系的证据,法律上的定义是指男性的生殖器官进入了女性的生殖器官时,才可证明配偶做出了越轨行为,比如捉奸在床,或为第三者生下子女,没有这方面证据,在法庭上是不能随便指某人与他人通奸;而且,即使通奸成立,也不会影响财产分配,因为这一行为只是财产分配中的一个不太重要的因素。

由于陈大状代表原诉方对"王德辉怀疑妻子通奸"说得有根有据十分肯定,且有即将呈交法庭的私家侦探拍下的照片为证,这就更加吸引了公众的注意力,使迫切了解案情内幕成为一种普遍的期待。

然而,经过媒体大力张扬渲染的那些照片证据又会是怎样的呢?

注释

① 参见香港特区政府律政司 2004 年出版的刊物《香港的法律制度》。

②参见《苹果日报》2001 年 8 月 7 日 A2 版,及同一日《新报》《明报》《星岛日报》《太阳报》等。

>>> 第七章

银行保险箱揭秘

18

“王德辉遗产争夺案”使喜好“八卦”的港人眼前突亮心动不已，纷纷前往高等法院听审，开庭的第二天法庭内已是座无虚席，去迟了的市民干脆在过道上企足旁听。

当然，旁听席上并不都是猎奇者，也有不少法律界人士前来一睹著名大状的技艺。有一位72岁非执业大律师就坦言，他正在协助处理一宗遗产诉讼案，还没有展开聆讯，想预先到这里来“偷师”，借此增加胜算。

8月7日，法庭的审理集中在王德辉租用的银行保险箱上。按照王廷歆老先生提供给法庭的说法，1968年王德辉拿到私家侦探拍到的照片，遂怀疑龚如心通奸，恼怒之中写下他的第二份遗嘱，确定自己的父亲王廷歆为唯一遗产继承人。据说这份遗嘱以及由私家侦探所拍摄的“通奸照”一并存入他在香港的广东银行新租用的保险箱里。该银行后改名为美国亚洲银行。这件事，王德辉只告诉了他的父亲王廷歆和帮助他打理公司的表哥叶理光，并指定叶理光为该保险箱的代表人，据说还交给叶一条保险箱钥匙。

自王德辉被绑架失踪后，王廷歆提出遗产诉求，要向法庭提供遗嘱证据，就需要打开这个存有遗嘱的保险箱。所以，在原告人一方的证人名单中，首先就列入了美国亚洲银行负责王德辉保险箱的主管和监督开启该保险箱的税务督察，让他们来证明打开保险箱取到遗嘱这一事实的真实合法。

据保险箱主管陈女士证实，在王德辉失踪后，保险箱被打开过两次。1996年12月，王德辉保险箱代表人叶理光的律师提出开启保险箱的要求，而叶理光又是应王老先生要他帮忙查明遗嘱而提出开箱的，只是他记不起王德辉是否给过自己保险箱钥匙,因为他找不到那条保险箱钥匙,如果给过恐怕也是丢掉了。按照银行的常规做法,遇上租用保险箱的箱主逝世的情况,就要冻结保险箱,任何人不得开启,直至法庭对死者遗产做出法律裁定,代理人须办理好遗产承办手续方可凿箱。后银行在听取了律师意见后才与叶理光达成协议,同意他开箱查看,但不可以从箱中取走任何物件。

1997 年 2 月 26 日,在陈女士、叶理光一方律师的代表、银行律师代表等几方人士在场的情况下,请来锁业专家凿开保险箱。按照计划,开箱后要对箱内物件进行清点并列出清单。不顺的是,由于银行方律师与叶理光方律师代表发生争执吵翻了,双方都认为理所当然该由自己亲自清点物件,结果在互不相让下银行律师当即行使权力指示关闭保险箱,双方僵持时间达一小时,代表王老先生一方的叶理光律师代表最终没有达到开箱列出清单的目的。

1997 年 4 月 22 日,王廷歆在获遗产税署署长批准后,以遗产执行人身份打开保险箱。当时在场的有王老先生和他的大律师代表、叶理光的代表、银行代表和两位税务督察。

那两位督察中的一位已于 2000 年去世,另一位王女士出现在法庭上为第二次开保险箱的经过作证。王女士说,他们开箱后列出了一张检阅箱内物件的清单,上面第一项就是王德辉在 1968 年时订立的遗嘱,第二项是一沓 22 张相片,第三项是一沓 26 张相片,第四项是一沓相片底片,此外是一批往来书信、电报、文件等,共计 30 项。在留下遗嘱影印本后,王廷歆获准将遗嘱正本拿去办理遗产承办手续,其余物件均放回原箱。

李柱铭大状的当庭盘问,并不妨碍陈、王两位女证人将王廷歆拿到 1968 年王德辉遗嘱的过程证明得清清楚楚,反倒给法庭平添了几分轻松气氛。李大状问证人陈女士是否听说过龚如心时,一开口给说成了"龚心如",顿时引来满堂窃笑,坐他旁边的陈景生大状也在低头嗤笑,轻声提醒李,"是龚如心耶!"李大状赶紧赔笑更正。陈大状事后打趣他说:哇,客户名字都搞错,要扣工钱啦。李大状亦笑中反驳:我这是有意考一下大家啦,大家都笑,证明都知道是叫龚如心啦。有记者戏谑揣测,李大状可能是对台湾的当红玉女林心如印象太深的缘故啦。①

盘问中,李大状突然从一个红色布套中取出一条钥匙,钥匙上号码与保险箱号码相同,他举着钥匙问陈女士,这条钥匙与当时王德辉用的钥匙是不是同一样式?在陈女士表示相似后,李大状笑称,他很抱歉不能问她,这是否真的是其中一条钥匙,因为那很可能会是一个价值一百万元的题目。当时香港的一家电视台正在播放游戏节目《百万富翁》,李大状顺口开了个玩笑,又让庭上众人忍俊不禁。陈女士细声反问李大状,是否能确定这是王德辉那条钥匙。李大状没有理会,而是继续提出发问,认为银行没有将叶理光遗失钥匙的事件告诉龚如心的做法不妥，否则可能就不需要凿开保险箱。陈女士答，这是基于客户隐私权，就算是夫妻、兄弟、姊妹，也得尊重亲人的隐私权。况且，龚如心并没有在开设保险箱的文件上签名。李大状还欲追问下去，被法官任懿君给中止，告诉李大状，他的提问与案情无关。

对第二名证人王女士，李大状质疑开保险箱的程序不恰当，当时法庭尚无颁令王德辉死亡，遗产税署给律师的信中却两次称呼王德辉为"死者"。二级税务督察王女士表示，她是持有遗产税署署长授权信开箱，其他事宜则不知情。李大状又认为保险箱内物件的摆放很是古怪，年代久远的遗嘱竟放在最表面，照片却放在中间。王女士觉得这没啥好奇怪的，人家想怎样摆就怎样摆啦。李大状不断地详问保险箱内每种物件的摆放顺序，王女士因为记不清文件的放置情况，连连向李大状说"对不起"。李大状则宽容地告诉她不必道歉，因为他自己也会在下午便忘记上午的事情。

这一天的庭审证实了保险箱中确实有一批照片，但内容是什么，有无涉及通奸证据，法庭上并未提及。[②]欲知结果还须继续听审。

19

在原诉方的证人名单上，紧接着陈、王女士的是需要传召的香港警方证人，他们的作用是证明警方提供的王德辉、谢炳炎签名样本的真实性以及对龚如心提交的1990年王德辉遗嘱是否伪造所进行调查的情况。

由于对1990年遗嘱是否伪造的调查正在进行之中，所以代表警务处的高级政府律师事前要求法官命令控辩双方律师在盘问警方证人时，不能涉及和透露案件调查进展。此要求符合公众利益豁免权和法律专业保密权两项权利，故获法庭批准。同时，双方律师与政府律师经过庭外商议，对什么内容可以盘问、什么内容不可以盘问，需要哪位警方证人出庭等也已达成协议。这时，李柱铭代表被告方提出要求，要等其他证人作供完毕，再对警方证人进行盘问，但未获法官准许，认为他的要求不切实际。

8月8日，警方商业罪案调查科高级侦缉督察张少伦准时出现在原讼法庭，他的随行警员用手推车推来一大袋案卷文档，政府律师也列席庭上，进行现场监督，防止出现问及刑事案件进展的情况。据报章介绍，张少伦从警十多年，长时期在商业罪案调查科伪钞及伪造文件调查组工作，擅长侦查伪钞及假信用卡，曾在1996年单独接手过一宗复杂的假信用卡案，对搜获的两千多件证物一一进行了科学分析及深入调查，终使涉案的三名主犯领刑，而信用卡行业则因他的不懈努力避免了大约1.5亿多美元的损失。1999年，国际财经罪案调查人员协会为他颁发了国际执法者大奖季军奖，称其为"破伪神探"。[③]

李大状对张督察的提问可谓是不乏置之死地而后生的勇略，首先直指1990年王德辉遗嘱的关键调查：请说明对装载四张遗嘱的信封以及书写遗嘱信纸的出厂年期化验及调查结果。当时外界对此是一无所知。政府律师闻言，马上以有关答案触及案件调查进程，反对李柱铭的这一盘问。李大状坦然陈词：龚如心现正面对被指控伪造遗嘱可能被刑事起诉的危机，这信封、信纸理应是在立遗嘱日期之前生产的，若是在1990年后生产，则可能对龚如心不利，即便如此，龚如心也甘愿承担此风险。任懿君法官说，若此项调查已经完成，便不涉及刑案调查进展。在此情况下，张督察服从法官，谨慎作供：信封确已化验，但生产日期覆盖一段时间，确切日期不能确定。李大状问是覆盖哪一段日期。张督察在请示过法官应否回答后才说，约在1980年至1991年之间。李大状再问信纸化验结果。张督察说，警方仍在找寻信纸的生产商，以便检验信纸生产时间。这一回合李大状虽然犯险，但检验结果至少证明，信封的生产年月与1990年遗嘱不存在矛盾。实际上，李大状这样做是非常明智之举，假如真是确切证明了遗嘱所用信封、信纸是王德辉失踪之后的产品，那这桩官司的结局也就看得很清楚了。

我注意到，报章上不少报道都称，书写遗嘱的纸用的是牛油纸，意即使用的不是信纸。此说法应该是首次出现在巫思龙、杨展达勒索案中，杨展达套用一位见过遗嘱原件人的说法，以"牛油纸"来称呼王德辉1990年四份遗嘱。有人以为牛油纸就是指包牛油用的那种泛黄的纸，其实所谓牛油纸是指一种绘图专用纸，半透明，可以用来描图。事实上，我们鉴定时所看到的1990年遗嘱用纸，就是普通的信纸，约有A4复印纸大小，还达不到牛油纸的透明程度。至于纸的颜色，我们在鉴定时所看到的1990年遗嘱用纸，还是比较白的，可能因为经常取出检验接触光线、空气较多的缘故，致使颜色变化较大，就有些像出土的古尸服装、字画等，在棺椁中还是看着很鲜亮，一见光很快就风化成灰。

李大状接着又发一炮，质疑鉴定王德辉1990年遗嘱的政府化验报告早有泄露，作为当事人有权知道政府是否公正及公平地处理此事。因为，政府这份报告完成于2000年5月，7月交给警方，10月由警方交给双方律师，为什么勒索龚如心的大律师巫思龙等能在6月份就获知政府化验报告的内容？李大状说，高度机密的鉴定资料被人外泄，他想知道警方到底有没有就此事进行内部调查。原告方的陈景生大状随即称此类问题与本案无关，表示反对。李大状仍要追问，结果被任法官下令禁止发问有关问题。

陈大状代表原告向张督察提问，有没有要求华懋集团及龚如心提供王德辉的签名样本？政府律师即时反对，法官也认同此问题触及刑事调查，对提问予以阻止。

但是，张督察还是简要地介绍了关于王德辉和谢炳炎签名样本的收集情况。他们在广泛的调查中发现,王德辉在各类文件上的签名大部分用的是英文,最后确定下来的王德辉的中文签名样本文件十多份,其中两份由赛马会及地产商会提供,由王廷歆提供了包括 1958 年的早期签名样本在内的共八份文件,由王德辉的妹妹王德娴提供两份,这些样本均交由政府化验所检验。

李大状指出,当初龚如心的律师代表曾主动提供王德辉的签名样本,但警方没有接受。张督察回答,律师的信里只附有签名的影印本,没有正本,经咨询律政司意见后,决定不接受这些样本。陈大状当即要求把这封律师信呈堂。一看,信中所附王德辉的签名样本均为英文。香港很多人都有英文、中文两个名字,王德辉的英文名字是 Teddy,龚如心的英文名字是 Nina。于是,李大状不再就此话题追问。

至于谢炳炎的签名样本则更稀少。1990 年王德辉遭绑架时,警方曾找谢炳炎录取证言,这证言笔录上留下不少谢的签名,便是主要的样本来源。1999 年 10 月,王廷歆向警方举报龚如心伪造遗嘱后,警方欲联系遗嘱证明人谢炳炎调查,不料谢已离港去了内地,等到同年 12 月谢返回香港,警方马上前去找谢录取证言,但此时谢已因晚期肝癌处于昏迷状态,无法作供,两日后病逝。李大状质疑,在 1999 年 9 月,谢炳炎曾应龚如心要求,到律师行写下声明证词,证明在王德辉 1990 年遗嘱上他的签名是真迹,为什么警方没有把声明上的签名送交政府化验所?陈大状随即说,当初是龚如心一方强烈反对交出谢的声明正本检验的。李大状面呈错愕,马上表示撤回这个问题。

这天的整个下午,法庭上所提问争辩的大体是这些内容。但是,一些喜好"八卦"新闻的港人依然将注意力停留在原告律师所爆出的"通奸"案情上,热衷于猜测王廷歆在法庭上将提供的是什么样的通奸照片,甚至有媒体称,香港"全城掀起'估奸夫'热",街头巷尾都有三五好友在闲谈中互赌,出现在"通奸"照中的将是个什么样的男人,声称人们对案件的焦点其实已从遗嘱的真伪转到了龚如心是否真有与人通奸上。为什么会是这样?有报章分析,这是源于人类的喜好揭人阴私和窥秘的心态,这种心态会在每日的审案报道中找到满足。因而,报章都在把这宗审案当作长篇电视剧或连载小说来做,每日不惜版面从各个角度连续报道。

20

关于王德辉的个人资产究竟有多少,由于华懋不是上市公司,财政资料从未公开,对外界一直是个谜,虽然各种说法很多,从几个亿到上百亿,当时较多的说法是 300 亿,但终归是在猜测。自这起争产诉讼进入司法程序,香港高等法院就委任了罗兵咸永道会计师行的张逸明和德勤关黄陈方会计师行的陈文裘为王德辉遗产管理人,开始接收王德辉的遗产。

根据香港的遗嘱认证及遗产管理条例,当死者遗嘱效力有待裁决时,法院会就其遗产委任临时遗产管理人,负责收回死者一切财产,如股票、房产及追索债务。遗产管理人受法院直接管辖,依照法院指示行事,但享有一般遗产管理人的一切权利及权力。陈、张二位长期在会计师行供职,时年65岁的陈文裘曾于1983年至1998年间担任过三届全国政协委员,1993年起出任港事顾问,还担任过香港特区首长选举推选委员会成员。[4]

在8月9日的庭审中,出庭作证的张逸明首度披露,他们已经成功地接收到3亿元王德辉财产,并相信至少还有数十亿财产有待接收,但由于暂时没有足够资料进行评估,而且有部分财产的拥有权存在争议,现在还不能拿出准确数字。

对张逸明的证供,李大状没有予以盘问,但对张的出庭事先表示过反对意见。李大状说,本案最终要解决的,是哪一张遗嘱有效,如果遗产的价值少,就很可能在家中立遗嘱,如果遗产以十亿元计,则在家中立遗嘱的机会就很渺茫,因此反对公开王德辉的身家数额,以免出现对龚如心一方不利的情形。他还引证高院的一名法官较早时候下达的指示,要王德辉遗产临时管理人严守秘密,只能向该法官报告情况。陈大状立即反驳说,遗产管理人作供可让法庭知道他们对王德辉遗产追收的进展。另外,对于1990年的遗嘱是否可疑,龚如心在追收遗产中的表现也可成为证据。李、陈两位大状一阵唇枪舌剑后,任法官最终认可陈大状的论据,准许张逸明出庭作证。

张逸明作证的第二个内容,是将王德辉存放于美国亚洲银行保险箱的物件呈堂,包括48张照片、一批底片及文件。这些物件早已交由遗产管理人保管。坊间所感兴趣的那批照片先由任法官检阅。任法官将照片簿竖得笔直,翻看时小心翼翼,生怕不慎叫旁人看到片中人物。照片随后又被传送诉讼双方律师手中。此过程中谁都一言不发,只是陈大状翻看时偶尔展露一下笑容,更加撩拨起庭内旁听人士的好奇心,但早有眼疾的记者从一旁窥到,那些照片似乎是一些黑白及彩色的人像照,质地已经陈旧发黄。

传阅完这批照片,李大状最先发表观感,指出这是一些王家的家庭照片。陈大状则强调,这些照片不单只是家庭照,其中人物绝非王氏家族成员。至于照片内容究竟是什么,有否涉及“通奸”,庭上无人谈及,不过陈大状在庭外遭遇记者追问时表示,当年由私家侦探拍下的那些“通奸照”肯定会呈堂,又披露当天呈堂的48张照片并不重要,全是一些女人照,没有龚如心本人,其中是否有女明星,他一个也认不出来。[5]

既然不重要,为啥要存放在银行保险箱里?照片中人如果不是王氏家族成员,那么与王德辉是什么关系?这又成为记者的新话题,但要刨根见底只能且待下回分解。

张逸明作证完毕，任法官命令，涉及遗产管理人出庭的律师费用，从王德辉遗产中扣除。这天出庭的第二位证人，就是争产案中千呼万唤、众人翘盼的“重头人物”王廷歆老先生。得知老先生将现身法庭，不少报馆派出多名记者前去采访，会上海话的更是被大派用场。按照基本法规定，香港的法律语文除使用中文外，还可使用英文，英文也是正式语文。这是由于香港实行的法律体系是英美法系，其中的普通法中包括许多年来累积下来的成千上万的案例，若要把这些案例全部翻译成中文并不切实可行，因此法院的审判和判决仍然大多使用英语，比如争产案中的诉讼双方律师在法庭上基本都是用的英语提问。但是，不论审判程序是以英文还是以中文进行，任何诉讼者都有权以自己所选择的语言作供，由法庭负责提供传译服务。王廷歆虽在香港生活多年，却仍是满口的上海话，尽管庭上有翻译，但也难保证原汁原味地翻译过来，所以，对于在香港当老记的上海人，这是个罕遇的一展家乡话专长的良机。

年届九旬的王廷歆出庭，是不是创下了出庭人高龄之最不得而知，但仅凭这一把年纪，不论案情如何都会使他博得广泛同情，毕竟敬老爱幼属于人类世代传承的一种美德。比如即日在记者采访的花絮中，就有1993年港姐季军余少宝到庭旁听学艺，她已退出娱乐圈，正在英国潜心攻读法律，被问及对诉讼双方支持谁，她坦言站在王廷歆一边。[6]当然，许多世间事并不是凭着主观愿望就能左右的，有句俗话叫“清官难断家务事”，现在这“家务事”既然进入了法律程序，人们的愿望也就仅仅是表达一下而已，诉讼双方的是是非非最终只能由法律来作出评判。

王廷歆刚下车即被二十余名记者包围拍照及追访。老先生身穿深蓝色西装，白衬衫配蓝色红斜纹领带，头戴网格渔夫帽，鼻架茶色眼镜，由两男一女亲友搀扶随行，不介意记者给他照相，但对记者的提问则一概不回应，只是颔首微笑，摘帽表示谢意。王廷歆步入法庭后，由于空调冷气太足，已经光秃的头顶受不了，戴上了事先备好的保暖白色卷边毡帽。此时张逸明尚在庭上接受盘问，老先生暂在旁听席上落座。

因老先生首度出庭，旁听席上的不少记者和好奇的市民把注意力都放在了他身上，反而冷落了正在作供的张逸明。只见老先生不断地和右边的中年男子低声交谈，左边的中年女子则时常要握一握老先生的手，怕他受凉。中间休庭时，老先生又不断地喝热水取暖。这时，旁听席上发生了一次小争执：张逸明在庭上作供时，他在旁听席的座位就空着了，由他的好友给保留着。有个男子看见了想过去坐，张的好友拦住不让他坐，说要给张逸明保留着，两人争了起来，最后那男子悻悻而退。[7]

香港法庭上与案件相关的证人居然可以随意旁听，我觉得这一点与澳大利亚好像是不同的。那次我在澳洲出庭作证,被告知相关案件的庭审中不出庭的证人是绝对不允许去旁听的。

终于到了王廷歆上庭,他由旁听席缓缓走到证人席,摘帽面向法官鞠躬,然后坐下。按照法庭规定,所有进庭人士不许戴帽,但也不是绝对的。任法官温和地望着他说:“王先生可以戴上帽子作供。”

老先生在庭上的表现完全是一位历经沧桑的过来人,言谈举止从容放松,除了偶尔咳嗽几下,很有精神,思维清晰,嗓音有力。但他的话没有多少人能听懂,只闻他麻利地发出“侬、侬”之语。准确地说,老先生操的是温州式的上海话,温州话与上海话相近,比上海话“硬”一些,一般来说,温州人能听懂大部分上海话,上海人听温州话则有难度。法庭专门为他选派了一位懂沪语的年轻女传译员,将他的话译成英语。

王廷歆首先接受代表自己的大律师的引导性提问。顺着陈大状的提问,老先生娓娓道出了华懋公司半个世纪来的发展史——

1911 年 10 月 15 日,王廷歆出生在温州的一个商人家庭,未受过正规教育,17 岁时即帮助父亲从事染料生意,期间经常因工作需要往来于上海和温州,三年后接管父亲的生意,21 岁时娶妻任玉珍。1937 年,因逃避日军,同时又要照顾生意,他将家从温州迁往上海租界内,1941 年开始自立门户,在上海独资成立从事染料生意的荣华公司。1946 年,他再次独资成立华懋公司,主要做进口西方工业原料、染料、西药的生意。日本投降后他来到香港,1947 年与生意伙伴在香港设立了华懋及荣华分公司,开始在港、沪两地大展拳脚。正当生意蓬勃发展之时,1949 年,随着上海的解放,他在上海的所有资产被没收充公。随后,1950 年韩战(即朝鲜战争)爆发,进入到香港的货物受到限制,华懋公司因为英文名称中有 China 一词,美国方面误以为该公司是中国国家企业,将公司的美元账户冻结,并禁止该公司进口美国产品,生意一度陷入低潮。王廷歆在述说当时的情形时说:“All finished(全都完了)!”困难之中,他又成立了一家新公司,与美国公司合作经营西药生意,使公司业务得以重新发展。1952 年,王廷歆将香港的华懋公司从无限公司注册为有限公司,并改名为香港华懋有限公司。到了 1960 年,华懋公司已年纯利超过 70 万元。此时,王廷歆开设了香港华懋置业公司,房地产业成了华懋的主干。1962 年,年过五十的王廷歆觉得自己“年纪一年年大,公司我分给他们”,于是华懋公司的大部分股份被分配给了他的三个儿子、两个女儿及大儿媳妇龚如心,其中分给王德辉的股份最多。1965 年,王廷歆开始处于半退休状态。

在谈及这段人生之旅时,王廷歆道出了不少不为外人所知的内容。他说,王德辉 1933 年生于温州,1947 年到香港定居,在贵族学校圣士提反书院读书。1952 年,王德辉有意到美国留学,于是自己写了申请信及填写成绩表等寄往美国的 Drew University,当对方与圣士提反书院核对王德辉所提供的学业成绩时,发现王德辉的成绩是虚报的,遂拒绝了他的申请,而圣士提反书院亦将王德辉开除学籍。这样,王德辉 19 岁时便进到父亲的公司工作,王廷歆分给他一千份股份。由于王廷歆不懂英文,王德辉当时主要是协助父亲阅读及书写英文信件及其他文件。

王廷歆亦大方地谈及他的第二房妻子张惠莉。二人相识于 50 年代,1960 年开始同居。王的首任妻子完全知道这件事,称三人的关系良好。

华懋事业的发展,王德辉发挥了重要作用。1960 年,王廷歆听从王德辉的建议进军地产业,遂以王廷歆、王德辉、龚如心三人名义成立香港华懋置业公司;王廷歆、王德辉、叶理光为公司股东。叶理光是王廷歆姐姐的儿子,早年就在华懋工作,深得王廷歆好评。结果,1961 年华懋的纯利润达到了 100 万。1964 年,王德辉建议,巴拿马是免税之地,在那里成立空壳公司,将华懋公司的股份转到那里,可以逃避税项。于是,王廷歆、王德辉、龚如心三人手上的大部分股份被转交到了这家空壳公司。

王老先生滔滔不绝谈了许多,但未免让那些对"通奸照"感兴趣的人大失所望。

注释

①参见香港《文汇报》2001 年 8 月 8 日 A11 版,及同一日《新报》《星岛日报》《大公报》《成报》《商报》《苹果日报》等。

②参见《东方日报》2001 年 8 月 8 日 A22 版,及同一日《苹果日报》A1 版。

③参见《东方日报》2001 年 8 月 9 日 A18 版。

④参见《明报》2001 年 8 月 10 日 A3 版,及同一日《东方日报》A2 版。

⑤参见《苹果日报》2001 年 8 月 10 日 A1 版。

⑥参见《东方日报》2001 年 8 月 10 日 A2 版,及同一日《太阳报》A2 版。

⑦参见香港《文汇报》2001 年 8 月 10 日 A14 版。

第八章

机场偶遇起波澜

21

8 月 10 日这天，估计“通奸照”就要现身法庭，港城的几乎所有媒体都派出记者前往旁听，加上越来越多的市民，旁听席又是大爆棚。

王廷歆老先生准时到庭，仍由一男一女搀扶照顾，精神很好，只是有点儿咳嗽，作供中不时地呷水润喉。在陈景生大状的提问导引下，王廷歆开始讲述不为外人所知的一些家庭隐秘。

当王廷歆在被陈大状问到有没有向他人谈及龚如心的婚外情之事时，似乎猛然触疼了他的情感神经，老先生一下子激动起来，反问陈大状：我向人讲？我向人讲？家丑呀！他说，从 1968 年到现在从无向人讲过，连太太和子女都不例外，直至这次诉讼才公开。多年来只有自己和王德辉夫妇，还有外甥叶理光知道，因叶“不是多事之人”。

据王廷歆忆述，1968 年 1 月的一天，他前往台湾打理商务，在启德机场大厅候机时，无意中看见龚如心与一名陌生男人在一起说笑。王廷歆说：我没有跟过去，转身走开了。他重复说：两个人好亲热坐在一起，好亲热。他还停下话头，拿起纸笔，清楚写下“情侣”二字展示给法官和律师看，形容二人显示出的关系。大约一个星期后，在台湾的公干结束返港，王廷歆才把机场所见讲给儿子王德辉听。王德辉当时的反应是，要父亲代聘私家侦探调查龚如心和那个男子的关系。王廷歆只记得聘请的是一位田姓私家侦探，哪个侦探社的记不得了。

然而听者有心，那边厢早有机敏的记者顺线查访并在第二天的报章上披露，王廷歆找的应该是中西私家侦探社，该社由田振南先生于 60 年代初创办，规模最大时开有多家分社，常在报章刊登广告。不过，在田先生 80 年代退休后，该社也随之歇业。通奸姘居一直是私家侦探社受客户委托的主要调查项目，约占总业务量一半。据老资格探员介绍，六七十年代搜集通奸证据的方法比较简单，多使钱就成，比如付钱收买酒店职员，取得房间钥匙，拍下捉奸在床的照片；或是付钱给偷情男女家中的佣人，进入房间；或以万能钥匙打开房门藏在屋内，与屋外探员里应外合；若目标人物警觉性高，难以下手，则会聘请陪舞小姐作饵，引诱其上钩。总之是凭着“三拳两脚”的功夫，要给客户做一个交代。①

田先生接受委托后，不久就拿着拍下的一沓照片向王廷歆汇报情况。王德辉看到这些照片勃然大怒，发誓要教训那个“奸夫”，但被王廷歆好言劝住。按照王德辉的指示，私家侦探继续对此事深入调查，并要走了王德辉的结婚证书作为授权调查的凭据。但是在过了一周时间后，王德辉突然跟王廷歆说：爸爸，不要查了，龚如心已经承认了，那人是一家与我们公司有业务关系的货仓东主，他姓林。原来，华懋公司的塑胶原料等存放在林的货仓，王德辉与妻子经常去货仓验货，龚、林二人因而相识。王德辉给了父亲一张支票，叫他支付私家侦探费用。对于这一段情节，有王廷歆向法庭呈交的一张 2500 元的收据为凭证。这张为聘请私家侦探付费的收据上的日期为 1968 年 8 月。田先生由于下落不明，所以无法传召他出庭作供。

陈大状不失时机地将一沓共七张约二寸规格的黑白照片递到王廷歆手中，问他认不认得出照片上的龚如心。坐在王廷歆身后旁听席的记者和市民登时齐刷刷地挺腰板伸脖颈，许多人还半站起来，若干双发亮的眼睛直取照片。王廷歆说：当然认得，百分之百啦，一点不错！他坐在可转动的椅子上微举照片，一会儿向左转，一会儿向右转，而那些“窥看”者的头也随着照片的移动而左右摆动，逗得庭上律师窃笑连连。照片小，且已微微发黄，九十高龄的王廷歆辨认起来委实困难。任法官见状主动将自备的放大镜借给老先生使用。

对这七张照片，王廷歆逐一细看。第一张背景是香港的大会堂前楼梯，一男一女一前一后站着，王廷歆指着女的说：好明白，是龚如心呐。第二张影像较模糊，王廷歆指着照片说太模糊，看不清楚，不是百分之百，但其中一人仍可辨认出是龚如心。第三、第四两张照片效果清晰，王廷歆连说两个“百分之百是龚如心”。第五张是七张照片中距离最近的一张，是两个人的背影，可见一人的手搭在另一人的肩膀上，王廷歆说：虽是背影，但能认得是龚如心。对第六张照片，王廷歆说稍模糊，也能认得是龚如心。第七张照片，王廷歆又说了一个“百分之百认得是龚如心”。

王廷歆确认，这就是私家侦探拍下的那些“通奸照”。当时，王德辉把这些照片交给了王廷歆，并由他一直保管着，没有放在银行保险箱里。发生争产案后，照片才被作为证据由王廷歆交给律师。他对这些照片应该是很熟悉的。

由于照片上的人物过于细小，旁听席上的老记们其实很难辨认清楚，但有记者对相片中男主角的描述相当具体：年届中年，身材略胖，头顶微秃，比龚如心约高出一头，云云。不过，王廷歆的代表律师在回答记者提问时说，相片中男主角高大英俊，貌似谢霆锋，一副明星相。不论记者们如何费尽心思去挖掘，报章上仅仅刊出了几幅模拟照片的画面，被传得沸沸扬扬的所谓“通奸照”也就仅此而已。[②]

王廷歆继续忆述。儿子在发现妻子跟别人出去约会后，夫妻关系变坏，曾想离婚，但被劝止了。王廷歆解释说：那时龚如心已无爸爸，她爸爸是我的老朋友，离婚是大事哩！……只要不离婚，夫妻冷静一下，我希望他们夫妇好好的。叶理光也力劝王德辉不要太认真，忍耐点。此后，龚如心远走台湾数月，夫妻二人处于“冷静期”。

据称，这期间龚如心曾给王德辉写信道歉，但法庭上没见有证据出示。

22

庭上，陈大状向王廷歆出示了一张旧支票，是开给王德辉的，数额是一万美元，由龚如心签署，没填写日期。小小的支票又勾出王老先生的许多话来，他说，在龚如心婚外情一事被揭破后不久的一天晚上，王德辉去他那里，把一张支票交给他，告诉说“钱随便你几时去拿”。

“在1968年时，一万美金可买大房子哩！但我不知道为什么要给我钱。”王廷歆说。

王德辉向父亲解释，他不希望龚如心得到他的任何东西，房子、钱已全部向她要回来。王廷歆才知道那是儿子找龚如心要回的钱。王廷歆表示，他不要这笔钱，他希望儿子儿媳和好如初，他说：“我不是个贪钱的人。”所以，他一直没有去兑现这张支票，并把它保留至今。

王廷歆说，就在这个晚上儿子首次向他透露了更改遗嘱的事。谈到遗嘱，陈大状及时提问：为何1960年只有27岁的王德辉要突然立下遗嘱？王廷歆回忆道，1960年的一天，他和王德辉单独在华懋公司的办公室里，王德辉将一份折叠好的遗嘱交给他，说是遗嘱中将遗产平分给了父亲和妻子，如将来有孩子，将从妻子的一半遗产中分给孩子，父亲应得的这一半分毫不受影响。又叮嘱他不要将遗嘱之事告诉龚如心，并将遗嘱妥善保管。此后，在1961年到1963年间，王德辉到美国逗留了六七个月。起初，王廷歆只知道儿子的身体“有毛病”，后来才知道儿子是肾不好，到美国去动手术摘除了一只病肾。这份遗嘱是王德辉在进行手术之前立下的，显然是恐有意外，对财产事先做出一个安排。

对于第二份遗嘱，王德辉虽然没有拿给父亲看，但告诉父亲，他将会是遗产的唯一受益人。这时候,王德辉已看过医生,知道自己被诊断出不育,所以在第二份遗嘱中没有谈及子女问题;而在立第一份遗嘱时他尚不知道自己不能生育。王廷歆转述儿子当时的话:“支票、遗嘱、全部财产,全部交给侬,侬是我爸爸呀。”这份遗嘱被锁进了广东银行保险箱里,王德辉和叶理光各拿一条钥匙,这些情况王德辉都告诉了父亲,并说要打开保险箱就去找叶理光。其后,王廷歆连续四年为保险箱缴费;王德辉1990年失踪后,也是一直由王廷歆代为缴付保险箱费。

陈大状随即让王廷歆确认了1961年和1968年两份遗嘱上的王德辉的签名。他又拿出三十余张与王廷歆有关的陈年旧照,包括婚宴、生日及家庭成员一起的合影照等,逐一提问他与家人的关系。检视这些旧照片,又让王廷歆一脸温馨地沉浸在往事的回忆之中。

陈大状多次用“妾”来称呼王廷歆的第二个女人张惠莉,但王廷歆却坚持称她为“第二个太太”。他并不回避多年的生活中有两个女人这一事实,坦然地讲述起自己从60年代就开始长时间地与“第二个太太”居住,但每星期都会去探望大太太任玉珍,时常会在周日带任外出一起吃饭,任生病了,会带她去看医生,1988年还带任到美国参加二儿子王德淼的婚礼,逗留了有两三个月。他承认两个太太最初没有来往,关系并不太好,但后来大太太病了,他叫二太太前往探望,陪她一起喝茶,照顾她,来往多了,关系渐渐转好。

而与龚家的关系,王廷歆则回忆说,他们两家的交往始于1937年。龚如心的父亲龚云龙当时在上海的一家名为ICI的染料公司工作,这是英国的一家著名染料公司,王廷歆祖父创立的益华丰染料公司就是ICI公司的代理商。日军侵华后,王廷歆跑到上海租界开设染料和入口工业品公司,因工作需要,他几乎每天要到ICI公司的办公室看资料什么的,这当中与龚云龙相识并发展成为好友。王的妻子任玉珍与龚云龙的妻子自然也就认识了,每天聚在一块儿打麻雀,有时在王家,有时在龚家,而且总是带着年幼的孩子来往,两家子女因此成为玩伴儿,王德辉和龚如心可算得青梅竹马之交。王廷歆忆及第一次应龚云龙邀请去作客,见到龚如心时龚只有三岁,两家的关系始终很好。1949年,王廷歆一家从上海迁到香港。1955年,龚家也要到香港做生意,龚如心就一直住在王家。同年9月29日,22岁的王德辉与18岁的龚如心在港注册结婚。但是,在陈大状出示的一张结婚证书上,王廷歆见上面有他和龚云龙的名字,马上说他当时因事务繁忙身在台湾,没有出席大儿子的婚礼仪式,又说龚云龙当时已过世,结婚证书上不会有他们的签名,他也不认识在结婚证书上签名的两位证婚人。实际上是他的记忆有错,也没看清楚,证书上双方父母女家父亲一栏确实写明龚云龙已过世。

王德辉结婚后,龚如心到华懋公司协助丈夫打理业务,小两口与王廷歆同住。约有几年时间,王德辉夫妇搬离父亲家另筑爱巢。王廷歆表示,虽然不一起居住了,但对父子之间的关系没有任何影响,一直很好。

王廷歆说,1960 年华懋置业(即华懋集团前身)开始进军地产界,一直由王德辉掌管,他很少参与。到 1965 年时,房地产业务这时已发展成华懋集团的主打业务,王廷歆处于半退休状态,不过王德辉在一些大的问题上,还是会征询他的意见。王廷歆回忆,大约在 1977 年至 1978 年间,有一次儿子与他讨论地价问题,他嫌当时的土地价格太高,但儿子眼光独到,说不要紧,资本家终归会买地的,香港的地价不会跌,房地产却一定会升。

陈大状提问王廷歆是否记得 1987 年的香港股灾?据载,1987 年香港股市如日中天,每天成交量达数十亿元,但受到全球性股灾拖累而大跌,全港联合交易所在 10 月 20 日突然宣布停市四日,加上两天假期,10 月 26 日复市后,在恶性抛售压力下,恒生指数由 3362 点狂泻至 2241 点,令上市公司市值在一日之内损失高达 2000 亿元。王廷歆对此记得很清楚,当时他曾问儿子有否在股灾中损失,儿子说在本港股票市场没有损失,但在美国芝加哥遭到重创,公司损失了七八千万美金。儿子向他询问,可否将债务推卸给别人,但王廷歆立即告诉儿子:不可以,上海人做生意,要像广东话所讲的那样,牙齿当金使,不可以赖。后来,儿子接受他的建议,妥善地解决了损失问题。

内地"六四事件"发生后,王德辉拿着报纸给父亲看,表示港人对这件事非常震惊,股市和楼市都会大跌。王廷歆反而安慰儿子说:不用怕,这是政治性的,香港始终是适合做生意的地方,人们还是会回来做生意,以后地产、股票会慢慢好的。

这天开庭聆讯的最后阶段,陈大状又出示两套照片让王廷歆辨认。这就是王德辉存放在美国亚洲银行保险箱里那 48 张拍摄有两名女子的照片,均在户外拍摄,构图与用光堪称上佳,两女子年约 20 余岁,形象青春少艾,洋溢着浪漫情调。有 22 张 3 寸彩色照的女主角,梳着当年流行一时的"奥米茄"发型,身穿白底红花吊带裙,摆出不同 Pose,犹如电影明星,活泼撩人;另 26 张同规格彩照的女主角身穿不同的服装,造型香雅斯文,外貌酷似香港五六十年代的女星尤敏。律师相信照片由王德辉拍摄,时间在 1968 年中,即通奸事件爆出之后。当年在银行保险箱内,王德辉放入的不是财物,也不是妻子出轨的证据,与 1968 年所立遗嘱一并珍藏的乃是两套漂亮女子的玉照!这些照片所承载的或许是一个难忘的生活片段,或许是一段友情或爱情,总之,将照片与遗嘱放在一起,表明了王德辉对其的看重程度。有人猜想,保险箱中所珍藏的应是王德辉的"心灵宝盒"。然而,王德辉这样做的真正用意和缘由是什么,其中又有着怎样浪漫的故事,就不得而知了。

王廷歆对着这两套照片大皱眉头,边看边摇头:从来没看见过;家中无此人;不认得……

23

随着王廷歆爆出“通奸照”的来历,更有老记对私家侦探产生了兴趣,于是深挖细查,当年曾为王廷歆效力且已多年赋闲在家的田先生亦成为报章上图文并茂的新闻人物。

时年八十有六的田先生,已完全歇顶,剩下的残余也是根根银丝,说起话却是中气十足,记忆力也好得很,谈起许多年前的往事依然历历在目。他早年毕业于国立中山大学法学系,曾被派驻广东宪兵司令部担任政治部主任,官阶最高至中校。移居香港后,因受一名担任华籍高级警司朋友的鼓励,他于1946年创立了“中西侦探社”。当时全香港只有三间私家侦探社,办社还需向警察总部侦缉处申请牌照,属于专业行业。五六十年代时私家侦探所需的专业和受尊重程度,足以媲美警察的地位。比如田先生曾多次赴英美等国进行业务交流,他本人拿取了美国芝加哥侦探学校的国际侦探牌照;他的侦探社调查员入社后都要接受为期三个月的偷拍、跟踪、窃听、易容等严格训练。

到了70年代,不少退休警官见私家侦探社有利可图,纷纷利用便利条件开办私家侦探社,一时间全港冒出的大小侦探社犹如雨后春笋。后来,热火一时的侦探社又渐渐式微。田先生说,因为许多侦探社不讲职业道德,在调查中吃两头,在为客户查到相关证据后,竟然以手中“把柄”向调查目标实施勒索,久而久之就臭了自己的名声,市民们不再信任侦探社了。此外,社会风气的开放,要求调查婚外情的案件也大大减少,加上大量反偷听、反跟踪的仪器问世,都缩小了私家侦探的生存空间,以致有的侦探社因无生意转而干起了放高利贷的营生。

在田先生的侦探生涯里,真还办过一些奇案,他就曾接受某国皇室的任务,查出了访问香港时失踪的王妃。这王妃原是香港某歌舞厅的“香江小姐”大赛的亚军得主,当年某国王子留学英国返家逗留香港时,与她偶遇,结果一见钟情,结为夫妻。几年后,王妃与王子到港访问期间,王妃突然离奇失踪。某国皇室人员不想事件公开,损害皇室形象,所以没有向香港警方求助,而是找到了私家侦探。田先生带领调查人员彻夜追查,发现这位王妃原来已婚,她借访港之机偷偷跑掉是去探望自己的亲生儿子。由于王妃不想返回某国生活,竟然当众跪下,并向田先生交上价值700多万的珠宝首饰,哀求不要将她交出去。最终,田先生没有为金钱所动,将王妃交回该国皇室人员。

田先生与王廷歆还是在大同酒楼相识的。那时香港的茶楼与酒楼绝对是两个档次的场所。去茶楼的人一般只为吃个肚饱;而酒楼主要是供商人饮宴应酬的场合，早期的酒楼大厅还都有一张供客人吸食鸦片的烟床。田先生经常见王廷歆带不同的女孩在大同酒楼吃喝玩乐，印象中的王就是好风流，女友多。后来，王廷歆找到田先生查案，他们就成了好朋友。

在谈到接受王廷歆委托的调查中，田先生说那是一次很困难的调查，他们是用了两个星期才最终拍下那些照片。龚如心外出非常警觉，跟踪她的车时都要换过几次车子。而且，王廷歆委派他去调查时，刻意隐瞒了部分背景资料。原来，龚如心与警界中人非常熟稔，田先生发现她与当年的四大探长之一是熟朋友，曾两次见到他们在一起饮茶，这种情况让田及手下紧张得捏把汗，万一被知道了可就麻烦了。而且龚如心的交际很广，交往的人中有不少是很有来头的，由于其中的一些人仍在世，为免尴尬，田先生没有向记者透露他们身份。不过，在记者问到当年他们调查龚如心的具体情况时，田先生称，有关的档案已经销毁，参与调查的同事有的已经不在人世，还有的久已不联系，所以案件详情无从稽考。③

注释

①参见《东方日报》2001 年 8 月 11 日 A1 版，及同一日《太阳报》A2 版、《苹果日报》A2 版。

②参见香港《文汇报》2001 年 8 月 11 日 A16 版，及同一日《明报》《东方日报》《成报》等。

③参见《太阳报》2001 年 8 月 14 日 A1、A2 版，及同一日《东方日报》A29 版、8 月 15 日 A18 版。

第九章

"踢爆"指控揭"疮疤"

24

双休日后,8 月 13 日上午继续开庭,仍由陈大状向王老先生提问。王廷歆在庭上透露了生活费被截断之事。王德辉在失踪之前,每月给父亲 1.9 万元生活费,其中含有给他大太太任玉珍的 8000 元;另外在端午、中秋等华人的大节日及生日时,会额外给他四五万元表示庆祝;而有时出差回来,又会把钱袋里剩下的钱,几千几万的,全给父亲留下。自王德辉失踪后,王廷歆每月还是从华懋取得 1.9 万元生活费,但其余的进项都没了。为此,王廷歆曾向龚如心解释过王德辉是如何送钱给他和在美国读书的五弟王德栽的,龚如心说照老办法做。1990 年 11 月,龚如心给了他五万元,又送 5000 美元给王德栽,只是此后没再额外给过零用钱。1997 年 4 月,王廷歆入禀法院提起申领王德辉遗产诉讼,华懋即时停发了他的生活费。诉讼进行到 1999 年 9 月,华懋再次按月发给他 1.1 万元生活费。2000 年 9 月 16 日,法庭下令每月由王德辉的遗产中给王廷歆支付 3.8 万元,给任玉珍支付 3 万余元的医药费。这时的任玉珍因年老患病已住进医院,每月费用上万元。至此,华懋停止了向王廷歆每月发放的 1.1 万元生活费。

据王廷歆在庭上所说,大概在王德辉出事前两年左右,任玉珍患上了老年痴呆症,曾带她看过不少医生,后因睡觉时从床上跌下,致使腿脚行动不便,须坐轮椅度日。有医生介绍,老年痴呆症患者是大脑皮层退化,通常会失去判断力,容易受骗,连大小便也不知;而人们所说的帕金森氏病则是由于脑部黑体退化所致,病人会出现肌肉运动失控,手脚震动及僵硬,行动迟缓,但不会影响智力,但到了晚期也可能变成老年痴呆。老年痴呆症的患病比率约为 5% 到

10%，要高于帕金森氏病。更有记者打探到任玉珍所居住的护老院，得知其所患病的确切名称为“运动神经元病”，又称为“内侧纵索硬化症”，即脑延髓和脊髓内主宰喉、咽、舌、右手、右腿的运动神经的细胞逐渐因变质而死亡。①

谈完这一段后，陈大状开始引述龚如心在一份供词中对家翁的指控提问，包括玩女人、吸鸦片等。王廷歆听罢并不生气，承认年轻时试过抽鸦片烟以及光顾高级夜总会，但他只有在高级场所“书寓”里谈生意和会客，才会奉陪抽鸦片烟。昔日上海的妓院分为不同的等级，所谓“书寓”就是最高级妓院的别称，其次的叫“长三”，再次的叫“幺二”，然后是“烟花馆”和“野鸡”。1946 年到香港后，王廷歆曾在一家染料进口公司和大同酒楼吸食鸦片，这些地方也都是当时港城的高级消费场所，直至香港禁止吸食鸦片后，他便没有再吸。

鸦片是一种由罂粟花的汁液所提炼而成的物质，有很强的麻醉止痛作用，大约在唐朝中叶，就有阿拉伯人借麻醉药之名将鸦片传入中国，但数量不多，至清初才由英国以东印度公司之名大量输入中国。前人多称鸦片为“大烟”，因输入者传其可延年益寿，因而也称其为“福寿膏”。早年香港的有钱人吸食的多是来自印度的上等高价烟，穷人吸食的则多为四川或云南的平价货，还有一种往往肤色黑黄、被讥称为“烟屎佬”的烟民，他们专去将别人吸食完的“烟屎”（即烟具中的积垢）收集起来，与一些鸦片混合起来再煮一遍，用这种“二手烟”甚至“三手烟”过瘾——它的“劲”更足，致使烟瘾加重，吸食者的皮肤也会明显变黑。人在吸食鸦片后很容易形成一种生理性依赖，一旦不吸食就会出现流鼻涕、流眼泪、没精神等症状，难以自拔。②因此，在王廷歆说到此处时，任懿君法官即查问王廷歆是如何戒掉鸦片的。王廷歆却面带笑容地答称：“我没有上瘾，我只陪生意朋友吸食几口，随口便喷出，又不是经常吸食，纯粹为了生意应酬，所以我没上瘾。”

至于“玩女人”，王廷歆直斥龚如心是一派胡言，他说“玩女人”一词有好多意思，例如到高级夜总会玩，甚至强奸女人都算，怎样才叫做“玩女人”？他解释早年在上海做生意，的确有到舞厅取乐，也有情妇，但都属当时社会正常社交，到香港后虽然去过夜总会，却没有再养情妇。

对于不会做生意的指责，王廷歆直接用“华懋”的业绩来回应。在 1950 年韩战前，香港、上海、杭州、天津及海口都有华懋分公司，全都是由王廷歆一人打理，“公司资产达五六十万，生意一路好”，后来是因为爆发韩战影响了公司业务。

陈大状引述一名华懋集团原经理关某的证词，指王德辉曾向关某透露，父亲王廷歆不懂英文，广东话也说不好，依赖外人，做生意鲁莽，结果欠下债务又无法偿还，王德辉被迫退学，协助父亲管理公司业务。王廷歆听了有些动怒，直指关某“乱讲三七”，上海话即胡说八道的意思。说关某在华懋仅工作了很短时间,王德辉不会将家庭纠纷随便告诉外人。王廷歆再提王德辉退学原因,不是家里没钱,而是因他想赴美升学,虚报成绩,并遭学校开除。

陈大状又引述另一辩方证人、替华懋核账的会计师黄某的证词,指王德辉不满父亲纳妾,不会原谅父亲离开母亲去与妾侍同住,而且在生意上严重管理不善,几乎耗尽家族财富。王廷歆反指控黄某曾在公司有做假账、更改文件细节等违法行为,重申王德辉从不与外人讨论家庭纠纷,怒斥黄某是"大话王",并相信他是受了龚如心的指使才这样说的。王廷歆几番强调,他虽然不与大太太同住,但经常探访对方,王德辉也经常到家中造访,陪伴他与二太太饮茶,对二太太很是友善。

在陈大状提到叶理光被指偷钱时,王廷歆听了"呵呵"发笑,说:乱讲一通,从来没听说过。王廷歆称,叶理光与龚如心的关系原本不差,但自从1968年王德辉与龚如心关系恶化后,叶与龚的关系也变坏了。对于龚如心证词中提及,王德辉曾告诉她,叶理光偷取公司钱的事,王廷歆反驳说,叶理光是因病离开公司的,王德辉舍不得他走,表示宁愿同老婆离婚,也不要叶理光离开公司。但叶理光反对,认为公事和私事不能混为一谈。王德辉曾签出一百万港元的支票赠给叶理光;叶理光离开公司时,也把手上的公司股权交了出来。又提到1990年遗嘱见证人谢炳炎,龚如心说他是公司的重要职员,王廷歆说认得他,但不是公司重要职员,"做小工,后来在龚如心和王德辉住所,开门、关门、看门,买菜烧饭,有时到公司拿信"。

这天上午王廷歆的供述只进行了一个半小时便结束了。据王老先生的律师称,由于上周四、五收到龚如心方律师提交的数大摞新文件,原诉方代表律师需与王廷歆研究这些文件。因王廷歆正在作供,按照法律规定,律师不应与他商讨此案,但与讼双方于上周五散庭后,经过内庭聆讯,原诉方获任法官批准,可与王廷歆商讨有关新文件事宜。提前结束作供,就是要去商量新文件。原告方律师又透露,与讼双方的律师费均是各自负担,并非从王德辉的遗产中扣除,故此案愈拖长对王廷歆愈不利。但现在看,原定审讯六星期,估计时间要延长。据业内人士估计,与讼双方律师每日律师费30多万元,再加上委聘律师的费用,即使审讯不延时,双方的讼费已高达1000多万元,到案件审结,讼费可能要升至2000万元。③

余下的时间,法庭安排黄国基律师出庭。代表龚如心的李柱铭大状曾质疑王德辉的银行保险箱在首次打开后"被动过手脚"。但是,黄律师的作供足以打消这一疑虑。1997年2月26日在凿开王德辉的银行保险箱时,在场的共有四人,作为美国亚洲银行法律代表的黄律师,他的任务是确保箱内物件不会增加或减少。保险箱被凿开后,黄律师欲打开文件袋取出文件,突然遭到叶理光方律师代表林华忠的阻止,并要他们离开。黄律师在吃了一惊后,与林争辩,坚持自己是开箱的负责人。当时林对黄说,这份文件牵涉到大量金钱,你挣几世钱都不够赔的。结果黄国基很生气地将文件放回保险箱,双方不欢而散。黄在庭上自嘲道:我是一名穷律师,他说的话虽是侮辱,但也是实情,我即使有"数世",所赚到的也赶不上王德辉的遗产。李大状即时表示赞同:再连同我的收入加一块也赚不到的。黄国基确认,此次开箱,没有人取走或把其他文件放入箱内。

这天,还发生了一件有意思的插曲——

有位曾在华懋工作50余年的82岁老员工曾伯听说王廷歆要出庭的消息,便与儿子早早地从家中赶到高等法庭,欲与昔时老板王廷歆见上一面,但却只能在休庭时隔着玻璃门向王廷歆挥挥手,并留下自己的电话号码。王见到曾伯也微笑着挥手示意,表达自己的心情。记者发现后随即跟进采访,曾伯兴致勃勃地摆谈起在华懋的一些往事,还提到自己五十大寿时,王廷歆携带太太任玉珍、儿子王德辉及媳妇龚如心齐来祝贺,并合影留念。曾伯答应向记者提供照片。

然而,大约在午后2时,当数名记者簇拥着曾伯返回其住所看当年留影并继续采访时,曾妻说,约10分钟前有一自称《苹果日报》记者的周姓秃头男子来家,取走了曾伯夫妇与王廷歆夫妇的合影照,说很快会送还的,但没留下联系方式。曾妻又说,较早时接到一个男人电话,说是捡到了曾伯儿子遗失的公文包,问她住的地址,以便上门交还公文包。曾伯闻知大怒,当即报警。附近的黄大仙警署一下子派出八名警员到场调查。随曾伯到家来的记者中有一名是《苹果日报》的,他在致电报馆后承认是同事取走照片,说4时左右肯定送回来。但曾伯恐其有诈,坚决要求到警署去交收照片。在去警署的一路上,曾伯不断怒斥那个周姓老记的做法,是"正人渣","出卖我","使横手","出了哥"。约在下午4时50分,曾伯在警署拿到了《苹果日报》员工送还的照片,见照片完好无损,不禁笑逐颜开。但他对此事仍耿耿于怀,随后致电《苹果日报》,要求不可刊登其照片,若发现对方擅自刊出的话,将考虑以法律追究。接电话的人答应会向上司反映曾伯的要求。

第二天,包括《苹果日报》在内的数家港报都刊登了曾伯的这张珍贵旧照,讲述了曾伯与华懋老板的交情,只是别的报纸还把"照片事件"绘声绘色地一并告诉了读者。[④]至于曾伯是否与《苹果日报》又进行了交涉,那就没有听说了。

25

陈大状不断当庭提及辩方对王廷歆的不利指控,而王廷歆从容应对,有承认,有解释,有反驳,有怒斥,百无禁忌——这究竟为的啥?原来,这是律师常用的策略。在民事官司中,控辩双方事先都会收到对方的指控或辩护书,知道对方将使用的控辩理据，而控方律师在盘问自己一方的证人后，有权就辩方对该证人的指控，先行提出盘问。通过这种“自揭疮疤”，“踢爆”对己方的不利指控，可以争取到诸般好处，比如向法官和陪审团证明己方证人的诚实可靠；让己方证人预先“热身”，就指控内容充分准备；让对方盘问时再提及这些指控显得重复、无意义；动摇对方的指控，令法官质疑其可信性；等等。所以在8月14日的法庭上，陈大状开始依然是引述龚如心一方的指控盘问王廷歆。

对于“王德辉因不满父亲在股票市场损手，欠下银行巨债，迫其下台”等说法，王廷歆讲述了其中原因：1977年时他66岁，因肾脏有病，动了一次大手术，术后身体十分虚弱，他于是主动辞掉华懋公司董事职位。王廷歆认为，儿子王德辉是一个有能力的生意人，胆大心细，处理文件谨慎，将全盘生意交给儿子做，“有百分之百信心”。在做生意赚钱上，他们始终是父子同心，即使退休后，儿子仍时常征询他的意见。对于欠银行债务的事，王廷歆说他从没欠过别人一个毫子。

由于王廷歆父子同为肾病患者，有专科医生分析，可能为具有遗传性的多囊肾炎，父母辈一经感染，其子女日后患相同病症的概率高达50%。[5]

王廷歆还提到，王德辉当时担心他的健康，建议他将手上的华懋股票放在保险箱里，然后及早处理遗产事宜，将手上的华懋集团股份转让，这样可免死后缴纳大笔遗产税。王廷歆欣然接纳儿子的好意，由儿子来代他处理遗产税事宜。后来，他发现这些股票竟然被“捐走”，“捐”往何处不知，但他相信这是媳妇龚如心做的，不是儿子所为。

按照香港的遗产税条例规定，当事人在去世前三年，将自己名下的资产包括金钱、物业或股票等转让他人，本人去世后，税局不能就这些转让资产征收遗产税。但是，有关转让必须是真心转让，放弃实权控制，否则税局将追收有关税项。若当事人在转让资产未足三年就去世了，他生前的资产转移便一概不能纳入豁免缴税范围。所以，富人们常用转让的方法来避税，还有的是把资产转出香港再行转让，即使未足三年死去，也能逃掉遗产税。[6]

至此，似乎辩方的指控已被“踢爆”得差不多了，陈大状开始将提问转到遗嘱上。他问王廷歆，在本次诉讼前，除了王德辉在1960年及1968年所立的两份遗嘱外，曾否听人提及还有其他遗嘱？王廷歆说从未听说过。陈大状便将王德辉1990年遗嘱的部分内容读出来给王廷歆听。当听到王德辉对父母失望的段落时，王廷歆“呵呵呵”笑声连发，说：从未听王德辉说过对父母失望的话，儿子非常孝顺，与父母关系融洽，不时接母亲到家中小住，王德辉1990年4月10日被绑架前，其母就住在王德辉家，10日早上王德辉走时还对母亲说，他会早些返家吃饭的，因为他知道母亲不喜欢家人晚归。岂料这一别竟成永诀，当晚王德辉便落入绑匪之手，至今无返。

在读到“切不可将任何金钱利益或物业交赠我王家任何人，他们全都令人失望”时，王廷歆回应说，王德辉对父母都相当好，对弟妹也都十分好，供弟妹赴美读书，给予钱银使用。王廷歆记得，1988 年 10 月，王德辉将两张分别为 11 万美元、5 万美元的支票交给他，其中一万是给父母的，他依照王德辉的指示，将 10 万美元汇给四子王德淼，另 5 万由他亲自到美国交给五子王德栽。

至于遗嘱中写有“One life one love”字样，王廷歆说：我儿子做生意是工作狂，对金钱是守财奴，这样事体不会做的。同时，王廷歆还指明，儿子在处理公司文件时，习惯用英文签署，而在 1990 年遗嘱四页文件中的王德辉签名全是中文，他对此表示质疑。

这天上午，陈大状提问当事人一小时后，便对法官提出休庭请求，要先行处理答辩方前日再次提交的又一批新文件，获主审法官任懿君批准。陈景生在庭外打趣李柱铭说他好曳（香港话“淘气”之意），向法庭呈交新文件，事先并无知会原诉人，原则上法庭可以接受这种做法，所以真“拿他没办法”，但原诉人亦有权先行过目……不过，这次争产案牵涉一些敏感内容，并且涉及刑事问题，原诉人会在细节上特别小心，不敢大意，需在审阅新文件后再向当事人请示，一并找出过去一星期有否在盘问证人时出现遗漏。

李柱铭大状则在庭外表示，龚如心将会出庭作供。对于早前有报道说龚如心若非有绝对需要将不会出庭应讯，李柱铭解释那是传媒误会了他的意思，他所指的是由于本案吸引了大批传媒采访，如非有绝对需要，龚如心是不会到庭听审，并非表示龚如心不会出庭作供。不过，由于原诉方尚有多名证人未作供，龚如心将在稍后才能出庭作供。[7]

另外，由于这起争产案每天都吸引大批市民来法庭旁听，而传媒机构则占据太多座位，日前更有记者因坐了为律师预留的座位而引发争执，没占到座位的记者向高院的公关部门投诉，指有些传媒机构派多名记者入庭旁听。于是，高院就此案的旁听采访作出规定，即从这天起，限定每间报馆或电子传媒最多只能派两名记者入庭旁听且限定只可坐在指定的记者席位置，而记者席位定为 27 个，记者入庭前都要拿号并登记所属单位和姓名等，待记者进庭后，旁听的市民才可进入。据说，这种“人满为患”的情况每年高院都会出现两三次，也都是对旁听记者实行“拿号制”，而所审的必定是被社会大众所极为关心的案件。[8]

注释

①参见《苹果日报》2001 年 8 月 15 日 A6 版，及同一日《太阳报》A3 版。

②参见香港《文汇报》2001 年 8 月 14 日 A12 版，及同一日《经济日报》A18 版。

③参见《太阳报》2001 年 8 月 14 日 A2 版。

④参见《太阳报》2001 年 8 月 14 日 A2 版，及同一日《明报》A4 版、《东方日报》A22 版、《苹果日报》A2 版、《星岛日报》A5 版等。

⑤参见《太阳报》2001 年 8 月 15 日 A3 版。

⑥参见香港《经济日报》2001 年 8 月 15 日 A21 版。

⑦参见《太阳报》2001 年 8 月 15 日 A3 版，及同一日《东方日报》A18 版。

⑧参见《新报》2001 年 8 月 15 日 A2 版，及同一日《大公报》《成报》《东方日报》《苹果日报》等。

第十章

围绕一张借据的庭辩

26

王廷歆一方在审阅龚如心一方提交的新文件里,果然见到不可忽视的内容,那是一份用毛笔书写的借据,其内容如下:

今借到

牟介之先生名下港币壹拾肆万元正,言明提款时于一星期前通知,当按数奉还。不误此据

借款人　王廷歆

见证人　蒋祖庚

公元一九五二年一月二十六日

此前,王廷歆曾对欠债的指控断然否决,称从不欠别人一个毫子;但借据表明,并不是如他所说那样,从没欠过款。此事关乎证人的诚信,直接影响证供的可靠程度,因此成为原诉方急需"踢爆"的首要对象。8 月 15 日上午一开庭,陈景生大状就这份表明王廷歆曾有过欠款行为的借据展开盘问。

关于借据的来龙去脉,王廷歆是这样解释的:早年在上海开办荣华公司和华懋公司时,他是大股东,牟介之则是其中的一名小股东。20 世纪 50 年代初,牟介之要退出,将持有股份卖给了王廷歆,买卖价为 23 万元,当时王廷歆支付了大部分款项,因资金不足尚欠一部分,欠额大约在 7 万元,实际数字已经记不清了,于是在 1952 年 1 月 26 日立了一份借据,王廷歆拿了正本,牟介之拿了副本,二人分别保管。王廷歆称,他手中的借据正本一直放在华懋公司办公室里,然而诉讼开始后这些文件却不翼而飞。

当陈大状在庭上向王廷歆出示此份借据的影印本时,王廷歆连称那是假

的。王廷歆说,在1957或1958年,他曾在台湾见到见证人蒋祖庚。蒋曾当过荣华公司副经理,两人见面后,蒋向王道歉,表示当年牟介之手中的借据不见了,于是他和牟再造了一张。王廷歆说,这张借据上他本人的签名是假的,而且所写的钱数也不对。他说,1978年7月15日,牟介之的女儿曾经委托南洋商业信托公司追讨欠款,金额是14万元,当时与讨款方面接洽的正是儿媳妇龚如心。他和龚如心看过借据后,均认为数额与原本不同,遂拒绝付款,其后银行方面没有再找过他。这件事龚如心是清楚的,现在又用来指他欠债不还,那是在翻旧账。

然而,还有一份由牟介之的女儿牟怡然于此案开庭前的8月3日所提供的证词,表明牟介之的太太在60年代曾获准到港,找王廷歆讨欠款,却遭王拒见。王廷歆称他当时在外公干,不知道牟太太想见他。而在1985年间,牟介之曾到香港华懋公司追款,只见到了王德辉,并通过律师楼发函到王廷歆家中。王廷歆指借据银码有错,拒绝还款,甚至不去见牟。王德辉建议父亲至少打个电话给牟介之。于是,王廷歆给牟去了电话,说已透过蒋祖庚知道伪造欠单一事,叫牟回上海去,不要在港逗留,免得因为假借据吃官司、坐监牢。王廷歆又听龚如心说,牟当时曾向王德辉讨钱,王德辉没有答应,叫牟和王廷歆去打官司解决。此后,牟介之再也没有用借据来“滋扰”过王廷歆。

上午,陈大状的盘问大致就围绕着这个借据,让王廷歆说了个通透。

27

8月15日下午,轮到李柱铭大状上场了,这是他首日盘问原诉方。任懿君法官事先跟王廷歆说明,下面李柱铭向他询问是其职责所在,并非针对个人,请他不要反应过于激烈。李柱铭也表示,会尽量把问题说得清楚明白,可以只答是或不是,若认为有需要也可以加以解释。

李大状开场没有接着上午的话题去问,而是首先直指王廷歆的个人品格:你在誓言中讲从未说过谎话,你是否真的没有说过谎话?还是在庄严及隆重的场合没有说谎,比如在法庭作证时?但是,李大状挺费劲地说了一通,王廷歆却一脸疑惑地表示不明白所提问题。李大状举例解释:例如你应承了太太回家吃饭,又有朋友相约外出,会否因为面子问题,撒谎不敢告诉朋友要回家吃饭,只说有公事在身呢?王廷歆仍表示听不明白。李大状又假设晚间在外“搓麻雀”,不能按时回家,这时会不会向老婆“讲大话”时,王廷歆更是一副大惑不解的样子说:我不明白,怎么讲到了打麻雀,要问什么只管问好了,不要问打麻雀的事。他又说,“没有欠过任何人一个钱”。李大状便问:有没有做生意时向人说谎。王廷歆一下子话多起来:你这个问法不正确,我在商界六七十年,有无数的生意交易,不可能记起对谁讲过真话或假话。只能说自己做生意时不能说谎话,也无须说谎话,自己也不是说谎的那类人。李大状用同样的提问反复问过几次后,见王廷歆并不直接回答,又转问他是否向子女说过谎。王廷歆干脆说,根本没有这个需要。李大状又问他对妻子是否说过谎。此时的王廷歆犹豫了一下说,与朋友耍乐迟回家时,会说在外面做生意,但又说这不是谎话,只是夫妻间另一种表达方式,不是谎话只是敷衍而已。李大状又紧着追问:这到底是不是说谎?王廷歆则答:我会向太太道歉,回家迟了。但李大状并不放过,问了不下十次是不是说谎,并确定让王廷歆只需答"是或不是",而王廷歆的答案要么含糊其辞,要么答非所问,或干脆说"不记得"。几个回合下来,李大状的脸色未免有些阴沉。

在王廷歆是否曾经说过谎上,李大状足足盘问了有一小时之后,话题转到了王廷歆与两房太太之间的关系上。王廷歆按照提问回答,他与第一位妻子任玉珍的婚姻是媒妁之言,当时温州没有婚姻注册处或教堂,他们是根据中国传统礼法,用大红花轿迎娶她的。问到此处,陈大状提出反对,认为王廷歆的婚姻问题与本案无关,不应再问。李大状则说,这些内容与他的可信度有关。任法官支持陈大状意见,叫李不要再问。

李大状又问及王廷歆与张惠莉的相好经过。王廷歆说,他大约在45岁时首次邂逅张惠莉,起初两人是朋友,相识一年后才开始同居。那时,王廷歆经常去台湾打理生意,大约在1957年张惠莉也到了台湾陪伴王廷歆。没想到第一个妻子任玉珍在台湾的亲戚发现了王廷歆与女友同居的秘密,就写信告诉了任玉珍。任玉珍得知消息后马上准备了一些丈夫需要的衣服、鞋袜等前往台湾。因购物是由王德辉付款,所以他对母亲的行为知道得很清楚,于是从香港电话告知父亲,说母亲买了很多雪茄和衣物要去台湾。张惠莉于是闻风匆忙离台回港。李大状笑问王廷歆,这时是不是很麻烦?王廷歆亦摇手笑称:无麻烦,无麻烦。她们是一个来,一个走,并无"碰头",所以无事啦!顿时引得满场爆笑。他继续说,任玉珍到了台湾后,没有表现出不高兴,自己也没对她说什么,好像什么事也没发生一样地住了下来。初时,任玉珍知道丈夫另有女人,有时也显得不太开心,但后来原谅了他。几个月后,女儿王德娴写信到台湾,指临时当家的大嫂龚如心对妹妹德华及弟弟德淼不好。王廷歆说,当时他认为这是件小事,因工作在身也离不开,就继续留在台湾。任玉珍却待不住了,即时返港,结果回去后说是与龚如心日夜吵个不停。女友张惠莉则趁此再度赴台与王廷歆相聚。在王廷歆完成台湾的工作后,他与张分别返港。王廷歆回到发妻身边,并为张惠莉租了一处房子住下。到1966年,王廷歆离开任玉珍,改为与张惠莉同住。王廷歆坦言,他从没与王德辉及其他子女谈过他与张惠莉的关系,但子女已通过母亲任玉珍知悉此事,可是并没有影响王德辉与父亲的关系。王廷歆承认,子女称呼任玉珍做“妈妈”，但对张有不同称谓。王德辉从来没有称呼过张，只和她微笑点头，其他子女，叫张做“阿姨”或“阿娘”。

李柱铭是香港著名大状，他所接办案件多会成为轰动新闻，自争产案开庭，不少市民和法律系学生出席旁听，表示特意前来“捧 Martin（李柱铭的英文名）的场”，但从 Martin 与王廷歆首次“过招”看，似乎未达到预期目的，倒是王廷歆显得灵活多变，进退裕如。有纸媒评论称，李柱铭与王廷歆展开了一场兜圈式对答，王廷歆的“大惑不解”令李柱铭不得不放弃“迂回”，要求王简单回答是或否，而王廷歆则“气定神闲”，反而主动随李“游花园”，时不时来一个反问，倒弄得李柱铭屡屡处于“接招”状态。[①]

28

8 月 16 日上午，开庭后先是由李大状传召的证人、前律师公会会长吴斌作供。吴是王廷歆持有的 1968 年遗嘱上两位见证律师施文、张贯天所属的施文律师行合伙人之一。李大状的意图是，通过吴进一步获取王德辉生前设立这份遗嘱的相关资料，以作为盘问王廷歆的依据。法庭较早时间就向吴斌发出传票。然而，吴斌的作供很简单，他说，在律师行的档案中，没有找到任何有关 1968 年为王德辉处理、草拟或见证遗嘱的笔记、信件或其他记录文件。吴斌的“无证可供”，令法官最后宣布解除对他的传票，也使一直怀疑王德辉 1968 年遗嘱的龚如心一方暂时获得优势。

但是，代表王廷歆的陈景生大状提出，在下周三（8 月 22 日）将以卫星视像系统，传召当年见证遗嘱签署的律师张贯天作供。该遗嘱的见证人之一施文已故世多时；尚健在的张贯天移居加拿大温哥华，因行动不便，不能来港出庭。原诉方的这一申请获得法庭批准。由于法院不具备卫星视像会议的条件，届时庭审将转移到中环交易广场 37 楼电讯盈科的视像会议室进行，通过人造卫星，把分处两地的证人和法庭相连起来，双方的影像及声音都能在屏幕上互相传送，从而实现越洋作供。许多人估计，这场预计持续三天、每天约二至三小时的卫星视像庭审将花费大约 6 万到 10 万港币，而这些费用均需提出此项申请的原诉方来支付。[②]

随后是王廷歆出庭。李大状继续进行盘问，这天的重点放在了上海解放前后王廷歆的那段经历上。李大状反复问道：为何在 1949 年共产党解放上海前一年从上海到香港？是否不想在共产党统治下过活？为什么解放后未曾返过内地？等等。王廷歆说，1948 年时他在香港，由于徐州及淮海爆发战争，他打电报给妻子任玉珍，“无论如何要带子女来港”，结果，除三女因年幼留在了温州亲戚家，任玉珍与四名子女飞到香港。王廷歆说自己是做生意的，胆子好小。他认为现在的共产党政府很好,但他没打算返上海探望亲友,因他在上海的房产等都被没收,回上海也没地方落脚。李大状又问,1949年后,是否有很多商人选择留在了内地?对此问题,王廷歆说:不要讲别人,我不能代表他们讲话,请大状集中点,不要扯上政治层面。但是,就围绕着新中国成立前后王廷歆的往事,李大状的提问还是持续了近两小时,弄得王廷歆很是不耐烦。随后,李大状又提交一份篇幅很长的、有关王廷歆欠款14万的资料给他阅读。直到中午12点王还没有阅读完毕,此时他摘帽起立,郑重地向任法官提出:我太疲倦,我现在还可继续下去,明日我想休息,先让其他证人作供。法官建议王廷歆下午就休息,待明日上午再继续聆讯。因法庭也需处理一些与本案有关的内庭申请,所以宣布休庭半日。

至此,王廷歆已出庭作供六日,前几天的精气神很足,报章对此称赞有加,而自接受李大状盘问仅一天半就感觉打熬不住了,每至休庭便闭目养神,疲态已然写在脸上。李大状的盘问技巧素以兜圈和拖延著名,他的不厌其细的盘问套路,再有耐心的人也会给问得不耐烦起来。有业内人士分析,李大状采用的是拖延战术:与王"游花园"和兜圈,即使与案件无关的问题也要问个清楚,相同的问题也要用不同形式重复发问,还要让王廷歆无法休息,比如下午休庭,王还要继续阅读思考那份有关欠款的文件。

29

8月17日一开庭,任懿君法官即指出,龚如心一方在上周突然呈交王廷歆与原上海华懋公司小股东牟介之债务关系的文件,但没有解释为什么这么迟才交出。由于审前双方讲好不可以"突击"对方,结果令对方措手不及,致使审讯进度缓慢。案件已审了10天,原定审讯六星期,现在可能要审到10月中旬去了。任法官要求双方把问题集中在两个问题上,即王廷歆持有的1968年遗嘱是否有效订立,龚如心持有的1990年遗嘱是否真实。任法官还指出,牟介之的欠单问题与本案无关,故不会考虑王廷歆日前所作的相关证供,双方律师亦不可再追问,并希望双方律师不要再提问不相干问题。

但是,李大状对任法官的裁定表示反对,认为盘问有关王廷歆欠债问题及玩女人等,涉及他本人的诚信,是要证明王德辉会否愿意把他的企业王国交给年老又赖账的父亲掌管;再者,王廷歆曾供称这份欠单及1990年遗嘱均为伪造,法官禁止他盘问,对龚如心一方显然是不公平的。争辩的结果是,法官批准李大状可以问有关借据事宜,但只限于与本案相关的背景材料。

随后的盘问中,李大状仍继续问王廷歆欠牟介之款的事。王廷歆反问:"这个问题昨日不是问过了吗?"任法官即时告诉王,律师有权这样问。

李大状反复问到14万元的欠款数额问题，王廷歆起初说没那么多，只有五六万；一会儿又说超不过十万；后又改为超不过七万。李大状抓住这一点，一再追问究竟欠下多少钱。王又说出好像是四至五万的数额。此时，李大状含笑打趣道：那会不会是只欠两万元呢？老先生闻之一怔，随即反问：怎么可能是两万？我不明白你提这个问题的用意。任法官又即时插话：你不用明白他的用意，只管回答。但是，到了儿王廷歆也没讲清楚究竟欠了多少款。

李大状放下欠款数额的问题，又拿出王廷歆欠牟介之款的借据影印件向王廷歆出示，让他发表看法。王廷歆看后坚称：假中之假，是在香港做的。李大状问借据上的三个中文字“王廷歆”是否证人的亲笔签名。老先生说：是我签名，但借据是伪造。李大状说这话他听不明白。老先生解释：有人将我的签名搬到一份假单据内，或者有人临摹了我的真签名。王廷歆又讲起曾在台湾与见证人蒋祖庚一起吃饭那档事，蒋很抱歉地告诉他那份借据正本遗失并重写了一份借据，故此，他认为面前的这份借据不会是真的。

但是，李大状认为，其实这不是借据与签名的真假问题，而是欠款数额的多少。如果是六七万的数额，当时王廷歆已肯应承付款，但因数额是14万，所以不肯支付。

对此，王廷歆并不认可，说：四五万元我会付的。接着又补充道：其实应由法庭决定我应否支付这14万。应该是牟先生来找我追款，不知道为什么龚如心的律师要来问我欠多少钱？

王廷歆怀疑假借据是龚如心一方做出来的。那么，王廷歆能否拿出真借据呢？这个问题又牵出了老先生的另一项怀疑。他记得，当年两个小股东牟介之与顾林庆各签下一份退股协议书，当中包括借据，均放在华懋公司他的办公室抽屉内，但到了1997年提出本次诉讼案之前，就发现两份协议书文件不见了。他怀疑是龚如心偷取的，因龚手上持有一套公司钥匙，可开启华懋所有办公室抽屉，自1990年王德辉失踪后，龚经常在华懋办公室住宿。

而李大状又从王廷歆的讲述中发现了他前后口供不一的情况。法庭开审此案后，控辩双方都聘用了速记服务，把庭上翻译员传译的英语对话输入电脑，无须等候法庭的录音誊本。这项服务的费用每天约需支付6万元。李大状就是用前一天的速记和当天王廷歆所说内容比照，发现了问题：一是原说退股协议书锁进了保险箱，现说放在抽屉内；二是原说承认借据上的签名是自己的，现又说是作假仿冒的。于是，李大状抓住这两点不断质疑。而王廷歆坚决表示没有什么前后矛盾之处，他只不过原打算将退股协议书放进保险箱，因为箱内文件太多放不下，所以放在了抽屉内；至于借据上的签名，他没有承认过是自己写的。与讼双方律师就这两个问题争执不下，于是任法官命令重听法庭录音带。结果，法庭暂停审案半日，整个下午时间都在重听录音带，以澄清事实。最后，确定是因为没有完全记录下王廷歆的证供,加上上海话与英文在翻译和理解方面的差异,以致出现误会。

30

上周五(8 月 17 日)因为法庭的记录有误,折腾了一下午,庭审却无进展。到了本周一(8 月 20 日),李柱铭大状继续就王廷歆的债务关系对他进行"游花园"式盘问,而王老先生在回答问题时始终脸朝着漂亮的女翻译员、以背部对着李大状,也未转脸看过李大状一眼。双方的问答听上去很是热闹,但实际上仅仅就那么几个问题反复地问答。

其一是关于退股协议书的存放处:李大状要求王廷歆确定是否将协议书放入了保险箱。王坚持说是放在了办公室抽屉内。李质疑王说过协议书很重要,为什么不放入保险箱。王答保险箱太小了,放不下。李再质疑保险箱是否小得不能再多放两页纸。王解释说可能自己当时太紧张,故此答得不好。李提高声调问王究竟是否讲真话。王表示这些问题都不重要,他认为无须争辩。此问题来来回回问答多次。

其二是李大状问王廷歆是否信任牟介之,让他回答是或不是。但王并不正面回答。比如他说:这个问题无固定答案,当时局面十分困难,云云。又说:我是大股东,样样事情是我决定。之后发生好多事情……现在牟介之已去世,我不能讲他的短了。这样的"太极"推手让李大状无计可施,直说"我恳请你回答","请你听清楚翻译的话,并简单及确定地回答"。在反复地提问后,任法官见王廷歆一直答非所问,于是对王廷歆说:我们花了 20 分钟至半小时,问了不同的问题,只是想问你,信不信任牟介之,你究竟信不信任他? 王廷歆才说,他当年叫牟介之来香港帮助打理公司,当然信任牟介之。

其三又回到了欠款问题上。李大状指王廷歆一直信任牟介之,王又承认欠牟五至六万元,但在牟退股返回内地遇到经济困难时却不肯还钱给他。王承认的确欠牟该笔钱,但请李大状不要把他卷入别人在内地的私事,他说:退股就是退股,欠钱又是另一回事。牟向我出示的欠单,写上假银码,我没有理由给钱。双方又是一来一往拉锯式的问答,仍只在原地"踏步",毫无进展,连旁听的市民都感觉庭上"闷气逼人",走掉许多。李大状为不使王廷歆回避问题,更责问他"为什么你自己的律师问你就爽快地答,我问就不愿答?"但任法官即时指出,这是评语,不是问题,不准问。

在休庭前李大状提出,要求王廷歆第二天把王德辉自 1955 年与龚如心结婚至 1990 年 4 月失踪的所有相片呈堂。王廷歆听后大呼不公平和没道理:为什么要带相片来? 这些相片全在龚如心的公司里。休庭后,李大状在回答记者的疑问时说,此前王廷歆提交法庭的照片看似是有选择地提交,故此希望他提交所有跟王德辉一起拍的照片。[3]

31

8月21日。李大状依然向王廷歆盘问那些没有得到明确答案的欠款问题;而王廷歆也一如昨日,决不给出正面回答,要不就表示回忆不起来了。李大状十分无奈。任法官提醒王廷歆:王先生,如果你这样回答问题,盘问部分不可能在今年内完成了。同时,任法官也提醒李柱铭,指他发问不够直接,不容易让人明白问的正题是什么。说过之后,情形有些改变。

李大状问王廷歆,为何怀疑是龚如心偷去了退股协议书?王廷歆说:我怀疑她是有根据的。只有龚如心和另一个华懋总管手中有办公室的钥匙,而龚如心经常在办公室逗留到深夜。那些文件对其他人没有用途,龚如心可以用来做假文件。李大状追问王廷歆是否意指龚如心偷文件为仿冒他的签名,王廷歆肯定地答"对"。李大状告诉他,指人偷窃是很严重的指控。王廷歆则强调只是如此怀疑。李大状追问王廷歆,龚如心这样做动机何在?对她又有什么好处?王廷歆即用纸笔写下"用心甚毒"、"布局精"等字眼,他认为龚如心是拿牟介之的事来"麻烦我,打击我,诈我"。李大状指王廷歆的这些指控毫无根据,不负责任,出于恶意及失实。王廷歆毫不退缩,始终坚持所说绝对真实,称这份14万元的借据连签名都是龚如心伪造出来的。李柱铭仍表示可给予王廷歆最后的机会,取消前面的关于偷取文件及伪造文件指控。但王廷歆坚决表示:我不取消,我怀疑是她做的。

上午中间休庭时,李柱铭发觉许多记者围着王廷歆的代表大律师曾汉坚,向他探问将出庭的辩方证人张雁坤的身份及供词,即上前予以制止。陈景生见到后也及时出言进行了阻止,记者才散去。待再开庭时,李大状首先向任法官表示,他在昨日深夜收到传媒电话,查询龚如心将会传召哪一位名人富豪出庭作供,令他感到不便。接着,他又说起刚才休庭时多名记者向曾汉坚大律师查询证人的事,指曾汉坚向记者展示了一些文件,此举令人尴尬,更可能令证人张雁坤却步。此时,陈大状插话称李柱铭说得很正确,不应将敏感内容泄露出去。任法官当庭表示,传媒虽可报道案中证供,但不宜直接采访办案律师,如对聆讯有疑问应询问司法机构新闻组人员。许多媒体为抢先刊发新闻,往往是千方百计地"挖掘"消息,但涉及法案报道,还是应遵照法律行事。如果将证人证供提前向公众披露,就会侵犯证人的隐私权。故此,任法官要求传媒不要报道从其他渠道获得的关于此案的资料及证人证供,还特别提到不要半夜打电话给李大状了。

一些法律界人士对此评论说，任法官虽然只是提出“要求”，如果传媒不予理会，就是对司法权的不尊重。依照法律规定，案件审讯期间法庭报道只限于法庭中所提到的事情，从法庭外所获得的任何有关案件资料，如没有在法庭上提及就不得报道，因为报道出来的话可能影响证人的证供，影响案件的公正审判，从而构成蔑视法庭罪。对于有陪审团参与的刑事案件审判的新闻报道限制更为严格，因为陪审员在看过某些报道后很可能形成偏见，进而影响判决结果。④

随后，李大状向王廷歆追问当初与牟介之协议形成的那份借据正本是由谁人执笔写下的。王廷歆起初说是蒋祖庚所写，后又改口说可能是自己写的，又说可能不是自己写的，总之是不记得了。

当日下午开庭后，首先是李大状拿出一份借据递交王廷歆辨认。原来，牟介之的家人知道王廷歆在法庭上一再指称借据是假的，觉得受到侮辱，决定将借据正本交给龚如心的律师呈堂。可是，王廷歆只对面前这张发黄的残旧借据看了两眼，就断然地称借据是伪造文件。他说：用不着细看，整张纸都是假的。因为欠款数只在三至八万元之间，不是借据上所写的 14 万元。他肯定这张借据上的字迹不是蒋祖庚所写，因而怀疑是龚如心伪造。又说：这个问题简单，可解决，你拿借据去化验好了。

李大状马上追问：你是否愿意拿出你的旧签名来比较？

陈大状当即表示欠债金额究竟是多少的问题已超出本案争论范围。李大状则说：王廷歆在宣誓中指控龚如心伪造借据，之前又指龚如心伪造王德辉 1990 年遗嘱。他当众挑战我去化验借据，此问题已比当初所想严重。

陈大状反唇相讥道：说得真动听！证明龚如心是否伪造遗嘱并非我们的责任。1990 年遗嘱是真的应由龚如心一方去证明。王廷歆只讲过他认为借据是伪造的，是李柱铭自己向王廷歆追问是否怀疑龚如心。每当李柱铭得不到理想答案时，就不断提出新问题，这样案件永远审不完。

李柱铭说：王廷歆自己说怀疑龚如心伪造借据，是他自愿说，不是我强加于他。如果我不澄清，对我当事人龚如心十分不公平……

两位大状言来语往，唇枪舌剑，争辩激烈。最后，还是任法官给这场争论画上了句号：我们已达到此问题的最高界限，我不打算让大家再追问借据的事，证人已经答得够多了。

控辩双方在此一回合中可以说是各有得失，尽管对借据的真伪双方各执一词，并没有结论，但作为旁听者的我只觉得开了眼界，收获颇丰。不过，李柱铭打算以此证实王廷歆证供的可信性、瓦解他的诚信，很可能不会被法庭所采信；而对于陈景生大状所言，把证明 1990 年遗嘱的责任放在龚如心一方——我觉得这与英国教师所说的似乎不同，关于举证的责任，一般的原则是属于提起诉讼的一方,即“断言的人负责举证”,而且必须提出必要条件的证据来赢得官司,其意思如同内地法律界所说的“谁主张谁举证”。王廷歆一方既然提出1990年遗嘱是伪造的,那就应该由他们提出必要条件的证据来,而现在陈大状则说举证的责任在龚如心一方,这我就搞不懂了,暂且存疑吧。

其后,李大状将问题转到两个由龚如心提供呈堂的信封上:第一个信封里装的是王德辉1968年遗嘱的影印本,第二个信封里装的是王德辉1990年遗嘱正本。李大状开始读出1997年王廷歆在律师楼拟就的一份誓章,内里提出一个针对龚如心的指控,说媳妇没有可能拥有王德辉1968年遗嘱副本,分明是媳妇伪造副本。

王廷歆答说,他不知道自己的誓章里所写的这些东西,他本人只是在誓章上签名,并没有讲过龚如心假造遗嘱副本。

李大状述说了事情的经过:1998年,龚如心把这两个信封呈交法庭存档,当时争产诉讼案已经展开,龚如心本人没有拆阅信封看副本,因丈夫生前告诉过她,他在世一日,妻子就不能拆阅此信封。1968年遗嘱正本是存放在银行的保险箱里。李大状问道:该信封还没有开封,为何王廷歆在没有看过一眼的情况下,便可以肯定是假的?开始时,王廷歆依然是答非所问,只是在多番追问后他自己说出了这样的话:没有看过那信,怎知道是真还是假的?法庭上的人士,包括李柱铭在内,都忍不住笑起来。

注释

①参见《明报》2001年8月16日A6版。

②参见《东方日报》2001年8月17日A16版,及同一日《太阳报》A4版。

③参见香港《文汇报》2001年8月21日A13版。

④参见《太阳报》2001年8月22日A4版。

第十一章

王廷歆庭上一再道歉

32

为了8月22日的透过卫星视像系统越洋作供，司法部门专门在香港中环交易广场37楼电讯盈科办事处开设了两个房间，一个是供法官和律师等使用，另一个是安排记者和旁听的市民。

电讯盈科是香港著名的电讯公司，由于它所经营的固话业务竞争激烈，投资回报率低，利润不断滑坡，后在2006年闹出了一个“电盈售股”交易方案，一时成为财经传媒的关注热点，显示出该公司掌门人对其前景很不看好，而最终却因小股东的反对没有实施。但在2001年时，电讯盈科的业务还正处于积极拓展时期，它所开展的卫星视像系统业务就代表了当时通信技术所达到的国际水准，即便远隔重洋，也能轻松实现法庭作供。

这天早上，欲采访及旁听张贯天作供过程的记者和市民提前来到电讯盈科办事处登记入场。上午9点半钟，聆讯法官、双方大律师、翻译、书记员等都在电讯视像会议室分三纵列就座，共同面对着一个超大屏幕显示器。身在加拿大温哥华的证人张贯天已经现身荧屏，无论是影像还是声音，均十分清晰。在另一房间的记者和旁听者则是通过两部显示器，来观看隔壁会议室里盘问证人的情形。众记者对在这里旁听作供感到很宽敞、舒适，而对这里还有服务生为他们提供咖啡、奶茶，则更为出乎意料。

退休后移居加拿大的张贯天曾为前施文律师行资深大律师兼高级合伙人，担任过律师公会主席、保利工程有限公司董事，为人处世比较低调，但在1975年却成为一场令港人瞩目的律师勒索律师案的受害方。

当时，张贯天因保利公司清盘而被控虚报公司财政状况等罪名受到警方调查，在此期间，时为市政议员和著名律师的钟世杰找到张，提出以50万美元为代价，替张安排不采取法律控诉他所涉及的保利工程案。张拒绝了钟的“建议”并向廉政公署举报，钟因此于同年7月被拘控。

钟世杰在法庭上辩称，他针对张贯天的行为决非为钱，而是为了研究人类受到压迫时的反应，而这则是他的心理学研究的一部分内容；选择张贯天为研究对象，是因为张是一个性格坚强、具有崇高职业道德的人，所以想知道张在特别刺激下的反应；还称自己患有“轻度躁狂症”。法官认同钟世杰没有经济困难，并接受了他的“心理测验”之说，判对他的控罪不成立。但是，律师公会没有放过这件事，在进行调查后，以“行为不当”、违反职业操守等理由取消了钟世杰的律师资格。

有意思的是，在后来发生的律师冒充公职人员敲诈龚如心案中，代表被告人巫思龙的律师曾以钟世杰案为例，称巫思龙如钟世杰一样，患有轻度躁狂症，所以巫思龙也应如钟世杰那样获判罪名不成立，但这一辩护没有被法官接受。而保利工程案的调查，最终查明张贯天没有罪。

此次张贯天出庭又有新看点——任法官日前制止记者在庭外查问的那位证人张雁坤，正是张贯天的儿子，父子俩将同为王、龚争产诉讼出庭作证，却分属控辩两方，张雁坤作为龚如心的证人，将证明王德辉和龚如心为恩爱夫妻。时年36岁的张雁坤从事投资经纪工作，4岁时就与龚如心认识，并被王德辉夫妇认作契仔，即干儿子。那时，张贯天夫妇与王德辉夫妇关系很好，经常来往。据李柱铭在庭上透露，张氏父子已有几年互相没见面，但最近张贯天接到儿子的电话说将前往温哥华公干，作为资深律师的张贯天担心，如果这个时候见面，儿子可能会和他谈及案情，因此将此事通报给辩方律师，希望避免这种情形出现。按照英美法系，证人是决不可和他人私下交流案情的，“如谈论了案情就等于自杀”——这是开庭前英国教师给我们上课时送给我们的忠告。所以，李柱铭专门向法官说明，张雁坤已推迟了去温哥华的计划，双方律师已经提醒两位证人不要讨论案情，使他们不会因此而犯规。

张贯天的作供，主要讲述了王德辉改遗嘱的经过。张贯天于1960年起任华懋公司房地产业务的法律顾问。那时，王德辉的公司与张贯天的律师楼同在一座大厦内，只相距几层楼。张眼中的王德辉，平日里都是“很欢容”的，但在1968年3月15日这天，王的脸上却“出现了从未见过的严肃”，在没有事先预约的情况下，进到张贯天的办公室就说要改立遗嘱，要把遗产全数交给其父王廷歆，并立其父为财产的信托人。张贯天按照要求拟好遗嘱，王德辉确认无误后，便在张贯天、施文（已故）两位律师的见证下签上名字。遗嘱的正本及复写纸副本随即分别用两个信封装好，并用蜡印封口，张贯天将正本交给王德辉，副本则由他存入银行的保险箱。到了80年代后，王德辉因与张在生意上有金钱纠纷，王德辉委派律师叶顾施去张贯天处取回包括遗嘱副本在内的所有文件。张贯天从职业角度提出,希望有第三者在场的情形下完成交接,但没有得到对方的回应。自1985年,张贯天与王德辉已没有任何商业往来。到了1991年,叶顾施向张贯天表示自己仍代表王德辉和龚如心,要求取回那份遗嘱副本。张贯天就把遗嘱副本原封不动地交给了叶顾施。

此时的温哥华已然入夜,但年过七旬的张贯天毫无倦意,在接受双方大律师盘问时,以流利的英语作答,像年轻人一样反应迅速。他说,为王德辉处理法律事务很是棘手的,但他们之间的私交不错,他那时把王德辉夫妇看做是家庭成员和朋友,王德辉夫妇则是儿子张雁坤的"雾水契娘及契爷"。他形容王德辉夫妇是"非常、非常、非常亲密的一对",经常看到他们夫妇俩手牵手地出现在公开场合,一同上班、工作、吃饭、收工,是恩爱的"孖公仔"。但他们二人从不在外人面前谈论私人生活,包括婚姻状况,与友人的话题也总是离不开生意。张贯天是在王德辉改立遗嘱后,才从前妻口中得知王氏夫妇因意见不合,龚如心离开香港去了美国三藩市短住。但是,龚如心回港后,二人即和好如初,感情比以往还好。

张贯天称王德辉夫妇是名副其实的工作狂,一生中从没见过如此狂热工作的人,如果不是春节假期,恐怕他们一天也不会休息,通常是分头去巡查建筑工地,照顾房产事业如同照顾婴儿。在公司业务方面,王德辉会听龚如心的意见,但他是最终的拍板人。王德辉又是个喜怒形于色的人,决不会掩饰情绪,比如打麻雀或玩"21点"输了会很不开心。说到王廷歆,张贯天称,"王伯"在儿子、媳妇的协助下,已进入半退休状态,并没有参与地产业务。

但是,张贯天在作供中查看了由大律师展示的遗嘱副本后,表示原来在信封上用丝带系着一张目录卡片,上面写有"遗嘱、号码"字样,现在卡片不见了,丝带的位置也有变化,他对这两处发生改动感到奇怪。

到11点半钟,双方大律师所提的问题,张贯天全部回答完毕,原以为需进行三个半天的越洋作供只用了两小时就结束了,所花费用,包括租借网络及两个房间的费用等约为二万元港币。①

33

8月22日下午,法官和律师们又回到了高等法院大楼11层27号法庭,继续由李柱铭大状对王廷歆进行盘问。

李大状首先呈上王德辉1968年遗嘱副本,这个密封着的信封已得到法官命令拆开检视过。王廷歆是首次见到这份文件,他按照要求戴上白手套,在证人台上对副本进行了检视。李大状问他先前是否错怪了龚如心。王廷歆答得很原则:如果遗嘱副本是真的,那就错怪了她。但在接受盘问中,他仍然不肯清楚地回答日前对龚如心的指控是错误的。直到任法官拿着信封说:你指遗嘱是龚如心自己做的,但信封是用火漆封上的。王廷歆这才答道:那是我错了。李大状随即追问:你认为应否向龚如心道歉?王想了想,答:我应该说声对不起。

在得到明确回答后,李大状便开始了第二个话题:王德辉失踪后,你指称王德辉与龚如心的婚姻无效,是否对龚太过侮辱?王廷歆否认讲过这样的话。

李大状拿出一本过去出版的周刊杂志,内有采访王廷歆的报道,王廷歆指龚如心与王德辉是“闪电结婚”,匆忙安排婚事,又说他不想出席王德辉的婚姻注册仪式。王廷歆称,他对儿子的婚事没有意见,是他太太“强烈反对”,因为龚如心“非常野性”,所以结婚证书上没有他的签名。王廷歆在1997年提出争产诉讼时,曾在诉状中表示,“不承认王德辉与龚如心婚姻的有效性”。对此,王廷歆解释道:龚如心于1990年至1997年年初的行为,“有辱吾家及声誉”——这是指龚如心在此段时间的行为不断刊登在报章上,结果令王老先生遭受海外朋友“讥笑”。

李大状随即展示了一份1955年1月1日的香港《文汇报》影印件,上面刊登着一则订婚启事:

我俩已得家长同意,谨于1955年1月1日订婚。特此敬告亲友。龚如心、王德辉谨启。

李大状说:龚如心于1955年8月才从上海来港,而且这则启事白纸黑字写明婚姻获父母批准,王廷歆应该是知道并同意的,并且足以证明他俩不是“闪电结婚”。王廷歆表示对刊登订婚启事的事并不知情,亦不去清楚地回答问题。李大状质问道:为何你指责龚如心的不是时如此清楚,而对儿媳妇的事毫不关心,不愿讲一点她的好话?王廷歆马上说:绝对不是!我与龚的父亲是结拜兄弟,我视龚如心如亲生女儿。直到1955年止,我和龚如心的关系非常好。李大状问:既然王、龚两人是青梅竹马,那为何王德辉结婚注册当日你不去婚姻登记处呢?你的口供是明显不一致的!王廷歆说:我的妻子反对这门亲事,因此儿子也没有叫我到注册处去签字,为了顺应妻子的意思,故选择了缺席。

听完此言,李大状即时呈上10余张黑白照片,内容就是王、龚的婚礼:其中一张是王廷歆夫妇与王德辉和身穿婚纱的龚如心在婚姻注册处门外合照,当时全港只有一个婚姻注册处,一看便知;另有一张是全家人在影楼拍的大合照;还有数张是在婚礼喜宴上拍的,王廷歆夫妇、王德辉两口子及其他亲友都在。从王廷歆夫妇身穿同一式样的西装和旗袍判断,李大状推断这些照片是在同一日拍的。李大状说,这些照片是王德辉夫妇注册当日一家人拍的,王廷歆当时也在,表明王廷歆夫妇曾出席了王德辉夫妇婚姻注册当日的每一个庆祝活动:首先是在婚姻注册处注册,然后到影楼合影,最后是晚上的喜宴。这些照片足以证明王廷歆所说没有出席儿子王德辉的婚礼与事实不符。王廷歆面对照片有些惊讶:这真是婚姻注册处吗?我没到过婚姻注册处呀!随即又含混地表示:我记得去过,不过可能是记错了,年代太久远了。最终,他承认自己出席了儿子的婚礼,但表示并不认识结婚证书上签名的两位见证人。李大状说:王德辉是非常疼爱龚如心的,他特意安排在是年的9月29日举行婚礼,是因为当日是龚如心的生日,还在婚宴上准备了生日蛋糕,尽显王德辉性情浪漫一面。从婚宴上的照片中可看出,王廷歆夫妇接受儿媳跪拜时的样子很开心,而在一张龚如心切蛋糕的照片上,更可看到王廷歆手执麦克风在致辞。李大状指着龚如心切蛋糕的照片,笑问道:这样做是不是很浪漫?王廷歆瞟了一眼照片,很不以为然:有什么浪漫,总之是有个蛋糕啦!李大状说:其实,不管王廷歆在儿子注册当日有否出席婚礼,对该段婚姻的有效性并无影响。王廷歆对此表示认同。

王廷歆接过这些载有久远信息的老照片凝神细看,似乎在努力随着照片中的人物、情绪一道进入久远的往事……直到休庭,这些照片没有离开他的手。

34

争产案开始后,王廷歆对龚如心的指责一直都很猛烈,有时甚至十分情绪化,但是当有证据表明其中有些指责言过其实或与事实不相符的时候,他还是能够回到理智上来,不怯认错——此种情形在8月23日的庭审上接连出现。

这天,王廷歆首先对自己出现在大儿子婚宴照片上的事给出一个解释:由于子女太多,分别在美国三藩市和香港等不同地方结婚,在记忆中给弄混淆了,才在此前的作供中称自己并没有出席婚宴。面对着照片所反映的事实,他说:我答不出有否到过婚姻注册处,或者我真的去过!他又说:事实上当日我只是拍拍照就离开了,并不算真正参与。

得此回答,李大状没有再缠问下去,他开始提出新的需要澄清的事实:王廷歆曾在证供中称,患有老年痴呆症的妻子任玉珍,其医疗生活开支最初由华懋支付,其后却突然停止,他遂向法庭申领生活费,但遭到龚如心反对。事实上并非如此。这份申请书所针对的其实是王德辉的遗产管理人,龚如心根本不是诉讼当事人,不可能反对申请。另外,龚如心也从没有停止支付家婆任玉珍每月8000元生活费,直至遗产被接管为止。

李大状向法庭提交的文件显示,龚如心当时并没有反对支付生活费,提出反对的是遗产管理人。王廷歆看过文件后表示明白了,他当时委托律师为他们夫妇申请生活费时,并不知晓该由谁来参与诉讼,“在这个情况下,我错了,对不起!”他承认,龚如心一直每月给王廷歆的妻子提供8000元的生活费,并非像他先前所说没有给任何生活费。

随后，李大状的盘问转到了王廷歆对龚如心的另一项指责上：王廷歆曾于1997年就遗产案进行诉讼时向法庭供称，王德辉失踪后，儿媳妇龚如心“从来未对我好，或关心过我”，她对慈善机构做出数以百万元计的捐款，却让他居住在旺角道的残破居所，从不邀请家翁入住华懋所建的豪宅。李大状问王廷歆，龚如心是否逼他住在旺角的一处住宅里。王廷歆回答说是这样，但在考虑几分钟后又推翻刚才的说法，说：旺角住处是我自己在1976年时挑选的，因为离我老婆住处太子阁很近，我可以步行去那里探望她。当时儿子还没有失踪，此事与龚如心无关。

下午，李大状拿出一本1999年出版的《壹周刊》杂志，里面有对王廷歆的专访，李大状要求王廷歆逐条澄清哪些是事实、哪些与事实不符。因为在专访里有些说法与王廷歆早前的供词不一致。

早前说，王德辉在圣士提反书院读书时因向美国的大学提供虚假成绩单而被学校开除后进了华懋公司；但在周刊的专访中王廷歆说，由于韩战的关系，华懋公司受到美国禁运的威胁，令公司生意一落千丈，而王德辉也离开学校到公司工作。王廷歆对此的解释是，那只是指当时整段时间受到美国禁运的影响，不表示王德辉到他公司是因为公司经济差。他说：那是一个很片面的访问，我怎可讲出儿子的羞事。

专访中还提及，王廷歆指责龚如心，王德辉两次被绑架后龚如心都没有及时告诉他，而是向他讹称王德辉外出工作，又要他不要问。李大状说：为避免王廷歆与妻子担心，龚如心是出于好意而隐瞒了真相，不应受到指责。王廷歆承认确实在心底想过，龚如心这样做是出于好意，只是没有说出口。但他觉得，若龚如心把真相告诉他，然后再多加一句“你不用担心，我会处理好”，这样就最好。

王廷歆回忆王德辉第一次被绑架时是在1983年，他回到公司发现王德辉不在，就问龚如心为何王德辉没回公司。龚如心说王德辉可能在外面开会。随后，王廷歆又问去哪里了。龚如心答去了伦敦公干，要七至十日才返港。直至王德辉被释放，他才知道儿子遭绑架了。但直到现在，他仍然不知道龚如心当时是与丈夫一同被绑架这一事实，当听到李大状说到此事时他很是惊异。对于第一次绑架的结果，他说：“王德辉首次被绑后获释，我很开心，我无怪过她（龚如心），她做得几好！”

王德辉第二次被绑时，王廷歆不见王德辉和龚如心回公司，上午10点多时就打电话到王德辉家中。当时他太太任玉珍在王德辉家中，他就问太太：“阿光（王德辉的乳名）为什么没回办公室呀？”太太表示不清楚。后来龚如心就回电话叫他不要问了，王德辉过一会儿就会回公司。但过了一会儿，公司里一名姓高的职员跟他说，有记者来查问海面发现王德辉车子的事，他才恍然发现儿子出事了。他再问媳妇儿子怎样了,龚如心说:他在医院,无事。王德辉自此一直下落不明。王廷歆对此次龚如心的处理不太满意,说:若龚如心即时通知我,我会和她商量,想想用什么办法让王德辉走出来。

在这一日的盘问中,任法官嫌李大状问得过于累赘,多次截断一些认为不必要的提问,以加快进度。比如,王廷歆对一个问题表示忘记了,李大状仍然要追问,任法官此时插话道:他已说忘记了,便无须再问。又如,当王廷歆承认对龚如心做出不恰当的指控后,李大状还要追问王廷歆是否要向龚如心道歉,任法官则干脆地说:话题到此为止!任法官甚至忍不住问李大状:你预计盘问王先生到何时?李大状答:但愿能在下周一完成吧。

35

在王廷歆连连因对媳妇的几项指控失实而认错致歉的情势下,8 月 24 日这天李大状是从情感层面进入提问的:王德辉失踪一事,对父亲来说,固然难过;对龚如心来说,是否更难过?而王廷歆的回答却是:自儿子失踪后,媳妇几开心,一滴眼泪都无流过。主审的任法官即插问:是在你面前没有流泪?王廷歆说:任何地方,公司或者在我面前,都无流过一滴眼泪。不是我一个这样讲,其他人也这样讲。李大状问:难道龚如心没有伤心过?王廷歆说:对的,她很开心。任法官说:我这不是作证,但确实见龚如心在法庭上哭过。因为,在 1999 年 6 月高院开始以内庭形式聆讯王德辉生死疑案时,任懿君担任主审法官。龚如心有一次在接受对方律师盘问后,突然情绪激动,跑入洗手间大哭,走出洗手间时仍鼻子通红。王廷歆答道:她哭是另有原因,等我解释给你听。但任法官说这对此诉讼没有帮助,无须再解释。

这一天,李大状对王廷歆指控龚如心通奸一事做出首次回应,称“根本没有通奸这回事!”王廷歆不同意这一说法,但双方没有就此题目展开论战。李大状拿出王廷歆 1998 年委任财产管理人的诉讼时提交法庭的一份誓章,并读出其中部分内容:“若儿子仍然在生,看见我和他的妻子有纠纷,他会感到非常伤心,我相信委任财产管理人,不但可以保障王德辉的财产,并渐渐令我和龚如心可以和好如初。”李大状质疑道:王廷歆既然知道王德辉会伤心,为何仍要在法庭上指控龚如心通奸?因为无论这是真是假,都会令王德辉蒙羞。王廷歆在誓章中所言是否出于真心?王廷歆称他从没向其他人及妻子提及此事,他在庭上公开,是为解释王德辉在 1968 年更改遗嘱的原因。

当李大状把提问转到王德辉是否信任父亲王廷歆上时,引发了一场激烈争辩。他问:王德辉把 1968 年的遗嘱放在银行保险箱内,王廷歆若需开启保险箱,必须联络保险箱代理人叶理光。如果说王德辉信任父亲,为何不让王廷歆做保险箱代理人?

任法官这时突然插话:三星期了！我们确实相当缓慢,是三星期！三星期！我真的看不出问题有何相关性！任法官如此大发感慨,是因为这宗争产案预计审讯 30 天结束,但时间已经过去一大半。

李大状也就势说出自己的感受:我对原诉人已经极度忍耐,如果能够在某一日完结我的盘问,那肯定是我一生中最快乐的日子。但是,李大状对要问的问题仍然坚持问下去。

于是,任法官说:你已经接纳 1968 年遗嘱的真确性,本案的重点是 1968 年遗嘱有有被推翻,由 1990 年遗嘱取代……一直问王廷歆为何没有保险箱钥匙也有用……到目前为止,证供显示王德辉和龚如心在 70 和 80 年代生意上紧密合作,两人为恩爱夫妻,一起建立地产王国,案件重点是 1990 年遗嘱的真伪……

争辩由此而起。期间,陈大状也一度介入。从三人的言谈中可知:龚如心的立场是坚决否认通奸指控,按证人张贯天的口供,她与丈夫已重修旧好并且合力建立自己的企业,王德辉后来更改遗愿,把所有的财产留给她;按王廷歆的立场,王德辉自 1968 年发现龚如心通奸后,虽不至于对她完全失去信任,但在失踪前没有更改遗愿。

争辩到最后,任法官准许李大状发问"保险箱代理人"问题。王廷歆解释为可能因自己太老了。任法官说:你当时只不过 57 岁,跟李大状差不多。李大状说:不是啊！他当时的年纪比我现在还要年轻(李时年 63 岁)。王廷歆说:我当时不太注意保险箱和遗嘱。如果有重要文件要签名,或者文件是英文,我不懂,王德辉可能想由叶理光来做比较放心。

李大状又提到,王德辉夫妇在 1988 年至 1989 年间,在香港及海外多间银行开设超过 10 个联名户头,采取的是"先死后得"制;并在 1987 年 7 月至 1990 年初计划设立信托基金,将二人的所有资产注入,受益人仅夫妻二人,而没有预留王廷歆一份。对于这些内容的提问,王廷歆表示,他从来没有听儿子说过。

王廷歆也在庭上拿出多张与发妻任玉珍的愉快生活合照呈堂,以回应龚如心指称他对妻子不好;同时,他也否认辩方指称王德辉与其二太太不和,但承认王德辉与二太太没有合影,因为王德辉不喜欢拍照。

到下午收庭时,李大状表示对证人王廷歆的盘问已大致完毕,但在周末时间还要研究有无遗漏,下周一时再补充。

这一天的庭审中,又多次出现任法官指摘李大状纠缠与案情无关议题的情形,制止他的发问,但这种指摘并不造成紧张气氛,有时反而挺逗乐。比如,李大状问王廷歆:做了多年生意,曾否有过欠债？任法官马上提出看法:这个问题匪夷所思。李大状便即时假设了一个答案,意思是表明此问题不难回答。任法官反倒笑说:如果你知道了答案,何必问?李大状则答:我想听王廷歆如何回答。任法官执拗不过,还是准许了提问。此外,任法官再次特别提醒传媒,切记不要越轨报道,希望大家要遵守两点规则:第一是不要报道法庭之外取得的任何有关此案的消息;第二是不要报道证人在庭上没有承认的书面供词。他指的是当天庭上法官与李大状所讨论的话题,因为所涉及内容并非王廷歆的口供,而且会令读者对龚如心产生错误看法。不过,任法官对媒体的表现还是满意的,他说:近日阅读各大报章,传媒对案件的报道行为很好。只是有一两家媒体仍企图报道一些案件背后的"秘密"资料。

36

8 月 27 日上午 9 时,准时出现在证人席上的王廷歆开始了他出庭作供的最后一天。李大状也将利用这一天尽最后努力对王廷歆盘问。

李大状提出一个他认为"很关键"的问题,他说:王德辉夫妇 1985 年曾指示律师取消所有遗嘱,但有关指示最终没有落实。在 1987 年至 1990 年期间,王德辉夫妇计划成立信托基金,是因为资产集中在香港,担心税务问题。李大状拿出一封 1989 年 8 月 7 日由某会计师写给王德辉的信件,信中大意说王德辉夫妇没有子女,所以有很多选择,加上他们的财产主要是香港的房地产,成立信托基金所遇到的问题较简单,信托基金的最终受益人则假定是王德辉夫妇。1990 年 2 月 9 日,王德辉夫妇的律师给草拟信托基金条款的胡关李罗律师行传真了一封信,要求该律师行立即替王德辉夫妇成立信托基金。只是在六天后,王德辉夫妇的律师又传真一封信给该律师行,称收到龚如心指示,成立基金的计划要完全搁置。龚如心若不是将基金计划搁置,王廷歆根本什么也不会得到。

听李大状讲了一通后,王廷歆表示对信托基金的事并不知情。李大状问王廷歆:这样重要的事,王德辉对你却只字不提,是否让你惊讶?王廷歆答:对那种文件,同我讲啥?好多事体好难讲的,他愿意讲就讲,他不愿意讲就不讲。

李大状又列举了三件对于王德辉来说非常重要的事情,来说明王德辉与龚如心的关系:

其一,1972 年期间,香港置地公司有意收购牛奶公司,王德辉夫妇与牛奶公司合资 5 亿元反对置地公司收购。同年 11 月 24 日,王德辉夫妇与牛奶公司的董事长召开记者会,宣布合作计划,龚如心在会上回答记者问题,翌日报章登出了有关报道。王廷歆表示知道此事,但不知报道是否准确。

其二,1987 年股灾中,王德辉在芝加哥股票市场炒卖孖展(指炒汇)损失惨重,即前面王廷歆提到的"损失了七八千万美金"那次,欠下一家股票经纪巨款。王德辉是透过一家有限公司投资的,他曾向美国一家律师行请教,确定债务是否要由他个人承担。结果,这笔欠债被作为案件交由当地法庭处理。龚如心在立法委前议员夏佳理和资深大律师祁理士的协助下,与当地的股票经纪庭外和解。王廷歆承认,在此事上从没有给予王德辉帮助。

其三,王德辉首次被绑架时,龚如心与他一同被绑架。绑匪要释放龚如心,让她去筹钱赎夫。龚如心知道王德辉脾气差,担心他会有麻烦,要求绑匪释放王德辉,由她当"肉参",但绑匪不接受。王廷歆说他不知道这件事。

此后,李大状又问起王廷歆,是否曾向《壹周刊》记者说过:即使身故,遗嘱执行人仍会继续争取,誓要把华懋争回给王家。王廷歆说大概是,并语气坚决地回应:这个官司会一直打下去,我死脱(了),也会打下去,讨回公道! 李大状说:我很想知道王廷歆的背后有什么人支持。因为,王廷歆现时每月由王德辉的遗产中领取不足两万元的生活费,却有能力在争产案中聘请香港的著名大状及一流的笔迹专家。若王廷歆胜诉则没问题,若败诉了便会出现堂费问题,既然王廷歆表示背后有人支持他,如果法庭不愿下令老人家赔诉讼费,辩方仍可向幕后人追讨。代表王廷歆的陈大状即时提出反对,指李大状是在滥用法庭程序。任法官也不准予这一提问,认为这是在内庭处理的事。

李大状又提问王廷歆:是否在王德辉与龚如心结婚后就不喜欢龚如心了?

王廷歆摇头表示:不是这样。我没有不喜欢她。随后又说:并不是十分喜欢,只是普普通通而已。

李大状便向法庭呈交一张生日贺卡,上面写着"如心:快乐生辰,健康愉快。D. S. 贺"字样。李大状指称是 1981 年龚如心过生日时,王廷歆从美国底特律寄给她的贺卡。

王廷歆看后便摇头笑称:我到美国从来没做过这种事体。他说跟自己儿子也从不做这种事体。又说上面的字绝对不是他的笔迹,可以去做鉴定。李大状马上就此询问王廷歆:是否指龚如心伪造贺卡? 王廷歆说:我不能讲,没有看见过。李大状说:为何你什么文件都指是伪作的? 任法官立即以此事与案情无关为由,不让李大状继续追问。

下午开庭后,李大状又拿出一张贺卡呈堂,指称是王廷歆在同年寄给王德辉的生日卡,卡上字句与上一张相同,下款则写着"父贺"。王廷歆看后仍然否认上面字迹是他所写。王廷歆说他 1981 年确实在美国,但期间只曾给第二任太太张惠莉的养女写过信,说到这里,他用手指向旁听席上的一名女子。那女子正是王廷歆作供以来一直在搀扶照顾他的人。

在这天,针对李大状先前的盘问,陈大状也为王廷歆做了辩护。他以一封律师信函证明,龚如心的律师确曾反对王廷歆夫妇申请生活费;又说王廷歆确实不知道 1968 年遗嘱副本是真的,后来承认指控错了;还重读王廷歆过往的书面口供,指华懋公司每年建造许多高级住宅,但却从来没表示过可让王廷歆居住。王廷歆亦表示，他在旺角道的房子已住了二三十年，已经是“一塌糊涂”，曾向龚如心提出过居住房屋问题，但龚如心不闻不问。

李大状回应说，王廷歆所住大厦，1995 年有人从寓所跳楼自杀，龚如心曾邀请王廷歆入住新楼，但他嫌远不去。

在下午近 4 点钟时，王廷歆完成了他最后一日的作供。任法官对他说：真替你高兴，你终于完成了作供。王廷歆说：那我现在可以走了吗？任法官说：是。王廷歆摘下帽子，上前跟任法官握手。任法官对他说：多谢你来到法庭，祝你身体健康！王廷歆也向法官鞠躬表示谢意，接着又向连日来为他翻译上海话的女翻译握手道别。女翻译用另一只手轻拍着王廷歆的手说：祝您身体健康！

这天的聆讯在动人的脉脉温情中结束。

王廷歆一走出法庭，大批记者立即追随采访，更有记者用上海话提问。王廷歆对记者说：我不讲了，你们就写庭上讲的内容吧。要讲的都在法庭上讲了。他表示，以后可能仍会到法庭旁听聆讯，或再上庭作供，为了方便，还要在酒店住几天。

但是，当记者赶到酒店希望能有机会采访王廷歆时，才发现王廷歆所说的“住几天”原是为逃避记者所用的妙招：据酒店一员工透露，王廷歆回到酒店后，即乘员工电梯下到底层的卸货区，乘车离开酒店。记者认定是“去了另一处神秘地方暂住”。[②]

注释

①参见《成报》2001 年 8 月 23 日 A2、A3 版，及同一日《太阳报》《经济日报》《东方日报》《苹果日报》《信报》《明报》等。

②参见《太阳报》2001 年 8 月 28 日 A6 版。

第十二章

争产诉讼初入“戏肉”

37

在这场争产案中,最为活跃的莫过于大小报章派出的老记们,每天他们早早地就携着照相、录音器材赶到高等法院门前排队等候开庭入场,或守候出庭证人寻机拍照、采访;庭审结束后又追赶着证人提问、拍照。是凡可以挖掘线索的地方,都会闪现老记们的身影,就连法庭上为王廷歆翻译上海话的女译员也受到了老记们的追访。这位女翻译名叫陈伊伟,上海人,在司法机构原任职一级翻译主任,调任高等法院工作时间不长,已担任高级翻译主任,精通英语、普通话、上海话和广东话。但是,老记们的这一意图尚未实施即遭任法官在庭上制止。①

按照香港的法律,对法庭新闻报道的限制,主要是以不影响公正审讯为界限,开庭审讯的内容一般都可以见报,而与案件有关的庭外资料则绝对禁止见报,如对证人作供前报道其口供内容、采访庭上有关工作人员等。如因传媒不遵规定的报道影响了法庭审讯,就有可能被控以藐视法庭,受到法律追究。但从前一段的报道看,没有见到哪一家媒体因超越规定范围受到追究,所刊登出的内容又绝对不是千报一面,而是各有侧重,各有选择,各有倾向,倒也为读者多角度多侧面多观点解读案情提供了丰富资料。

不过,这场官司的关键在于遗嘱的真伪。前一段王廷歆老先生出庭作供的内容虽然十分丰富,却没有直接证据能证否 1990 年的王德辉遗嘱,只是提出了自己的怀疑而已;所提及的陈年往事,也就是抖出了一些为外人所不知的家族矛盾而已。试图以家内的人际关系以及性格、行为特征等来推论遗嘱的真伪,这种论证最多能获得一些或然性结论,即事实可能或者很可能是这样的,但却仍然不能排除事实是那样的可能——应该说，这是一般案件在侦查或调查阶段的常用方法，而法庭判案则需要可靠的直接证据。

其实，像这种恩恩怨怨、争争吵吵、打打闹闹、蹦蹦跳跳、好好坏坏、分分和和、龃龉芥蒂，上至总统大亨达官贵人，下至布衣草民贩夫走卒，又有几多家庭能够说从没发生过？只不过是在表现形式与程度上及对待、处理的态度、方法与结局上，各有各的不同罢了。俗语说，家和万事兴。“和”，乃是一种理想境界，虽然整体上看，家庭矛盾激化到需要对簿公堂的不占多数，可又有多少人家能称得上真正意义的“和”呢？所以俗语又说，家家有本难念的经。然而，即便到了公堂上，家长里短的是是非非又是最难说清，正所谓“清官难断家务事”。王廷歆老先生在庭上说了许多，双方的大状又问了许多，依我看，真正取得的进展就是对王德辉 1968 年所立遗嘱的真实性基本没有了异议，其余部分皆对证明遗嘱真伪的意义不大。接下来，便是控辩双方对王德辉 1990 年所立遗嘱的鉴定报告的对阵。

38

那些手眼敏捷的老记们在王廷歆作供尚未完成之时，就已瞄上了王廷歆一方即将出庭的笔迹专家 Gus R. Lesnevich 与徐志强二位先生，这两位同行于 1999 年受聘此案，两天前分别从美国和加拿大飞抵香港，8 月 27 日到法庭听候命令。由于法庭下午进行内庭聆讯，所以他们空等了一天。记者乘隙采访，有关两位同行的报道第二天便出现在大小报章上。

Gus R. Lesnevich 先生于 1968 年接受文件鉴证训练，1970 年学成后加入美国军方，负责可疑文件的调查工作，1974 年受聘于美国政府情报机构，负责鉴证财政部及银行财经文件等，在他的办案经历中，曾负责鉴证卡特和里根两位美国总统收到的恐吓信，还在美国政府控告菲律宾前总统马科斯夫人非法处理财产案中担任笔迹专家。他从 1981 年起开始私人执业，1999 年在他正准备退休之际接手了此案。Lesnevich 先生称，他是首次接触中文签名，过去曾鉴定过日文及韩国文字的签名。他向记者表示，从文件鉴证的专业角度看，鉴证不同语种文字的签名根本不成问题。他也向记者谈到他的鉴定收费价码：每小时收费 300 美元，最低消费为 2400 美元，如需出庭作供，还要每日收 3000 美元。27 日到庭，虽未正式作供，也要计费的。他向记者介绍，美国现有正式注册的笔迹专家约 200 多名。笔迹鉴证被美国法院接受为证据大约在 20 世纪 30 年代，到了 50 年代才被广泛接受。

徐志强先生时年 55 岁，于 1973 年接受政府化验师训练，成为香港政府化验所首位中文笔迹鉴证专家，1978 年至 1992 年任文件鉴辨组主任，后举家移民加拿大,加入了加拿大法庭科学会,在多伦多法庭科学中心担任法庭文件鉴辨主任。2000年年初退休开始干起了私人执业的法庭文件鉴辨师。[②]

8月28日,Lesnevich先生出庭,照例先由陈景生大状问话,引导他说出自己的鉴证观点。香港老记们报道认为,这是进入了争产案的“戏肉”部分。戏肉,在港语中是指一部戏的核心部分、最精彩部分。争产案中的专家鉴定部分应该属于案件的核心,它直接关系到与讼双方各自的成败输赢。[③]

Lesnevich先生分别进行过两次王德辉的笔迹鉴定,共使用了18个王德辉在1985年前的签名样本;谢炳炎的签名鉴定,使用的是1990年王德辉失踪后谢炳炎在警方录取口供纸上的8个签名作为主要验证样本。在王德辉的签名样本中,有7个是由王廷歆提供的,来自王德辉1958年至1983年间的收据、合约、地产商会和马会会员卡等中文文件上的签名;有11个签名是由龚如心提供的,是王德辉在1984年和1985年签署的中文授权书。

陈大状在宣读了由我们三人完成并提交法庭的鉴定结论部分后,向Lesnevich反复提问。Lesnevich则对我们的结论逐一予以反驳并阐明他个人的鉴定意见。

按照Lesnevich的鉴定,王德辉1967年后的签名模式与1967年之前的签名有显著差异,他推测是王德辉在1967年后较少书写中文,久而久之,书写流畅中文的能力退化,故王的中文签名不像以前端正,变得较潦草。他进一步断言,即使王德辉重新练习中文书写,也不会回到1967年之前的签名式样。他认为,1990年遗嘱上的四个王德辉签名,与王80年代的签名不相似,而与王1958年至1967年间的签名却相似,细看则会发现某些出入,它们较之真迹写得更好、更美观,有手震颤的迹象,经放大观察,可找到遗嘱签名与样本之间有11处明显不同。因而他断定,遗嘱上四个王德辉的签名是有人比照1958年至1967年间的签名模仿而成。他又认为,在王德辉的问题签名上虽没有不寻常笔画,但仍有冒签的迹象,因为王德辉这个时期的签名,没有理由比以前更好,若是王在坠马造成头部受伤后立遗嘱,字迹应该写得更差才对。

对于遗嘱上谢炳炎的四个签名,Lesnevich则说它们互相间过于相似,形容是“小心的绘画”,是逐笔逐点写上去,书写速度慢,四个签名的大小一致,不是一挥而就那种,与样本比较有14处疑点,可认定为假冒。他还认为我们的鉴定所使用的是传真副本,他解释说,传真副本可能会令文字有所缺失,不宜用于笔迹鉴证;对于我们使用谢炳炎1999年9月所写证词上的签名作为验证样本也加以驳斥,认为谢于1999年12月因肝癌病故,9月份时在证词上签名会由于身体状况影响签名形态,故不宜作为鉴证之用。

这一天,美国笔迹专家Lesnevich成为了法庭上的焦点人物,他将王德辉1990年遗嘱上的签名全部指为“假签名”,并通过陈大状的导引,将自己的观点详细地展开,言语之间充满自信。

按照程序,紧接着便是李大状盘问 Lesnevich。实际上,这些日子里我们每天都在研究对方的鉴定报告,Lesnevich 在庭上表述的观点,我们早就烂熟于心,同时有针对性地完成了一份“答辩”报告交给李柱铭大状,作为他盘问对方笔迹专家的“炮弹”。

在进入中美笔迹专家法庭对阵阶段之际,为了便于读者了解这种专业色彩浓厚的法庭“答辩”,有必要将庭审的进展暂时停下来,扼要地介绍一下双方在进一步研究王德辉 1990 年遗嘱签名之后形成的观点及结论,这部分内容有助于深入了解双方专家的分歧。

注释

①参见《信报》2001 年 8 月 23 日 A3 版,《太阳报》2001 年 8 月 28 日 A6 版。

②参见《东方日报》2001 年 8 月 28 日 A14 版,及同一日《成报》《新报》《星岛日报》《信报》《明报》《大公报》、香港《文汇报》等。

③参见香港《经济日报》2001 年 8 月 9 日 A27 版。

>>> **第十三章**

有争议签名之“王德辉”

39

自打从澳门回来后，我们就开始按照委托方的要求，集中精力研究对方的检验方法、观点及结论。特别是到达香港准备出庭之前，李柱铭大状又提出许多非常具体的要求。我们三人分工协作，每日研讨他们的鉴定书。我们觉得，徐志强所写的最能代表他们的观点，应把他作为分析重点。经多方面讨论，终于在对方的专家出庭之前完成了这份分析报告，实际上几乎可以算是一次细致深入的再鉴定。

综合 Gus R. Lesnevich、徐志强和郑佑生三位先生的鉴定结论，与我们的结论有一致的地方，比如认为检材 A 正文为一人书写，检材 B 正文和检材 C 正文为另一人书写，但他们最后都对遗嘱作出否定的结论，将检材上的“王德辉”、“谢炳炎”签名认定为冒签、模仿或临摹。由于对方的结论，将四份遗嘱检材上的“王德辉”、“谢炳炎”签名定为冒签，这就需要对这些签名逐个研讨，使鉴定内容更加细化。

我们还是先看“王德辉”签名是否存在仿冒。在案件检验中，仿冒签名的情况经常会碰到，因此对这项检验教科书中有专门的章节论述。按照通常的分类，仿冒的手段主要有三种：套摹、描摹和临摹。既然对方说签名是仿冒的，我们就按照这三种情况一一进行分析。

所谓套摹，即在签名样本上覆上一张纸进行摹写，通常是采用透光用薄纸的方法摹写。如果使用这种方法，“王德辉”的四个有争议签名势必可以互相重合。但是，这四个签名大小不同，基本笔画的形态、长短及其搭配比例关系均有差别，明显不能重合。除非这四个签名是分别用四个签名样本套摹，但这种可能性极小。无论是按照一个签名样本套摹或用多个签名样本分别套摹，都必然在伪造的签名上出现形快实慢、迟疑抖动、停笔修描等现象，但在这四个有争议的签名上，除发现某些笔画有不同于模仿抖动特点的行笔抖动现象之外没有发现上述反常现象，因此可以排除套摹仿冒。

描摹，是采取硬笔套描或复写、复印的方法，将被模仿的签名式样复制到伪造的文件上，再用墨水笔或圆珠笔沿复制的浅淡笔画仔细描成伪造的签名。用这种方法仿冒的签名，首先会具有上述套摹签名的两方面特征，即签名能互相重合、笔画上有形快实慢等现象，但这些特征在有争议的"王德辉"签名上并不存在。其次，描摹签名必然会留下复制签名式样时形成的复写笔画痕迹，或复印笔画痕迹，或无色的笔画压痕，但我们在检验中未发现有争议签名笔画处有上述痕迹，所以也可排除描摹方法伪造签名。

临摹是练习书法的基本方法，使用此法伪造签名，即把被模仿的签名放在一边，然后比照其样式逐字逐画地进行仿写。若要仿得像，则必须十分小心，因此在临摹的签名中，仍旧不可避免地会出现形快实慢、抖动弯曲、停笔另起笔等现象。然而，在有争议的"王德辉"签名中，除有些抖动弯曲现象以外，看到的却是签名笔迹结构正常，运笔自然，笔压轻重有节奏感，笔力重时甚至划破纸张等现象。这与临摹签名特点是极不相符的。

在排除掉有争议签名的仿冒之后，我们进一步分析了王德辉先生的签名样本特征。由法庭提供的王德辉签名样本共计 18 个，在时间的分布上：1958 年 1 个、1961 年 1 个、1967 年 1 个、1975 年 1 个、1980 年 1 个、1983 年 2 个、1984 年 4 个、1985 年 7 个。从这 18 个签名的文书看，应是为 13 次书写的，如 1985 年的 7 个样本，有 4 个签名是 1 次写的，另 3 个也是 1 次写的。而且每次签名时间间隔 1 年、3 年、5 年、7 年或 8 年，个别的间隔一两个月。重要的是，从 1985 年以后至 1990 年，一个签名样本也没有。由于样本的时间分布缺乏连续性，又没有 1985 年至 1990 年的样本，要从样本上研究王德辉签名的历史演变特点，不仅 1985 年以前的样本不充分，要考察 1985 年以后的变化根本没有客观依据。这 18 个不同时期的签名样本，既然都是王先生的亲笔签名，我们就必须正视王先生这些签名笔迹的主要特征和它自身的差别，或者说是自然变化，以便科学地利用这些样本与有争议的签名进行比较，并正确评断比较检验的结果。

经过逐字逐笔的分解比较及综合分析，我们认为王先生的签名有如下特点——

王先生在遗嘱上的签名是具有隶书特点的行书体字。至少在 1958 年前，王先生可能学过一点隶书，因此在他的签名中出现某些隶书的特点，如王字的横画，德字右上方的横画，辉字右下方的横画，均呈"蚕头燕尾"状；德字的双人旁两撇短小，有的呈横点状，以及右上方的撇画短小，慢写时置于横画上，也是在隶书基础上的变化。但是,王先生的隶书学得不到家,如隶书有个规则是“蚕不二设,燕不双飞”,而他写的“王”字有时出现两个“蚕头燕尾”。还要指出的是,隶书不能连笔书写,不便于提高书写速度,因此纯隶书字不宜作为日常交际的工具和签名的书体。所以,王先生的签名就成为一种有隶书特点的行书体。

王先生的18个签名样本显然是他在1958年至1985年这27年间的一小部分签名。这部分签名之间也有些比较明显的差别。首先,这种差别和变化说明了随着时间延续,王先生签名的书写技能水平逐渐有所提高。表现在早期签名字迹的结构、运笔比较拘谨,不如80年代签名行笔那么流畅,连笔能力强,以及字的结构和书写动作简化更合理。二是书体的变化。我们说王先生的签名中有些是有隶书特点的行书体,主要体现在横画的“蚕头燕尾”上,没有这个特点的基本属于行书体。二者之间的差别是,有“蚕头燕尾”的笔画有波浪,易拉长,收笔上扬,而行书的横画较平直,不一定长。由于笔画长短和收笔方向的差别,又会影响该笔画与相邻笔画的搭配、比例关系。三是书写速度的快慢也是一种变化因素。慢写的字笔画易长,易显示波浪或平直,快写的笔画易短,因要与相邻笔画相照应而易呈弧形。

王先生签名样本的比对条件。在签名鉴定中,用于同有争议的签名进行比较检验的样本,比较理想的是用与有争议的签名为同种书体、书写速度相似、书写时期相同的签名样本。在本案的王德辉签名鉴定中,既有与有争议签名书体和书写速度相似的样本,也有书体不同、书写速度较快的样本,但与有争议签名比对条件好的占少数。在书写时间上,遗嘱标称时间是1990年3月,但却没有1986年以后至1990年的样本,这又是一个不利条件。不过,根据我们多年的理论研究和实践经验,认为现有样本已经展示了王先生的签名笔迹特征,对于鉴别有争议的签名是否王先生书写,基本具备了检验条件。

经过再次精细比对,可以发现,四个有争议签名与样本之间有如下相同特征:一是书写水平。二者字形结构的严谨性、运笔的流畅性和连笔书写能力相同。二是书体风格。四个有争议的签名是一种具有隶书特点的行书字,其隶书特点表现在长横画呈“蚕头燕尾”状,双人旁的两撇变成两个点或短撇。但隶书在同一个字中不应有两个“蚕头燕尾”,也不应连笔书写,所以有争议的签名具有特殊的个人风格,而这一点在早期的两个样本中有充分体现,在后来的若干样本中也均有不同程度的反映。三是结构布局。四个有争议的签名字间间隔较小,“辉”字稍偏右。如果在“王”字下横的左端作一垂线,沿军部竖画作延长线,可见它们所通过的部位基本相同;如果在“德辉”二字的主体部分右侧连线,可见其与1985年样本更加相似。

我们又对“王德辉”三字检材与样本间的相同特征一一进行了详述,这种相同点几乎在每一个样本中都能找到。同时,我们也对二者之间的差异点进行了比对罗列,并一一做了分析。

首先,我们认为这些不同点不是本质的差异。当我们全面地观察和比较王先生的 18 个签名样本时,可以看出这些签名自身就存在这样或那样的差异,对这种情况该如何解释呢?这就是文字检验中通常所说的签名的多样性或书写的多样性表现。正因为如此,检材与样本间才出现部分相同、部分不同的情况。在签名笔迹鉴定中,这种情形是常见的,合乎规律的。这种差异,一般属于非本质性的差异。

其次,形成差异的具体原因是书体和书写速度的不同。四个有争议的签名就笔迹的书体而言是有隶书特点的行书字。用这种书体签名,有些笔画要舒展有波折(如横画),有些笔画要变形(如双人旁的撇画),尽管四个有争议的签名显示出较多的连笔写法,但书写速度不可能很快,否则笔画不易伸展,波折难以显示,"蚕头燕尾"的特点消失,行笔易走捷径。从我们的比较结果看,用那些在书体和书写速度上相近的签名样本比对,它们与四个有争议的签名就相同或相似;用单纯的行书或随意快写的签名样本比对,差别就比较多,这恰好符合上述变化规律。

40

控方专家为了说明"王德辉"有争议的签名是仿冒的,在鉴定书中提出了一些基本观点,这也是需要认真对待的。如果他们的观点与客观实际相符,那么他们的结论就站得住脚,反之则失去了支撑的根据。

其一为"能力退化"与"习惯改变"。控方有的专家认为,王先生 1958 至 1961 年的中文签名能力到后来已经逐渐退化;有的专家则认为王先生签名的书写习惯从 1961 年后已经发生了变化。无论是"能力退化"还是"习惯改变",无非是想证明王先生不可能在 1990 年写出那四个有争议的签名,从而推演出是仿冒的结论。然而,这种推论与事实不符,缺乏根据。

在正常情况下,一个人的书写某种式样的签名能力不可能轻易退化或丧失。王先生的 18 个签名样本说明,他年轻时学过一点隶书,但不够精,因而在他的一些签名中体现了隶书所特有的某些风格。一个人学习掌握了某种书体技能,就会在他的大脑里留下深刻的形象记忆,其中某些适应连笔快速书写的部分,如"德"字的双人旁,便融入其通常的书写动作的习惯之中,从而在签名中重复再现;而像"蚕头燕尾"之类,因其只适宜慢写,故在随便快写的签名中不易出现。建立在他所知、所会基础上的这种并不复杂的书写技能,尽管因其不便在日常交际中使用,因而书写机会不多,但只要书写人想这样写,他就会写出来,这完全取决于他本人的意愿;除非是相关的记忆系统或书写肢体遭到破坏,他的这种技能是不会丧失的。比如一个人以前学过一点仿宋体、等线体字,尽管平时不用,但若想写这种体的字,仍然可以写出来。

控方专家说王先生书写能力退化、习惯改变,我们认为缺乏事实依据。就现在所掌握的王先生的签名样本共18个,按数量来说并不算少,但可比条件好的不多,这一点在前面已经谈到过。当现有的样本不能充分展示王先生不同年代、不同条件、不同书体签名的变化规律时,你怎么就能断定王先生1990年写不出这种样式的签名?从签名的书体和速度上看,样本中只有1958年和1961年的两个签名是具有较多的隶书特点的行书体签名,其他签名因其主要是行书体或因书写速度较快,隶书体特点未得到充分体现。如果单纯按有限的签名样本时间排序,不分析签名样本条件的差别,就说是书写习惯已经改变,我们只能认为是一种主观武断的看法。

从个人笔迹自身差别或变化的性质看,一种是历时的不可逆的变化,在王先生的签字中表现为签名更加熟练、运笔更为流畅、连笔草书能力提高等。四个有争议的检材签名在形体上与1958年和1961年的两个样本签名有更多的相同或相似点,但从书写水平、技巧上看,前者要高于后者。还有一种是共时的变化,因为他具有多种书体的书写技能,某个字又会有两种以上不同的写法,那么在不同时间、不同场合,以什么书体和速度,是认真、郑重还是随便书写,都完全随其所愿,所以在同一时期便会有不同形体、不同写法的签名共存。我们已经知道,王先生的18个样本签名中,只有1983年的签名中写了一个草体的"德"字,此字写法不仅与1983年以前的5个签名不同,也与1983年以后的11个签名不同,甚至与同一年的另一个签名也不同,你能据此就断定这个签名不是王先生写的或王先生以后不再会用草书的"德"字签名吗?签名的书体不同、速度不同所呈现的变化就属于共时的变化。以这种变化或差别来断定王先生书写能力退化或书写习惯已改变,我们只能说,这种观点是缺乏客观根据的猜测。

其二为对王德辉签名样本的分类。控方专家徐志强先生把王德辉签名样本明确地分为三类:第一类是1958年至1961年两个签名;第二类是1967年至1983年七个签名;第三类是1984年以后的签名,介乎第一类与第二类之间。

我们认为,就汉字而言,一个人的签名可以从不同角度进行分类,例如可以按签名格式分为竖式签名、横式签名两类,也可以按书写速度分为快速连笔签名和慢速工整签名等。分类的作用,主要是有助于正确解释检验中发现的某些符合点和差异点。徐先生对王德辉的签名样本进行的分类是以年代和签名特点相结合为依据的。但签名特点在这个年代与那个年代之间往往有交叉,并且时有时无,因而他的这种分类是不科学的。

就徐先生的观点而言,他划分第一类和第二类的依据,一是"王"字的第一横画的长度,第二类比第一类要长;二是第一横画以下的竖笔起笔处的间隔,第一类间隔大,第二类没间隔。由于徐先生没有注明所谓长度的含义,我们就先以相对长度而论,即使不用测量,肉眼也能看出,在他所划分的三个类别签名样本中,都是"王"字第一横画比第三横画长,其比值均大于1,相对长度基本一致——这一点恰恰是王德辉签名中"王"字比较稳定的一个笔迹特征。我们再看绝对长度,如果以第一类和第二类的七个签名样本为依据,那么第二类签名样本"王"字的第一横画确实要比第一类两个签名"王"字的第一横画长。但是,这种不顾字形大小且仅仅以七个签名为依据,就对1958年至1983年20多年间王德辉的签名变化做结论,显然是犯了逻辑学中常见的"轻率概括"错误,即只根据手中很少的事例或样本就推论出具有一般性的结论。

其实,仅以被法庭接受认可的王德辉的这18个签名样本就能证明,徐先生的结论是与事实不符的。我们可以在1984年的样本中,用护照上的"王德辉"签名与护照上所贴照片上的"王德辉"签名相比较,照片上的"王"字第一横画就比护照上要短,但第一横画与第三横画的比例,都是一样的。这说明,王德辉在一种条件下签名,会把"王"字第一画写长些,在另一种条件下签名,又会把"王"字第一画写短些,完全是根据主观意愿而变化的,有很大的随机性,并不能就此断言,从某年开始"王"字的书写习惯已发生改变,因为它无法解释"王"字第一横画变长后,又怎么会重新变短。

同样,徐先生把"王"字第一横画与其下方竖笔是否有间隔作为王德辉签名分类的依据也存在着上述问题:在1967年以后的几个样本中,我们依然可以看到,"王"字第一横画与其下方竖笔之间存在较大间隔的签字。

很显然,徐先生把笔迹特征与年代相结合对王德辉签名样本进行分类经不起事实检验,是不科学的。

那么,徐先生为什么要对王德辉的签名样本进行这样的分类呢?他的目的是很清楚的,就是企图把不同类型的笔迹特征和书写时间联在一起,从而推出这样的论断:1958年出现的签名特征只能在这个时期出现,如果到了许多年后,例如1990年,再出现有类似这种特征的签名,那就可以证明,有类似这种特征的签名不可能是1958年签名书写人所写,就可清楚地认定,标明1990年书写的字迹,不可能是署名人真迹。

但是,由于徐先生的分类是错误的,因而他的推论也是站不住脚的。从现有的少数样本来看,1958年至1985年期间,王德辉签名三个字有一些稳定的书写动作习惯并没有改变,但每个笔画书写动作习惯却有多样化表现,而且是在早期的一种表现过了几年样本中见不到了,再过几年,在有些样本中仍没出现,而在另一些样本中却重现了。就拿样本"王"字第一横画与其下方竖笔之间的间隔来说,在1958年和1961年两个样本的"王"字中间隔甚大,1967年样本中这个间隔变小，1975 年样本中间隔消失，到 1983 年不但间隔消失，甚至竖笔还往上超出第一横画，而到了 1984 年，样本的“王”字又出现较大间隔，1985 年样本间隔则又消失了。如此看来，在 1990 年王德辉本人签名中再现很多年前某个书写习惯动作的表现形式，是不足为怪的。

我们在样本检验中认定了“王”字的这样一些稳定的书写动作习惯：“王”字的三横画中第一横画写得最长；竖笔与第二横画连笔书写；竖笔与第二横画的笔顺是先竖后横；中间连笔笔画弯向左方又弯向右方完成书写第三横画的动作。至于竖笔起笔与第一横画是否有间隔、间隔是大还是小，这是多样化的表现。徐先生的检验错误就出在：把从有限的笔迹样本中看到的这种多样化表现中的某一种表现，给固定到了一个年代之中了。

在笔迹鉴定中，通常用作判断书写年代可靠依据的，是那些由于某种原因在书写中不可避免会产生的笔迹特征，与具体年月存在着无可争辩的联系，比如因患脑部疾病导致字迹变化。中国书法篆刻大师邓散木曾因摔伤手腕，改用左手书写，写出的字迹远不如此前，后经过练习左手书写达到了很高的书写水平，后他的右手又奇迹般地恢复了书写能力。显然，许多年后，我们便可通过他的这种书法上的特殊变化判定其书写年月。看来，徐先生对于利用笔迹特征来判断字迹书写时间的理论，还有进一步深入研究的必要。

41

控方的两位专家认为四个有争议的“王德辉”签名是他人仿冒的，其立论盖出于“能力退化”、“习惯改变”和以年代对签名样本分类这两大基本观点，甚至于断言，就是参照 1958 年和 1961 年的两个签字样本模仿的。

对于这样的结论，我们有理由怀疑，控方鉴定人是否按照笔迹检验工作者都共同遵循的规则和程序来进行本案鉴定的。从他们的鉴定书中可以看出，他们是按照百分比来决定是与不是的，差异点超过 50% 就可能不是；而我们从长期的办案经验中获得的方法是，要对特征符合点和差异点做综合评判，要从数量和质量两个方面进行认真审查。给我们的印象是，对方使用的方法，似乎仍是 19 世纪末叶就已出现的笔迹测量法，这种方法最大的问题就在于机械比对，只看到了笔迹特征的数量方面，而丢弃了在质的方面的特殊价值。

按照通常的笔迹检验过程，首先要反复、仔细地观察、研究有争议的签名是否正常，是否有结构紊乱、形快实慢、抖动弯曲、停笔另起、修饰重描、互相重合以及有无描摹痕迹等；第二步是同已知的签名样本进行比较，发现二者之间是否呈现“貌合神离、大同小异”的特点，即仿冒的签名和已知的签名样本在整体面貌上相似，而用笔结字的技巧不同，具体表现为字的形态、结构相同，而在不连笔的笔顺、起收笔动作、运笔的笔力分布，以及笔画间的搭配比例等细节特征上存在差异；最后一步是将以上的检验结果进行反复综合权衡，就有争议的签名作出鉴定结论。绝对不能先看到某些现象就做出判断，然后再通过主观、片面的检验去寻找支持这种“结论”的依据。

我们在鉴定的第一步检验中，经过反复观察和分析，在四个有争议的签名上除了有些笔画有抖动现象外，不存在模仿笔迹的其他特点。模仿过程中的抖动一般发生在连笔、转折、环绕等书写动作比较复杂的笔画上，而且抖动比较隐蔽，弯曲的幅度较小，模仿能力不强的人其抖动弯曲现象会在多数笔画上出现。但是，四个有争议的签名上连笔、转折、环绕等复杂的笔画上却没有抖动，运笔都很自然，抖动弯曲现象只出现在横、竖等几处大的简单笔画上，而且抖动弯曲现象的幅度较大，所以我们认为这种抖动弯曲不是模仿的迹象，它的出现应当另有原因。正如在鉴定书中所分析的，很可能是王德辉当时从马上摔下，身体受伤，特别是因手臂受伤产生疼痛不适所引起的。

模仿他人签名首先注意的是形体、结构以及笔画的基本形状和走向，如果控制得好，在大体上是可以模仿像的。因此，有争议的签名与样本之间必将呈现大体式样的相同。但是，在模仿过程中不可能同时又注意到签名的每个细节，也很难控制自己的书写习惯，因此有争议的签名与样本之间又必将呈现细小特征的差异。这种“大同小异”是模仿签名笔迹的又一个特点。

再看四个有争议的王德辉签名与王德辉本人签名样本之间的比较结果，它们之间不仅存在“大同”，在整体结构，单个字的写法、笔顺、主要笔画的搭配比例等方面相同，而且在连笔动作、起收笔动作、运笔的笔力分布及搭配比例等细节特征上也都反映出很好的符合点，不存在模仿笔迹的“大同小异”特点。

模仿别人的签名，总是选一个已知签名为模仿对象，并且在形体结构上与已知签名保持一致，但我们看到，四个有争议的“王德辉”签名互有明显差别（可参见附图中检材“王德辉”），而且与1958年和1961年的两个签字样本也有明显差别。为什么这个模仿者会如此离谱？

徐志强先生说，“检材C与1958年签名样本的王字十分类似，书写人可以在相隔30年之后能重新写出王字的特殊形状，令人惊奇”。那么，我们可以比较一下，这两个“王”字除了环绕连笔形状相同，上下两横的形态并不同，模仿者为什么如此粗心？再有，就算“王”是仿自1958年签名样本，那么两个“德”字又为何如此明显地不同？莫不是“王”字模仿一个样本，“德”字又模仿另一个样本？这才是“令人惊奇”的！

为什么四个有争议的签名各有不同？为什么四个有争议的签名上的各种特征都能在已知的18个签名样本中找到它们的相同点而不仅限于1958年和1961年的两个签字样本？唯一合理的解释，就是四个有争议的王德辉签名是真实的。因为人写字、签名不是盖图章，不可能机械重复，即使盖图章也因盖印条件的差别而有变化，同一个字、同一部分、同一个笔画在不同情况下都可能有不同的表现，我们把这种不同称之为特征的多样性。如在四个有争议签名中，“王”字连笔的环绕动作既有耸肩的，也有塌肩的；“德”字右边四部中间既有写作两竖的，又有连作一笔的；“辉”字右边车部既有写上横画的，又有省略上横画的。这些都是在字的同一个部位、同一个笔画出现两种不同的表现，我们把这种不同的表现作为一个特征组合。如果这些不同的表现又分别在签名样本中表现为相同，那就不是单一特征的相同，而是特征组合的相同。由于特征组合的相同在模仿笔迹中出现的几率很低，在不同人的笔迹中再现的几率也很小，所以它是排除模仿、认定签名是亲笔书写的有力根据。

控方专家除了在观点、方法上存在明显纰漏外，我们还发现，他们的检验观察与我们的检验观察有一些是完全相反的。比如，徐志强称四个有争议的“王德辉”签名有形快实慢的特征，但并没有在他的图表中用箭头指出，究竟哪些笔画有形快实慢。而我们对原件用显微镜观察，没有发现不正常的形快实慢。类似的地方还有几处。像这样的分歧，看来只有到法庭上去当庭提问、演示，在事实面前才能断出正误来。

第十四章

有争议签名之“谢炳炎”

42

按照检材 A 上的文字，谢炳炎是龚如心向法庭提供的这份遗嘱的见证人，而且这四份遗嘱检材上无一例外都有他的签名，由此可知他在此案中的重要性。虽然我们接受的委托任务就是完成笔迹鉴定，但在我初次见到检材时就有些疑惑：这个谢炳炎是个什么人，是怎么成为遗嘱证人的？王德辉已是生不见人、死不见尸，那么谢炳炎呢？这遗嘱是真是假，找他问问不就什么都齐了？然而，我对这些情况均不十分清楚，也不好过多地去问委托方。试想，如果通过谢炳炎就能解决问题，这案子也决不会走到这一步，肯定是没有别的办法了。

后来，从香港媒体公开的报道和一些相关资料中，才逐渐了解到谢炳炎的一些情况。

谢炳炎，广东肇庆人，1930 年出生，高中毕业，原在家乡的小学当校长，1962 年到香港谋生，1972 年开始在华懋建筑公司的工地上做杂工，两年后转到置地公司专做大厦清洁工作，1982 年又返回华懋公司，也是做大厦清洁工作，此外还要负责公司本部写字楼的清洁工作。

1983 年 4 月 12 日，华懋公司老板王德辉遭遇首次绑架。龚如心给绑匪付出 1100 万美元赎金，王德辉被禁锢八天后放回。事件发生约一个月之后，龚如心将谢炳炎调到山顶百禄径的王家私宅做管家，在王家吃住，周日放假回家。谢炳炎除了负责处理王家的日常杂务外，从 1989 年起还担当起信差的工作，每天从公司出纳部取文件分送到税务局、公务局、银行、会计师楼等单位。此后直到他去世都在做这份工作。

1990 年 4 月 10 日晚，王德辉再次遭遇绑架。当年 5 月和 7 月，谢炳炎作为受害者身边的工作人员，被皇家香港警务处两次录取口供，向查案侦缉人员提供他所知道的有关情况。

1998 年，世纪争产案拉开序幕，龚如心向法庭呈交了王德辉在 1990 年第二次遭绑架之前留给她的遗嘱。1999 年 9 月 6 日，在龚如心同意法庭宣布王德辉死亡及打开 1990 年遗嘱的当晚，谢炳炎在华懋公司做出一份由公司律师见证的法定声明，公开声明是王德辉叫他在这份遗嘱上签名作证。接着在 9 月 9 日，他又到律师楼，委托律师再次以法定形式声明，详细叙说了王德辉叫他在遗嘱上签名见证的经过。

时年已 69 岁的谢炳炎在证词声明中说，自 1983 年担任王德辉住所的管家后，感到王德辉先生夫妇对他像一家人一样。他看到的王德辉和龚如心夫妇十分恩爱，经常在一起手牵手走路。他自己经常陪伴王德辉夫妇上下班，并给公司传递文件。1990 年 3 月，王德辉曾坠马受伤，那段时间心情十分糟糕。在王德辉受伤后的一天傍晚 6 点，他被叫到王德辉的办公室。王德辉先在一份文件上签名，然后叫他在文件上也签上名字。这种在文件上加签自己名字的事情，谢炳炎以前从来没有遇到过，他出于对老板的绝对信任，所以没有问所见证文件的内容是什么，就按照老板的要求签上了自己的名字。他在律师楼制作法定声明时，律师曾拿出 1990 年的四页王德辉遗嘱复印件让谢炳炎看，谢炳炎一一核验后，表示这些文件上的见证人签名确实是他自己的手迹，并在复印件上注明“这是我的签名谢炳炎”字样。这些内容都通过律师之笔给写入了证词之中，两份法定声明也作为证据提交给了法庭。

在做完这些事后，谢炳炎于 9 月 24 日由香港前往内地。10 月 6 日，龚如心的公公王廷歆透过律师向警方举报：龚如心呈交法庭的 1990 年王德辉遗嘱上的签名有伪造成分，并向警方提供了一些由王廷歆或王德辉弟妹提供的王德辉签名样本。警方在立案后开始搜集王德辉和遗嘱见证人谢炳炎的签名样本，这期间打算找谢炳炎录取口供，但一了解谢那时已离开香港。大约在同年 11 月，谢炳炎因病在广州住院治疗。12 月 4 日，因病情加重谢炳炎返回香港。警方获悉后，于谢返港当天即在玛嘉烈医院找到他，只是这时的谢炳炎已陷入昏迷状态，根本无法录取口供。两日后，谢炳炎因肝癌晚期扩散而过世。

1990 年王德辉遗嘱唯一见证人的病故，使得当面调查当事人的大门彻底关闭，而个中的曲折与巧合，又难免让人生出各种想法来。这样，香港法院对遗嘱真伪的查证，只能依靠文件检验技术来证明了。

对于谢炳炎签名的真伪，尽管可以通过整个事件过程进行多角度的推理分析，但不管你的逻辑思维有多发达，推理运用得多么精妙，最终所得出的只能是或然性结论，不足以构成评判依据。作为专业人员，惟有以科学检验作为结论根据。

我们对四个有争议的“谢炳炎”签名，依然是按照通常的检验程序一步一步地做下来。首先，这四个签名书写水平、字体特征相同，均使用蓝色圆珠笔竖行书写，每个字的结构、搭配比例和运笔特征相同。四个签名之间也存在差异，如“谢”字“言”部的点笔与横笔，有的相交，有的不相交；“炎”字的最后一捺笔，有的有回收动作，有的这一笔无回收动作。但是，综合分析它们之间的相同点和差异，我们认为，这差异是个人笔迹的一种自然变化，相同点不仅数量多而且质量高，反映了同一人的书写习惯，所以可以认定四个有争议的“谢炳炎”签名字迹为同一人书写。

既然控方专家认定“谢炳炎”签名字迹为仿冒，我们仍旧按照检验模仿笔迹的程序，临摹、描摹和套摹三种方法一一查验，在有争议的四个签名字迹中，除个别笔画上出现有规律的抖动外，没有发现形快实慢、停顿另起笔、抖动弯曲、结构紊乱以及无色压痕、复写或复印痕迹等临摹、描摹笔迹必然出现的现象；相反，我们看到的是运笔自然、结构正常、笔力有节奏感等现象。

套摹笔迹的一个重要特点是，有争议的四个“谢炳炎”签名笔迹应当互相重合；但事实上四个签名字迹，字与字间隔不一，大小不同，笔画形态和搭配比例有差别，明显不能重合（可参见附图检材“谢炳炎”）。

假设是按照多个签名样本分别进行套摹，可以出现互不重合，但又必将在模仿的签名上出现形快实慢、弯曲抖动、停顿另起笔等现象，可是在有争议的签名上，除去抖动外其他现象是没有的。而这四个签名中的抖动现象，同在“谢”字的“身、寸”部的右侧竖笔、“炳”字“丙”部的横折勾和“炎”字的撇捺笔画上出现，其余笔画上没有。这种部位相同的抖动现象，一般是正常的年龄大的人写字时常见特点，也有因某种心理因素而形成；模仿笔迹出现的抖动其部位则是不固定的。

在检材 B 中，“谢”字“寸”部的点画与“身”部右边竖笔相交，在“身”部两短横的连笔上有一小墨点，恰巧这个小墨点似乎与“寸”部点笔的起笔相连，好像形成点笔上有停顿另起笔现象。我们用立体显微镜仔细观察，发现小墨点是笔头积墨在书写时留下的，与“寸”部笔画无关。

关于谢炳炎签名样本分析。香港孖士打律师行先后给我们提供了 1979、1990、1992 、1993、1994、1999 年的谢炳炎签名样本，有回港证、付款凭证、储蓄账户印鉴卡上面的签名，还有在皇家香港警务处两次录取口供各页上一次性的连续签名，以及 1999 年 9 月为王德辉遗嘱所做证言上的签名，共计 35 个之多。签名全部为横行书写，其中工工整整、一笔一画慢速书写的有四个，书写速度较快的有 10 个（其中一次连续书写的有八个），介乎前面两者之间的有 20 个（其中一次连续书写的超过 10 个）。一个人在同一时间内在同一份文件的多页上连续书写的签名字迹，其书写格式、书写速度、字形、字体大都是一致的。因此，我们在检验中根据有争议的四个签名，在样本中找出书写速度与之相同或相近的字迹，并参考书写速度较快的字迹进行比较检验，唯此才是可靠的鉴定方法。

将有争议的“谢炳炎”签名字迹与谢炳炎样本字迹互相比较，可以确认有这样一些符合点：“谢炳炎”三字结构的严谨性、准确程度和书写动作的特点相同，表现出书写水平的一致性；总体书写速度不快，极少连笔，同属工整书写类型的字体。检材中每一个字都能在不同年代的样本中找到相同特征，比如“谢”字“身、寸”部长竖笔抖动的部位等特征，在 1990 年和 1999 年的多个样本及证件中均有存在。又如“炳”字，由于有争议签名字迹是竖行书写，其字形基本上呈长方形，签名样本字迹为横行书写，在字形上易出现正方形或扁方形，但我们仍在样本中见到多个呈长方形的“炳”字。

经过我们综合评价，三人一致认为，在有争议的四个“谢炳炎”签名字迹与谢炳炎签名样本字迹之间，它们的符合点，既有书法水平、字体结构、整体风貌特征的相同，又有笔顺、搭配特征的一致性，特别是有反映个人书写动作习惯本质的运笔、起收笔动作方向和笔力分布等细节特征上的符合，以及在个别笔画上有轻微抖动的符合。其符合点不仅数量多，而且质量高。同样，在检材与样本的对比中，我们也充分注意到存在着个别的差异点，并认真研究分析了导致这些差异点的因素，认为这些差异点，有的是因书写速度不同形成的，有的是因竖行书写与横行书写不同而出现的，有的是个人书写动作习惯多样化的表现，等等，可以判断这些差异点是非本质的。

43

对有争议的四个“谢炳炎”签名字迹，控方的两位专家和政府化验所的专家的鉴定结论是否定或倾向否定，认为并非谢炳炎所写，是模仿，或者干脆指明是使用套摹方式伪造，模子就是 1999 年的谢炳炎签名样本或这类签名样本。

比如，徐志强先生特别强调说，“谢”字“言”部第一横画与第三横画相等的特征，在谢炳炎 1999 年样本中很突出；而有争议的四个“谢炳炎”签名字迹也是如此。他就想象，有争议的签名是以有 1999 年那样特征的签字作样本进行套摹的。

事实上，只有检材 A、D 上“谢”字“言”部的一、三横画长度相当，而检材 B、C 上“言”部一、三横画长度并不相同。

徐志强又以 1990 年谢炳炎签名样本中未发现“言”部一、三横画长度相同的“谢”字，便以此断言有争议的四个“谢炳炎”签名是以 1999 年谢炳炎签名样本为模子的。我们先不说别的年份样本如何，单看 1999 年样本，谢炳炎所写的签名，“谢”字“言”部也不全是一、三横画相等的，也有第三横画比第一横画稍短的“言”部。以偏概全的错误在这里是显而易见的。

我们认为,“言”部的第三横画是否与第一横画长度相等,在这里只能是特征多样化的表现,并不构成本质的差异。

当我们沿着徐先生的思路继续分析下去的时候,发现这类“看走眼”的地方一个接着一个——

谈完“言”部后徐先生又说,有争议签名中“谢”字“身”部下方的撇笔很短,而谢炳炎1999年签名样本中“身”部的撇笔同样短。他认为,谢炳炎书写这一撇笔的习惯动作在不断改变,先写得很长,到了1999年变得很短。因此,他认为这对判断书写时间是有价值的。

我们认为,“身”部下方撇笔的长短,是谢本人的书写动作多样化的表现,和“书写年代”扯不到一起去。因为,即使从目前有限的样本也可以看出,1990年的样本中“身”部下方的撇笔有长有短,长的超出勾笔之外很多,短的局限在勾笔之内。这一点,是和书写人签名时是否工整书写有关。当工整书写时,这一撇笔就短,快速书写时则长。

徐先生又把有争议签名“谢”字“寸”部无连笔,而1990年样本签名“寸”部有连笔,1999年样本签名则无连笔,据此认定“寸”部无连笔是1999年谢炳炎签名的特有现象。

他的分析貌似有理,实则经不起验证。我们看到的是,1990年样本签名写得比较快、比较潦草,“寸”部多用连笔,但也有“寸”部不连笔的签名样本。1999年签名样本,“谢”字写得比较工整,故“寸”部无连笔。

关于“炳”字和“炎”字,徐先生也使用的是类似分析手法,就不一一在此罗列了。

再看四个有争议谢炳炎签名的抖动问题。徐先生自然是不会放过这一明显特征的,他没有做任何原因分析,上来就断言这字是套摹的,抖动是描摹过程中造成的。然而,事实是怎样的呢?

首先,我们看造成抖动的原因,大致有这么几种:一是书写人身患重病或由于脑神经功能出现疾病导致双手抖动,引起写字时出现抖动现象;二是书写人的手部和手臂受到较严重外伤,肿痛未消,书写时由于疼痛可能引起手臂颤抖,并导致笔画中出现偶发性抖动现象;三是书写人书写时受某种心理的影响,如文件比较重要,想把字写得工整一些,书写个别笔画时出现抖动现象;四是纯属模仿他人笔迹,生怕写得不像而在笔画中出现不规则抖动;五是出于伪装笔迹而故意书写抖动的笔画或其他反常笔画。

根据检材A上标明的时间是1990年3月12日。如果假定它是真实的,那么谢炳炎时年为60岁,虽然不知道当时他是否患有严重疾病,但这样的年岁写字时发生抖动的情况也是有的。其次,在这样的文书上签字当证人,而且是老板所要求的，谢炳炎心理难免紧张，他竭力想把签名写工整些，让老板满意，这样说也是合乎情理的。因此我们分析，造成签名抖动的原因，既有年龄因素，也有心理因素，应该是综合性的。

我们之所以认为有争议签名不是他人模仿的，其根据如下：一是如果有争议签名是用临摹手法伪造的，那么除了抖动弯曲外，还应该存在停笔、运笔缓慢等特征。但是，从我们对检材原件的仔细观察，根本找不到这些特征，看到的是签名运笔自然、流畅。二是如果有争议签名是用某一个签名作为模子而套摹或描摹的，为什么抖动现象只出现在同样几个笔画上？根据我们长期的笔迹鉴定实践，模仿的签字笔迹，特别是同时模仿四个签字，由于模仿动作而产生的抖动不可能出现在几个相同的笔画上。三是我们对现有的谢炳炎签字样本仔细进行研究，发现如下特点：有的样本上，包括 1990 年的样本存在有抖动，而有的则没有；抖动的部位往往是"身"部、"寸"部、"丙"部的竖笔画；书写比较工整速度比较慢的签字有抖动，写得比较快而潦草的签字没有抖动。我们可以从中得出这样一些认识：谢炳炎签名中抖动的现象，一般在书写较工整、速度较慢时而且多在几处长笔画上出现。显然，这一规律在有争议的谢炳炎签名中同样存在。因此，我们可以把它看做是谢炳炎签名的一个特点，这个特点并不证明有争议的签名是他人模仿的，它倒是证明有争议的签名是谢炳炎本人所写的一个有力依据。

此外，徐先生还有一些属于"事实性"的论点，即这些论点只能用事实来揭露其错误所在。比如他说，四个有争议的谢炳炎签名"几乎可以重叠"；还说某处的笔画有停笔、另起笔，某处的笔画生硬不自然等。按照他的发现，我们一一进行了查验，却并不如他所说。

我们把有争议的谢炳炎签名检材 A、B、C、D 制作成放大图像的透明胶片，将四张胶片置于透光下进行重叠检验，可以清楚地见到，这四个有争议签名东差西错，根本无法重合。我们真不知道徐先生是怎样得出"几乎可以重叠"这样一个与事实不符的结论的。

再看徐先生所说的生硬笔画。当我们观看徐先生的鉴定报告所附的四个有争议的谢炳炎签名的扫描图片时，在徐先生所指的检材 C 上，"谢"字的"身"部笔画上，似乎真有点儿异样。随后，我们以对方所聘的美国专家和香港政府化验室专家在鉴定书后面所附的扫描图片和其进行比对，并置于显微镜下细致观察，结果，在 C 件上"谢"字的有关笔画上却不像徐先生制作的扫描图片，没有发现异常现象。根据我们对检材原件的检验记录，显微镜下看到的是，检材 C 上"谢"字"身"部左侧，在徐先生指出的那个竖笔部位稍有小弯，但整个竖笔行笔流畅，并无犹豫停笔的迹象，笔画素质与谢炳炎的签字样本相同。我们因此认为，徐先生对这处笔画进行观察做出的结论，同样与实际情况有出入。

我们觉得，上述所出现的这些错误之处，决不至于会是徐先生简单地一时看走了眼。一个经验丰富的笔迹专家难道会连字的笔画长短、是否流畅等都辨认不准吗？实在地说，他是在有意地寻找一些他认为有用的特征，找不到时也要“硬找”，这就难免出现牵强附会、似是而非的情形。我们不得不认为，徐先生是在检验之前，就已经为检验定下了调子，这个调子就是“签字是伪造的”，“先入为主”了之后，便是千方百计地不顾客观事实地为这个调子寻找理由。

>>> **第十五章**

李大状VS美专家

44

李杜铭不愧为资深大律师，即使是文件检验这样的专业领域，他似乎也能随心所欲地游刃于其中，迅速而准确地抓住对方鉴定报告中的关键问题予以专业性的质疑。当然，李大状对我们的意见是非常重视的，在对王廷歆一方专家进行提问的那些日子里，每次休庭后都要跟我们讨论文检专业的问题，他提问，我们解答，然后化为他的语言，到了法庭上就成为射向对方的一发发“炮弹”。

Gus R. Lesnevich 先生出庭的第一天，在陈大状的循循善诱下娓娓而谈，将自己的鉴定结论阐释得淋漓尽致，大有一槌定音之势，所有的港城报章都图文并茂地报道了他的证供内容，大标题多是标明“龚如心持遗嘱签名假冒”。然而，一天之后当李大状向 Lesnevich 提问后，报章的大标题又变为“美专家被质疑不懂中文”云云。港城的媒体就是这样，总是重笔突出那些抢人眼球、吊人胃口的新闻事实，他们很懂得，如果仅仅是一边倒的报道，也就毫无悬念可言了，只有双方势均力敌，且充分展示双方实力，摆出一副大战在即的架势，其中的阅读诱惑自然是被加倍强化放大。

不过说实话，这场官司进行至此，对最后的结局我也是充满悬疑，虽然对我们的鉴定报告很有信心，但如何判决是大法官的事儿，我所能做的就是始终保持客观公正的立场、非情绪化地去看待处理鉴定中遇到的问题。

8 月 30 日上午开庭，Lesnevich 继续眉飞色舞地摆谈他的鉴辨报告。他指出遗嘱内容的字迹不是王德辉所写，这个结论与龚如心所请的三名中国内地笔迹专家的意见相同。他又做了进一步发挥，介绍了他对四张遗嘱的第一份内容笔迹（即检材“王德辉”签名 A）的鉴定过程。王廷歆向 Lesnevich 提供了龚如心的两封旧家书，Lesnevich 从中挑出了 10 个中文字，与检材 A 中的字迹做了比对，认为有多处相同，只是由于样本不够，还不足以认定。他曾要求聘方提供更多的龚如心字迹样本，但没有结果。他在庭上称：没有证据显示，龚如心不是写遗嘱的人，凭字迹相似之处及书写特色，不排除（指检材 A）是出于她的手笔。他承认，由于他在验证遗嘱时手中的龚如心笔迹有限，他的结论意见“极为薄弱”，而且他的检验目的不是要鉴定遗嘱内容是不是龚如心写的，他只是应要求，找出二者字体相同的地方。

Lesnevich 所谈的内容，乍一听似乎他这人挺实诚，有一说一，毫不夸大。只是既然知道样本不足还硬要发表看法，那又图个啥？究竟是负责任还是不负责任？把没把握的意见拿到庭上来影响法官，我以为，所表明的只是他个人的偏向，这样做是不适当的。

当天下午，李大状开始向 Lesnevich 发问。开始，两人一问一答，倒也平和从容。李大状利用幻灯投影机，选定了 Lesnevich 检验的几个中文字给他看，每个字均是一草一楷两款字体，以此检验 Lesnevich 的中文字识别能力。从问答中可看出，Lesnevich 对中文字的笔画顺序、写法一点也不了解。李大状将龚如心的笔迹和遗嘱内容的文字投影到银幕上，指出 Lesnevich 的检验报告只集中挑出了两者相似的地方，但对于其他明显差异之处却视而不见、只字不提，这种以偏概全的检验有失公道。

Lesnevich 说，他只是认为龚如心的字迹与遗嘱部分文字的形态相似，并没有进行独特和细致的比较。李大状指出，Lesnevich 在报告中只列举了几个例子就试图认定龚如心是遗嘱撰写人，理据非常薄弱。Lesnevich 则反驳：并没有指明是龚如心，但不排除有这个可能。李大状不满地质问：你怎么不说有可能不是她，为何只说有可能是她？Lesnevich 答：任何人都有可能啦。李大状问：那我呢？你该不会说我也有可能吧？Lesnevich 马上接说：不能排除这个可能，如果真是你写的。

李大状问：那么二者（指检材 A 与龚如心笔迹样本）之间有无不同之处？Lesnevich 先答没有必要考虑不同之处，又说二者就是一样的字迹。李大状再三问过后，正色道：你仍说没有不同的地方，稍后你会后悔的！Lesnevich 也不示弱：你是否在恐吓我？李大状说：你是在代表王廷歆的一位大律师陆英华的协助下，只向他指出龚如心字迹与遗嘱内容文字相似的地方，这是不公平的。而在对王德辉与谢炳炎签名的检验中，则是只提及不同之处。这种报告的内容是不全面和不中立的，也是一面倒及不公平的。Lesnevich 则不认同，表示既然是伪造的签名，两者必然有相同之处，再做分析多此一举。

李大状问 Lesnevich 是否懂得中文，Lesnevich 承认自己完全不懂，过去接过一两宗中文文件案件，在来港作供前，也没看过关于检验中文笔迹的著作。若不是原诉方代表大律师之一的陆英华从旁提示,他很难完成工作。李大状即质疑 Lesnevich 没有资格为本案检验王德辉笔迹,批评他的验证方法和报告水准低。Lesnevich 说,若去检验某种自己懂得的文字,是有优势的,过去曾因为对某些文字的检验工作没有信心,所以没有参与,不过,“这是一宗简单的案子,以我的经验和专业知识,是可以完成的”,“我对自己很有信心……留待法官决定是否接纳我的报告”。

李大状说:Lesnevich 对中文一窍不通,完全文盲,根本不应接手此案。Lesnevich 把中文字书写特色误当个人笔迹风格,他所看到的遗嘱内容文字与龚如心字迹相似处根本不足道,只表明了中国人书写的共同点。比如遗嘱首页内文中的“德”字书写体,说第四笔都是向下写的,李大状质疑:难道要向上写?可以上到哪儿,上到天堂?遗嘱正文有四十多个字,只能找出 10 个与龚如心字迹有些相似,不足以作出结论。而在证明是否属王德辉手笔时,甚至用王的签名和文内的“王德辉”三字比较。将签名与名字的一般书写比较如同“将苹果与橙子比较”,这样的检验方法从没听说过。

Lesnevich 则坚持不熟悉文字对鉴证并不构成障碍,他所检测的是书写技巧和行笔,而不是文字表达的内容。而且在一般情况下,签名的技术远超越书写内文的技术,但在遗嘱中情况却刚好相反,所以单凭王德辉的签名做比较,便可肯定遗嘱内文不是王的手笔。

李大状说:你所讲的理论闻所未闻,有没有权威著作来支持你的的观点? Lesnevich 答:如果你要的话,我可以回去给你写一本。李大状答:以你这种前所未有的理论,绝对可以写数本书!

从开庭后的情况看,李大状提的问题在得不到正面回答的情况下,他是不会罢休,总要毫无顾忌顽强韧性地追问下去,对待 Lesnevich 也是如此。李大状反复问他,是如何确定遗嘱上王德辉的签名是伪造的,却被任法官打断话头,说:你不断拒绝接受证人的答案……这样会阻碍聆讯进度的。闻听此言的李大状面呈不悦之色,忽然冲着 Lesnevich 直说:废话,你根本不知自己正在讲的内容;废话,你根本不识区分签名同普通书写……

任法官见状马上制止李大状,并有礼貌地要求 Lesnevich 澄清答题……

45

在随后几天接受提问中,Lesnevich 除了有几次情绪稍激动外,多数情况下还是语气平和地回答问题。他在散庭后接受记者采访时表示,虽然多番受到李大状的质疑和批评,但他并没因此而感到什么不合适,反倒认为这仅是李的个人风格。他说美国的律师也是这个样子,庭审时会用上各种盘问方法,诉讼双方也要激烈争论互相喊叫,云云。

只是不管李大状如何追问质疑,Lesnevich 仍坚持己见毫不动摇。他称赞主审的任法官极有礼貌和耐性,这种态度在美国法庭难得一见。他说美国法官在庭审中一般比较急躁,说话口气很冲。

Lesnevich 还向记者谈到跟他同名同姓的父亲曾是一位拳击世界冠军。他父亲因是俄裔被拳迷称为"俄罗斯雄狮",1941 年首夺拳王金腰带,雄霸轻量级拳坛七年,后败于英国拳王,1964 年因心脏病逝世,终年 49 岁。拳王父亲教诲儿子的不是让他去好勇斗狠,Lesnevich 仍然记得父亲跟他讲过的话:"即使是懦夫都懂得打架,能够避开争执才了不起。"父亲曾带着年少的他到拳击练习场与拳手对阵,让他品尝皮肉之苦,却从不打算让他继承父业,而是鼓励他多读书。港报上刊登了对 Lesnevich 的访问,还同时刊登出他父亲当年比赛的海报照片,这令 Lesnevich 十分开心,说这些照片他过去都没看过,要把它们好好保存起来。①

不过当再次开庭时,面向老记们大谈感受的 Lesnevich 受到了任法官的郑重提醒,叫他"庭外收声",不要在庭审之外时间向双方律师讲述任何事情,而且千万不要接受任何媒体采访。Lesnevich 闻言连连点头表示服从。

李大状的质疑基本与开始提出的问题差不多,仍然在问:既然没有列出证据,就不能说龚如心是 1990 年遗嘱(即检材"王德辉"签名 A)的作者,为什么还在报告中这样写?指出在这点上 Lesnevich 根本就不应发表任何意见。

Lesnevich 表示,因为欠缺足够的比对样本,只能根据龚如心的两封信件的文字来比对,用有普遍相似之处来表示她可能是遗嘱的作者。他说,在报告中并没有对遗嘱作者进行身份辨认。

李大状再次提出,说龚如心可能是遗嘱作者,是否可以同时说可能亦不是作者。

Lesnevich 则坚持自己的论点,说他不知道这样说和那样说有何种重要性,他只是指出有普遍相似之处,并据此而认为她可能是作者。

这样的反复盘诘,使得任法官忍不住对李大状说:这些问题你昨日不是都问了吗?但李大状仍不停手,同时对盘问中 Lesnevich 的答非所问且陈词冗长多次表示不满,希望 Lesnevich 用是与不是这样的短语来回答问题。

另一个质疑是:Lesnevich 的报告,有选择性地采用有差异的谢炳炎签名样本做比较,而将与签名相似的 1999 年 12 个签名样本置之不理,鉴证报告有欠全面。

李大状问 Lesnevich 是否从控方律师得知谢炳炎当时病重而没有进一步研究。

Lesnevich 称,从谢炳炎 1999 年的 12 个签名中已看出他失去书写能力,写得小心翼翼，并有震颤迹象，据此判断这12个签名不宜用来做进一步研究。

李大状指出，Lesnevich在补充报告中曾以1999年谢炳炎签名样本做比较，更以图表比较“炎”字，只是在比较后发觉原来的结论站不住脚，遂仅做了一个图表。李大状认为，谢炳炎可能有1990年和1999年两个签名版本，因而Lesnevich应将1999年谢的签名考虑在内。

Lesnevich承认，谢炳炎1999年签名相对于1990年的签名样本而言，的确与1990年遗嘱内的签名较相似，但1999年签名与遗嘱书写年代相差太远，故不适合用1999年的签名样本进行比较。

任法官即提问Lesnevich：假如经鉴证发现1999年签名样本与1990年遗嘱上的签名出自同一人手笔，你会有什么专家意见？

Lesnevich答：即使如此，仍然会说遗嘱上的签名是伪冒，并且是模仿1999年签名样本伪冒出来的。

李大状认为，谢炳炎1999年的书写能力并未受其癌症影响，并拿出一份谢炳炎1999年书写的证词问Lesnevich：从这些字迹能否看出是一名病人所写？

Lesnevich不正面回答，只说谢炳炎的一些直竖笔画有震颤。

李大状说，遗嘱上谢炳炎签名同样可见震颤。

Lesnevich又强调，由于遗嘱的纸很薄，且四份遗嘱上谢炳炎的四个签名大小差不多，几乎一模一样，正常人签名是会稍有偏差的，故谢炳炎的签名有可能是伪冒者把纸放在一个签名上摹写而成。

在这场官司之前，李大状并不很了解文件鉴定技术，但是他很有办法，采取的战法是以权威著作来抗衡、瓦解Lesnevich的鉴证报告。从他的提问看，他事先阅读了大量专业书籍，相关知识也的确掌握不少，到了法庭上主要以书本引证来质疑Lesnevich，并直言其鉴证报告的欠缺之处。不料，就在李大状打开一本书读出某些内容时，Lesnevich一眼便看出那是一本1929年出版的著作，当即告诉李大状，那是一本过时的书，已经没有多少参考价值。任法官听罢也说：李大状，书太旧了，不要费时间读了。李大状一笑，于是合起书本重新提问。

46

当又一次开庭时，李大状向法庭呈交了三件新物证，即谢炳炎1979年的回港证、1992年的回乡证和1994年的身份证明书，上面均有谢的亲笔签名，要求Lesnevich在庭上鉴证这些他从未见过的签名。

李大状说：用这些签名，我来挑战你的理论和能力。Lesnevich反驳说：我是证人，不是来这里接受测验的！

李大状并不理会，用投影机打出幻灯片，向Lesnevich指出，龚如心一方聘请的三位中国内地笔迹专家采用这些样本对照发现，在谢炳炎1979年回港证上的签名，“谢”字中的“寸”字与谢炳炎在警方录取口供纸上签名的“寸”字相似，而1994年身份证明书上的签名“寸”字则与谢炳炎1999年样本、1990年遗嘱上的签名“寸”字相似，这就证明了谢炳炎的签名有时确实是不同的，同时也是对Lesnevich鉴证报告可信性的最大质疑。

李大状向Lesnevich演示的幻灯片只有“谢”、“炳”两字，各有12个款式，分别是新样本和Lesnevich使用的样本及遗嘱上签名，分组在投影屏幕上进行对照。李大状再次指出，Lesnevich之所以拒绝采用1999年谢炳炎的签名样本，真实的原因并不是因为谢有病，而是他知道若采用这个样本鉴证，得出的结果会与他撰写报告的结论不同，所以寻找理由将其排除，只采用1990年的样本进行比对鉴证。

Lesnevich用放大镜简单观察了李大状呈交法庭的三份新样本，其中同样存在颤抖痕迹，他承认李大状所指，1979年回港证上的签名与1990年谢炳炎的签名样本较相似，1994年身份证明书上的签名与1990年遗嘱上的签名和1999年谢炳炎的签名样本相近，而1992年谢炳炎回乡证上的签名，因书写工具有问题，致使签名线条不完整，难以比较书写技巧，但又表明自己不是在法庭上进行鉴证。陈大状则解释说，由于对方约于10天前才提供那些旅游证件的签名样本，所以专家Lesnevich此前根本没有机会进行鉴证。Lesnevich说这些样本是昨日才首次接触，但他一般不用副本影印件进行鉴证。

李大状说，身为笔迹鉴证专家，不应有选择性地挑选比较样本，应将所有样本考虑在内。Lesnevich表示，笔迹专家有权决定样本是否适合，如真的选择舍弃某些样本，则需要说明原因。

于是，话题兜兜转转、重重复复、来来去去又落到了1999年谢炳炎签名样本上去。Lesnevich强调弃用1999年签名样本，是因为其签名反映出谢正受病魔困扰，丧失了自然流畅的书写能力。李大状坚持说，单凭一个签名，不能断定执笔者的健康状况。Lesnevich说，他是通过比较后得出结论，不是独立观察1999年样本的结果。

任法官则在此时提醒双方大状，“伪造”一词可以有两种解释，其一是签名并非某人亲笔；其二是签名虽是某人亲笔，却是不恰当地由某人加签到遗嘱上的，比如谢炳炎在王德辉失踪后才在遗嘱上补签，从而失去了作为见证人的意义，这个见证人签名自然也属于伪造。任法官问李大状是否需要在争产案聆讯中考虑加入第二个“伪造”定义。李大状回应说，原告的陈词只有一个意思，就是说1990年遗嘱上的谢炳炎签名是有人冒签，而且案件若不是以此方向审讯，则意味着他要重新提问证人，拖长聆讯，同时会有一定麻烦。因案件开审至今四个星期，他所接触的文件和法庭誓章只是围绕着签名是否王德辉或谢炳炎亲笔所写，从未想过第二个可能性。任法官叫李大状细加考虑后再回复法庭。

9月3日是Lesnevich最后一天作供，李大状围绕遗嘱上的签名进行了最后的总结式盘问。他说，王德辉有两种不同风格的签名，Lesnevich关于王德辉自1967年起失去了1961年前的早期签名风格的结论完全没有事实根据，也没有笔迹鉴证业内的权威根据，只是个人的猜测想象而已。此外，Lesnevich为了得出他自己想看到的结论，舍弃了一些签名样本，如王德辉1961年前的两个签名样本及谢炳炎1999年的签名样本。

Lesnevich则坚持说，王德辉1967年以后的签名样本确实失去了早期的签名能力，退化了，且无证据证明王德辉1985年后恢复了以往的签名能力，因此没有必要再考虑那些签名。

李大状又引述我们给他提供的意见，说内地专家认为，在对遗嘱上谢炳炎四个签名的鉴定上，Lesnevich存在三个问题：首先是有选择性地舍弃与这四个签名相似的签名样本；其次完全没有考虑签名时的书写速度与格式，快写与慢写、横写与竖写，均会有不同的特征；三是不愿意接受谢炳炎有两种签名，即正式的、小心和落笔慢的签名与非正式的、随意和落笔快的签名。

对这些意见，Lesnevich没有直接反驳，只是说可以让中国内地专家到庭上来发表有关见解，可以进行讨论。

当李大状把此前提过的问题大体又问过一遍后，他对Lesnevich的盘问就此完全结束。下面他将要质证的是政府化验所文件鉴辨组的郑佑生先生。

对于Lesnevich的作证，我以为他的专业水准还是有的，不过，虽然他在法庭上声称"如果这个鉴证我错了，那我就不干这行了，回家休息了"，尽管他话说得很死，尽管他来港之时已经在准备退休，他的鉴证报告所存在的明显"硬伤"却是无法回避和掩饰的：首先是他不懂汉字的书写规律，那就很容易看错笔画顺序，特别是写法复杂的字，在细部特征上造成误判；其次，Lesnevich称，他是按照原诉方代表大律师陆英华的提示来鉴证的，"叫我看哪个字就看哪个字"，这就很难免使他的判断失去独立性，受别人看法的影响、干扰或支配。

但不管怎么说，Lesnevich并不虚此行。他在完成出庭工作后接受了记者采访，透露他此番来港的收入：按照出庭每小时300美元计算，仅六天出庭的证人费一项即可收取11万多港元。

在一些国家，早就实行了证人出庭作证补偿制度。而在中国内地，证人出庭完全是义务性的，无任何补偿，只是到了2007年，有的地方法院开始出台了相关规定，在办理刑事案件时试行对"证人、鉴定人因出庭作证产生的必要费用，由法院根据相关规定酌予补偿"——这大概将是国内法制建设借鉴国外做法、与国际接轨的一项内容。

按照香港《刑事诉讼程序（证人津贴）规则》，当时专家证人作证一天可收取不超过1690港元的证人津贴，普通证人作证一天可收取不超过280港元的证人津贴，费用由法院支付；如属民事案，则由败诉一方支付。Lesnevich的收费约相当一般专家证人的11倍，而且他来港的旅费和食宿均由王廷歆支付，若再加上完成鉴证报告的数十万美金，加起来就是个了不得的大数字。但Lesnevich却说，他在美国作供也是这么收费的，并没有任何增加。他说这次来港连续出庭六日是他最长的记录，他一般习惯于作证前就收到全部费用，以免在作证时受收费问题影响。他一向只受聘于律师，而不会直接受雇于涉案的当事人，如果他觉得当事人有问题，会直接告诉律师。他讲到自己是如何接受这宗案子时说，虽然过去处理过三四宗鉴证中文的贩毒案，但最初接到聘请时仍以不太懂中文为由拒绝了对方，直至对方第三次来邀请才答应接办此案，也算是“三顾茅庐”请出的高人。尽管在老记的眼里，Lesnevich此次来港出庭可谓是“满载而归”，但他称：实际上我是不愿来的，宁愿留在美国陪伴妻子。

9月5日，Lesnevich离港返美。②

注释

①参见《苹果日报》2001年8月31日A16版，及同一日《东方日报》《太阳报》。

②参见《东方日报》2001年9月4日A13版、2001年9月5日A14版，《成报》2001年9月5日A8版。

第十六章

独立的专家证人

47

争产案属民事官司，但在打这场官司的同时，王廷歆还报了警，断言龚如心提交的1990年王德辉遗嘱是伪造的，而伪造遗嘱属刑事案件，这样，同一案由便形成了不同性质的两宗案件：在争产案进入民事诉讼程序之际，香港警务处商业罪案调查科也已依据“伪造遗嘱”的举报线索展开刑事调查。

按照香港法律规定的辩护原则，与讼双方都享有传召证人并确使证人出庭的权利。因而，在争产案开庭后，王廷歆一方就透过法庭传召了香港警务处负责调查伪造遗嘱案的高级侦缉督察张少伦警官，让他就警方收集的有关签名样本情况出庭作供。

但是，警方尚在对这一伪造遗嘱案进行调查，有关调查进展情况根据规定是绝对不能披露外泄的，否则就违法了；而按照香港法律的辩护规则，法庭传召的警务人员又必须作为证人出庭。于是，处于两难中的警方便向律政司寻求意见。在香港，律政司司长本人就担任着行政长官、政府、各个政府部门及机构的首要法律顾问，政府各部门是凡遇到法律问题都是交由律政司来处理的。对此，律政司专门派出一名律师介入此案，同与讼双方律师接洽，事先商定在法庭上盘问警务人员证人的问题范围，并陪同警务人员出庭，向法官讲明情况，然后由法官向与讼双方作出规定，不得向有关证人问及案件调查进展事宜等。经过如此运作，刑事案件调查的保密要求和传召证人的权利便都获得了满足。①

在警方对伪造遗嘱案的刑事调查中，是由香港政府化验所高级化验师郑佑生先生负责对王德辉1990年遗嘱进行笔迹检验的，他所提交的检验结果有利于王廷歆。因而，在争产案中王廷歆一方也将郑佑生列为证人，只是他并不是受聘于哪一方，属于独立专家证人，在案件中似乎更占些分量。

在接到法庭的传召令后，郑佑生已经两次在政府律师的陪同下前往法庭，准备随时听候出庭作供，于是这个空当就成了记者们采掘新闻的大好时机。在事件报道中，香港的记者总是不满足于仅仅描绘一下当前的状况，往往还要纵向追溯到源头，横向搜寻各种关联因素。这样，不仅使读者可以了解整个事件的来龙去脉，同时还可以获知许多相关的知识和史料。

据媒体报道出来的采访内容，香港政府化验所当时主要由 6 名政府化验师负责处理所有笔迹及文件鉴证，主要处理由警方及法庭交来的案件，每年大约要处理 1800 宗字迹特快验证、600 多宗证件化验及数宗遗产案。香港不多的笔迹专家均在政府化验所工作，要找私人或民间的笔迹化验所鉴证文件，只能到岛外去找。郑佑生认为，香港的笔迹鉴证技术在某些方面甚至超越西方，比如他们同时熟悉中、英文字，较有利于这两种文字的笔迹鉴证；而在墨水鉴证方面，由于缺少专门仪器及方法，暂时未提供此项服务。据报郑佑生时任政府化验所法证事务部文件鉴辨组高级化验师及主管，在政府化验所工作超过 21 年并多次在香港法院作证，已获认可为一名专家证人。他早年在英国修读化学及法证学，1978 年回港不久加入政府化验所法证事务部，从事过纤维、玻璃、油漆及毒品等鉴证工作，并处理过多宗凶杀及强奸案，其中以 1987 年 8 月的魔鬼山凶杀案尤为令他难忘。在调入文件鉴辨组之后，他曾对数宗轰动香港的大案进行笔迹鉴证，包括沙田巫师林天明劫杀案、涂改伪造头奖彩票案等，也曾替美国联邦调查局（FBI）鉴证中文字迹。其中有的案件曾被详细报道，广为人知。此外，他还接手过劳资审判处的案件，对使用印尼、菲律宾等国文字的文件进行真伪鉴证。他特意说明：由于不熟悉其文字，故处理起来特别谨慎，倘若遇上不确定的情况，便不会提出意见。

当然，港城媒体也不失时机地介绍了争产案中诉辩双方所聘请的其他各位专家破案的种种功绩：

——贾玉文每年约处理 200 多宗笔迹鉴证个案，近期有一宗湖南双尸谋杀案，凭着屋内搜出的一张字条，即断定为疑犯故意以左手书写字迹而成功破案。

——徐志强退休前多次代表政府化验所出庭作供，包括在港发生的多间银行遭独行盗递纸仔打劫案等。

——现年 76 岁的徐立根，每年要处理逾百宗民事及刑事案件。现年 66 岁的詹楚材，40 余年处理过近 8000 宗案件。徐、詹二人曾处理过著名书画家舒同作品真伪案：由詹楚材先鉴证五幅展出的舒同作品为赝品；案件上诉后，再由徐立根鉴证，确认是赝品。

以上相关文字都给排列到报纸上，俨然凸显出专家对决叫阵的架势。至于这些内容的出处，有的是记者采访得来，有的天晓得是从何处搞来。不过，港城老记的敬业精神着实让我佩服，虽然所用资料来路不详，但依我来看，当是大致不谬，至少关于我的年龄报道是准确的。

郑佑生向记者坦言：今次以公务员身份出庭，立场中立，只会如实作供。但两天里他两次如约来到法院准备出庭，皆因李大状对美国笔迹专家的盘问迟迟不能了结，使他空耗掉两个半天，耽误了手头工作，难免气恼不悦、有所抱怨——此情此景亦被簇拥在他左右的老记们一五一十地记录下来，当作花絮登在报上。[②]

48

当身穿金属灰色西服的郑佑生一手拎一只鼓囊囊的大黑公文皮包，微笑着走进高等法院的大门，乘电梯上到11层进入27号审判庭，稳稳地坐在法官面前的证人席上的时候，是在9月4日上午。甫一张口，就弄出个称谓问题。他使用的是英语，一直称呼法官为“Your Honour”。后经律师提醒，指出这样称呼不合适。原来，对法官的称呼是有级别区分的，“Your Honour”只适用于区域法院法官，到了高等法院及终审法院，应以“Your Lordship”称呼法官。二者虽然都可译为中文的“法官阁下”，但在英国前者主要用于尊称地方法官，后者多用于贵族及高官的尊称。当然，这在郑佑生的作供中只是个无关宏旨的细节，完全可以忽略不计。

对王德辉的四页1990年遗嘱，郑佑生的鉴辨结论是：所有谢炳炎签名全为伪冒；有条件地认为所有王德辉签名可能是伪冒；第一页遗嘱内容不排除是龚如心写的，但肯定遗嘱所有内容不是王德辉写的；第二、三页内容不是龚如心写的；第四页无结论。郑佑生在庭上的答问基本是对他的检验结果进行一次通俗的阐释。

郑佑生同样没有采用后来由辩方新提供的谢炳炎签名样本。他解释说，凭着手中已有样本就足可证明遗嘱上的四个谢炳炎签名是伪冒的。他说，谢的签名样本笔画流畅，没有停顿及颤笔，而遗嘱上的四个签名写得比较慢，不及样本流畅，有颤笔，签名大小和笔画太整齐划一，显示是临摹而成，加上与样本有多处差异，因而判定是伪冒的。

而对遗嘱上王德辉的四个签名，郑佑生认为，笔画不及他手上的七个王德辉签名样本流畅。再者，遗嘱上四个签名非常相似及统一，但七个签名样本各色各样，不统一，显示出遗嘱上四个签名并不是自然的签名。这种不自然表现在：遗嘱第一、三、四页签名的“王”字有颤笔，第四页签名的“辉 ”字也有颤笔，因此签名可能不是出自王德辉的手笔。

对于四页遗嘱内容文字出自何人手笔，郑佑生说，由于英文样本不足，他无法鉴辨第四页上的英文,但可以断定第二页、第三页是由同一人所写,第一页是由另一人所写。

根据手中有限的王德辉笔迹样本,郑佑生认为王德辉写字笔画流畅,用力轻或中等,写字速度中等至快,最佳的结论应该是:三页遗嘱上的中文内容很有可能不是王德辉所写。他又根据手上两个龚如心笔迹样本,包括一个信封上的两行中文字和一张影印纸上的字,认为龚如心写字快,笔画流畅,有较多连笔,会用简写,称得上是一手好字,可以肯定遗嘱第二、三页不是龚如心所写;对照第一页的笔迹,与龚如心的笔迹样本有相似的地方,也有些不同的地方,两者所占比重大致相同,因而既不肯定、也不排除是龚如心手笔。

郑佑生第二次出庭时谈到了在第一和第二页遗嘱上发现的英文字迹压痕,认为应该是有人先在一张纸上练习一遍"One Life One Love",然后才写下第四页遗嘱;第四页则是放在第三页上写的,因为在第三页上出现了与第四页内容相同的字迹压痕。他还提到了遗嘱上四个谢炳炎的签名上下部分隐约可见的铅笔标注的交叉符号。

用硬笔书写时,垫在下面的纸会出现所书写字迹的痕迹,不同的书写力度,留下的痕迹也会深浅不同,这是常识。根据这个常识,办案人员往往会从此类痕迹中获取一些与案件相关的线索。在对遗嘱的字迹压痕检验中,郑佑生称在侧光之下观察以及使用了名为"Electrostatic Detective Apparatus"的仪器。这种仪器英文直译是静电探测仪,内地鉴定人员称之为静电压痕检测仪,其原理是通过上万伏高压静电瞬间吸附墨粉,使检材上潜留的压痕得到显示,是一种不破坏检材的检验方法,主要用来检验留在纸张上的隐性痕迹。其实,遗嘱上的字迹压痕比较明显,用肉眼即可辨认,我们在检验中没有借助仪器,只在侧光下就可看清楚,第四页英文遗嘱纸的背面有墨迹渗透,在第三页遗嘱上相应部位有微小墨迹,从压痕能互相重合判断,说明书写第四页时第三页是位于其下。我们曾经分析,这些痕迹对判明遗嘱的真伪并没有什么价值,只表明了在写遗嘱之前几张遗嘱处于互相压垫状况或书写前在另外的纸上试写过,仅此而已。还有在谢炳炎签名处的铅笔标注,我们分析,那是在指示谢炳炎把名字签在两个交叉符号之间的意思,即标示证人的签名位置。因此,对于这些内容我们只是在鉴定报告中做了客观记录。事实上,郑佑生在法庭上也只是谈了这些字痕的分布及内容,并无更多分析。但有的香港媒体故作惊人之笔,称"侧光机揭发遗嘱隐藏惊人秘密",云云。[3]其实没什么可惊奇的。

这一天法庭上的论辩舌战大多发生在李大状与陈大状之间。李大状当庭又将包括1999年谢炳炎的12个签名样本和王德辉的11个签名样本呈上,让郑佑生检验。对于此举,陈大状责问道:为什么这些样本迟迟没有交给原诉方专家检验,却反而交给了政府化验师检验?李大状则指美国专家 Lesnevich 拒绝了检验。陈大状说，这样不断地突然提供新证据，对已完成作供的专家证人不公平，而且使得聆讯结束遥遥无期，反对再提新证据。任法官亦表示，法庭在去年6月预审期间已限期双方提供有关签名的证据，现在突然提出新签名样本，违反了法庭的命令，禁止将这些签名样本呈堂。但李大状未等法官把话说完即发言表示，这批签名样本对公正审理案件十分重要，若不批准呈堂将会就此判决提出上诉。最终，法庭还是批准了将这批证据交给郑佑生检验。

在李大状提交的新样本里，有一份是谢炳炎在1992年回乡证上的签名。为此，陈大状又提出要传召证人，证明无须在回乡证上签名，也可过境回内地，因此这个签名可在任何时间签署。李大状立即反对，说根本没必要传召这样的证人，因为这是基本的常识，假若非要在这一点上纠缠，他可传召一百万名证人，来证明有人会在回乡证上按规定签名。任法官听了双方的意见后，决定无须传召该证人。郑佑生在接受了李大状提交的新样本后表示将尽力而为。为此，法庭决定休庭一天，让郑佑生能有时间来检验这些新样本。

49

9月7日是周五，世纪争产案中各方鉴证专家意见开始了更为直接的交锋。陈大状依然是大段引述龚如心方三名内地专家的报告，以便听到郑佑生的批评意见。

在用一天时间鉴证了李大状提交的所有新样本后，郑佑生仍然不改变自己先前的结论：王德辉遗嘱上谢炳炎的签名是伪造的，其签名模式与谢的1999年样本那个时期的签名模式相近，相信是参考了那时期的签名伪造的。对于遗嘱上王德辉的签名也列出了不同点：王字中间一笔偏向右，德字“心”部左右两点较样本长，辉字仍比样本的大，故该签名可能并非王德辉亲笔书写。

对于贾玉文等三位内地专家在报告中提出的观点和结论，郑佑生批评起来毫不含糊，基本上给出了否定的意见。他对内地专家报告的批评大致有这么几条：

内地专家报告讲到王德辉签名时指该签名出现震动属自然震动，这与报告中提及笔迹震动可因伪造、疾病等因素构成，两者存在自相矛盾。

报告提及炳字的“火”字偏旁两点出现连笔，是内地专家凭空想象而成，样本中并无如此书写的炳字。

报告只着重字形，没有审视细节，根本难以分辨。

报告虽多处指遗嘱签名与样本符合，但中国人只要用右手写字大致都按相同笔顺，这样的比较没有太大作用。

……

作为与讼专家,我们自然会认真地看待这些批评,可经过分析后又觉得郑佑生所说的几条都不那么客观,这里面有的是他理解上有偏差,有的是在方法上存在分歧,有的与事实并不相符——但现在没轮到我们发言,有什么意见也表达不了。第二天的媒体上就登出"内地专家检验笔迹欠科学"之类的报道,列出的郑佑生那几条批评给人的感觉,好似内地专家所犯的错误过于低级,怎么连"自相矛盾"的逻辑常识都忘记了?怎么字迹鉴定还要像文学家那样去天马行空地"凭空想象"?似乎有几分搞笑的味道。[④]

50

然而,李大状却没有急于就郑佑生与内地专家的分歧内容予以盘问。在9月10日的法庭上,李大状向郑佑生提出的主要问题之一,中心意思是不懂中文的人能否进行中文笔迹鉴定?李大状虽然没有提及Lesnevich的名字,但问题的指向性很明显,他是在借郑佑生的观点来证否美国专家的观点。郑佑生仍坚持了此前在公开场合谈过的看法:对于接受中文字迹鉴证的专家,懂得中文这一点很重要。郑佑生说,1990年遗嘱第一页文字内容中的"王德辉"三个字与他手上的王德辉签名样本,两者风格完全不同。Lesnevich不明白该页内容,但用了该页内容中的王德辉三个字和王德辉的签名样本比较,并得出结论说该页不是王德辉所写。对这样的比较方法,郑佑生坦率地表明,一名文件鉴证者不应该这样做,而且只选了内容中的三个字与签名比较,数量也不足。郑佑生讲他进行1990年遗嘱第一页内容是否是龚如心所写时,先是从龚如心的笔迹中选取样本,又从该页遗嘱内容中选取一些文字和部首,利用两者进行比较,发现两者有相似和不同的地方。然而,Lesnevich要先经由王廷歆的律师向他指出龚如心的笔迹样本和该页遗嘱内容中的一些中文字和部首,才可进行比较。郑佑生说,不懂中文的文件鉴证者,在选取用来比较的文字和部首时存在困难。另外,一名文件鉴证者要依靠别人替他选取用来比较的文字和部首,也是不恰当的。这样,就需要通过懂得中、英文的翻译来和文件鉴证者沟通,翻译的水平如何,会影响到鉴证结论。如果翻译在选取文字和部首时,仅仅指出相似的而不选取不同的,则更会令结论不稳当。李大状随后问:根据你的检验,王德辉三十岁以后的字是否有退化?郑答:不可能。再问:谢炳炎在1999年写的字是否很差?郑答:字写得很流利、自然。郑佑生虽然在鉴证结果上与美国专家相同,但他对美国专家在法庭答辩中提的几条针对谢炳炎1999年签名的理由全给否了。

在盘问完这些内容的随后几天里,焦点就转到了遗嘱的笔迹及签名的真伪上,双方进行了反复较量。李大状指出了龚如心笔迹与第一页遗嘱的不同之处,郑佑生同意他指出的那些笔画确实不同,但不影响结论。在证实谢炳炎的签名是如何伪冒的问题上,郑佑生指遗嘱上谢的签名较他的其他签名样本书写速度慢,还有多处抖动,四张遗嘱上的谢炳炎三字非常近似,几乎可以互相重叠,反映出可能是临摹(注:郑先生和李大状在此章节中所讨论的临摹实际是指套摹)而来,与几天前由李大状提交的1999年谢的签名样本非常相近。其中,谢字在前三页遗嘱的重叠性极高,炳字在一、三、四页可以重叠,炎字则在四页遗嘱都可重叠。

李大状则指出,签名若是临摹而来,伪冒者定会完全按照签名去临摹,且大小一致,但1999年谢的签名样本部分特点却根本没在遗嘱签名上发现,又如何谈得上是临摹?

郑佑生回应,那可能是伪冒者大意了,或认为那些特点不重要而疏忽的原因。

李大状说,第二页遗嘱的炳字,"火"字旁比其他三页的"火"字旁明显的大,这又如何解释?

郑佑生回应,"火"旁并不大许多,只是其中一撇较长而已。

李大状说,确实"火"旁要大许多,若不信可检验,就用你复制签名的透明胶片,看看究竟如何。并问郑佑生是否同意现在就进行投影检验。

任法官也赞成说,双方可以进行投影检验。

郑佑生将复制有王德辉第一页遗嘱的透明胶片分别与其他三页重叠起来,谢炳炎的签名被仔细对齐,投影幕布上出现了清晰的字迹,就像幻灯片那样。郑佑生指着图像说,从投影情况看,谢炳炎的四个签名大致可以互相重叠,字形和大小都极相似,只有第四页的"炳"字右边比其他三页的稍大些。郑解释说,伪冒者通常不是专家,可能觉得只要字的形态和大小相似就足够了,即便是临摹,签名亦不可能百分百相同。

看到这一情形,陈大状满意地笑了。李大状则指出,当两张胶片固定在签名中的一个字时,其余两字即出现移位情况,特别是第四页的签名,字与字间距较大,整个签名较长,字的两边也不对称。

郑佑生说,伪冒者在临摹时不小心移动了纸,就可以出现移位情况,这并不奇怪。

任法官也指出,当第三页和第四页的签名并排比较时,三个字的大小看上去是相近的。

李大状则指出,郑佑生提供的这套胶片与控方提供的胶片比较,字体线条较细,与实际遗嘱上的签名有差距。

郑佑生说,这是影印效果造成的,不能说明什么。

李大状说,这样的效果就是失真了,应当以完全按原大小复制的胶片进行比较才是公正的。

在李大状的要求下，任法官同意让郑佑生完成当日的作证后，回去后仔细度量四个谢炳炎签名检材的大小，再讨论此问题。

当郑佑生再次出庭时，他的观点一如既往，没有任何变化。他说，最初验证谢炳炎在遗嘱上的四个签名时，就注意到字形非常吻合，在进一步验证后得出结论，这些签名就是被人临摹的。

李大状则问：你指这四个签名十分一致，那么是不是说谢炳炎或许拥有特殊技巧，能够签出很一致的签名？

郑佑生肯定地说：这种说法不成立，人不是机器，不可能签出如临摹般的签名。

李大状说：那好，咱们来验证一下吧。他要求郑佑生再把那复制有遗嘱的透明胶片分别重叠打出投影。李大状开始对签名逐字逐笔与郑佑生仔细商榷。这一细比，问题出来了，原来看着差不多的签名，多数笔画存在着差别，只有部分笔画一致。李大状说，这些签名字体结构看着十分相似，但不具有郑佑生所说的临摹所具有的一致性，只有部分笔画似是临摹出来的，但可能性不大。因为在临摹时，怎么可能这一笔临摹那一笔不临摹呢？所以，遗嘱上的签名并非临摹伪冒。李大状又指，谢炳炎的签名风格，其实包括楷书和行书两种，这就形成了遗嘱上的签名与他的一些签名样本有差异。

郑佑生辩说，遗嘱上谢炳炎的签名属伪造，但并非是上佳的伪造签名，签名书写缓慢，还出现震动，反映出伪造签名者的水平不算专业。签名之间的不同之处，有可能是临摹时左右移动纸张所造成，也说明了伪造者的经验不足，素质不好。他又使用投影机解释说，临摹并不需要每笔都要百分百相同，根据比较判断，可以推断遗嘱上谢炳炎的签名很有可能是临摹而成的。而针对李大状提出谢炳炎有两种签名模式的说法，郑佑生说，看签名不仅要考虑个别笔画，还要从整体角度看签名模式。虽然谢炳炎平常的签名中存在连笔，而他的回乡证上却是没有连笔，这也并不表示谢炳炎有两款签名模式，两者其实同属一个模式，都是以楷书而非行书写成。他又进一步说，从遗嘱上签名的谢字可得出结论，这个签名是参考了谢炳炎在1999年间的签名而伪造的。

此后，李大状根据郑佑生关于遗嘱上谢炳炎的签名全部与样本的特征不符合的结论，指出遗嘱第二页上谢炳炎签名中的炳字，其“丙”旁与“火”旁之间位置的特征与获确认的一个样本签名相同；但是，郑在他出具的检验报告中却说遗嘱上四个谢炳炎的签名全部与样本的特征不符合。经过辩论、当场比对后，郑佑生承认验证炳字时出错。李大状又指郑用画延长线的方法来验证签名的真伪不科学，常有偏差。比如炳字，在其“丙”旁上画的横延长线，在位置上就有偏差，因为那个“丙”旁的横笔在书写时并不是一条直线，而是带有连笔，难以科学地画线比较。郑佑生反驳说，凭着每一笔的方向就可估计出正确的画线位置来,连笔不影响检验。围绕这个“炳”字,李、郑二人整整理论了一天,翻来覆去的“车轱辘话”直让那些旁听记者昏昏欲睡,打不起精神来。

李大状又指出,郑佑生在量度谢炳炎签名时比例有偏差,要求郑以透明胶片重新指出正确的比例。结果,通过比较发现,透明胶片上的签名比例不同于复印件。在四份遗嘱复印件上的谢炳炎签名,字形大小差别明显,而胶片上的字形大小竟极为接近。显然,在制作遗嘱胶片中并不是按照原件原大制作,而是通过缩放技术改变了原来的比例关系,使它们的外形尺寸相互接近,以便于通过比对得出鉴定人所需的结论。实际上,第四页遗嘱谢炳炎签名间距大、文字也大,特别是炎字要长出许多。李大状问是怎么回事。对于这一明显失真,郑佑生只说这些具体事不是我做的。李大状即质疑郑度量时没有统一标准,不够科学。郑佑生回应,鉴证时并非单靠量度字的比例作出结论,他会全面考虑遗嘱签名和对照样本多项特征,即使度量有偏差,不足以动摇谢炳炎签名是伪冒的结论。

李大状又问,四个谢炳炎签名是否可能根据四个不同样本伪冒。郑佑生表示有可能,但只有对笔迹鉴证认识很深的人才会这样做,从四个谢炳炎签名字形来看,签名是依照一个样本临摹而成。

随后的一天,李大状在法庭上突出奇招,要求郑佑生临摹王德辉遗嘱上谢炳炎的签名。陈大状立即反对,说郑是笔迹鉴证专家,而不是制造伪证专家。李大状则认为,郑既然鉴证签名是伪冒,就应该了解伪冒的方式方法。结果,任法官批准了李的要求。从郑佑生选择的伪冒方式看,他这里说的临摹应该是指套摹——用透明胶片覆在有签名的复印件上进行摹写。郑在套摹第二张遗嘱上的签名时笑着说,他从未有过临摹冒签。在完成一个签名的套摹后,李大状认真地表示:冒签共花了 40 秒时间。当这个冒签的字与遗嘱上的原件用投影仪打在屏幕上时,顿时惹出一片笑声。套摹的字与被套摹的字重合在一起看着好像是一样的,但一分开看根本就不是一回事,笔画差距太大。一般来说,套摹的字大体能做到形似,但很难写出笔画的粗细感觉和运笔的流畅性,即无法做到形神具备,破绽明显。李大状由此质疑,以郑的专业能力及对谢炳炎签名的熟悉,何以会在摹写中疏忽了签名的特征,还出现了停顿。郑则称,他虽然花了三个月时间研究遗嘱上的笔迹,但已是去年的事。李大状又对遗嘱见证人谢炳炎的签名逐笔展开盘问,指出 1999 年谢的签名样本共有五个特征在遗嘱的签名均未见到,不好用仿冒来解释。郑佑生说,有点不相像并不重要,遗嘱上谢的签名还发现有书写缓慢和震动等临摹冒签特征。李大状说,郑佑生最初指遗嘱上谢炳炎的签名是临摹 1999 年谢的签名样本而成,但在刚才的盘问中承认两者多个特征不吻合,两者自相矛盾,是理论错误。李大状又指,郑佑生在比对谢炳炎的签名时,所采用的样本集中在谢向警方所录的两份口供上,参照的样本太集中、太少，没有全面了解谢的签名风貌，会使结论不够准确。郑佑生反驳说，他也参考了谢的其他签名样本。李大状说，从郑佑生提供的鉴证报告中看不出来这一点。郑最终承认自己在比对 1999 年谢炳炎签名样本与遗嘱上谢的签名时，没有在报告中写入更详尽的分析。

对于遗嘱上王德辉的签名，郑佑生的结论不像认定谢炳炎的签名那么肯定，得出的是一个倾向性意见。即便如此，李大状在盘问中亦是不遗余力地逐笔质疑。李大状指出，就遗嘱上的四个王德辉的签名，郑佑生说它们之间相似处很多，从而认为是有人临摹伪造，实际上它们的不同之处有 15 处之多。李大状将这些差异一一列举。对这些证例，郑佑生同意遗嘱上的四个王德辉签名之间确实有相异之处，但他又说那些不是要点，不影响有人临摹伪造签名的结论。郑佑生相信伪冒人参照了一个以上的王德辉签名，将不同签名的特点加入伪冒签名中并不困难。李大状则说，王德辉的七个签名样本年份长跨 25 年，期间签名模式出现些变化很正常，而遗嘱上四个签名都是在立遗嘱时完成，出现较多近似地方不足为奇，不应视为是有人临摹造成。

但是，在 9 月 18 日郑佑生最后一天出庭作供中，他依然坚称，遗嘱上四个王德辉签名出奇的相似，凭经验断定有可能是临摹而成，而不是王德辉的真迹。对于四个王德辉签名之间有些笔画不尽相同，在对照样本之间亦发现有类似的不尽相同，郑解释说，这可能是冒签者刻意将不同特色加到签名上的。李大状则指出，这种说法完全是郑佑生的个人幻想，因为这些变化正好显示遗嘱签名与对照样本的吻合。郑辩称，伪冒者可能看过王德辉不同签名模式，所以留意到一些明显地图样化特征的变化，但这些表面变化并非鉴证特征，有用的鉴证特征应是一些不明显的及细致的特征。

郑佑生又再次肯定遗嘱上谢炳炎的签名是伪冒的。遗嘱第四页纸质较厚，用来套摹较困难，所以该页上谢炳炎的签名字形较大。由于谢炳炎的签名样本只有横写格式，与遗嘱上的竖写签名格式不一样，相信临摹者每写一字后均要移动纸张，于是出现了几个谢炳炎的签名在位置上的差异。

李大状则直指郑佑生的鉴证准则自相矛盾，根据自己的需要随意地变来变去。李大状称，如以郑佑生的标准来分析他在鉴证报告上的七个签名，肯定会有一个被视为伪冒，并要求郑当庭比较自己的签名。郑佑生则借此阐述了对防止伪冒签名的见解，认为一个能防伪冒的签名应有一定的复杂性、有个人的独特风格，而且力度分配自然，若要伪冒这样的签名非得长时间练习不可，而且由于笔画复杂易于分辨真伪。他认为自己的签名不太好，太简单，易伪冒。据他研究，搞美术或设计的人，其签名一般都比较有个性，难伪冒。但是，任法官认为该问题对案情无帮助，下令停止讨论这方面问题。

在李大状表示没有要问的问题后，陈大状就李大状盘问的内容再次向郑佑生提问:如果一个人的签名模式改变后,能否又回到十几二十几年前的模式?郑佑生说可能性很低,接着又进行了具体说明。

陈大状这一问的含义是,遗嘱上王德辉的签名与他早期的签名很相似,而与他后来的签名差别大。既然一个人后来的签名不可能回到他的早期式样,那么遗嘱上的签名就很可能是伪冒的了。对这一观点我们并不认同。

陈大状又向郑提问,他在接受李大状的盘问时说过:不懂中文的专家鉴证中文有困难,具体含义是什么?郑说,他的意思是不懂中文的西方人作出结论时要特别小心,但一般鉴证中文签名通常只涉及三四个中文字,不会受语言影响。郑佑生此时的看法与前面说的又有些不同了。

郑佑生连续作供 10 日以上,至此终于结束,步出法庭后不禁笑言:“I feel good now!”他现在的感觉好极了,在接受记者采访时,称这次出庭是他毕生难忘的经历,过去虽然曾多次代表政府作供,但最长只有连续三日,而这次的案件对他的压力最大,承担感极重,出庭十日体重轻了五磅,创下政府化验所出庭作供的最长纪录。他告诉记者,将于下周起放两个星期大假,跟太太外出旅游休息一下。当时距退休还有数年的郑向记者表示,他正考虑退休后成立一家私人公司,为文件真伪鉴证案件提供专业咨询服务。⑤

注释

①参见香港《文汇报》2001 年 8 月 9 日 A18 版,及同一日《明报》A9 版。

②参见《太阳报》2001 年 9 月 1 日 A8 版,及同一日《东方日报》《苹果日报》《成报》《明报》等,9 月 8 日《东方日报》。

③参见《成报》2001 年 9 月 6 日 A9 版,及同一日《东方日报》A18 版。

④参见《东方日报》2001 年 9 月 8 日 A18 版。

⑤参见《东方日报》2001 年 9 月 8 日 A18 版。

第十七章

笔迹鉴证报告三对一

51

王廷歆方传召他聘请的第二位笔迹专家徐志强出庭作证的时间是9月19日。前面曾说过,我在1980年到港学术访问时,与徐志强先生见过一面,他是香港政府化验所首位华人文件鉴辨专家,此次由于各自的身份不便交谈叙旧,但在他出庭作供期间,或在走廊或在洗手间我们难免碰面,我问他怎么到加拿大去了,他说退休后去的——三言两语仅限于此,多是抬抬手打个招呼。一晃二十多年过去了,徐先生看上去还是十足的文人仪表,头发打理得一丝不苟,戴一副白边眼镜,无大变化。他1992年退休后移民加拿大为当地政府担任鉴证工作,于2000年初退休,现为私人字迹鉴证顾问,在接受王德辉争产案的笔迹鉴证的邀请后曾回到香港一段时间,对王德辉遗嘱原件进行鉴证;开庭后也是应邀提前来港准备出庭作证。

徐志强出庭前多次到法庭旁听。他1966年加入政府化验所,与郑佑生共事20多年,是同事加老友,报上登了一些他们当年争食牛腩之类的往事,显示了他们的亲密关系,但他在庭上见到了郑佑生也只是站在远一些的地方遥望,决不过去打招呼,以免影响郑的出庭作供。①

徐志强的鉴辨结论是:很可能遗嘱上四个有争议的"王德辉"签字并非由对比样本已知签字的王德辉先生所写。四个有争议的"谢炳炎"签字并非谢炳炎先生所写。三页中文遗嘱内容文字不是王德辉书写。第一页遗嘱内容文字很可能是龚如心女士书写;龚如心女士没有书写第二、三、四页内容文字。

争产案中三位已出庭专家均认定遗嘱签名伪冒,他们的结论虽然在表述的用语上存有些微差异,比如郑佑生认为所有王德辉签名可能是伪冒,徐志强的结论则是很可能并非是王德辉所写,但意思都差不多,都是倾向性意见,因此可以看做是结论同一。不过,他们都是各自独立地出具鉴辨报告,各自单独出庭作供。接二连三地有专家出庭力证遗嘱签名是伪冒的,至少也显得很有声势,形成了气势,展示了实力。而认定遗嘱签名不是伪冒的鉴定专家也是三人,但根据中国内地的鉴定规则,一份鉴定报告必须是由两名以上的鉴定人完成方视为有效,所以我们三人完成的鉴定只出具一份报告书。争产案中的笔迹鉴定意见因此而形成三对一格局,且在对方的“三”中还有一位是独立专家证人——这样的局面我们虽已有预料,但当它真正来到成为现实时,那种感受体验与预先设想时又大为不同。争产案的走向因此而变得更加扑朔迷离、输赢莫测。

作供中,徐志强说,若以 10 分为百分百肯定是王德辉本人签名,负 10 分则是百分百属伪造,他会给这四个签名负五至负六分。

用数字来表示文件笔迹的鉴定结论,似乎就同 DNA 那样,很科学,很精确。但我以为,就笔迹鉴定技术而言,目前还远没达到可以用数学来定量分析的程度,即使有也没有达到那样精确的程度,因为你根本无法判断多一分与少一分对结论有多大意义,所以他的打分实质上仍属于“很可能”的定性分析范畴,只不过是披上了一件用数字编织的外衣罢了。

徐志强相信,遗嘱上四个王德辉签名相信不是临摹而成,而是有人研究王德辉本人多个签名样本的特色后,经多次练习,直到很熟练、很有把握后直接冒签的。这四个 1990 年 3 月的有争议签名在整体图形方面与日期为 1958 年和 1961 年的两个签名样本相似,而在其后,王的签名图像有某些改变。冒签尽管很相似,徐说,但想不露破绽是不可能的,因为冒签时一般会感到紧张和压力,很小心地书写,速度就会变得缓慢,出现“形快实慢”现象;模仿出来的签名跟正本有很多相似地方,却是最大破绽。

徐相信,谢炳炎的签名是临摹而成的。由于谢的样本签名没有直(竖)签的,故冒签者临摹每一个字时须移动纸张,令各个签名出现少许差异。而遗嘱第四页纸质较厚,临摹困难,所以有可能导致该页谢炳炎的签名字体较大。他还表示,如果笔迹专家不懂中文,对于验证签名的真伪不是太理想,但若有好的翻译指导便可以。

这里,徐志强说的是临摹,但从他的表述看应该还是指套摹,即把一张纸放在有签名的原件上进行摹写,还可以用底光来增加透明度,就像专业绘图那样,以便摹写。他对遗嘱上谢炳炎四个签名之间的“少许差异”作出了一个与郑佑生相近的解释,但实际上很牵强,可能性很小。因为争产案中所搜集的谢炳炎签名样本并不是谢的全部签名,如果说是用横写的签名来冒签遗嘱上的竖写签名,那就应该指出用的是哪一个样本冒签的,否则只能说是一个无证据支撑的猜测。而且,怎么纸厚就一定会使“签名字体较大”?难道不会出现较小的情况？这么说，我觉得同样是根据不足。至于说王德辉的签名“形快实慢”，我们不能同意，那几个字写得流利而有力度，笔锋看得很清楚；而说相似的地方多了就是最大的破绽，更是缺乏具体分析的武断。他显然是在进行“修补”工作，把郑佑生在作供中出现的对美国专家不利的地方以及有矛盾的地方都及时地一一加以“修补”。

随着陈景生大状的导引盘问，徐志强指出：在谢炳炎的1990年、1992年、1994年签名样本中，均没有笔迹震动的迹象，只有1999年的样本才有。他说：1999年谢炳炎的签名样本出现震动现象，那是因年老所致。而1990年遗嘱上的签名却有属于临摹特征的震动、书写速度缓慢等，在谢字的“身”部和“寸”部的垂直一笔上更为明显，所以我相信遗嘱上谢炳炎的签名是伪造的。冒签者应是参考了谢炳炎1994年之后的签名样本而伪造的。谢炳炎的签名样本与遗嘱上的签名比较，则是自然流畅，因签名时没有一面写一面想、模仿字体形的情况。

徐志强又说，他用显微镜检查四页遗嘱，在前三页遗嘱上找到的英文字痕(One life one love)，是复写纸的残迹。此说与郑佑生的墨迹渗透结论不一样。徐志强认为，遗嘱第一页内容有可能由龚如心书写，但第二和第三页则绝对不是龚如心写的。这个结论与郑佑生的相同。

郑佑生称看到了“黑墨水书写”的痕迹，徐志强称看到了复写纸的残迹，这个分歧，我们认为，对于认定遗嘱签名的真伪没有多大意义。

徐志强还批评说，龚如心聘用的内地笔迹鉴证专家将遗嘱正文与签名部分的“王德辉”三字互相比较的做法不妥，指出通常签名时的字形与一般书写有很大差别，不宜进行比较。应当说，徐的说法有一定道理，但签名的笔迹特征在一般书写中也不是截然隔断，没有任何流露。而且，一般案件的鉴证通常都不是在理想条件下进行的，我们要鉴定遗嘱正文是否王德辉亲笔所写，如有王德辉的书信等手迹样本肯定是非常理想的，但我们得到的样本只有王德辉的签名，所以只能按此条件进行比对。

在随后一天的庭审中，李柱铭大状发现，按照陈大状的导引，徐志强提出了多项新证据：徐用光谱仪查验，发现1990年遗嘱前三页正文与谢炳炎的四个签名是用同一种原子笔墨水写成，王德辉的四个签名是用另一种墨水，遗嘱第四页的英文字是第三种墨水，即四页遗嘱共出现三种墨水；推断冒签者参考王、谢签名样本进行冒签；谢炳炎在90年代改变了签名习惯；签名中存在笔迹震动及复写纸痕迹等。李大状说：这批新证供内容在专家报告中没有提及，使我和律师团感到意外，无法充分地准备盘问。他要求将聆讯押后至少一星期，以便重新制定盘问的方向内容以及咨询内地专家意见。

陈大状对此表示不反对。他说：这全是因为李柱铭早前盘问两名笔迹专家时提出了大量新题目所造成，如他质疑美国笔迹专家不懂中文，要求郑佑生当庭套摹，又突然提交谢炳炎签名的新样本证据等等，因而需要在导引徐志强作证时让他对这些问题做出回应。李柱铭没有理由对此感到意外。同时，陈提出，前天下午 5 时许李柱铭交给他一份涉及墨迹证据的新文件，他们亦需时研究，要求将聆讯押后至下周三，并要求完成所有墨迹专家作供后，才重新开展对徐的盘问。陈大状还要求法庭下令，龚如心方的专家必须于王廷歆方的专家作供后马上作供，不能等到王廷歆方所有证人作供完后才作供。李大状当即表示反对。

任法官表示批准他们的请求，将对笔迹专家的聆讯押后至下周三；他又指出，墨水定年专家和笔迹专家的证供是非常独特的部分，不影响案件其他证人的证供，并基于时间的考虑，下令龚如心方的专家必须在王廷歆方专家作供后马上作供，否则日后不能出庭作供。

法官做出决定后，陈大状不忘对李大状说上一句：很明显，以李先生的经验，再盘问上两至三天，就可以争取到所需要的准备时间啦。的确，对于李大状特有的冗长盘问套路，任法官、陈大状已多次在庭上表达了不满。但任你千条计，他自有老主意，听了陈大状不无揶揄的话，李大状轻笑回应：我只当你的话是称赞我啦。仅此一句就尽显李大状以不变应万变的打坐入禅的定力。[②]

注释

①参见《东方日报》2001 年 9 月 4 日 A13 版。

②参见《东方日报》2001 年 9 月 22 日 A16 版。

第十八章

法庭激辩墨水定年

52

在暂停盘问笔迹专家的空当中,安排了双方的墨水专家证人出庭,鉴证的任务是书写遗嘱所用墨水的年代,这是鉴证遗嘱真伪的另一途径。

首先是由原告方邀请的美国墨迹专家 Erich Speckin 出庭。他是个颇为自信的青年,在法庭上所介绍的有关墨迹书写时间的检验发现亦令我惊奇。专家 Erich Speckin 称,他于 2000 年 8 月来港,从王德辉 1990 年的四页遗嘱上,前三页每页提取两个中文字、后一页提取一个英文字的墨迹检材,然后回到美国的化验所,采用色层分离法检验,发现遗嘱前两页所用的是相同的墨水,与第三页的墨迹不同,至于第四页,由于墨水特殊无法分离。对于第一、二页上的墨水使用紫外光灯照射仪,可找出其墨水生产商,该种墨水的最早生产年份是 1982 年;第三页的墨水由另一间工厂制造,该种墨水自 20 世纪 50 年代至今均有生产:故 1990 年是可以找到这两种墨水的。他这里对墨水种类的分析结论不同于徐先生。此后,他又采用加热老化方法,将首页和第三页的墨水检材放于 100 摄氏度高温下加热,半小时后再冷却,墨水随即变成仿如十年后一样完全干透,与未加热的检材相比较,发现差异较大,说明遗嘱墨迹检材仍未干透。他解释说,一般墨迹会在三至四年内干透,也有墨水可经六年才干透,但以他的经验,还未见过四年后仍未干透的墨迹。他要表明的结论是,王德辉 1990 年遗嘱的书写时间不会超过四年,多说也超不过六年。而遗嘱上标明的书写时间是 1990 年 3 月 12 日,相距此案审理时已达 11 年之久。据此认定,遗嘱必是伪造无疑。

据报道,Erich Speckin 时年 29 岁,年轻又帅气,出身鉴证世家,其父曾是美国密歇根州警察文件鉴证组主管,1989 年退休后成立了以其姓氏命名的私人鉴证实验室。Erich Speckin 于密歇根州立大学修读化学,1993 年加入其父的实验室工作,1996 年取得化学文学士学位毕业,曾处理过六百至八百宗鉴证墨水案件,在美国多个州的法庭作供,著名的案件有为著名电影公司 20 世纪霍士化验一部日记并出庭作供,还为通用汽车公司化验一位离职工程师的表格变更是否伪造出庭作供。Speckin 称,他的化验结果从来没被推翻过。[①]

对 Speckin 的证供,色层分离法我是可以接受的,检验墨水成分完全能办到。但检验书写时间,如果用他所说的加热法就能解决,那这就算不得是世界性难题了,所以我很怀疑他的后一个检验结果是否可靠。

随后陈大状对 Speckin 的盘问,又用到了“踢爆不利指控”的方法。因为 Speckin 在美国本土办案时惹上了一些对他很不利的说法,这一情况又为本案双方律师所掌握,因而原诉方要先行出清这些问题,以免到辩方盘问时再被纠缠。这些问题包括一位美国法官曾质疑其专家身份,斥责其在法律刊物上自吹自擂等。Speckin 解释,真实的情况是在一宗案件中获法庭委任为油脂鉴证专家,法官让他给予油迹方面的意见,因他不是油脂专家,没有很好表现,故被法官发信批评。他说也从没吹嘘曾在财政及税务部门工作,虽然他曾替这些部门做研究。他说自己修读的不是化学专业的理学士课程,但自己就读的文学士课程与理学士其实没有什么分别,不影响他的鉴证专业水平。他还说,自己的毕业论文花了一年多才获通过,是因为期间更换了论文导师而产生了延误;这次鉴证使用的加热法,在美国、澳洲和德国的专家均予承认。

53

其后是 9 月 27 日,穿插了由原告王廷歆传召的脑外科专家胡健维出庭,他的作供是从其医学专业角度对遗嘱中王德辉签名引起震动的原因提供意见。我们在鉴定书中认为,王德辉签名某些笔画的抖动现象很可能与他本人的坠马受伤直接关联。

胡健维是香港的著名脑外科医生,他说,帕金森病患者和脑部受创者均会出现写字时手震动的现象,但 1990 年遗嘱的王德辉签名不属于这种情况。他解释说,帕金森患者是在书写动作停顿时才出现手震,而且签名时一般字体会越写越小。脑部受创患者在写字时会因手震而致使出现抖动笔画,但这种震动会有一个固定模式,例如四个签名的所有“王”字都出现同样的震动,而遗嘱中王德辉的签名没有震动的固定模式,它是这一笔出现震动,下一笔却没有震动,不可能是因脑部受伤造成。

胡健维指出的这两条,看起来是否定了受伤与签名抖动之间的关联,其实与我们的结论并无矛盾。对于帕金森病,我们的意见肯定是一致的,王德辉没有患这种病的记录,完全可以不考虑。对于脑部受伤,我们在结论中已经写明,签名的抖动不一定是脑部受伤所致,因为脑伤会使字迹出现更明显的变化,甚至会导致书写能力的丧失,所以这一条与胡健维的意见也基本一致。我们仍然认为,极有可能是王德辉的身体某个部位受伤疼痛,如执笔的手臂受伤,就很可能对动作幅度较大的运笔动作有影响,从而致使书写较长笔画时出现抖动弯曲现象。不过,对这一点,胡健维并没有提及。大概因为他是脑外科医生的缘故吧。

胡健维的作供仅用半天时间就完成了。

54

Speckin 再度出庭,继续接受双方律师的盘问。透过陈大状的引导盘问,Speckin 开始对被告方墨水专家的观点进行反驳。

我们只听说龚如心聘请了墨水专家,但并不了解详情。据庭上聆讯而知,龚方的墨水专家在书面报告中引用“糖球理论”指 Speckin 的检验有偏差。即当墨水的表面溶解时,其内层的墨水并不是同时溶解,就如一粒方糖溶在水里,不是整粒同时溶化,而是一层层由外至内溶解。Speckin 在检验中于不同时间抽取溶剂中的染料,这样会直接影响染料浓度,使计算出现偏差。Speckin 却不认可,他反驳说,溶剂是完全透入纸张中,所有染料是同一时间从墨水中抽出,因而“糖球理论”在这里不适用,而书写时墨水的浓度和笔画的粗细不会影响计算结果。

龚方的墨水专家还指出,目前美国财政部特工组在检验墨迹时已不再使用加热 100 摄氏度的方法,现在一般只会加热到 60 至 80 摄氏度。若墨水被加热到 100 摄氏度,会引起墨水成分出现变化,影响鉴定墨水年份的准确性。Speckin 的回应是,他不知道财政部已停用他在此案中使用的验证方法,但许多文献资料都支持加热至 100 摄氏度并不影响验证结果的准确性。陈大状在盘问这一段时提出,由于辩方曾向美国有关部门查询 Speckin 及现行的墨水化验方法,因此要求辩方披露有关信函。此要求获任法官批准。

其后,代表龚方的另一位资深大律师郭兆铭出庭时并不理会已经有过什么“踢爆”,盘问内容直接指向 Erich Speckin 的“软肋”,称其不诚实,夸大其经验和履历。郭大状指 Speckin 于 1995 年 6 月和 8 月在密歇根州的两份专业刊物刊登文章的作者简介中,称自己已获取化学理学士资格,以及当时正与美国财政部合作做某课题的研究工作,但 Speckin 是 1996 年才获大学所颁的学士学位,他在读大学时只是修读了文学士课程,而非理学士课程,当中并无墨迹鉴证课程。

郭大状指出 Speckin 向法庭提交的履历表不全不实，履历表上说他曾协助美国财政部和特工处两个部门进行研究工作，但经去信查询，得到的答复表明事实并不是这样。郭大状当庭宣读了美国财政部今年回复龚如心律师查询的信件，信中指目前仍未有确切证据可以证实 Speckin 所用的加速墨水样本老化的方法是有效和可靠的鉴证方法，该部门并未承认这种方法；信中还指出，财政部从未与 Speckin 合作做研究或调查，但 Speckin 几年前曾向该部门查询过合作问题。

Speckin 回应称，郭大状所提及的两篇文章的作者介绍部分不是他本人所写，可能是刊物编辑误会。他说，自己的履历表所写全属真实。他讲述自己的学历：15 岁考入大学主修生理学，毕业后再读医科预备班，原本志愿是当医生，后来转校改读化学，于 1995 年取得化学文学士学位，读书期间曾经营多项生意，包括搬运和园艺设计，并跟父亲学习文件鉴证两年。

郭大状指出，Speckin 虽曾在其父的实验室任实习生两年，但该实验室并非教学的实验室，也不能签发证书。由此对其学历提出质疑，要求他提交大学时期的成绩单。同时，Speckin 在大学念书期间，既要实习又要念书，还组织公司进行诸如园艺设计等多项业务，很难相信他能在大学全职念书。

Speckin 则强调，大学的成绩单是他的隐私，公开与否自己有选择权，他的选择是不公开自己的成绩单。他又称，他曾参与美国财政部和特工组两部门的有关墨迹鉴证的讨论，那就可以说是“协助研究”。而在学历上，大学的文学士课程已有足够的鉴证训练，而后又曾有过一年期的墨迹鉴证实习，这样的学历足以使自己胜任这项工作。

郭大状在质疑之时，还特意介绍了龚方所聘请的俄裔墨迹专家 Valery Aginsky 所拥有的优势：享有博士学位，具有 21 年墨水鉴证经验，国际上有知名度，连美国鉴证界教父级专家都肯定其资历。

Speckin 表示认同 Aginsky 很有名气，但指出在此案中所使用的墨迹技术并不是 Aginsky 的专长，而自己处理的墨水案件则远多于 Aginsky。

接连几日，郭大状采取步步紧逼战法，继续对 Speckin 的鉴证方法、学历问题、工作经验、专业资格等提出质疑，要求 Speckin 逐字解释其专家报告，要求出示其大学成绩单。Speckin 的回应则说服力不够。比如，指 Speckin 只取得化学文学士，并非理学士；回应曾修读部分理学士科目。指向出版商虚报学历，提早表示已取得学位；回应是出版商有所误会。指毕业前在父亲的化验所学师，但该化验所可能未经认可；回应不清楚认可程序的运作。自称是美国 Midwestem Association of Forensic Science 新成立的“可疑文件部门”成员，但经去函询问，复信称并非如此；回应不知道需重新办理申请手续才可成为新部门的会员。指曾有法庭拒绝接纳其鉴证结果；回应判词采用的字眼是“不依赖”，与拒绝接纳不同,他本人亦不认同该法庭的意见。

而在10月4日的法庭聆讯中,当郭大状质问Speckin报告中数据的获得过程时,Speckin说已经忘记了。郭大状以此批评他“太儿戏了”,并说这样的数据可能是不准确的。Speckin竟回答:“是!可能的。”显然他的大脑已经进入了信马由缰状态,有些失控了。

果然,经过10月5日上午的法庭盘问,午饭后Speckin向陈大状表示自己身体不适,很想休息一下。尽管Speckin很年轻,看上去身体壮实得很,在此前的国庆节休庭中还兴致勃勃地游览了太平山,对香江美景赞不绝口,并打算如有时间再去一些地方转转,但是开庭后的凌厉盘问,以及为满足辩方律师要求的文件每晚在酒店还要同美国实验室的同事联系,不断地接收电话和传真,使他的精力耗损十分严重。当日下午开庭后,郭大状见Speckin面色不佳,倦容浓重,问:“你是否身体不舒服?”Speckin表示,昨晚睡觉多次被电话声吵醒,最多只睡了20分钟,上午作供时还勉强能支撑,午饭后就觉得不大好,感到筋疲力尽。他希望法庭允许休庭,让他返回酒店小睡,再决定是否需看医生。任法官接受了Speckin的请求,临时宣布休庭半天。②

周一开庭后,郭大状又继续打出组合拳,一是认为Speckin的专业资格对本案十分重要,故向法庭提出申请,强制Speckin披露他的大学成绩及学位证明;二是在庭上播放Speckin鉴证1990年遗嘱过程的录像带。

对于前者,Speckin称美国大学成绩是隐私,出庭作证无须披露。郭大状则说在香港没有这种限制,要求法庭强制他披露。

在1974年8月,当时的美国总统福特签署了一条适用于全美官办或民营的教育机构的联邦法例《家庭教育权利与私隐法》,规定由学前教育到高中阶段,父母均有权查阅其子女在学校的一切记录或档案,若发现不正确或有误导成分,可要求校方更正,甚至向法庭申请聆讯;但当子女满18岁或进入大专院校后,有关权利则转移至学生本人。若第三者欲向校方申请查阅某人在校记录时,但没有得到该人的书面批准,学校一般不会向第三者透露该人的有关资料。但在特殊情况下,校方仍可未经学生同意向若干类别人士公开其在校资料,如校方部分职员、执行职务的政府官员或持法庭许可令的人士。对照该法有关条文,郭大状的请求与Speckin的拒绝似乎都能找到法律依据。

但是,控方的陈景生大状认为,Speckin大学时的成绩及学位证明与本案无直接关联,而且要求强制提交成绩证明于理无据,予以反对。任法官判定,密歇根州立大学校方并非本案的证人,法庭没有权力要求校方公开成绩等个人资料。③

而郭大状在庭上播放的录像带则是出自于辩方邀请的另一位美国文件鉴证专家Peter Tytell之手。去年8月,Speckin应王廷歆方邀请对王德辉1990年遗嘱进行墨水化验,他用钢针在遗嘱原件上刺洞抽取样本,再带着样本返美化验——这一过程中,受龚如心方邀请的专家 Tytell 与 Aginsky 两位专家都临场监视,并由 Tytell 用摄像机拍下 Speckin 的鉴证过程。郭大状透过录像投影指出,Speckin 在化验操作中用布满伤口的手直接接触化验用的针筒、夹子等器具,样本或受污染;在鉴证程序上存在问题等等。他还引用辩方俄裔墨迹专家 Valery Aginsky 的报告,指 Speckin 的鉴证结果可信度只有 68%,即有 32% 的机会出错。

Speckin 一一予以反驳,称在鉴证过程中没有污染样本,而且可信度为 68%,不等于有 32% 的出错率,并强调其鉴证结果在科学上是可以接受的。

此后,郭大状仍然不断地运用辩方墨水专家的意见和美国财政部特工署来信,重复对 Speckin 极为不利的指责,以给法官造成深刻印象。比如最后郭大状又要求 Speckin 解释,认为王德辉 1990 年遗嘱是 1996 年至 1997 年期间写成的原因。Speckin 则回应书面报告已解释原因,并说回答这个相同的问题已有六次之多。但就在似乎已无问题可问、盘问即将结束之时,郭大状提出:2000 年底曾委托英国的一间律师行,要求 Speckin 鉴证 12 封信件的墨水年期,结果有三分之一出错:将一封 1990 年信件定为刚写成,将三封 1998 年至 1999 年信件定为墨水完全干透的旧迹。郭大状要求 Speckin 对此事进行评论。Speckin 登时面露不悦,以手头没有资料为由拒绝评论。

55

10 月 13 日,Peter Tytell 从纽约飞抵香港并已出庭旁听,就 Speckin 的供词为辩方律师团提出意见。Tytell 时年 56 岁,出身于文件鉴证世家,大学毕业后跟随父母学习鉴证技巧,又在多所大学修读文件鉴证课程,从事于手写、打字机字迹、墨迹、纸张生产等方面的研究,担任纽约州立大学文件鉴证课程导师及美国多个文件鉴证学会会员,最擅长对打字机字迹的鉴别,1971 年起以专家身份上法庭作供至今已有上百次之多。④

10 月 17 日,Tytell 作为此案中龚如心方传召的第一位证人出庭作证,他在接受郭大状引导作供时表示,墨水鉴证虽然不是自己的专长,但按照一般的鉴证文件的常识和经验,也能看出 Speckin 化验墨水样本存在的程序问题,“Speckin 没有戴手套,手指有伤口,没有用不同工具抽取样本,试管受污染,令墨水样本受污染,影响鉴证结果”,违反一般刑事案件检验证物守则——化验中,对墨水样本浸在溶液中的时间不统一,溶解出来的墨水量有误差;没有抽取遗嘱空白信纸部分作实验对照样本;在数据和计算方法上做手脚,操控结果。Tytell 又指 Speckin 用三种不同方法鉴证同一份遗嘱,结果只有一个方法显示墨水仍未干透，这可能是墨水受污染所造成的不准确结果。

在淋漓尽致地发挥一番后，第二天 Tytell 开始接受陈大状的盘问。陈大状的盘问方略与李大状相仿，即通过 Tytell 之口来瓦解另一位专家 Aginsky 的观点。陈大状首先让 Tytell 对 Speckin 使用的墨水定年测试法发表看法。Tytell 说，Speckin 使用的方法，目前尚未有深入的研究和论文发表，未见有其他科学家掌握这一技巧的资料，在科学上的可靠性有待于证实。陈大状随后问：Aginsky 的鉴证报告里提到，他使用的墨水定年方法也要对样本加热，不过是温度要求不同罢了，那么他的方法在科学上是否有效呢？Tytell 承认自己在墨水鉴证方面的知识有限，但他同样指出，采用墨水样本加热的方法，在科学界仍有很大的争议。

得到这一回答，陈大状显得比较满意，他再向 Tytell 出招：1997 年时，Tytell 作为美国 Rutgers 大学纪律聆讯小组成员，处理该校一名教授更改文件内容的聆讯，当时 Speckin 曾以专家身分给予调查意见，其口供并未受小组质疑，为什么 Tytell 在此案中却突然对 Speckin 的专家意见予以质疑？Tytell 经过回忆后说，当时纪律聆讯小组对 Speckin 的意见感到不以为然，并没有采纳，而是另外找了专家咨询。只不过小组成员都极有礼貌，没有当面驳斥 Speckin 的意见。这一回答让人感到陈大状的提问有些失策，本想"展示"辩方墨水专家对 Speckin 专家意见在彼案与此案中的不一致，进而质疑其公正性，没想到反却增添了对 Speckin 不利的筹码。但陈大状没有回避，而是随即要求 Tytell 提供能证明其口供真实性的证据。Tytell 表示会向法庭提交关于此事的文字记录，以佐证其口供。

不料，等到再开庭陈大状追问起前日所提的证据时，Tytell 委婉地告诉他，经询问美国法律顾问，才知这一文件属于机密，不能提供法庭。陈大状当即义正词严地对 Tytell 的证供进行了全面批驳，指责他早就知道 Speckin 在鉴证时并没有污染样本，但他故意夸大其辞，吹毛求疵地指责 Speckin 的实验程序不够严谨。而且在不能提出任何证据的情况下，就称美国某大学曾否定 Speckin 的意见，这是在法庭上公然说谎。Tytell 没有做出激烈反应，只是表示他并无对墨水专家 Speckin 有恶意攻击，同时坚持他的证供意见。

56

在 Tytell 之后，是 Valery Aginsky 出庭。他时年 48 岁，戴眼镜，上唇留着经过精心修饰的小胡须，像许多俄罗斯人那样，有一个智慧象征的秃顶，比中等个头偏高，身材偏瘦，显得比较干练。他毕业于莫斯科国防化学军事学院，1980 年在前苏联取得分析化学博士资格，担任苏内政部法证科学中心高级化学顾问，

1998年移居美国进入私人实验室工作，出过六本鉴证方面的专著。[5]

Aginsky从四个方面列举了Speckin使用的方法有漏洞、不科学。首先，Aginsky在15年前就在研究中发现，某些墨水染料会随着时间而分解，这种分解不会在三四年后便停止，不知会止于何时；而且用高温加热墨水样本，也会使墨水成分分解，无法控制。Speckin将墨水加热到100摄氏度，太高了，会使墨水内的组成成分发生变化，影响推断墨迹年份的准确程度。至于加热到什么温度才适当，至今没有文献记载。

其次，Speckin使用的统计学参数，准确度只有68%，与掷硬币的概率接近，非常危险；鉴证科学的准确度一般均要达到95%以上，而在分析化学中，准确率必须达到99.7%才算妥当，否则结论的证明力偏弱，容易导致出现错误的结果，而由此所做的立论会有相当的危险。

再次，Speckin在使用薄层色谱法检验中，没有考虑样本墨料的体积大小与测量墨水浓度的密度计所得数据之间的关系，以为墨料体积对化验结果无影响，这样会令数据出错。

最后，Speckin将墨水滴在玻璃片上时，互相之间的距离太近，而且并未将密度计的焦距及解像度调好，以致密度计图像不对称及走样。Aginsky又以摄影作比喻说，Speckin好比是使用标准的方法拍照，这是容易做到的，但此案需要摄影师很好地调校镜头，才能将墨迹的异同分辨出来，但Speckin从业时间短，缺乏这方面经验，因而在验证中出现失误也很正常。

Aginsky还在庭上指出了影响墨水定年准确的诸种因素，包括光线照射、气候条件、字迹的深浅程度、褶痕、连笔书写等。他举例说，如果阳光照射到某个墨水字上，这个字的色泽会变淡，原因是墨迹在阳光下发生了分解，Speckin在分析中没有考虑到这些因素，以为用高温加热到某个程度就能断定出墨水年份，这样就使得他的鉴证方法不尽可靠。Aginsky更利用投影仪，在银幕上打出墨水分布图，逐个式样讲解，同时引用一些专家的科学理论，将人类签名时的心理状况和行为模式略述一二，指出签名式样异于平常，原因可能是书写人的行为表现失常，直接影响其写字模式。

对俄裔博士技术含量很高的批评，陈大状仅指出其没有依据正常比例绘画图表，而且是有意夸大了Speckin鉴证结果的偏差。陈大状还提出，既然Aginsky否定了Speckin使用加热到100摄氏度的方法，认为加热到80摄氏度以下才是适当的温度，那就应该拿出实验数据来支持其观点。Aginsky表示在自己的著作中有这方面的数据，而这个实验主要是证明加热到100摄氏度会使墨水成分发生分解，80摄氏度以下则可以避免这种分解。

墨迹专家的出庭让我们了解到关于遗嘱鉴定另一方面的情况。事实上，俄裔博士并没有试图对遗嘱作出书写时间的结论，他只是指出对方由于经验欠缺在检验中出现的错误,所提到的技术问题与我们了解到的大体相同,只是作为墨水定年专家,谈得更细致具体,我们也从中学到不少东西。而年轻的美国专家年仅29岁,大学毕业没有几年,还没承办过多少案子,就自称自己的专业水准如何如何,给人的感觉是多少有些稚嫩,还欠缺火候,在法庭证供中难以自圆其说的地方较多。

当然,对于双方墨水定年的鉴证报告,孰是孰非,最后还得由法官来决定取舍。

注释

①参见《东方日报》2001年9月27日A16版,及同一日《苹果日报》《太阳报》等。

②参见《太阳报》2001年10月6日A16版。

③参见《东方日报》2001年10月9日A21版。

④参见《太阳报》2001年10月18日A11版,及同一日《苹果日报》《信报》等。

⑤参见《太阳报》2001年10月23日A13版,及同一日《东方日报》。

>>> 第十九章

不喜欢奥斯本的理论

57

接下来还是徐志强出庭，主要是接受李大状的盘问。数日里，徐先生除了对自己的鉴定结论进行阐释外，同时还以不容置疑的态度，对美国专家 Lesnevich 和郑佑生这两位同行在作供时产生的一些导致互相矛盾的说法，一一给予重新表述，以拾遗堵漏补强有利于原告方的专家观点。

李大状问徐志强，在谢炳炎的签名样本上有无抖动？徐说没有抖动。李就拿出谢的一些签名样本并指出其中明显抖动的地方。徐的回应是，有的地方是因为用的笔不好造成的；有的是笔画写得不平，不能看做是抖动；有的是复印件不好表态，只有看原件才能看清。李指其中一份样本，问为什么郑佑生就能看出其中存在轻微抖动。徐则表示不同意郑的意见，说自己要比郑多看了十年笔迹，不会错的。李就用投影把谢的签名样本一个一个地打出来，向徐提问。对此，徐都说没有抖动。对明显是抖动的地方，徐则说不能肯定，或者说这个地方并不重要。

李大状问，你既然说遗嘱上谢炳炎签名是套摹伪造的，那么谢字中“言”旁的三横写法都很自然，可为什么四个签名这个部位都不能完全重合？徐志强答，套摹不一定按原字来书写，光用重合来确定套摩是不够的，还要看其他特征。徐的这一回答让人不禁要问：如果不照着原字套摹书写，何必还要套摹呢？李的反应很快，马上问：你碰到过吗？徐也不含糊，说碰到过，二十多个里面有四个能重合。李问是中文还是英文。徐说既不是中文，也不是英文，实际是符号“∞”。李问套摹有什么特征。徐答慢速书写是套摹的重要特征。李指出，在谢的签名样本里也有写得慢的情况，这又如何解释？徐没正面回答，只说你是被告方聘请的大律师,大律师是有偏见的。李反问:你没有偏见?徐没有作答。李问:你认为模仿签名的人是拿什么来作为样本的?徐答是 1994 年至 1999 年谢炳炎的签名。

李大状也曾经这样问过郑佑生,郑比较肯定地认为是模仿谢炳炎 1999 年的签名。因为从字形看,1990 年遗嘱上谢炳炎的签名与 1999 年的样本最为相似。但是,郑在这里的表述存在一个明显破绽:龚如心是在 1998 年就将密封有四份遗嘱的信封交到了法官手里,信封是由法官一次性启封的,然后就一直保管在政府化验所,假如真有伪冒签名的人,又如何能以 1999 年谢的签名为模仿样本呢?因此,徐的回答拉长了模仿样本的时间段——从 1994 年至 1999 年,其中仍包括事实上不可能成立的遗嘱交法官后的年份,这样既没有从他的话里否定郑佑生的推想,又巧妙地化解了这个不能成立的推想。徐的回答巧妙是巧妙,然而它又是一个缺少证据支撑的或然判断;同时也表明了其对于即使明显与事实矛盾的结论也要坚守到底的强硬态度。

李问,模仿者使用的谢炳炎签名样本有什么特征?徐说是选用长而窄的签名来进行模仿的。李问为什么遗嘱上的四个签名有的长有的短?徐说这就是神秘的地方,套摹每次都会有差别的。

徐的回答实际又是在回避矛盾。每次的套摹确实不可能一模一样,但差别过大,甚至形成不同的特征,已经脱离了套摹的本义,就应作出科学的解释,而不是简单地以“神秘”二字一说了之。

李问,你是什么时候看到内地专家的结论?徐答是 2001 年 3 月。李问是去年 3 月接受此案的?徐答当时拿到的是复印件,今年 3 月才看到原件。李问,你问过其他专家的结论吗?徐答,没有。问人家的结论是不好的,怕受影响,后来人家告诉我郑佑生、美国专家、还有内地专家的结论。李问,遗嘱上王德辉的签名你是怎么鉴定的?徐答,遗嘱上王德辉的签名与样本相比,有 14 个差异点,也有相似点。李问有哪些相似点?徐只说相似点是有的,但没有具体说。李用投影机将准备好的胶片打在幕布上,一个字一个字地比较检材与样本的相似点。徐对于这些比较,有的承认是相似点,有的则说不清楚。最后说这些相似点并不重要,不是主要的,因为看签名笔迹主要看差异点。李问差异点是随便看出来的吗?徐答,看见一个记录一个。

李开始向徐列举美国著名文件检验专家 Osborn(即第五章提到的奥斯本)的观点:对于相似点,特殊的,只要有一个,就能下认定的结论;差异点也是如此,只要有一个很重要的差异,就可下否定的结论。但是,对于李的引经据典,徐表示并不欣赏这样的观点。徐甚至说,抱着 Osborn 的书不放是笨蛋,那时人能有多聪明?现代技术多先进、多精细。

李问,你认为遗嘱的四个王德辉签名与王 1958 年和 1961 年的两个签名样本相似,那么这两个样本都有什么特征?徐说了几点,比较散乱,让人不得要领。李让他休息时分分类再说。李问,你说1961年以后王的书写习惯,都有哪些特征?徐答,王字第一横尾部上翘。

在我看来,徐先生大概根本没有这方面的准备。因为在他的文件鉴辨报告中看不到这方面清晰的归纳列举;而在所有样本中王字的第一横有向上的,有平写的,也有略向下的,只是向上的居多,而遗嘱上的四个王德辉签名中,王字的第一横均是略向上的,这说明一个人的签名,即使在具体笔画上也并非完全一致,出现两种以上写法也是正常的。

徐又说:实际上四个有争议的王德辉签名在图像上就是与王1958年至1961年的两个签名样本接近,与其他的签名图形差异较大,所以主要是用这两个样本进行比较,而这两个样本中1961年的那个看着不太自然,因此我认为模仿者是比照1958年的样本临写的。

任法官这时说了一句话,大意是:那么多样本,只用两个做比较,这是不公正的。

但我认为,关键的问题是在鉴定之前就先有了一个框框,有了倾向性或者说是偏见,在比较时就只比较两者的那些差异点而不去理睬相同点。

任法官的话起了作用。当再次开庭时,李又问到这个问题:你是只用1958年至1961年的两个签名样本来比对检材吗?徐答,那不一定,别的样本也要参考。李问,遗嘱上的签名是1990年写的,应该用这一年前后的样本去比对呀,你是不是选错了样本?李接着问,你记得美国专家曾在法庭上说过的话,“如果按1958年至1961年的两个签名样本比对,我就不能说四份遗嘱上王德辉的签名是假的”。徐答不记得这样的话。李问,如果没有1958年至1961年的签名样本,你能给出什么结论?徐答,只能是负二。即可能不是王写的。

在涉及遗嘱中王德辉签名的轻微抖动问题时,李大状再次提到Osborn的观点:老年人、有病的人,在书写长的横竖笔画时易出现抖动,这个抖动有规律,而伪装笔迹中的抖动不规则,因为在模仿时要一边写一便看,笔画不熟识。由此,李大状指出,在四份遗嘱上签名的抖动是有规律的,不是伪装造成的。但是徐断然说,Osborn的理论是陈旧的,是那个时代的,已过时了。只有书虫才照书上说的去做。李列举了遗嘱上王德辉签名与1958年、1961年两个签名的不同处,以证明不存在模仿。而徐则说,那是故意写得不一样,临摹时移动一下就成了,要伪造多样化并不困难。李马上说,既然不难,那请你模仿一下吧。任法官说,他是笔迹专家,不是模仿专家。于是作罢。

在李大状几次提到Osborn的观点时,徐志强都断然地表现了相当的不屑。徐的回应让我感到很是奇怪。Osborn是20世纪初期美国著名的文件检验专家,较系统地归纳了文检的基本理论、方法等,由于他的理论问世,有力地推动了美国许多法庭在处理与有争议文件有关的案件时在方法和程序上的重大良好变革,使对笔迹的真实性和伪装性的辨别具有了一定的科学标准。Osborn 的理论提出虽然较早,但其中许多观点在今天看依然很是精辟,依然有效,确实是浓缩了笔迹鉴定的深层次经验,说它过时实在是毫无道理。即使在 Gus R. Lesnevich 先生的鉴辨报告中,也能看到他引用的 Osborn 著作中的两段原话,上面标注的引文出处是 1947 年的版本。我始终想不明白,徐先生为什么要如此肯定地贬损这位美国同行的专著。

11 月 23 日,是徐志强最后一天出庭。李大状的盘问依然集中在具体的笔画比较上,深入到文检专业之中论是非。徐继续坚持,遗嘱上王德辉的签名是临摹 1958 年和 1961 年这两个签名样本,而且解释说,检材与样本之间的不相同,“可能是王德辉有两种写法”。对于谢炳炎的签名,徐仍然认为存在抖动,而抖动就是模仿的表现。李大状问,如果身体有伤,写字时是不是也会抖动?徐则回答,如果是伪冒,自然要出现抖动。

法庭上的问与答已到了答非所问、自说自话的地步,说明也不可能再有什么新的进展了。这天庭审结束时任法官宣布,徐志强是此案中到目前为止作证时间最长的证人,成为一项纪录的保持者。徐志强对此也很认可,出庭后在接受记者采访时表示,他对于自己所刷新的作证记录能够维持到此案的审结之时很有信心。此次作证他共出庭 19 日,其中有 15 日是接受李柱铭大状的盘问。

第二十章

贾玉文出庭前后

58

到11月23日，由原告方所聘请的两位专家以及传召的一位独立专家证人均已作证完毕，根据法庭安排，下周一即11月26日该是被告方传召所聘请的内地笔迹专家贾玉文出庭作证了。

对于出庭，我们三人怎么个出法，聘请方一直没有明确告诉我，只是7月初在澳门接受英国教师的专家证人出庭培训后，聘请方的老黄向我表示过他的看法。他认为这次出庭可能要在贾玉文和詹楚材中间考虑了，因为徐立根教授的耳朵听觉不大好，恐怕在法庭上听不清对方问话，出现答非所问的情况。8月初我们再到香港的那段时间，贾玉文与李柱铭接触得较多，李也愿意找他谈问题，两人在谈话方式及语言、性格上都很默契合拍，在旁听庭审后我们一起商讨的意见基本都是由老贾来向李柱铭转达。这样，老黄在又一次跟我谈到出庭问题时说，现在看来贾玉文出庭的可能要多些了。大致的理由是：詹楚材说的普通话湖南腔浓重，不容易听懂，人家会误认为回答不了问题呢；徐立根的年龄高些，担心他长时间出庭身体吃不消，而且有些耳背，会影响作证；贾玉文反应灵敏，考虑问题细致，且常年教学，普通话说的标准，口齿清晰，善于表达，对专业的了解掌握甚深，李大状与他沟通交流时毫无障碍感。总之，贾教授出庭的有利条件要多于我和徐教授。但即使话说到这程度，聘方也没明确说詹楚材和徐立根就不用出庭了，所以我们当时还认为，可能是由三人一同出庭，由贾玉文主答，我们来补充，或者是在不同的阶段由三人轮流出庭，总之我们是一直在认真积极地做着出庭作证的准备。只是随着庭审的进程才知道我们肯定是不用出庭了，完全由老贾一人担当。

虽然我已经有过在澳大利亚出庭作证的经历，而且是我国文检专家第一次在国外出庭作证，并受到了有关国家律师和同行的好评，这次不出庭也罢，只是辛辛苦苦准备了很长时间，到了告诉你不用出庭了，总难免会有些许的失落感。徐立根教授十分看重这次出庭，一直在积极认真地准备着，多次跟我谈论起准备如何出庭应对的话题，对于这个结果我想他也会感到意外、感到很不爽。然而，只由一人出庭的道理却是明摆着的：证人在法庭上的陈述绝对不可出现自相矛盾的地方，而大律师使用的各种盘问手段、技巧，就是要将证人置于自相矛盾之中，从而让法官怀疑其证言的真实性、科学性，最终不采信其证言。面对大律师的盘问，即使是一人出庭，稍有不慎都可能落入对方的盘问陷阱之中，如果是三人同时或分别接受盘问，可资利用的机会只能是大大增加。从有利于作证出发，一人出庭显然为最佳选择，况且我们是三人共同完成的一份鉴定书，鉴定意见基本都是一致的，由一人出庭完全能够代表。

59

在原告方证人出庭的那段时间，我和老贾、老徐三人，还有被告方聘请的孖士达律师行的几位律师，轮流去法庭旁听，特别是涉及专家证人的庭审，必有人去旁听，回来就针对当天法庭出现的情况一块研究，提出对策，然后供李大状继续盘问时参考。所以，对美国笔迹专家、郑佑生、徐志强三位同行证词中的破绽也看得比较清楚。

美国笔迹专家 Gus R. Lesnevich 先生对于专业领域的问题确实很熟悉，对答如流，口若悬河，提问中涉及的有关鉴证图表、数字张口就来，并不去翻看所带的文件，连李大状也不禁赞他一句“简直系超人”。或许正是因为如此，Lesnevich 给人的感觉是很傲气、很自信。但是，他的“软肋”是不识中文，而且是由原告方律师一个个地“指字”来进行鉴定，即让他鉴定哪个字就鉴定哪个字，此外的字一概不予理睬——如此鉴定，作为鉴定人最基本的独立客观分析准则显然无从谈起，他的分析必然受到很大的局限制约，对鉴定对象不可能进行通盘的考虑，而在律师的“指字”引导下，又很难摆脱律师观点的影响，明显犯了“先入为主”这一鉴定大忌。

郑佑生先生的意见与徐志强先生的意见很是接近，但他认定谢炳炎签名的检材是临摹 1999 年样本而写成，这个不合逻辑的结论肯定站不住脚。其次，郑认为遗嘱上四个谢炳炎签名大小几乎能够重合，个别笔画重合得很好，系套摹而成。实际上这一结论是建立在不正确的复制件基础上的——四个遗嘱原件上的签名被刻意制成了尺寸一般大小的胶片，虽然改动并不大，却使它们“几乎能够重合”，原有的尺寸差距被“忽略”了。正确的做法，应是把四个签名以相同比例放大,再进行对比,而不是通过不同比例的放大让四个签名的尺寸大体一致。我们对原件签名一一进行精确测量,结果是,四个签名12个字,有宽有窄、有长有短,没有一个字的整体尺寸是能够“重合”的,都有差别,这种差别反映的是一般写字时的自然状态,与套摹之说则形成明显矛盾。所以,郑在出庭中又加了一些报告上没有的解释:“伪冒者通常不是专家”,笔画的偏离是“不小心或临摹时纸张移位所致”,临摹“不代表签名的每笔每画都百分百一样”。他的解释基本是没有证据支撑的个人主观猜测,未免过于随心所欲。李大状对郑的说法有针对性地一一质疑,直问得郑拿不出什么新解释,于是索性就简单回应:我系专家,从一个专家的角度看,谢炳炎的签名就是临摹所为。这种回答实际上已经背离了法庭辩论的本意。对抗式庭审就是要通过平等公开的辩论来辨明真理,作为专家,你有责任把相关领域的知识毫不含糊地说得明明白白清清楚楚,既知其然又知其所以然,从而实现以理服人,而不是讲不明白事理时就搬出专家头衔来压服对方。

徐志强在庭上所遇到的问题与前面两位证人基本相同,但是他有充分时间了解情况并做好准备,因而在法庭上的表现确实比前两位证人要周全些、严密些,而且更为强硬、直白。他就对李大状说,“我是专家,我明白,你不懂,我给你解释你也不会懂的”,“我从来没有在法庭上发现过错”,等等。当然,从李大状的盘问中,他应该明白所面对的并不仅仅是一位资深大律师,他的目的应该是想用这些居高临下的语言摧毁李大状的自信,从而回避李大状提出的那些由我们研究提供的专业性问题。而李大状对此自然是心知肚明,盘问时并不因为对方的专家身份和倨傲而有丝毫怯阵和自卑。他认为,徐志强的法庭作供,最明显的问题是偏离了客观中立的立场,一直都在极力为原告服务,有些回答明明缺乏根据也硬要那么说。在法庭上作证,只要对方说得有理就不要反对,你硬要表示反对,只能表明你没知识、层次低。而从鉴证角度看,徐与我们除了对签名笔迹的分析存在着截然的分歧外,最站不住脚的是:徐认为王德辉签名的模仿者是比照王德辉1958年的签名样本临写的,郑佑生也认为可能是模仿了1958年和1961年的签名样本。然而,1958年和1961年这两个样本均由原告方提供,即这两个样本一直是由原告本人保存的,假设有模仿者,他是怎么得到这个样本并进行模仿的呢?而且为什么不模仿王德辉失踪前那个时期的签名,却偏要找来他的早期签名模仿?这些疑问都是难以作出合理解释的。

但是,这三位同行不论在法庭上绕来绕去的盘问中承认了什么、同意了什么,答话中有什么前后矛盾的地方,最终他们还都是死守底线,理直气壮地重复他们的鉴证结论,坚持他们的报告是不容怀疑、绝对正确的。

法庭上前面证人的表现对后面的证人会有启发、可以借鉴。从美国专家开始,到郑先生,再到徐先生,的确是一位比一位思考得细致,回答得周全,其中曲折迂回难以尽表,我在这里叙述的仅是其中的一小部分,很多内容确实太专业太枯燥,比如围绕某一个笔画就能问上半天,媒体称之为“逐笔巷战争夺”——这是我们从事笔迹鉴定几十年从没碰到过的情形——这一切都在提醒着我们,此番出庭作证,如果仅仅满足于已有的经验很可能就要出纰漏,所以我们除了轮流到法庭去旁听外,还要拿出一部分时间进行模拟法庭提问。

当时,已经明确了在对方专家证人之后就轮到老贾出庭,我根据法庭情况写了大量可能被问及的题目,专门跟老贾做问答练习,其中包括我们参加作证的报酬问题、三个人的意见有无分歧、对对方专家鉴证结论的评价等。孖士达律师行的沈大律师、陈大律师也以每日的庭审内容,与我们一起讨论如何出庭,并给予具体指导。比如,在回答问题中一定不能动气,对方律师生气往往是在作秀,我们要自始至终保持平和、说理的态度;并不是对方问的每一个问题,我们都要立刻回答,只有心中有数的才立即回答,如果把握不大,可以说先考虑一下、想一想,也可以说下次再作答,总之要想透了才回答;如果对方问你,你答,对方不听时,就面对法官说,眼睛不要去看其他人;不明确的问题,可多次提问,一定要问清楚再回答,不要怕没时间;对于所有问题,都是根据检材、样本的客观情况来回答,必须盯着自己的报告回答,不要临时冒出新理论、新主张,遇上属于报告之外的问题,可表示今后会进一步研究就够了。李大状也告诉我们,出庭作证前不必看前面的法庭记录,专心休息,养好精神,以利再战。这都是些很实用的经验,确实使我们受益匪浅。

60

在等待出庭的日子里,我们去法庭旁听时,常常被记者拦住采访、拍照,我们一般是采取回避态度。8 月下旬,我和徐立根教授的去港证件到期,须回北京办理续签手续,老贾的护照时间长,不用回去。那时,庭审正赶上郑佑生作证,每天李大状都会有许多需要我们解答的问题,然而只有老贾一人,每天白天去听庭审,晚上制图、答题,提供给李大状,而且他还要想办法去应付记者的采访。估计那几天老贾一人单打独斗的滋味极不好受,也特辛苦,我回京办证期间,在接听他打来的电话里,他的声音中火气冲天,简直要烧到听筒这边来,他要我赶快回港。其实我又何尝不急,无奈办手续不是一下子就能办好的,要等到 9 月 12 日以后才能办妥。还是找到有关方面帮忙,办了一个多次往返港、澳的通行证,才提前至 9 月 6 日去到香港。徐教授比我要早到两天。

9 月 7 日,我和贾、徐三人首次一同前往高等法院旁听庭审。车子一到就有许多记者蜂拥过来拍照、问话,许多人说的是香港话,也听不懂,那个阵势叫我一下子还真是难以适应。此前没有碰到过这么多记者,可能是因为快轮到我们出庭了。我这下体会到了老贾着急发火的部分原因了，那些日子他只能一个人来应对这些追在后面提问的记者。

午间下楼去吃饭时，我在电梯间碰上几位女记者，问我是为这个案件从大陆来的专家吗？我说是呀。你是詹先生吗？是呀。接下来就是一连串的问题：鉴定过多少案件？英文能鉴定吗？等等。我说我鉴定过朝鲜文、蒙古文。懂吗？不懂可以学嘛。又问我对这个案件怎么看，我说现在我们还没出庭，等到出庭就知道了。顺着她们的港式普通话模式，我竟然也在最后一个字拖起了长音，后来想想真是有些好笑，不知不觉竟"入乡随俗"了。从电梯间出来，继续乘电梯的一位女记者在后面说：詹先生，好酷呀。当时我弄不明白什么意思，以为是再见的意思，就回头摆摆手"哦"了两声，电梯也关门走了。回来问过才知道，好酷是好帅或很有男人气的意思。把这个词用到我身上，那不是拿我这个老头子寻开心吗？真是乱弹琴。

下午庭审结束，我们几个一块出法院大楼时，见大门口处已聚集着许多摄影记者做好了抢拍的准备。麻烦！又走不脱了！老黄问我：詹老师，怎么办？我看记者都端着大炮似的照相机拥堵在门口，看来硬走是过不去的，躲避也有困难，就说，让他们照吧。老徐、老贾也都表示可以。于是，老黄快步上前去跟记者打招呼，告诉他们：三位专家来了，你们要照就照得漂亮一点，明天我们可要在报纸上看啊。我们三人就在法院门口那儿站好，老徐居中，老贾在左我在右，任由老记们对着我们闪光灯一通狂闪。第二天的各家港报都刊出了我们三人的合照，也算是出庭前来一个集体亮相吧。自打这回让老记们一次照个够，后来就不怎么追着采访、拍照了，我们也感到消停了许多。对待记者追访，我在澳大利亚出庭时曾经历过，其实也不是多大的事儿，可以说的我就如实告诉他，不该说的哈哈一笑了之，实在不行就来个无可奉告。老记们也不会没完没了地死缠着你。

时间在忙碌中飞快流逝。在临近老贾出庭前的那些日子，龚方律师进行了多次出庭模拟。在一个大会议室里，按照庭审样式布置好桌椅，由沈律师主问，老贾来答，我和老徐旁听。显然，老贾在开始时尚未完全进入状态，答问前还总是习惯性地偏过头来看我们。因为此前碰到问题，总是要相互征询一下意见，然后给出一个答案。但现在不行了，只能是由他自己来决定该如何答问。沈律师还专门提醒说，答问时不要扭头，不要有其他动作，比如动动眼镜、手托下巴，等等。后来，老贾的扭头动作在正式出庭的第一天还偶尔出现过，但也仅限于此，他很快就适应了法庭作证的环境，以一位干练的专家证人形象出现在法庭上。

这时候的老贾已是真正意义上的单打独斗了，因为在他出庭之前沈律师就很正式地向我们转达了法庭通知，在贾玉文教授出庭期间，严禁与他交谈有关本案的任何情况，连王德辉、谢炳炎这几个字都不要提，关于他在庭上回答问题的对与错更不能涉及；但可以谈论与案件无关的其他事情，比如一块聊天。其实，为了避嫌，在开庭前几天，我和徐立根就搬到附近的另一家酒店，记得是叫海景饭店，让老贾一人继续住在日航大酒店。

61

11 月 26 日，我们照例同乘一辆轿车准时到达香港高等法院大楼，上到 11 层，进到 27 号法庭，在被告方旁听席坐下。开庭后，老贾被请到证人席上，起立，手按圣经进行宣誓，法官宣读一句，老贾跟着念一句，然后坐下开始接受律师盘问。

这宣誓，也叫证实宣誓，是英美法系庭审的程序之一，即依照法律规定对神宣誓，是用来证明当事人或证人所提供的事实和提出的主张是否真实的方法。对神宣誓的情况大致有三种，一是自愿宣誓，由一方当事人自愿向对方提出宣誓；二是必须宣誓，由法官要求当事人或证人宣誓；三是证明清白的宣誓，即用来免除自己责任的宣誓。从历史上看，如果有人不敢宣誓或者在宣誓过程中慌乱，或者在宣誓后显出某种受报应的现象，就可确认其宣誓是虚假的，并据此判定其败诉。按照无神论的观点，世界上并不存在什么神明，从现代社会的角度看，制裁虚假宣誓的实际上是法律的力量，也包括道德良心的力量，同时还有社会监督的因素。比方说，出庭期间的证人不许可和任何人商量有关作证事宜，但是法庭并没有派人一天到晚地盯着你，看起来基本上是靠自觉自律，靠自我约束。自老贾出庭后，除了午饭我们去设在法院大楼二层的餐厅、老贾在证人休息室里单独进餐外，我们仍然是一块乘车、一块吃早饭、晚饭，这段时间里要想交流一下对庭审的看法还是有机会的，但是我们决不会这样做。因为律师已再三告诫我们，违规就等于“自杀”，这话决不是儿戏。就在老贾第一天出庭的午饭后，我下楼站在法院大楼门口摸烟点火，正巧老贾走出来，我也递给他一支烟。这时一抬头，突然注意到对面楼的阳台上有人架好摄像机正瞄向我们这里，我与老贾会意一笑，点上烟后就各走各的了。

此情形使我想到王廷歆出庭期间被人跟踪的报道。据王廷歆一方向记者披露，王老先生自出庭开始便遭到神秘的三男一女跟踪，还偷偷进行拍摄，一天内数次换装，开两辆私家车尾随在后，不像是报馆的记者或狗仔队，倒像是私家侦探，有人猜测或许是在监视王廷歆等人是否有违规接触证人或相关人士的情况。按照香港法律规定，案件在审讯期间，控辩双方不可滋扰有关证人，聘用私家侦探跟踪对方证人即属于滋扰行为，证人发现后可通知己方律师，告知审案法官，对这种行为予以制止，如果仍然跟踪即可控告其藐视法庭。由于没有足够证据,王廷歆方律师没有采取报警等行动,只是将事情向媒体公开了。[1]当时看过报道,我曾怀疑是不是为了某种炒作而编造的,但后来我又比较倾向于相信它是真的,因为我也有了这种经历。

出高等法院大门,在它的右边有一座免费的香山公园,环境很是幽雅,花草树木丛中,分布着假山、亭阁、池塘,还有一个水帘洞式的景点。自老贾出庭后,我每天中午都要来到这个公园散步,独自看看水中的金鱼、花鸭、乌龟,甚是闲适放松。只是我无意中发现,几天来有个约四十岁的扫地工总在我周围出现,似乎是我走到哪儿他就跟扫到哪儿。为了验证一下,我就快步走到水帘洞,进到水帘后面去观察。一会儿,那个扫地工就踅摸着过来了,可能是因为见不到我人了,站在那里拄着扫帚四处张望,等我一走出来,他马上呈低头扫地状。一次,徐立根也来公园散步,我把这事儿跟他讲了,他说:是吗?我们就在公园里转转,也没影响什么,管他呢。我想想也是,愿意跟着就跟着吧。可是被监视总归不是件舒服的事,几天后我就终结了这种状况。那天中午我进入公园,扫地工又准时在身后出现,我突然转身迎上去跟他打招呼:您在扫地呀。他的脸上立马显出很不高兴的样子,嘟囔了一句香港话。我没听懂,又问:您天天在这里扫地吗?他索性转到别处去了。第二天那个扫地工就不见了,换了个女的,她的活动范围很大,并不像那个男的,一把大扫帚总是出现在我的前后左右。

这件事提醒了我,当我们几人走在大街上时,我总要注意观察前后左右的情况,有时候也感到被人跟踪,不过也确实不好证明确有其事。至于是什么人在跟踪、为什么跟踪,更不好去妄加猜测了。负责接待我们的老黄也很谨慎,在我们搬到海景饭店后,他给我们调了几次房间,一会儿说这个房间的朝向不好,一会儿说那边房间窗外景色更漂亮,后来还从海景饭店转到了皇家太平洋酒店。我们也不多问,任由他安排,不过估计这样做的真实用意恐怕还是不想让别人找到我们的住处。我们还遇到这样的事:在老贾出庭期间,赶上春节休庭,我们都回家过年。就在这几天,我收到了好几封香港来信,内容大意是寄信人遇到了官司,想委托我给鉴辨签名,信里还附着需要比对的签名复印件。我粗粗看了一份,共有六个签名,复印得较模糊,好像是出自两三个人的手笔。老贾、老徐也都分别收到类似信件。对于这样简单的来信请求,我们肯定是不会给出任何鉴定意见的,因为不合乎手续。老黄知道后也告诉我们,争产案未结,千万不可接受其他人的鉴定委托,以免中了圈套。

当然,这些事不管是真是假,与庭审比起来,只能算是细枝末节,稍加留意就可以了。出庭作证的大任最终由老贾来担当,他的法庭答辩将直接关系到案件的判决。

在老贾出庭的前后37天中,他经历了引导性提问、盘问、复问,始终坚持实事求是的原则,力争做到以理服人。可以说,这是一次非常出色的作证,我们的鉴定意见和观点都得到了全面而准确的表达，对于美国、加拿大、香港的三位笔迹专家的鉴证报告，也都进行了有理有据的回应，充分阐明了我们的看法。

我和老徐虽然帮不上忙，但都是一天不落地参加了旁听，我整整记满五个笔记本。这是一场漫长而细致的证供，其细致程度远远超出我的估计和想象，而且就连我这个专业人士也觉得枯燥，所以在下面的章节中我略去了那些过细的提问，也包括重复的提问，而尽可能地将那些能说明问题的内容加以复述。

注释

①参见《明报》2001 年 8 月 21 日 A6 版，及同一日《成报》《东方日报》《苹果日报》《太阳报》等。

>>> 第二十一章

李大状法庭提问“王德辉”

62

第一天对贾玉文教授的提问，照例是从个人资料开始，李柱铭大状的首句问话是：贾教授，请问你在中国的住址是哪里？证供由此开幕。为节省时间，三句提问之后，法官提议，履历部分只需由证人确认正确就行了。李大状表示同意，没有逐项问下去，他有选择地问了贾玉文的专业经验和资历，诸如从事文件鉴定工作的时间、在刑事警察学院所教授的课程、是否进行文件鉴定、所出版的专著都包括什么内容、获美国北密歇根大学荣誉教授的情况、获特别政府津贴的情况、与徐立根和詹楚材合作的情况、是如何接受此案鉴定的、三位专家对此案鉴定是如何合作的等等。

李大状的提问主要用英语，有时也说汉语，主要是在认为传译员的翻译不大准确时，他就用汉语予以说明。从上午 10 点开庭，到 11 点半小息时，李大状大致就问了上述情况。这就像一部长篇小说，在故事展开之前，先做些必要的铺垫，让读者扼要地熟悉一下主要人物的大致情况，从而对未来情节的展开构成某种期待。

陈景生大状表示，上述证据并不存在于他收到的任何报告之中，意思是那些内容他是刚刚知道的，但他不介意李大状提出这些证据。

在休息之前，任法官问贾教授是否第一次来港作证，在得到肯定答复后，他说：在我们的制度下，我必须提醒贾教授，当你在证人栏作证后，你不能与你方的律师、专家讨论此案的证供。贾回答：我知道。任法官说：多谢！休庭。

再开庭后，李大状开始提问一般的审查问题笔迹和签名的方法。贾玉文说，首先要对有问题的文件进行分析，看它是怎样形成的，都有哪些特征。说到这里，李大状特意提醒传译员，这里用的词汇是“特征”，而不是“特色”。贾玉文继续说，要对研究对象有一个比较多的认识，看它是否正常、可能有哪些变化，如果需要和样本比对，最好需要什么样的样本。第二步，需要对已知的签名和笔迹作出详细的研究，主要是弄清样本的数量和质量是否能满足鉴定的要求，还要弄清样本的特征和变化，用这些样本与有问题的签名笔迹的可比性如何。在此基础上，才可以将有问题笔迹和已知的笔迹、签名进行比较。比较的作用是要找出两者之间的相同点和差异点，这个过程一定要坚持客观的原则，不能偏重于专门只找相同点或只找不同点。当找出了所有相同和不同之处，下一步，亦是最重要的一步，就是给予一个综合的评断，即是作出一个深入研究，评估相同之处的价值，同时也要找出不同之处的原因，接着就是综合所有相同和不同之处，去看看哪一个比较重要。当这些评估完成后，就可以作出一个合理和科学一些的结论。但是，在这个过程中还需要反复检验，这就可以有更进一步的认知。这个程序和方法是几十年来经验的总结，所以我们在教科书上强调先研究检材后研究样本，几十年都是这么做的。

李大状问为什么要先审查有问题的签名笔迹，而不先审查已知签名笔迹样本？贾玉文说，笔迹鉴定的程序就是这样，首先需要对有问题的笔迹作出一个比较多的认知；第二是根据有问题的笔迹，决定什么样的笔迹样本可以用来进行比较。

如果把顺序颠倒了，先审查已知签名笔迹，会有什么坏处？贾玉文说，坏处是会不知道有问题的文件是否可以与已知的样本作出比较，尤其是当已知签名和有问题的签名出现争议时，可能误会已知样本的特征就是全部的特征，这样进行比较容易作出错误判断。贾玉文以谢炳炎的签名样本为例，1990 年王德辉遭绑架后，香港警务处两次找谢录取口供，6 页口供书上有六七个谢的签名，这个样本是连续写成的也写得比较快，当你先看见这个样本时，可能会认为这是谢的一般写法，人们会记下此签名的特征，然后再与有问题签名比较时，通常人们会找到有问题签名与已知签名的不同之处，由于这里有那么多的不同之处，人们会很容易地作出它们不是由同一人签下的结论。这里的问题在于它们是否具有可比性。所以，第一件事就是要去审查有问题的签名或笔迹，因为有时有问题的签名可能与一些已知样本不具可比性，错误就会很容易发生。

但是如果有问题签名和已知签名属同一类，也都是由同一速度写成，会不会有问题？贾玉文说，如果这样那就不成问题了，但程序上是要求先看有问题的签名或笔迹。

你说综合评断是最重要的步骤，为何这样说？贾玉文说，因为通过审查有问题签名和已知签名并进行比较，找出它们的相同和不同之处，这些都是初步的研究，一般人都能做到，专家的重要之处，是他们知道怎样评价这些相同和不同之处，然后才能得出结论。所以，我们认为综合评判是很重要的。例如，对于找出的相同点和不同点，我需要看看在有问题签名处找到的特征是否能在已知签名中找到，看看这是否是个人特征、个人风格，是否是由模仿而成。这里的不同点，为什么会不同，分辨出这些不同是否重要，是否是变化所致。然后将它们放到一起研究，如相同是特殊的相同，而不同是可以解释的，这就可以说是同一人的笔迹；如发现这些相同是一般人普遍所有的，而有许多不同之处亦不能解释，这就可以说不是出自同一人。这就是综合评判的程序，它是较深入的研究。

其间，李大状不断地向传译员澄清有关翻译的问题，比如涉及名词的单数与复数、个别词的准确使用。因为在法庭的提问中，李大状是以英语为主，有时也说中文，问答中都有翻译的需要。

大致问过这些问题后，也就到了午时1点休庭之时。

我看李大状是从最基本的东西问起，不厌其细，不厌其烦，这是他的权利。细致入微的盘问，可以让法官充分了解专家的专业水平和鉴证过程，同时与对方专家的法庭证供形成鲜明的比较，从而对由此得出的鉴证结论有一个清晰的认识，自然也大大加长了聆讯时间。就出庭律师而言，这是一个非常有利的选择，不但可增加己方胜诉的可能，还可增加出庭的报酬，因为律师出庭费是按照出庭时间来计算的。但最终李大状却因为盘问过度而受到法庭指责——不过这是后话了。

下午2时30分准时开庭。李大状先向法官提出，准备在今天休庭后派人到法庭安装部分仪器，以备明日使用。仪器包括一台电子显微镜、一台电脑和投影仪，这是龚如心专门应专家的要求为这场官司购置的。李大状还提出，需要证据部把四份遗嘱原件A、B、C、D携到法庭，以便贾教授可以参看。在得到法官同意后盘问开始。

李大状问，证人提及的“伪装笔迹”的含义是什么？贾玉文答，包括两层意思，一种，不是模仿他人的签名，也不是自己的正常签名，而是改变了笔画形态，使它不像自己的正常签名；另一种，即模仿他人的笔迹进行书写。

如果有专家在解决签名字迹时，主要找差异点，你同意吗？贾玉文说，我不同意这种说法。因为当我们鉴定有疑问的签名时并不知道它的真假，我们的工作就是要辨别签名的真假，如只集中于有疑问签名的不同点，错误就很容易发生，特别是汉字，书写的差异是客观存在的。

在鉴定中文书写及签字时，专家是否要具备有关中文书写鉴定的经验呢？贾玉文说，对，一定要有。因为中文汉字是表意文字，英文是拼音文字，它们是不同的。汉字不但讲究书体——真草隶篆，汉字还讲究结构、运笔，所以汉字能形成一门书法艺术。我发现外国专家爱用“线条”一词，我们则称之为“笔画”，它不仅仅是一个字的组成部分，还讲究用笔的技巧和风格，不像英文主要是线条。

接着，贾玉文开始讲解“永字八法”，讲解汉字有36种或48种结构，有草书、行书、楷书等不同字体。又讲解了套摹、描摹、临摹及其识别，比如笔画出现抖震、停顿、重写等等。如果鉴定人不懂得中国书法的这些常识，只知道进行线条的比较，显然是难以胜任汉字笔迹鉴定的。

李大状问鉴别中是否一定需要使用仪器观察。贾玉文答，除了肉眼观察，还要用显微镜观察。李大状问，会不会有个别专家不用显微镜？贾玉文说，专家不会这样做，再明显也要用仪器观察。李大状问，怎么看书写得自然不自然？贾玉文说，主要看形态，看内部墨迹的分布是否均匀自然，有无中途的停笔、抖动等现象。运笔自然，不是以写得快为标准的。写得快，当然是自然流畅的，但慢而流畅也是自然。如汉字中的楷书就写得慢，你就不能说它是不自然的。李大状问，这些异常表现是不是能在显微镜审查下显示出来？在得到肯定回答后，李大状问，法官大人，是不是到了休息时间？任法官说，好吧，我们会暂停至明天上午10点。

此时正好下午4时30分。贾教授首日出庭作证到此结束。

63

第二天，李大状再次问套摹、临摹、描摹三种伪造方法的特点，他要知道每一种方法的“好处和坏处”。贾玉文说，套摹的好处是伪造者可以更相似地把真正的签字伪造出来，但伪造的特征比较明显，如有超过两个以上的伪造签字可以互相重合，这便是套摹的特征。临摹要求伪造者具有一定的摹仿能力，其好处是可以直接观察真签名的式样，而不必套在纸上，如经过练习，摹仿的笔迹特征没有套摹那么明显，欺骗性较大。描摹的好处是字的形状及组成与真正的签字大体相似，但相对于套摹而言，其书写过程没那么简单，还会留下很多可证明伪造的细节特征。从文检鉴定角度看，套摩和描摹比较容易识别。

随后，李大状又就我们提交的鉴定报告，向法官提出有关个别词句的修改，言来语往用去不少时间。然后，再次问贾玉文有关鉴定结论的获得过程以及鉴定结论的表达方式，让贾玉文使用显微镜观察检材王德辉签名的副本，将签名放大后投影到幕布上，进行提问。重点在为什么认定四份遗嘱的四个王德辉签名是一人所写。贾玉文从签字的隶书特征、使用的书写工具等方面进行了论证。

下午开庭，继续用副本讲解遗嘱上王德辉的签名。不久，就得到通知，遗嘱正本已由CCB(指证据部)职员准备好了。贾玉文说，我们就看正本吧。此时，任法官对贾玉文说，教授，我想你当然明白，这些正本是只可给CCB职员负责的。贾玉文说,对。任法官说,你只需指示职员你想将哪部分放在镜头之下。李大状也说,你不用自己触摸正本。贾玉文说,如我戴上手套呢?李大状面向法官,我想证人问了一个问题。任法官说,你可戴上手套去接触文件衬托纸的边缘,即正本下的白色纸,但不可触摸正本,谢谢。

为调试仪器法庭临时休息了二十来分钟。再开庭时,显微镜已经对准正本遗嘱A的王德辉签名。这个涉及几百亿遗产归属的签名被显微镜放大85倍后投影到幕布上,笔画的所有细节都被十分清晰地呈现出来,法庭上的所有人都能看得清清楚楚。一名女职员戴着手套专门负责照料显微镜下的遗嘱。

贾玉文将手中的红外线笔首先指向王字的第一横画,他说,我主要是看笔画的变化和字迹颜色。现在看王字的横画,由起始点开始,我们可以看到墨水流得很平均,可以看到墨水甚至由边缘流出,这是因为纸是由纤维组成的,会形成墨水的洇散,是正常的现象。

李大状说,当你谈及墨水的洇散时可否指出来?贾玉文说,洇散出现在笔画的边缘。当写到笔画的中间部分,就很明显,就像我们看到的,这笔画有些抖动。前面我说过有关书写工具的结构,可能是用的那种笔尖比较宽的书法钢笔,所以开笔时,笔尖窄处就会接触到纸张,当到达笔画的中间处时笔画变粗,这是由于笔尖宽处开始使用,由于受波动影响,所以就有两处地方可看见抖震。现在去看第二直笔,这是一向下移动然后一圆形顺时针动作,这亦与下面部分有联系,之后就以一横画完结,所以这在笔的动作中是比较自然的。在笔画中间方面,可看见有些没有墨水的空白处,这是由于写字时墨水没有流出来,这亦是正常现象。

为什么你说那些笔画是自然的?可否解释一下?贾玉文说,当我说那笔画是自然的,是指开始写那笔时和圆形的连接笔和最后的收笔点,可见墨水的分布,流得很平均,看不见任何停顿和重写,笔画的粗细变化是很有节奏和规律的。

你是否看见任何明显提笔处?贾玉文说,没有。

不包括第一横画,你有没有看见任何抖震或任何踌躇之处?贾玉文说,没有。

有没有任何看似形快实慢的地方?贾玉文说,没有。

你说过这四个问题签名的人使用了一点隶书风格的元素,尤其在王字的两横画处,那是蚕头燕尾,你是否记得?贾玉文说,记得。

但这一横画看似比较细,然后向下走,最后收笔比较粗?贾玉文说,对。当写到中间时,有些抖震发生,轻微的抖震,所以我们可以看见结尾与蚕头燕尾的标准是不太协调的。

为什么签名人不以一粗画来起笔呢?他是怎样控笔的?贾玉文说,这与调节笔的位置有关,由笔与纸的角度所决定,你可以在此看见其中的规律性,这部分,那部分,还有下部的粗,它们的粗和方向全都是一致的。

但如你看横画的下部,在接近结尾处是比较细的,这是燕尾的影响?贾玉文说,对。

所以你如将第一横画和最后一横画作比较会有不同的结果?贾玉文说,对。

当你提及笔画中那些没有墨水处,那些空白的地方,怎么形成的?贾玉文说,什么原因我不能肯定,但可以肯定不是刀刮下去的,不是人为形成的。平时我们在纸上乱写,就会出现这种情况,放大后就可以看见有些白色无墨处。可能与书写时墨水的分布情况有关,又可能是墨水不能被纸张完全吸收造成的。

李大状说,好吧,我想你不可能任何事都知道。我们可否移说"德"字……

在我们的笔迹鉴定经验中,为说明鉴定过程而接受如此细致的查问,我认为这是第一次,仅一个王字就分解细化出那么多的提问,真是做到了不放过任何一处疑点。

余下的时间逐个笔画地问完了遗嘱 A 的签名"德辉"二字。李大状说,我会以一条问题来结束今天的盘问。看一看物证 A 的王德辉整个签名,你有没有看到任何提出这签名为伪造的显示?贾玉文说,没有,没有足够的地方。

李大状转向法官席说,这是不是方便的时间,法官大人?

这时,任法官也提了一个问题:在休庭之前我想问教授,你在物证 A 王德辉三个字上所发现的破裂,是不是一直有的?贾玉文说,对,它们是我此前审查时就有的。

所以这三个字的情况是和你第一次观察时是一样的?贾玉文说,这些破裂,在我第一次审查文件时不是那么明显的。

任法官说,我在杨先生的文件中得知,这些破裂应该是比较明显的,但在其他的正本影印本中就不是那么明显,我只想将此在休庭前说明。正本,当然,会再被密封,并放在遗嘱查验处的保险箱里,它们会在明天早上 10 点前被再次带来,休庭。

此时是下午 4 时 35 分。

64

第三天,用大部分时间完成了对遗嘱 B、C、D 上王德辉签名的提问,仍然对字的笔画逐笔提问。涉及的主要问题,一是在几个签名笔画的墨迹里发现很多白色的地方。贾玉文的解释是,可能是由于纸张太薄,而且书写时笔压较大,造成了划痕,但开始不太明显,时间一长,就出现了由于墨迹脱落或重复使用等造成的纤维变形、翘起、断裂,再过一段时间会更加明显,形成破损。有的地方的墨水线和微小碎片不见了,则是提取墨水造成的。为了更容易看清楚笔画中的白是破损还是书写形成的无墨水处,中间还特意更换了垫在遗嘱正本下的白纸。李大状说,法官大人,现在可看见屏幕上有颜色,因为我们在正本下放了一张橙色纸。任法官说,好。李大状说,其实,这张纸是由我的伙伴陈大状所提供的,我很高兴。如此一来,签名的破损处变得一目了然。贾玉文说,四个签名用笔的压力是一致的,显示了笔者书写时并无太多考虑。如果是伪造签名的话,伪造者会十分小心,不敢运用太大的压力。

二是依然在几处笔画上发现抖震现象。贾玉文说,四个王德辉签名,除了在某些笔画上显示出轻微的颤动外,就其结构和笔的移动方向来看,它们都是自然和正常的。而笔画上的颤动特征,与通常伪造签名的颤动是不一样的,因为颤动只是出现于某些横画和个别的竖画上。如签名是被伪造的,在模仿这些简单的笔画时,正常来说,是不应该出现任何颤动以及书写中的停顿。事实上,伪造别人签字最困难的部分在于笔画与笔画之间的连贯性。因此,我认为这四个有争议签名没有伪造签名的特征。

三是遗嘱正本 C 的王字第一笔与 A、B、D 是不一样的,不是上翘的燕尾,而是向上后又向下斜。贾玉文说,依我所见,这是书写时的自然变化。李大状说,这是否是书写人故意的？贾玉文说,这不是故意的举动。如果假设这四个签名是伪造的,是不需要故意写一个这样的“王”字;如果这是正常的签名,书写人就有可能写成这样子,因为这是书写人控制不了的。李大状说,但为何这情况只在 C 里出现,而不在 A、B 或 D 出现？贾玉文说,因为在书写动作里,人不是机器,所以在笔画上会有一些变化,看看这四个问题签名的王字,在书写一竖笔画的圆环动作都是不一样的。但是,整个字都是自然的。

按照笔迹鉴定顺序,在完成四个王德辉问题签名的提问后,开始针对样本提问。鉴定中我们共收到 18 个王德辉签名样本,李大状首先让贾玉文在显微镜下看他认为“特别重要”的两个签名原件,即前面提到过的 1958 年和 1961 年的两个王德辉签名,编号分别为 668 和 669。贾玉文按照要求,戴上白手套,在显微镜下观察签名并回答提问。

这两个签名样本原件系原告方提供,徐志强先生认为王德辉 1990 年遗嘱的四个签名就是照着它们模仿的。从字形上看, 668、669 与遗嘱问题签名确实很接近。从王字的第一笔到辉字的最后一笔,一部分一部分地在显微镜下放大、提问,差不多用了近一天时间。因为在问完遗嘱的四个签名后,就接着问 668、669,第二天又问了半天多。这两个签名是用墨水笔写的,使用的笔与遗嘱原件的不一样,可看出有的地方反映出书写动作的不流畅,有隶书特征,等等。

接下来,李大状说,在你审查完 18 个已知签名后,有没有找到什么特征？

贾玉文说，我发现没有签名是在1985年以后写的。另外，王先生的签名是一种行书体签名风格，但有的笔画带有隶书的特点。这些签名，有的比较庄重，有的写得比较快，表现出签名与一般书写的差别，但它们的基本特征是一致的，这说明了在不同情况下其特征有多种表现，形成了自身的差别。

你觉得你有没有足够的样本？贾玉文说，我想这些样本签名已足够显示出王先生的签名特征，但如果要全面性地审查王先生直至1990年的签名特征和所有变化，这就不足够了。

在你的报告中，你没有将已知的签名样本分为二类或三类，就如原告方的专家那样做，为什么？贾玉文说，我想到目前为止我已很清楚地掌握了王先生签名的基本特征，不需要再做任何分类了。评估的目的是想确定这四个问题签名是不是王先生自己写的，所以我用王先生的基本签名特征就可以了，就没有去做任何特别分类。在提问中，贾玉文进一步阐释，把668、669分为一类是可以的，都写得比较慢，比较正式，显示更多隶书特色，但分类对我的鉴定分析用处不大。比如按照隶书特征分类，很多样本的横画都有蚕头燕尾那样的波动，这些特征互相交错，很难去设一条清晰的界限将样本签名去分门别类。

在关闭显微镜收好样本原件后，李大状用一张图表来让贾玉文解释他对王德辉签名样本的研究。图表是我们事先制作好的，李大状就按照图表一项一项地问下去。图表显示，这18个签名样本从1958年3月到1985年6月，分隔时间超过27年，从中看不出任何习惯上的变动，1958年的签名特征，在1984年和1985年的签名中亦可看到，即蚕头燕尾之类的隶书特征；在某些情况下签字是这样写的，某些情况下又是那样写的，故此产生差别；有些差别是与书写速度有关，又不完全是，并不代表书写的习惯有了改变，主要是书写的风格不同。

李大状于是根据书写风格的不同和速度的不同，进行了若干提问。随后便进入了用问题签名和签名样本比较的提问。李大状说，从审查人的角度看，在作出比较时，什么是最好的签名样本或已知签名？贾玉文说，最好的是取得在同一的书写风格和同一速度下写成的签名样本，但不可否决使用显然是在不同风格或不同速度下写成的签名样本，因为这里可能有一些特色可以用来作出比较。已知签名的日期，最好是王先生在不同时间所写成的签名样本，包括那些在1990年初或1980年代后期写下的。

那么，没有王先生这些较为同时期的已知签名，会不会在任何方面妨碍你的工作？贾玉文说，在决定和评估这四个问题签名是不是王先生本人写下时，我想这问题不会在任何方面妨碍我的工作。

这时，贾玉文开始用图表讲解。幕布上的图表，左边是问题签名，右边是签名样本中可作比较的字，显示出它们之间书写风格特色相似的地方，主要是隶书风格的特色，至少在不同时期的五个签名样本中都具有这种特色。又一张图表,显示了问题签名与签名样本在字的结构形成和布局的比较。再一张图表,显示了签名的某些笔画起笔处在笔控动作上的相似。贾玉文说,这种笔控动作的特色不是一个太明显的特色,但这些符合点价值较高。李大状说,这类特色是一般的伪造者在尝试以临摹伪造签名时都会有的吗?贾玉文说,伪造者要控制这些特色不是那么容易的,而且这是不容易得知的。

贾玉文通过若干图表,将问题签名与样本一一进行比较,并回答李大状的提问。最后用两张图表去进一步说明经过比较所得出的结论,一张是指出问题签名与签名样本中非常一致的细节特征,这对于判断是否模仿非常重要;另一张是指出四个问题签名的自然的不同和变化之处,这种差别说明它们不符合模仿签名的特点。

在李大状的引导下,贾玉文将我们鉴定的过程细致入微地呈现在法庭上,呈现给法官。贾玉文说,总之,四个有争议的签名与王先生的签名,不但在明显的大的方面特征相同,而且在很多小的不明显的细节特征上也相同。这些细小特征的相同,只能说明四个有争议的签名是王先生亲笔所写。因为,这些细节是极难被他人认识而又模仿得像的。同时,四个有争议签名又存在着不同处。临摹笔迹的特点,是不会出现这种多样化的变化,更难把细节也模仿得像。

当贾玉文讲上面这段话时,我看见任法官在很认真地做着笔记。

至此,已到了12月4日,是贾玉文出庭的第五天。

65

然而,李大状又回到了遗嘱A、B、C、D。一个问题是,A的辉字最后一直竖画,跟其他的签名写法为什么不一样?贾玉文说,这一画明显地向右微斜,是一种偶然的变化,在其他三个问题签名中是找不到这特色的。

贾玉文解释说:由于书写中支撑点的变化,就会影响竖的笔画的走向。为何说这不是伪造的?因为模仿必然要按照真的签名去写,而在王先生现有的签名中没有这种竖画,所以这种形态的竖画说它是模仿找不到依据,没有模仿的对象,又如何模仿?那么,能否说这是模仿者本人习惯的流露呢?我认为也不是。因为这种直画是很容易看到的,从运笔来说动作比较简单,模仿者把它写出来不会困难,又怎会控制不了自己的书写习惯呢?所以我认为这笔画不是模仿签名的迹象。

什么原因导致了这种偶然现象?贾玉文说,刚才说了,由于书写支撑点的牵制,并与当时书写的姿势有关系。

但在写其他三个同一字时,不也是同一支点?贾玉文说:每个签名的具体支点在哪里我不清楚,但基本姿势、条件一致,虽有变化,也不大。我把四个签名综合起来分析，我不认为签名 A 中的竖笔写法是书写人的习惯特点，应是在一定条件下产生的变化。如我们在做记录时，稍有一点变化就会造成同一个字的笔画差异。

你写竖笔时都是一个样？贾玉文说，不是。因为在竖笔的运行动作、力点、支点间的协调配合，只要有一点变化，就会在笔迹上产生变化。人不是机器，不可能对写字或签名进行机械般的复制。

李大状真是善问，几下子就把一个不大容易通俗化的问题给掰扯得清清楚楚。他提的又一个问题是，有人说四个问题签名都是临摹形成的，伪造者临摹时面前有两个已知签名样本，668 和 669，由于 668 和 669 的笔画有些变化，伪造者将这些变化加在了问题签名上，你认为怎样？贾玉文说，这是一个主观的假设，不实际。如果是这样，伪造者按一般规律怎么伪造？668、669 的一些特征没有出现在四个问题签名中，而问题签名中的一些特征，在 668、669 中也找不到，所以说将 668、669 放在一起进行模仿，在签名特征上缺乏依据。接着，贾玉文用图表阐释了他的论点，哪些特色互相有，哪些特色只有一方有，诸如此类。而且，那些只存在于问题签名中的特色都很自然和正常。

这时，任法官说，你已经说了这些是伪造者的自然习惯流露，你为何又这样说？

实际上，贾玉文已经否定了这一说法，可能是因为翻译问题造成了任法官的误解。这次，贾玉文答得很明确：不，我不同意这种说法。李大状马上问：为什么不同意？贾玉文说，基于两个原因，虽然问题签名中有些地方与 668、669 是不同的，也和其他的样本不同，但经过研究你就会看出，它们之间没有真正的不同。以问题签名的辉字为例，其光字下部的连接，虽然有虚连，也有实连，它们的特色却是一致的，连与不连，不是一个实质性的差别。这是其一。另一点是，如它们是伪造的，一般说来，伪造者不会在连与不连的地方流露出自己的习惯，因为这不属于不能控制的事。

那么，伪造者的个人风格会在哪里流露呢？贾玉文说，伪造者的个人书写习惯容易在细节特征上反映出来。他指着图表说，如书写起始笔画习惯写成斜的，收笔动作的力度大小，这些地方容易反映出来伪造者的个人书写习惯，而在一些明显的地方就不会反映出来。

至此，李大状的问题开始转向由原告方传召的三位专家所提出的观点，所使用的图表则是由郑佑生先生提交给法庭的。李大状说，教授，我会问你一些有关原告方请来的专家的理论，好吧？但我首先要你拿出“册五”，这是由郑先生预备的，或者我们应使用主图表，我不想用其他人所做的证物骚扰你。

李大状开始针对已出庭专家提问，他的第一个问题是：有一原告方请来的专家，开始只收到七个签名样本，经过审查四个问题签名和七个签名样本，认为样本中的早期签名668、669是艺术性的签名，其余五个晚些时候的样本不是艺术性的，于是说王先生的书写技巧或签名能力在退化，在1990年已失去了签艺术性签名的书写技巧和能力。再看四个问题签名，觉得它们是签的有艺术性，像668、669。由于王先生已失去书写或签艺术性签名的能力，所以这四个1990年做的问题签名一定是伪造的。原告专家后又拿到11个签名样本，仍认为王先生认真的签名没有像1958年那样的风格。你是否同意他的理论？贾玉文说，我不同意。首先，王先生的签名是带有隶书特点的行书签名，能写出带有隶书特征的签名是他在年轻时书写就掌握了的技能，就是我们看到的样本668、669。人一旦掌握了某种技能，没有很特殊的原因是不那么容易消失的。正如许多人年轻时可能学过某种字体，尽管因不便于书写而使用的机会不多，但如果需要仍可把那种书体的字写出来，这是由他的知识和技巧所支持的。另一点，王先生的签名样本具有隶书特点的比较庄重的签名，它们在668、669中是比较明显的，这两个签名写得是比较慢的；另外一些已知签名样本，有时也能显现出某些隶书特点，它们多数是写得比较快的，可以说是以行书写成，但也带有隶书特色，只是在写得比较快的情况下，诸如蚕头燕尾的特点不易表现出来。所以，单凭18个签名样本就断定王先生后来丧失了书写668、669那种签名的能力，这是很主观的。这里有个简单的逻辑上的毛病，即当我看见某东西就说它存在，没看到就说不存在。这种逻辑我认为是不正确的。

这理论要获得支持，都需要什么样的已知签名？贾玉文说，如依那位专家所说，那一定需要有大量的签名样本，直至1990年的，需要足够的数量，以便找出引致王先生的带有隶书特点签名逐渐退化的原因。

依那位专家说，668、669是艺术性的，余下的是非艺术性的，依他说，王先生的签名是退化了，请集中在"退化"两字上，你是否同意？贾玉文说，我想不同的人会有不同的艺术定义，但在我看来，王先生的签名样本，他全部签名的结构和每个字的结构，包括书写连接动作的能力和控笔动作的流畅性，后期的签名明显地要比668、669技高一筹。至于在1985年时，没出现那种庄重的明显带有隶书特点的签名，这也是事实。但这不等于王先生在1985年或以后就绝对不能书写那种签名。这是因为，就像许多其他的能力一样，一个人在获得书写隶书特点的行书签名能力后，是不会轻易消失的。

李大状展示了一位专家提交法庭的图表，沿着四个问题签名的两侧分别画了竖红线，在样本签名的两侧也如此画线，意思是这些线延伸后形成的夹角差异大，以此证明问题签名系伪造。这位专家还提出，问题签名是从上到下越来越大，如"王"字比"德"字小，而签名样本基本是一样大小。

贾玉文说，四个问题签名是带有隶书特点的行书字，这就决定了下横要长，因而构成了上小下大的整体结构是正常的。而样本确实不同。我想，这是书写风格的不同和书写速度的不同所引致的变化。依我所见,根据这种画线比较的方法来做判断,有时并不可靠。在研究这个问题的过程中,我顺便看了一下这位专家在报告上的签名,显然不是汉字签名,他的签名外形要比中文签名更为稳定。

为了说明此问题,贾玉文专门准备了一张图,上面是这位专家提交给法庭报告中留下的八个签名。贾玉文指着图说:这八个签名,不仅大小不同,某些笔画的形态也不一致,而且笔画的倾斜角度也不完全相同。如果把其中一个签名挑出来放在上面,对其主体结构画两条线,它们几乎是平行的;但对另七个签名,我们用同样方法做延长线,它们形成的夹角却是或大或小。同一人的签名就有这样的变化。因此,如用这种办法来比较,然后说王先生的签名有很大的不同,这是不可靠的。我还是说,人不是机器,所以不能以机械式的方法去比较签名。

然而,正是这位专家曾在出庭接受李大状提问时,在回答相同问题时,说他的签名全是很一致的。实际上,当把他的签名摆到一起比对时,在结构组织、外形和轮廓上的差别却是一目了然。

接着,李大状展示原告方又一专家提交法庭的图表,上面是关于王德辉的签名样本和四个问题签名进行横笔画的比对。李大状说,这位专家说,问题签名的横笔画是向上斜的,但在已知签名中只有两个是有点儿向上,其余的都不向上,有的还向下,你对此有何意见?

贾玉文说,我同意这位专家的说法。不但王字上面的横画向上斜,下面的横画也有向上斜的趋势。再看王先生的样本,在带有隶书特点的签名中,横画的走向也有向上的趋势,只不过没检材那么明显。是什么原因造成的这种差别呢?经过比较研究后,我做了一个综合的评断,我认为书写人在书写检材时,他的书写姿势和角度有所变化或变动。他是想充分表现隶书的风格特色,所以笔画的形状在签名里是向上去的。

你这里说的姿势和角度指的是什么?贾玉文说,我是说书写人的控笔动作和纸张位置的相对关系。

李大状请证人示范一下。于是,贾玉文开始用笔、纸进行书写示范,即把纸放在偏左书写,然后又放到偏右书写。任法官说,你刚才说握笔的手和纸的位置不同,有什么影响?贾玉文说,偏左的位置,横画易往上,右边就平一些,如书写速度加快,那就更明显一些。说完,贾玉文又写了一张。这时,陈大状插话:法官大人,我想为着记录的理由,我观察所见,他控制书写工具的方法是没有不同的,不同的只是纸的位置。贾玉文说:我的意思是讲执笔的手与纸张的相对位置关系,而不是讲执笔的方法。当我将纸张往左放时,手与纸的交接易往上,而放到右方时,手与纸的位置变了,故形成差别。随后,又换一支笔尖扁粗的钢笔来写，证实当纸的位置不同时，书写字的笔画粗细、倾斜度都会产生变化。

接下来是关于一些差别解释的提问。原告方一专家认为，问题签名王字的第一笔横画与竖画之间都有空隙，与668、669相同；而在样本中，80年代以后的签名中就没有了空隙，或只有很细小的缝隙，说明王先生的签名习惯改变了。贾玉文表示不同意这个观点，并当庭用我们制作的图表进行演示：在王先生的18个已知签名中，1975年的签名中没有空隙；1983年5月的签名竖画突出在横画之外；1983年7月的有空隙；1984年3月13日的没有空隙，3月27日的有一点缝隙；1984年10月的四个签名全都有空隙；1985年3月的三个签名，一个没有，一个有，还有一个缝隙很细小；1985年6月的四个签名，其中两个有一细缝，两个没有。贾玉文用图表来证实，那位原告方专家的这一说法是经不起事实检验的。

原告方专家认为问题签名王字第一画的长度不如样本的长。贾玉文说，王字的第一横画其实并不短，无论绝对长度还是相对长度，四个问题签名与样本并没有太大区别。这也是通过图表比对来说明的。

原告方专家认为，四个问题签名，除了C的王字中间竖画连笔上有一眼障（指露白小环状）外，在A、B、D里就没有，但是已知签名大部分都有明显的眼障，因此这是一个重要区别。贾玉文说：我本人觉得这意见是没有必要说的，因为这根本不值得一提。写这一竖画顺时针完成后，形成左小右大，这与样本是相一致的。如果笔尖是比较宽的、下墨比较充足，则不易露白，这是一个基本常识问题。

李大状提了一个又一个原告方专家根据两者差异比较形成的论点，包括德字和辉字，有的只是一个问题签名与样本之间存在的差异，比如某个笔画"伸延得太低"，也要拿来说事儿，几乎每一处差异都成为问题签名是伪冒的依据。而在我们看来，这不过是典型的机械比对方法，很容易形成错误结论。所以，老贾总要加上一句"人不是机器"。世界上没有两片相同的树叶，人也不能两次踏入同一条河流，变化、差异乃是绝对的，这是最基本的哲学常识；如果是只凭差异点就可以认定笔迹是否伪冒，那干这一行可就太容易了。在笔迹鉴定中，通过比对找到差异点是最基本的功课，也是不难办到的，关键是对这些差异点的科学解释，这才是显见功力的地方。我想，老贾是在以极大的耐心来回答这些问题的。终于，贾玉文在回答问题之余也将他的看法适当地表达了出来——

"我想说，在评估的过程中，人们需要将全部的四个问题签名放在一起，并且一起来审查它们；只在某些字的某些笔画内找出某些论点，然后就说这与已知签名是不同的……这给我的印象是，人们在故意地尝试找出不同之处……"

"我是说，这些自然的变化存在于四个问题签名内，亦存在于已知签名内……"

"……四个问题签名都是由一支宽笔尖的笔所写成的,起始点是比较扁平和宽的,这与笔是有关的,或者应说这与笔的独特特色有关。"

"如这是伪造的,当伪造者写签名时,怎么可能有那么多的不同之处,并和已知签名有那么多的不相似?伪造者应将签名上明显的特色写得与真签名极为相似。"

在贾玉文说完上面最后一句话时,李大状接着说,我们去到图表16,因为你将668和669放在上面……原告方专家非常坚决地肯定伪造者用这两个,668和669,来作为他投射描摹的对象。贾玉文说,是的,我知道。然后是李大状要求贾玉文当庭比对,结果显示出一些笔画有明显的不同。

>>> 第二十二章

李大状法庭提问"谢炳炎"

66

2001 年 12 月 7 日，星期五。上午 10 点，位于香港特别行政区高等法院大楼 11 层的 27 号法庭开庭后，李大状进行了关于问题签名王德辉的最后几问，仍是原告方专家围绕某个字的差异形成的观点，其中有这么一问：控方专家说，在问题签名 A、C、D 上，辉字右边军部下面"横画的尾部向右倾斜，它的左边部分较长"；而在有关样本上，这个横画"尾部的部分不是向右倾斜，它的右边部分比左边长"。事实上，当该证人在法庭作供时，他删除了这个早先提交给法庭的论据。这时，任法官解释说，此因我们提供了第二批样本签字给他。

对于这一点，我认为：为什么证人要放弃这一论点？显然是因为在后来收到的样本里看到了这样写法的辉字，论点不成立了。这个小小的放弃倒是十足地证明了，该专家在鉴证中使用的机械比对的方法是如此的轻率随意，其可靠性不言而喻。在这位先生的检测方法中，差异压倒一切，只要检材与样本之间存在着差异，就意味着是伪造签字。这种把人当成机器的分析方法，其荒诞性在于，把手写的字迹当成了印刷体——这其实不能算是专业性问题，而是一个人所皆知的常识。

李大状接着说，证人是放弃了以上论据，但他用军字下一横的"长度"这点去支持他的另一个说法，即：王先生的签名习惯有了改变，由 50 年代签写的横画较长，变化到 80 年代的较短。贾教授，你认同王先生签名的这一变化吗？

贾玉文说：我不认同。因为我们有必要看看笔画的形状和组成成分。他指着图表说，问题签名 A、C、D 的横画显示了蚕头燕尾的特征，故此，笔画是较 B 长。现在请看王先生 80 年代的样本签字，这些签字的横画速度较快，并没有使用蚕头燕尾的写法。故此,这些有关笔画的长度都属于正常现象。

随后又问了一些有关笔画长短的细节,大约20分钟后,李大状开始了新的问题:现在,我们会说说有关"谢炳炎"的签字。我很希望专家可以利用显微镜和投射银幕在法庭鉴定遗嘱原件A、B、C、D上的签字。这即是说,证人可戴上手套接触这些签字的原件。

任法官马上问为什么专家需要触摸原件签字。因为先前用到原件时专家都不可以触摸。李大状说,因为要把签字放在显微镜下,要把它们从口袋里取出。如你的助手可帮忙……

任法官说,证据部职员可代劳。李大状说,法官大人,你选用以往的方法,对吗?任法官说对。

这个问题清楚后,因证据部还没有把遗嘱原件送到法庭,李大状于是说:那么,我先会在不使用显微镜的情况下,讨论"谢炳炎"的签字。

根据李大状的提问,贾玉文介绍了鉴定的情况——

检验是一项一项地进行的,完成了王先生的签名后再检验谢先生的签名。即使已经有了对王先生签名的检验结论,也不会对后面的检验有影响。首先解决的是A、B、C、D问题签名谢炳炎是否一个人书写。贾玉文以图表来说明签名的轮廓特征及其比较。他说,谢的签名是用圆珠笔写的楷书体字,三个字排列较整齐。谢字向左方突出,同时也标明了谢炳炎三字的局部特征,其中包括:谢字的左、中、右三部分的书写比例和排列;谢字言部里三横画的比例关系;谢字言部中口部的运笔特征和结构;谢字身部的两画连接横画;炳字火部和炎字火部的运笔特征,以及小斜画的搭配关系;炳字丙部的横折勾;炎字的斜画的运笔特征等。我们也观察了这些圆珠笔签字的用笔压力特征以及颜色。根据以上这些观察,可以十分肯定地认为,这四个问题签字都是由同一人所书写的。

在李大状问过一些问题后,任法官说,你在使用显微镜前还有几多东西要问?李大状说,希望尽快可使用显微镜。任法官说,证据部的职员下午才能出席审讯。我想,如你要立即使用显微镜,不如我们休庭,直至下午再开始吧。李大状说,我还有数点想说。任法官说,好,请继续直至你需要显微镜吧。李大状点点头说,好的。贾教授,你可否说说图二?他又让贾教授根据图表从问题签名的谢字讲起……

经过11点23分至12点10分的休庭后,李大状说,控方说这四个谢炳炎签名均是伪造,方法为套摹。如果是这样的话,它们的一般特征是会很相似的,是吗?贾玉文说是的。李大状说,我们使用图表二、三、四的用意是指出谢炳炎三字的相似之处,是吗?贾玉文说是的。李大状说,那么,我想控辩双方在"相似"问题论点上没有很大的争辩吧?陈大状说,根据图表上来说,可以这样说吧!

随后,李大状指着图表提问。贾玉文一一指出四个签名在结构、比例关系、运笔上的相同处。在问到炎字时,李大状说,标在上面的红线代表什么?贾玉文说,代表炎字的笔顺。任法官有些疑问,说:我们知道这样的写法都是一般的书写方法,问题是,单从问题签名来看,你能知道笔画的书写顺序?这就是说,笔者会否是先写那个火字左边的小点,然后是长斜画,再写右边的小点呢?贾玉文说,我认为不是,是先写左小点,再写右小点,然后是撇、捺。李大状说,你能否单从观看便知道其顺序呢?贾玉文说,判断笔顺要从多方面找依据:一是根据笔画间的交叉特点,二是看笔画起、收笔之间的动作关系,三是根据相关笔画间搭配比例关系,如果有连笔便能容易看到。我们是将上述几点综合起来判断笔顺的。在有些情况下,有两个以上相同的字或偏旁部首,如炎字、炳字里都有火字,我们可以拿到一起去研究,互相印证。

接下来,李大状转向了图表五。这张图表主要是标明四个问题签名之间的差异。贾玉文根据提问,一一指出其中的明显差异。大约在说了四点差异后,任法官说,你是要使用显微镜才能知道其中有没有回笔特征?贾玉文说是的。任法官随即宣布休庭。这天上午结束的时间是在 12 点 35 分,比平时提前了约一小时。

67

下午 2 点 40 分开庭。证据部职员把原件文件拿到了庭上,显微镜、投影仪也调整到位。李大状说:贾教授,在你使用显微镜前,我想问你一条 Superimposition(套摹)方式伪造签名的问题。我会把控方一名专家的论点归纳告诉给你。贾玉文说好的。

李大状翻到徐志强在第 33 日作供的记录说,陈律师向徐先生询问时,徐先生说:所谓套摹,就是签字的差不多所有部分可互相套摹,而笔画之线条质量是可显示出在书写时的缓慢、颤动和不自然之特征。你同意他的说法吗?贾玉文说基本上同意。

李大状说,简单来说,如果有两个签名是套摹,它们很相似,差不多都能重合,然后看笔画有无抖动和不自然,对吗?贾玉文说对的。

在得到一连串肯定的回答后,李大状请贾玉文看原件 A 中谢炳炎签名的笔画素质。贾玉文从谢字开讲。谢字是以正规楷书风格书写。第一笔画是一小点,在书写这点时,笔者用圆珠笔向下书写,并继续写三横画,每一横画的尾部都有回笔的特征,并连接到下一横画……

贾玉文刚讲完谢字,李大状说:我想你再说说谢字的第一小点。徐证人曾说过这笔画很不自然,虽然他不完全肯定,但他认为书写时,或者是重描、另起笔。请用显微镜看看究竟怎样?任法官说:我想你还是把它放大一些吧。

显微镜下的字被放大到100倍，再通过投影仪映到幕布上。贾玉文用激光笔指着谢字的点画说：我认为是一笔形成，不是两笔，也就是说，上面横向部分不是另外添上去的。上面和下面的线条都很自然。如果是两笔画的话，这部分不会对接得这样好。至于这部分有露白，通常是由于圆珠笔向一个方向滚动时，也就是说做横向滚动时，往往在圆珠的侧面，有时没有油墨，当转向另一方向时，即转折部位，容易出现露白。同样，这种现象，我想在其他部位也会出现。

继续分析。不久就见到，谢字中间身部的横折向下部位也有露白。贾玉文说，这一现象在平时观察圆珠笔字迹时常见。

逐笔分析谢字的结果是，谢字身部的两个直笔画存在着颤动现象，其余笔画自然流畅，看不出有模仿迹象。贾玉文认为，在伪造签名中，出现颤动特征是很平常的，不过还有其他因素可以导致颤动。单凭这两笔有颤动不能判断这个字是属于伪造的。伪造签名里的颤动情况，通常出现在一些较难模仿的笔画里，如在口部的横折笔画，身部直画连接的钩画回锋，要模仿得像，很容易出现颤动，但在这些部位却没有看到颤动。要判断这些颤动的自然程度，必须对四个问题签名作全面的研究和分析。此外，还要在鉴定过谢炳炎的样本签名后才能得出结果。

李大状很仔细地问过原件 A 中炳字的书写特征，得到贾玉文的此字没有什么不自然的回答后，说，有一位原告方的专家认为，炳字右边的丙部有形快实慢的特点，你认为有吗？贾玉文说，看原件放大图，没有形快实慢的笔画。李大状说，你可以告诉我们，怎样才是形快实慢的书写特征呢？你可否用透明胶片给我们一个例子呢？

贾玉文先写下王德辉三字，说：这三个字是我写的，这里有很多连接笔画，书写的速度也很快。现在我来模仿，就不能写得很快了，因为我怕模仿得不像，故此，在书写时，我要特别地留心。贾玉文模仿完后给李大状指出其中形快实慢的地方，也有颤动现象。

任法官要求用显微镜看。在看清楚贾玉文示范模仿签字中的颤动部分后，他宣布休庭。时间是下午4点40分。

68

12月10日，星期一。李大状继续提问贾玉文在周五所做的形快实慢示范，几乎一上午时间都在问这件事，中间为把检材扫描到电脑里休息了近一小时。在贾玉文充分地从笔画上、笔压上、墨色变化上等方面说明了什么是形快实慢的特征后，便回到了原件看那个炳字，看完检材 A 看检材 B。贾玉文同意原告方徐专家说有的笔画写得慢的意见，因为这是正常楷书的写法，楷书一般是要写得慢些,但并不存在不自然的地方。同意在检材 B 的谢字身部中,长竖笔画有不十分明显的抖动。不同意在炳字的丙部左边竖笔画有停顿的意见。贾玉文说:这个竖笔画向下运行,有一横向的露白,由于时间关系,我不能说出原因来,当下行到下端后回笔向上,这时也出现露白并与原来竖画有部分重叠,一直向上与横折钩相连。为什么说这里没有停笔?有两点理由,一是在电脑屏幕上可以看到一条非常清楚的白线穿过露白处,上下对接得很好,这是圆珠笔所造成的压力标记,如果有停笔,肯定在压力标记里能发现连接处;二是从油墨颜色看,上下均匀一致。因此不能同意徐先生的看法。原件 B 的谢炳炎三字,除了已指出有抖动的地方外,没有看见任何其他地方能显示出不自然或那签名是被伪造的。

12 月 11 日,李大状开始从原件 C 的谢炳炎签名一笔画一笔画地问起。问到谢字身部右边的长竖笔画时,李大状说,那里是有一处停笔吗?贾玉文说,有没有可以放大一点来看。

经过放大后,贾玉文说,电脑屏幕上所显示的图像要比投影好一些。那里没有停笔,也没有重新起笔,是一笔写下来的,只是由于抖动出现了弯曲。但是,这里可清楚看见,笔画中间有一条白线,它是从上到下贯通的。如果有停笔或重新起笔,那就不可能清楚地看见中间的白线。

李大状说,如果真有停笔或重新起笔,你会看见什么?贾玉文说,我会在相关部位看到重新起笔的特有形态,油墨的分布不会这样均匀,尤其是这条白线不可能是这样自然地贯通下来。

为何不可能?即使在原处停笔,当重新运笔时,就会出现油墨不均匀的变化,笔画中间的白线会有错位或消失。

那么,这白线是怎样造成的呢?贾玉文开始解释圆珠笔的结构,这结构又是如何造成了书写中无墨油的线条,这种情况在签名的其他笔画里也存在。任法官很感兴趣,说,可以将文件正本移开,你可在显微镜下放一圆珠笔,那么我们就可看看圆珠笔的球点是什么样子了。

随后,电脑屏幕上出现了一个清晰的圆珠笔球体部分,旋转球上反射着白光,还有粘着的油墨。贾玉文以实物讲解出现露白线条的原因,主要是圆珠座口内沿不够光滑,造成了圆珠表面的油墨不均匀,或呈线条状。

对于贾玉文的讲解,各方都没有提出疑问。最终,原件 C 的谢炳炎签名,除了在长的竖笔画上有抖动外,其余没有任何不自然的地方。

上午 11 点多休息后,进入原件 D 的鉴辨。谢字的身和寸部,长竖笔画都有抖动。炳字右边的丙部,原告方的一位专家认为有不自然的笔画,但放大后可看到笔画中有运笔形成的白线和油墨线,显示出没有犹豫造成的停笔和另起笔情况。炎字第四笔一捺的写法,原告方的一位专家说,这笔画是很慢地写出来的,那里没有回笔的迹象(其他三个炎字第四笔都有回笔动作),“在笔离开纸张表面前,笔停了一段非常短的时间,这些全都表示出一非常慢的动作”。李大状说,这个笔画是否显示了不自然?贾玉文说:这个笔画写得慢,我是同意的,但我的见解是,写得慢,没有回笔,并不等于反常。因为整个签名都是以比较慢的速度写成的,具有明显的楷书特点,写得慢并不是不正常。不正常的表现,是在慢写的同时,伴有运笔的犹豫迟疑或抖动。而在这个笔画上,墨迹是均匀的,笔画边缘整齐平直。所以我不认为这一笔画有任何异常处。

在问完原件 D 的谢炳炎三个字后,李大状照例对贾玉文说,在这个签名里,除了你告诉我们的抖动外,还有不自然的地方吗?在得到“没有”的回答后,李大状说,我现在会返回到图表上提问。这时,任法官说,在你离开文件 D 前,你可否看看这四个英文字,“One life one love”,它们是否由一墨水笔写成?与王德辉以书法笔写成的签名是不相同的?贾玉文说正确。与谢炳炎以圆珠笔所写成的签名也不同?贾玉文说正确。任法官又问了几个字母笔画上墨迹变化的问题,贾玉文一一作答。李大状说,除非法官大人在这文件上仍有问题问证人……任法官说没有了。于是,李大状把提问转到了图表上。这些图表都是由贾玉文提供的。李大状通过图表来核实贾玉文在法庭上关于四个谢炳炎问题签名的鉴辨,比如图表上用绿线标出有抖动的地方,实际在庭上用显微镜看过后,有的抖动并不明显,或者是可能存在抖动。李大状是要让法官知道,被告方专家的鉴定报告里提到的抖动究竟是什么程度的抖动。

李大状说,你在庭上的证供说,除了抖动外,你在这四个问题签名里的任何一个字的任何笔画里都没有找到任何不自然的地方,对吗?贾玉文说正确。

你认为是什么原因可能造成那些抖动?贾玉文说,作为一名签名鉴证员,第一我会看的,是这些抖动是否由仿冒所引起的。在谢先生四个问题签名里所找到的抖动仅限于少数笔画上,其他的笔画很流畅自然。这种抖动的特点和我遇到的伪造签名里找到的抖动不同。

依你的经验,当抖动是由于伪造签名而出现时,它会是什么样子?贾玉文说,模仿签名里的抖动不只限于某些个别笔画,它在所有笔画上都可能出现。具体在哪个笔画,不同的模仿者可能不一样,但在那些比较难模仿的笔画上,会比较容易找到抖动。除非伪造者并不认真。一般来说,如伪造者在模仿中是认真的,抖动就不能避免。

你所说的“不认真”作何解?贾玉文说,我是说那些在模仿过程中不认真的伪造者,就算与已知签名有轻微的不同,这些伪造者会认为这并不是问题。

任法官说,所以他会写得较快,那里就没有抖动?贾玉文说是的。任法官说,如他是认真的,他就会慢慢写,以尽可能地模仿得与正本相似,那么就会有抖动?贾玉文说是的。任法官说,在那种情况下,抖动就不能避免?贾玉文说是的。

李大状说，对方专家引用了笔迹检验权威奥斯本的话，在这段话之前，奥斯本正在指出两种不同原因造成的抖动，第一种是由伪造所造成的，而另一种是由于身体虚弱或年龄等原因造成的。李大状通过传译员先念了对方专家引用的那段话，大意是伪造所造成的抖动，任何笔画的动作都是不平等的，犹豫的笔画常常出现中断，笔画的墨水分布不平均，尤其是速度的改变和动作的变化所引致的笔压变化，都可能在弯笔画或直笔画中发生。贾玉文对奥斯本的话表示同意。李大状又读出对方专家没有引用的奥斯本的另一段论述，大意是由于年龄或身体虚弱所引致的抖动，通常都出现在明显的笔画里，尤其是在向下的笔画里。贾玉文同样表示同意。

李大状开始问贾玉文在谢先生的已知签名里找到了什么。贾玉文说，我发现谢先生的已知签名，有些是写得快，有些是写得慢的。写的慢的签名，是一种比较好的楷书体，字的结构严谨；写得快的签名，不但连笔增加，字的结构也变得松散。我在那些写得慢的签名里，例如谢字和炳字的向下直画里，是会发现抖动的。我想，这现象与谢先生的年龄有关。他的年纪较大，身体状况并不是太好。总之，谢先生的签名并不是特别设计出来的，所以没有太多重要的分别。

李大状让贾玉文从图表上指出，谢炳炎的签名样本中，哪些是快写的，哪些是慢写的。贾玉文指出了几个后，说，当我说写得快或慢时，并没有明显的分界线，有时一个字中，某些部分写得慢些，而某些部分写得快些。

李大状让贾玉文看谢先生入医院时的两个已知签名的原件。经显微镜聚焦放大，贾玉文指出，谢字身部右边向下直笔画显示出抖动，寸字的直笔画亦显示出抖动，而在左边言部里则没有抖动；炳字右边的直笔画有抖动；炎字没有发现抖动，但在第四笔一捺结尾处有回笔。

12 月 11 日庭审到此结束。

69

接下来的数日庭审，基本是对谢炳炎的签名样本提问，并与原件检材比对。基本程序是所有样本都一一"过堂"，再进行比对提问，有些是为说明结论的获得过程，有些则是为说明与对方专家的分歧，驳斥对方专家的观点。

在样本中，照样发现了笔画中存在白色线条的情形，这是一个很平常的现象，是由于圆珠笔质量不好而造成的，一般肉眼看不清楚，要借助显微镜才行；由于它很细微，所以运笔动作中的细微变化都能从中反映出来，对于判断笔画是否有停顿、犹豫很有价值。

样本也存在着抖动。在谢字的身部、寸部，竖画上可看到比较明显的抖动，也有的抖动属于比较轻微的。炳字、炎字上也有抖动,但不如谢字明显,因为谢字的竖笔画较长。为加深印象,李大状还请贾玉文将一样本的谢字在显微镜下调试到11.25倍,这样能看到整个谢字,然后"请法官来看看相关笔画的特征",双方的数位律师和对方的专家徐志强也均一一在显微镜下进行了观察,又将其投射到屏幕上讲解。对方没有提出问题。

样本的炎字,两个火字的一捺,有的有回笔,有的没有。这也与检材中炎字的细微特征相符合。

控方专家认为原件四个谢炳炎问题签名是以两种伪造方法来伪造的,首先是根据谢先生1995年以后的真正签名伪造出来的。当李大状说到这里,陈大状说,法官,我想我们的专家是说1994年后,但李律师有权说这是1995年。李大状说,好的,就说是1994年吧,这不是很重要,这是第一种,对吗?

在没有听到不同意的意见后,李大状说,第二种是,控方有的专家认为,四个问题签名不是在真正的签名上伪造出来的,因为控方专家在问题签名与样本签名之间找到很多重要的差别之处,因此这些签名属于伪造。对这一条,陈大状没有说什么。

李大状转述对方专家意见的目的是要说明,贾教授向法庭提供的图表10所指出四个问题签名中谢字在主要结构上的相同处,这种分析对于说明是否存在套摹是没有什么作用的。因为在李大状就图10进行提问时,任法官表示过这并不重要的意思。贾玉文回答同意。李大状又将问题转到Superimposition(套摹)时笔画的素质会出问题以及运笔、笔压的变化上。贾玉文说,图10只显示了谢字的一般结构,它们是一致的,只根据这点来说,套摹是容易达到一致的,所以我同意法官大人的说法。现在请看图11,有关谢字言旁,它的笔画基本走向、大体的长短,是可以被模仿到相似程度的。但是,四个问题签名共有的这种流畅自然的运笔,尤其是起笔、收笔的这种细节动作,以及笔压大小变化的特征,都不是容易以Superimposition所能模仿到的。如果不是以Superimposition的方法,以及这些签名不是谢先生本人所签署的话,不但细小的特征会有差异,大体的结构特征也不会如此相同。故此,对大律师告诉我的对方专家的看法,我是不同意的。

我以为,这正是李大状需要让法官听到的内容。李提出的对方专家对谢炳炎签字的两种不同意见,虽然都是指出签字系伪造,但一说是套摹伪造,一说别的方法伪造,差距如此之大,以致相互间不可兼容。惟贾玉文的回答,将两种观点一并反驳,实在是酣畅淋漓。

李大状说,你认为回笔等特征用套摹难以模仿,为什么?贾玉文说,因为这些特征,在套摹时很难被模仿者看清楚,也很难模仿得像,有些特征,作为我们笔迹专家,也必须在经过仔细观察、分析后,才能看清楚。模仿者把已知签名放在下面,要透过上面的纸去看下面的细节,谈何容易!

假设伪造者是能够观察到这些细微的特征及精细的不同处,他是否能很容易以 Superimposition 方法写出这些笔画?贾玉文说,根本不可能。因为这些特征已经成为习惯性的自动化的特征,不可能套摹得像。

为说明抖动、凹凸不平与书速的关系,李大状请贾玉文用自己的话作一个说明。贾玉文说,抖动是由于书写过程中不稳定而造成的,是个人难以控制的。对这种现象的描述,习惯于用抖动或弯曲这样的词。当要书写楷书时,需要书速较慢,在笔画上这种抖动弯曲数量要多一些,每个抖动间的距离相对少一些;如书写速度略快些,其抖动要少些,抖动的间距相对要大些。如果慢写时抖动不规则,当略快一点抖动呈现不平,我们叫它弯曲;如果较快书写时,且书写运动随意自由,可能不出现抖动现象。我作一个简单比喻。法官大人注意过没有,用线穿针孔,年纪大的人手抖,老是对不准;如果拿着线不是穿针孔,没有固定目标,就看不出手在抖动。写字是如此,其他手的动作也是如此。书写速度较慢,特别是工整书写,容易出现我们所说的抖动,略微快一点书写,就会出现不平、弯曲,不管怎样,都是手颤抖的结果。

对于谢先生签名样本和检材中均存在抖动的原因,贾玉文认为与谢先生的年龄大有关,多在慢速书写时容易出现。这种抖动只是出现在竖画上和炎字的上部,而且检材中有的,样本中也有,都是在相同部位上。

李大状假设,一个伪造者非常小心,留意到了某些笔画有抖动,然后照此模仿,能够很像吗?贾玉文说,这是不可能的。因为伪造者即使看到了这些细微处,但不一定能理解这些弯曲抖动意味着什么。就我们笔迹专家来说,有时需要借助显微镜才能看到。作为伪造者,注意的焦点是每个字、每个笔画能描得很像。尤其在套摹的情况下,是不可能留意到这种细微的抖动弯曲,更不可能刻意地模仿出来。所以,我认为这不是模仿形成的,而是谢先生的笔迹中具有特征意义的现象。李大状说,如果伪造者是个专家,把这些特征都模仿下来了,会怎样?贾玉文说,模仿人要描摹下抖动,是故意的,应该幅度非常明显,而不会是像检材中出现的那样不明显、轻微的抖动。

贾玉文通过一系列图表来说明,检材与样本之间有着大量相同的细微特征。李大状问贾玉文的结论是什么,贾玉文说,我列举的这些细节特征,包括同一特征的不同表现,笔压的轻重和有无回笔,它们都与已知签名样本中的特征相同,不可能是另一人冒签的,因为模仿到这样细微的特征可能性极小。这样的特征,模仿一个都是很不容易的,更何况要同时模仿到 16 个特征,其可能性微乎其微。这里,我只说到一个谢字,如果把炳字、炎字都算起来,那么无论采取什么方法模仿,都是不可能完全相符合的。

关于对方传召出庭的专家郑佑生所言,四个谢炳炎问题签名几乎完全重合,李大状就此对贾玉文详细地进行了盘问。贾玉文说,如果两个签名达到完全重合，其中必有一个是不真实的，因为人不是机器。但是，一个人的楷书字写得比较工整，由于长期养成了书写工整的习惯，特别在相同环境和条件下，确可以证明达到一定程度的重合，但也只是说，能达到个别局部的重合。

李大状要求对样本两个付款单据上谢炳炎的签名当庭进行重合比对并让贾玉文进行描述。样本上的签名已被按照原大小制作成胶片，贾玉文重合后说，不太好描述，谢字的大小、基本形态能达到重合，但是要把其中某一笔画完全重合了，其他笔画就不能重合了；如把谢字重合了，炳炎二字便不能重合。这就是典型的局部重合。

贾玉文对不同的重合情况进行了这样的大体分类：一类是完全重合，即百分百的重合，只有是用技术方法复制的签名才有可能出现这种情况。第二类叫基本重合，这是指签名笔画的走向、间距、长短的大体比例，以及偏旁间的相对位置等方面特征的重合；但是，字的起、收笔的动作，运笔中的细微变化不能重合。它通常是在精心套摹或描摹的情况下出现。第三类是签名中的某个部分重合。所谓部分重合，可能是一个字的一个偏旁，也可能是任何一个字的组成部分，当将这部分重合以后，其他部分就不可能重合。在一个人用工整、慢速书写，或书写条件相同的情况下，如用楷书签名，是很容易达到部分重合的，而且其他部分也是非常相近的。

针对对方专家强调套摹重合率价值的观点，贾玉文说，套摹是一种伪造签名的手段，由于它是放在真正签名的上面描摹下来的，所以这种伪冒签名和已知签名容易达到基本重合，但它决不会达到百分百的重合。由于仿冒的技巧和具体手段不同，不同的伪冒签名所能达到的重合程度也会存在差别。因此，单纯根据重合率，有时不能确定签名的真伪，而必须认真地观察那些不可避免的伪冒签名的异常现象，并通过认真地比较和综合判断后，才能作出结论。

李大状便要求贾玉文当庭对四个谢炳炎问题签名的胶片进行重合比对。根据陈大状的提议、任法官的赞成，比对又通过投影映到幕布上让大家都看得一清二楚。通过对检材 A、B、C、D 的交叉重叠比对检验，依然能看到多处能够重合的部位，虽然是在重复郑佑生先生先前在法庭上做过的比对检验，但是重合的部位看得清楚，不重合的部位同样也是清清楚楚，最终是没有一个字能达到完全重合的程度。

这时，任法官提出一问：套摹时伪冒人要移动纸张吗？贾玉文说，最好不要移动，一移动就不像了。李大状说，原告方专家称，有争议的签名是用横式签名套摹的，给改成了竖式签名，你怎么看？贾玉文说，我不同意这个看法。四个签名有一个共同的特点，炳炎二字的间距都比谢炳二字的间距小，若将横式签名变成竖式签名，一是难以注意到布局的特点，二是难以模仿得像，不可能像四个有争议的签名表现出很有规律的布局特征。

随后,李大状使用两份谢炳炎的竖式签名样本原件提问。贾玉文通过投射到幕布上的字迹,指出在布局以及字的结构上都与四个有争议签名是一致的,谢炳二字的间距大些,炳炎二字的间距小些。

李大状说,如果两个签名基本重合,你怎样认识这种签名?贾玉文说,光靠重合与否不行,还要注意研究书写流利方面的各类特征。李大状说,如果能书写得自然流畅,还能重合,你怎么看?贾玉文说,我倾向认定,但我决不相信是百分百的重合。李大状说,如果用套摹方法伪造签名,它的笔画素质会怎样?贾玉文说,它不会是流畅自然的,而且会出现很多反常笔画。李大状说,那么书写快的套摹有没有?贾玉文说,套摹签名,没有一个敢快写的。

提问到这里,李大状拿出一张胶片说,我这里有个签名是套摹出来的,是原告方传召的专家郑佑生模仿问题签名谢炳炎 B 书写的,你怎么看?贾玉文给出的结论是,如果这是套摹的话,我相信是一次很不认真的套摹,与原件有很多的差异,如谢字的点笔不同,三横比例不同,身字的结构不同。他是按大体的式样随便套摹的,但这里可以看到运笔的迟缓,某些笔画上有抖动,在一些转折处及起、收笔动作上,也与原件不同。从字的外形看,他好像是写得较快,有些地方都没有套摹出来。李大状开始就郑先生的套摹签名一笔一画地提问,有关此内容占用了半天多的时间。贾玉文逐一指出其中笔画不自然、迟缓、呆板、抖动之处,与原件不同的运笔处和笔画上的差距。

随后,李大状又提到美国专家 Gus R. Lesnevich 先生的结论:谢炳炎的签名都不是自然流畅的,书写动作与谢的样本不相符的。在他手中只有第一批谢的样本时,认为四个问题签名是伪冒的。后来收到了谢的第二批样本,包括谢炳炎在 1999 年的签名样本,那时谢已 69 岁,距他去世只有数月时间。Lesnevich 认为,谢已不可能具有像 1990 年那样签名的能力了。贾教授,你是否同意?

贾玉文说,我不同意这个说法。我看到谢先生在 1999 年的签名,作为他的接近楷书的中文签名,是自然的,除了个别笔画有时有抖动,整个签名书写流利自然。我想,美国专家不懂中文,以为慢点书写是不可能的。我还看到谢先生在三个证件上的签名,从 1992 年到 1999 年的签名,就其签名比较而言,我没看见 1999 年有书写能力丧失的迹象,他在 1999 年的签名也是自然流畅的。

李大状说,郑佑生先生认为,谢的签名是小心慢写的,有抖动,且不自然,这些签名很大程度上是能够模仿的;四个有争议的签名与已知签名的流畅性均不同;有争议的签名与已知签名是有差异的。郑先生用这三个理由说明签名不是谢先生本人写的,你同意吗?

贾玉文说,在谢先生的签名样本中,有的写得快点,有的写得并不快,作为已知样本而言,就得承认它,不能只用写得快的样本来比较。不论快还是慢,它们都是谢先生的签名,都是自然流畅的。有争议的签名写得不是很快,是慢写的，这点我同意。签名中有抖动，样本中也有抖动，不是伪冒造成的。对郑先生提出的这些差异，我不完全同意。

李大状说，你给法官的意见应该是怎样的？贾玉文说，整个有争议的谢炳炎签名虽然书写速度比较慢，但整个笔画书写流利自然的一贯性是明显的，因为写的是一笔一画的楷体字，看起来给人的印象是慢的，但书写时的运笔是流利自然的，这与样本中的相应的书写速度的签名是一致的。其实，在快写的或比较快的签名中，仍有许多与问题签名的符合点。我们也认为，检材与样本间是有差异的，但这不是本质的差异，是一个人书写时多样化的自然表现。

李大状拿出对方专家在贾玉文出庭后提交的新观点。其中，郑先生是用一些图片来表达的，内容还是一些检材与样本的差异表现，如炳字火部一撇的起笔，检材与样本的方向不同。贾玉文指出，在已知样本中还有与检材相一致的。

类似的差异还有几处，都是只选取其中有差异的样本而不谈无差异的样本。贾玉文说这些差异并不重要，实际上也可以说是符合点。

徐先生的观点更细腻，但也与郑先生的观点同属一类。他说问题签名是仿冒谢炳炎 1994 年以后的样本而成，理由是谢字言部的第一横和第三横一样长，这是书写习惯的改变。贾玉文说，四个问题签名的谢字言部的三横长短都不一样，检材 A 是一、三横一样长，检材 B、C 是一横长、三横短。这点显示了检材的自然变化。再看谢的样本，1999 年的样本也不都是一、三横一样长，第三横较短的也有。

徐先生还指出，谢字身部的长短、炳字丙部内的空隙大小、炎字火部的两点连与不连等，也都说明了书写习惯的改变。贾玉文分别从 1994 年前后的样本中指出与检材相同的写法，以说明徐先生找的这些特征并不足以构成差异，在检验中并不重要，也不能用来说明书写习惯的改变。

李大状的最后一问是一道“实验题”。贾玉文指出，复印会改变字迹笔画的粗细，这样郑先生用四个问题签名比对的重合率就大了。但是，徐先生认为，无论怎么复印都不会改变字迹笔画的粗细。于是，李大状提出对此分歧当庭验证。复印件由双方律师参加制作，然后拿到法庭上，由贾玉文通过显微镜观察笔画的粗细变化，并输入到法庭的电脑中展示。

12 月 20 日，是贾玉文在 2001 年出庭的最后一天，开庭后由贾玉文测量笔画的宽度，对方的律师始终在场做记录。大约两个多小时的测量中，对方律师多次向其助手要材料、提问题，其助手便急急忙忙找到旁听席上的徐志强先生，他们一块又快速地翻找材料……庭上竟显出些紧张气氛。

测量完毕后，由李大状继续以提问方式来说明测量结果。电脑显示，当原始文件是浅颜色时，复印件的字迹笔画会变细，大约最大有 0.1 毫米的差异；当原始文件是黑色等深色时，浓重部分笔画的宽度会有所增加。贾玉文认为，这与复印机的曝光量有关。贾玉文说:有的复印件确实会使笔画加宽,当我们进行重合比对时,重合率会明显提高。我也有这样的体会。上次大律师提问时,让我重合谢先生的签名,当我看到胶片上的字基本重合时,他告诉我揭开看下面,结果发现笔画形状不同,上面的掩盖了下面的。若用两套不同的浅颜色胶片重合,就比较容易看出来。

当庭检验的结果否定了徐先生的观点。但面对这个事实,陈大状则要求贾玉文为其提供一套测量出谢炳炎样本签名高和宽的材料,其中包括贾玉文鉴定的谢炳炎签字,还有由控方提供的谢炳炎签字样本的复印件计 69 个。他似乎要从这里发现什么。贾玉文说同意。随后,陈、李二位大状和法官交谈了一阵子后,任法官对贾玉文说,你作证了 17 天,你表现得不错。从现在放假要放到明年,你是要回沈阳吧? 回去好好休息,不要受凉了,回来后还要接受对方的提问。

李大状对贾玉文的法庭提问到此结束。

第二十三章

以子之矛攻子之盾

70

在李大状结束提问的前两天，任法官曾问李，谢炳炎签名的问题今年能问完吗？因为21日就要休假了，今年问不完就要到明年去了。李大状表示会抓紧时间的。果然，在20日下午结束了全部提问。

在12月份，香港的法定节假日只有三天的圣诞节，不知道为什么从2001年12月21日一直到2002年的1月13日这起案子都是处于休止状态，也许是法官休年假，也许是中间安排了审判别的案子。

这段时间里，我们主要是完成陈大状要求的功课——制作谢炳炎的签名材料。具体的复印制作等都是根据律师的安排由我们去做的，完成复印后先进行分类，再开始逐一测量。工作量很大，基本没什么休息，虽然中间我们也飞回内地各自回家住了数日，但手头的功课并没有停下。老贾的任务最重，每一份测量他都要仔细核对，以免出现差错。

此期间，香港媒体上爆出了一桩与争产案相关的报道：港商杨受成近日怀疑遭人连串恐吓报警，港岛警方重案组已接手调查。

杨受成是由经营钟表珠宝生意起家，那些年向娱乐业发展，成立了著名的英皇娱乐集团，旗下簇拥着谢霆锋、容祖儿及Twins等新一代偶像歌星。与此同时，杨也涉足了传媒业而且步子迈得很大，他通过开办和收购两种方式不断扩大经营品种，当时已拥有一报六刊。媒体估计他已拥有11亿财产。

媒体在报道此事的起因时说，早在1995年就有人找到杨受成，邀请他集资5000万元支持某宗争产案的一方，称替对方讨回巨额遗产后可获丰厚回报，但杨并无参与，反而是杨的友人及曾替争产案涉案人士当司机的某男子对此计划感兴趣,最后他们成功地筹集到所需金额,其数额远超5000万元。

消息人士称,争产案双方背后的真正支持者,不乏江湖上有势力人士,双方多次接洽,希望达成一个双方都可接受的安排,避免对簿公堂耗费巨额诉讼费用。其中一名有势力人士上月曾接触杨受成,声称代表其中一方,表示知道杨是另一方的幕后支持者,并称可以付出六亿元来和解,而且金额还有商量的余地。但是,杨受成当即向那位有势力人士表示,自己并无参与争产案,无法答应其要求。对方随即发难,声称其代表的一方已认定杨是另一方的幕后支持者,如杨不接受和解,将用种种方法“搞他”。杨受成只是重申自己根本不是“幕后支持者”,没有资格去谈判。据媒体称这次对话不欢而散后,便有连串事件发生:英皇旗下的歌星 Twins 在上月初的演出中,突然有人从高处散发写有诽谤字句的传单;2002年1月初在大街上出现了多处同一内容的诽谤性海报,上面有杨的照片和印刷体的“杨受成”三字,关键在于上有手写的“还钱”二字。杨受成已因此向警方报案并留下详尽口供。但报道又说,警方暂时认为这些海报并没有刑事成分。

这个报道使人隐隐能感到指的是哪一桩争产案,不过相关内容并不见下文跟进,也没见警方的调查结果,而且媒体上始终没有点明争产案的双方是谁,所以对这些消息也仅是看一看罢了。但是,报道中所说的“避免对簿公堂耗费巨额诉讼费用”还是有根据的。据悉,香港的争产、商业纠纷、意外索偿等民事案件所需诉讼费用数额巨大,主要用在请律师上,有的案件与讼双方的律师费用竟能达到涉案款项的四成。难怪有人说,案件的代表律师才是真正的大赢家。香港的司法机构民事司法制度改革小组已就此提出建议,希望能简化民事案件程序,并提高律师收费的透明度,鼓励与讼双方及早和解。由此看来,此桩争产案如能以和解告终,应该是一个有利于双方的结局。①

当我们再回到法庭上时是在1月14日。这一天,龚如心方律师向法官简单呈述了对陈大状所要求的功课看法,认为那样做并不能改变法庭上已证明了的事实。鉴于年前放假,我们的证人刚到香港,因此要求法官同意,允许李大状和贾教授就做功课有关事项进行意见交换。任法官表示同意。

71

1月15日上午10时,开始由陈大状对贾玉文进行提问。陈大状说,放假前曾要求你查看的签字都有结果了吧?在得到肯定的答复后,陈大状说,我想较容易的方法是,你把有关量度结果的影印本呈上法庭,并由我的助手在休庭时作比较分析,而我们只是会讨论及阐明那些有分歧的地方。贾玉文说,我已作出量度,但没有复制。陈大状说,不用担心,交给我的助手吧。

陈大状要求知道贾玉文来港从事有关本案情的鉴定及其他工作的日期目录。得到回答后,陈大状又要求贾玉文呈上他的来港证件,因为那上面详细记录了每次进出香港的日期。随后,提问进入到贾玉文的履历表,问在中国刑事警察学院的受聘情况、学院的学年年度的情况、因为此案缺课多少时间等。陈大状说,你何时开始对本案进行工作?贾玉文说,原本我是希望可在2001年暑假期间完成此项工作的,但很不幸,直至现在我还未完成工作。任法官接着说,对,这是所有人的不幸。陈大状说,你是何时申请休假,以使你可以进行这项工作的呢?贾玉文说,在我来香港之前曾向学院负责人讨论过有关请假的事项。如果我不能在指定日期前完成有关工作,学院是会派其他教授代我上课的。任法官说,此问题与本案有何关系呢?陈大状说,这是有关诚信问题。任法官说,不要问得太长,尽量保持简短。

通过随后的问话可明白,这里的诚信问题是指,法庭曾在2000年12月时通知我们出庭作证,我和徐教授在时间安排上没什么问题,贾教授却有困难,他曾向法庭提出,在2001年5月因工作安排不开不能去港出庭作证。陈大状奇怪贾教授为什么能在8月来港出庭,难道这时就不存在教学问题了?所以,他怀疑贾教授是在应被告方的要求延迟审讯日期。贾玉文的回应是,我认为用7、8、9这三个月时间去进行鉴定等工作最合适,况且打乱已经进行了的教学计划是很困难的。这次来香港出庭,曾想到了能否在此期间完成工作,万一需要延期,我只好遵照香港法庭的决定,并做了不能按期回去教学的打算。这件事已经过学院院长的批准。

在履历表的专业部分,陈大状说,你是一个专家,对吗?贾玉文说,我是文检学方面的专家。陈大状说,你在理论方面是很细的?贾玉文说,不对,我在文检方面是很细的。对于履历表中填写的"教授文件鉴定、笔迹判断、伪造文件鉴定,以及部分刑事技术等科目",贾玉文解释,除了文检学,在其他方面只是教授一般性理论,或是一些基本知识,而不是专业知识。

此后,提问转到了是如何接受这个案件方面。从陈大状的发问中看出,他要知道,我们在接受鉴定委托时都得到了哪些指令,需要做的鉴定是什么,当时是否收到有关对鉴定内容的具体要求或意见。贾玉文说,这个案件是由人民大学物证鉴定中心受理并聘请我参加的,当时并不知道当事人是谁,所要解决的就是鉴定报告中的四个问题。没有看到任何有关回答这四个问题的书面文件和附信。

陈大状说,我知道中国官员和学者惯常是会抄录详尽的资料。你有没有呢?贾玉文说,我不记得了。正常来说,这只是一般的事项,我只会在纸张上写下笔记。

陈大状说,在你参与整件案件之过程中,以你所知,你或你们有没有收到任何建议,要求你或你们对龚如心女士会否为这四份有问题文件的笔者作出调查呢?贾玉文说,没有这样的建议。

陈大状连续追问,是何时第一次阅读郑佑生、徐志强和美国专家的报告。贾玉文说,大约在2001年7月看过郑先生的报告,在此之前看过其余两位专家的报告,大约在6月份。

陈大状说,这三位专家都有鉴定这些问题文件是否是龚女士的,你有没有想过,为什么你或你的同事没有被要求去对此作出鉴定呢?贾玉文说,我不但想过这个问题,其他问题也想过,但我们的责任是解决这四个问题,其他问题不需要我们解决。陈大状说你们三位是否讨论过这个问题?贾玉文说,没有讨论过。

陈大状问了许多关于编号为668、669的两个王德辉签字样本的情况,提出为什么最初没有对668、669的影印本进行鉴定。贾玉文说,当时收到这两个样本后看过,但没有作结论。只是到了香港政府化验所检验过包括四份检材在内的所有正本文件后,才作出鉴定结论的。若要作出准确结论,看原件是必不可少的。

在这里,陈大状提问了许多,但贾玉文的回答似乎总不能让他满意,所以有些问题陈大状就不断变化方式提问。任法官也不断地插问,用意是使陈大状的提问变得明确些。比如陈大状提问了一通后,贾玉文听不明白问的是什么,任法官说,我明白了,你可否先向证人求证,确定他们是否得到668和669,以及它们是否为王生(在香港,喜欢将先生略称为生)的笔迹或……

而在有的地方,任法官索性就直接连问多个问题,在得到贾玉文的是或否的回答后,再对陈大状说,可由这里继续。

结果,陈大状在几个短问后来了一大段话:贾教授,或许我把问题说得更直接吧。毫无疑问的,你们三人均是中国有名的笔迹专家。可是,使我感到十分奇怪的是,就你们对已有的文件影印本和正本之初步鉴定工作而言,你们三人好像没有关注到你们是没有王生之笔迹样本,即你们需要回答的其中一条问题是要去判断究竟任何一份或多于一份的问题文件会否为王生所签署。你对此有何意见呢?贾玉文想了想说,我不太明白你的问题。

这一条问题确实费解。就连任法官也说,这是一条很长的问题。因陈大状是用英语提问,所以可能也存在翻译表述的原因。这样,又让给翻译了一遍。我理解,大意是说我们没有对最初得到的样本是不是王德辉本人的笔迹作出认定就开始了鉴定工作,这使陈大状感到奇怪。贾玉文回答,没有那么奇怪吧。因为在那时,我们对于任何一个或多于一个的问题文件会否为王生所签署的问题还未得出结论。

陈大状说,或许把问题的范围扩大些,以你最好的理解而言,当你撰写报告时,你的当事人有没有收到需要王生笔迹样本的要求呢?贾玉文说,在我们于政府化验所进行过鉴定后,我们均认为这些样本完全可以用来鉴别问题文件。我曾问过,是否还有王生的笔迹样本,回答是,现有的就那么多。

陈大状又追问是向谁提出的。直问到贾玉文说出,那人是孖士打律师行的陈律师,女的,陈大状这才转换问题。随后问的多是细节,如,三人之间有没有交换过笔记,撰写报告时有无进行过讨论,讨论过哪些字或笔画,有无分歧意见,等等。这些问题有关鉴定过程,照实说就是了,当然也有的细节确实记不大清楚,贾玉文就答记不清了。

一段平缓的问答后波澜又起。陈大状指问鉴定报告中有关王德辉坠马那部分文件是什么时候收到的。贾玉文说不记得了。陈大状说,但肯定不是你在北京看到的第一套文件。贾玉文说对。陈大状说,由于一些特别的要求,这些文件便交给你了?贾玉文说对。陈大状说,我强调的是"特别的要求"。贾玉文说是。陈大状说,在预备报告的过程中,以你所知,你们三人中有无其中一人有与当事人或当事人的代表讨论过?贾玉文说,你说的讨论是指什么?陈大状说,例如,"看,如你想我得出这样的结论,你需要提供以下的证据给我"。贾玉文指着报告中坠马那部分文件说,这些文件是有关王生在医院接受的诊断。当我们去判断王生的签字是在何时书写时,我们得知王生曾经从马上坠下。究竟王生是否真的从马上坠下受伤,我们需要一些证据。因此,在这种情况下,律师行便把文件交给了我们。

陈大状问是从哪里得知这资料?何时得知?贾玉文说,是律师行告诉我们的,是在去政府化验所之后。陈大状说,事情是否这样发生:你们三人得出一个结论,认为由于签字出现颤动现象,不能确定签字是否属真的。你把这个信息告知你的当事人,你的当事人便向你说及有关坠马情况。对吗?贾玉文说,不是这样的。这不好像说我们如小孩子般处理事情。书写的时间问题早就提出来了。

陈大状说,请你解释。贾玉文说,事实是,我们提出过王生的签字是在何时书写的,但这是一个很难判断的问题。所以解决这个问题的次序应是:我们首先要知道这些签字是否属于王生的。知道这资料后,我们才能判断笔画出现颤动的原因,以及在 1958 年至 1985 年的签名样本中能否找到这些颤动现象。以我们的经验而言,签字所出现的不正常情况应是由特别原因所导致。因此,我们需要了解王生的身体状况。我们最初只知道王生被人绑架。我们需要知道他在被绑架前的身体状况。在进一步的了解后才知道他曾经坠马。因此,我们需要考虑这是否与他曾经坠马有关。

陈大状说,最后一条问题:你是否尝试去调查或询问有关谢生的身体状况?贾玉文说,没有。我只知道他年纪很大。

贾玉文第一天接受陈大状提问到此休庭。

72

1月16日。一开庭,陈大状就问贾教授,是否完成了由于办这起案件而来港的时间目录表。贾玉文说还没有。任法官说,如你要证人在庭后做任何事,请在下午4点30分休庭时提醒他。陈大状说会尽力去做。

陈大状拿出一札文件说,我这里摘录了你和徐立根教授著作的部分内容,我想你会同意这些内容的。贾玉文说对。陈大状又将这些内容用中文一一读出,如笔迹鉴定的一般方法,对检材与样本的分别检验,对检材与样本笔迹特征的比较检验,对符合点、差异点的评判,等等,每念完一部分,都要问贾玉文是否同意,在得到回答后又接着很认真地念下去。

显然,今天陈大状用的是"以子之矛,攻子之盾"战法。他宣读的内容应是事先精心挑选的,是作为他将要实施攻击的武器来展示的,其潜台词是,这些内容可都是你们写的,又当庭得到了你的认可,下面我就以这些内容为参照来质证你啦!

在完成战前准备展开进攻后,陈大状打出的一发炮弹是:按照你们的著作观点,程序上首先必须明白案件的详情,其中包括了解被检验文件是由原告还是被告提交出来的。他问贾玉文是在什么阶段尝试去了解这宗案件的详情。贾玉文说,在接受这起案件的鉴定任务时,当时告诉我,香港有这么一起案件,涉及王先生的遗产。王先生在1990年被绑架以后不知下落,现在被告方龚如心女士出示的四份遗书需要鉴定,同时提出了鉴定要求。我们知道,案件涉及签名的鉴定,王先生遭绑架时50多岁,谢先生是王先生的雇员,年龄较大。我们也了解到四份遗书保存的情况,知道是在1998年初已移交给法院。主要情况就是这些。

为什么你们要知道检验文件是由哪一方提出来的?贾玉文说,如果知道了这个事实,便于我们客观地分析。

如事先知道是谁提交的文件,会不会引致偏见?在不知道的情况下做检验,不是更好吗?贾玉文说,在我们了解这些情况后,就更要求我们客观对待。我们过去进行鉴定,报告不利于委托方的情况也是有的,我们不能偏听一方的说法。

根据陈大状提问的意思,任法官出了这么一问:你是否同意,是谁交出文件和谁是你的顾客,与你的分析并没有直接关系?贾玉文说,正确,并没有直接关系。

陈大状说,你是否知道香港警察事实上正为龚女士所交出的遗嘱进行着某些刑事调查？贾玉文说，事先并不知道，是来香港之后才知道的。那时，我并不知道我需要知道那么多的案件详情。

陈大状说，或者你可以告诉我们你知道多少详情，有关提交出这四份问题文件的情况。任法官接着说，或是简单地说出你在那时所知有关提交这四份文件的情况。

在这里，陈大状强调的是，他想知道贾玉文到底知道哪些情况，但贾玉文根据任法官的问题，做了个简答：我由委托机构那里得知情况，即，提交文件做鉴定的是孖士打律师行，而他们是由中国人民大学物证技术鉴定中心介绍给我认识的。这四份文件是由龚如心女士所提交上法庭的，而原告方提出怀疑这四份文件都是伪造的。所以，在那种情况下，我们要对四份问题文件进行鉴定。这些是主要的基本情况或我所知这案件的情况，其他的具体情况，我并不知道。

在此，陈大状转换提问：贾教授，我知道你有记笔记的习惯，因为你在庭上作供时在做记录，这是不是你的习惯？贾玉文说，我一般很少记下笔记，我在庭上记笔记，是为了帮自己记下自己答过的问题。

记得在澳门听课时，那位英国教师就提醒过，如果对方律师要看你的笔记本，那会是很麻烦的事。如果律师通过看笔记发现你在庭上的回答与当时的记录有矛盾，就会以此来攻击你的诚信。美国的辛普森案就是因为警官福尔曼被辛普森方律师当庭证实说谎，从而使警方提供的所有证据遭到怀疑，成为“毒树之果”。在前面庭审期间，李大状曾要求徐志强先生提交笔记本，徐志强说，他的有关材料全交给律师了，李大状最终是没有看成。

陈大状连串追问，你在第一次讨论此案时有无记录？笔记本有没有带来香港？请你的同事把你的笔记传真过来，这是否可行？贾玉文说，我习惯用一些散纸来记下笔记。这样的笔记很可能被我留在了沈阳。我没有带那些笔记来港。传真过来，从理论上说是可行的，但实际上来说……让我解释一下，当我在庭上给予证供时，我在学院旧大楼的办公室已搬到一个新楼，是由我的同事和学生帮我搬的东西。元旦期间返回时我发觉，要找一些资料都很困难，所以我想，叫别人去找这些记录恐怕是很难找到。所以，这不是我不愿意提供。

陈大状说，教授，在较早的答案里，你告诉我说，“这样的笔记很可能被我留在沈阳了，而我不知道有没有带来”。而现在你竟能告诉我们你并没有带笔记？任法官说，陈大状，我想这不是一个很重要的事情，我想你可这样问教授，“你可否由你带来香港的东西里寻找，看看笔记是不是放在里面，如不是，尝试联络沈阳的同事，看看他们能否由你的办公室找到笔记，如能够找回，让他们传真一份到这里来，好吗？”贾玉文说可以。任法官又说，那是你第二样要做的事，我明白你已记下你在庭后要做的事情。贾玉文说正确。有关笔记本的提问暂时就到这里。

陈大状说，根据徐教授的著作，你应该知道标记人的年龄、文化程度。贾玉文说，我只知王先生 50 多岁，受过中等程度教育。陈大状说，他的生理及心理状况，你有否尝试了解？贾玉文说，在那个阶段，我想他在 50 多岁的情况下，身体应是没大问题的。对于心理状况，一般来说我并不需要知道。陈大状说，有没有告诉你，他是一工作狂？如某人是工作狂，他会很快地完成工作，所以他就会写字写得较快？贾玉文说，不，我不认为那是重要的。陈大状说，了解过他有没有任何严重的疾病？贾玉文说没有。

陈大状说，最后，你是否知道本案的问题文件委托别人鉴定过？这一问可以看做是陈大状打出的第二炮，因为在徐教授的著作中有这样的内容：鉴定人应事先了解检材是否经过别人鉴定。贾玉文说，当时我并不知道。陈大状说，你有没有尝试找出有问题文件是否被别人审查过？贾玉文说，没有。因为找出谁鉴定过，和我的鉴定关系不大。我只要完成我的任务便可。书上写了这句话，我理解是在前面有人作了鉴定，现在又让我鉴定，在这种情况下，我需要在鉴定前了解情况，目的是在鉴定时便于全面思考和检验。

陈大状说，你在何时知道有其他人作了这个鉴定？贾玉文说，我昨天说过，是在 2001 年 7 月或之前的某个时间。此前没有人正式通知我或告诉我文件已被鉴定过。任法官说，在政府化验所，当你与其他专家审查文件时知不知道有别的专家做过鉴定？贾玉文说不知道。陈大状又对贾玉文从接受委托到政府化验所的过程提问。贾玉文说，接受委托时，拿到的是文件副本，所以只做了一个初步审查。当时知道文件正本保存在香港。我们是在政府化验所看到的文件正本和一些样本的正本。我们带了一台小的显微镜。审查正本时发现有些墨水物质被抽取。

在抽取墨水的情节上，我们提交法庭的鉴定书是这样写的："当三位鉴定人询问在场的律师是否知道检材字迹笔画已被提取过墨水物质时，在场代表原告的律师表现出很惊讶的样子回答说'不知此事'。"陈大状对这句话很是在意。他说，为什么只说出有关原告律师的答案，而不说被告律师的答案，有没有任何特别原因？贾玉文说，没有特别的原因。陈大状有些提高了声调说，事实上，你是故意写下原告律师的答案，表示出那里有一惊讶的措辞，以表示你对原告律师偏见的事实，对不对？贾玉文还没回答，任法官先说了，我不太明白你的论点，陈大状，这是原告律师的惊讶，而他只是写下他对原告律师的观察。陈大状说，如我将这以数个阶段来看，我想这会是显而易见的。任法官说好吧。陈大状继续对贾玉文说，你想传达出一个信息，任何否认字里的墨水被抽取了的事实亦都会是一不诚实的表现，是不是？贾玉文说，不，我不认为这是一个那么复杂的事情。任法官接说，因为这亦显示出这是一个诚实的事——他是那么惊讶啊。

从法庭的提问看,陈大状认为这是个重要的问题,而贾玉文并不这么看,任法官的态度也是明确的。于是,陈大状说他要暂停这方面的提问,开始问制作图片的事。他说,你们三人在政府化验所只进行了复印,而没有进行照相制作透明胶片或进行电脑扫描?贾玉文说正确。陈大状说,当时詹先生曾口头提议可制作胶片,但你挥手表示出"不"。

陈大状竟说出了如此细节,可以看出他是对我们三人的有关信息是进行了全方位收集,然后逐节过滤提取,为其所用,敬业精神着实可嘉!

贾玉文说,我不记得详细情形。如我当时是那样的话,我想,那是我的意图。在那个阶段,正本上的签名已经检验过了,发现字的大小、结构等都互相有差别,不能互相重合,签名并不是 Superimposition(套摹),所以当时认为没有必要再做胶片了。陈大状说,专家不拿取问题签名的相片是很罕见的,因为当你要作出审查时,你可能就没有任何机会再次重看正本,你是否同意?贾玉文说,在内地,有的案件也没有做相片或扫描工作,我们也感到这是个缺陷。那时,我只知道我可以在 10 月 15 日前在政府化验所审查正本文件,但对于是否还有机会再次重看正本,这是很难说的。陈大状说,我可否这样说,你根本就不焦虑有没有相片或扫描,因为你知道被告在你之前任命的专家已扫描了全部正本文件上的签名,所以在任何时候,你亦可经由被告律师要求给你使用?接着,陈大状一一点出了被告在我们之前聘请的三位专家的英文名字。

这件事我们还是从陈大状口中第一次听到,此前确实不知。贾玉文答说,我不知道这些专家是谁,但我当时判断是有人检验过文件。

陈大状开始针对我们提交法庭文件中的图表,逐个问其来源。因为前面已问明我们并没有制作正本胶片或扫描。贾玉文告诉他,有的是取自对方专家提交法庭的文件;有的是由律师行提供的,再由华懋公司办公室的年轻人帮助制作。

这些图表中,除了透明胶片外,还有一些是彩色影印本。贾玉文说,它们的来源有两个,一是律师给予我们的,二是由我们从政府化验所制作得来。但是,陈律师依然不厌其烦地问每一张图片的来源。

这是一种迫你出错的战术,我在澳大利亚出庭时曾领教过,那个案子里我鉴定了上百张文件,不可能都记得那么清楚,对方律师却一张一张问我,"这是你鉴定的吗?"我当时非常担心其中混入了我未曾鉴定过文件而使我出错,好在我以拖延战术使那律师很不耐烦而转换了问题。

果然,贾玉文在答到图 53 至 64 时,说这看似由徐志强先生的报告里得来。陈大状说,我们这里有徐先生的报告,你可以告诉我们你是在什么地方得来的。任法官说,那些影印本,教授,为了帮助你,可以在第 817 页找到,但明显地,它们与在图 53 里看到的不太相似。贾玉文说,或者我记错了。陈大状说,你告诉我们这是由徐先生的报告里得来的是肯定错了，现在你还有更多机会，来告诉我们它的直接来源。

这时，李大状说，法官大人，我可否叫证人离开一会儿并在法庭外面等候？待法官同意、贾玉文走出法庭后，李大状说，法官大人，我的律师确曾要求证据中心给予我们这些物证的彩色相片，那些同时也给了我的伙伴，所以两边的律师亦都有此，我的律师把文件给了专家，而后专家交给了华懋的年轻人，我可告诉我的伙伴（指陈大状），如需要，可叫证据中心的人来作证。但是，陈大状坚持要继续向贾教授提问，并说这是有原因的。法官同意陈的要求，但不太理解，他说，这会令我们知道什么呢？陈大状说，我们肯定他们有被告以前聘请专家所制作的扫描图片。任法官说，假设这是对的，那又怎样？陈大状说，贾教授否认他有任何被告之前所聘请专家的资料。任法官说，它们仍然是两样不同的东西，贾教授由电脑里得到某些扫描，这并不说明他知道被告还聘请过别的专家。陈大状说，我们只是在作出一个推论。任法官说，假设他知道这些图片的来源，他在庭上说不知道，这只会是一般可信性问题。陈大状说，对的，这不是任何的证据去显示出他在问题签名的意见是真的还是假的……这肯定不是直接关于遗嘱的事情，我同意，法官大人。任法官说，这是不是用一个很花费的方法去证明不可信？陈大状说，法官大人，是否很花费，明显的是我们的顾客所要估定的问题；另一方面，当全部图表呈交出来后，人们是有权去了解这些图表的来源的。任法官说，陈大状，我不会停你，但请谨记，这只是一很偶发的事情，快点完成，有没有人能叫回证人？李大状说，这可能会增加成本，我只想提出这点。任法官说，是的，每一件事都有成本。

于是，陈大状继续问贾玉文那些图片的来源，并用贾先前的答案和图片上的细节来不断质疑。贾玉文则说这些图片是由那时所有的彩色影印本里复制出来的。陈大状又回到前面的问题，问怎么知道有人审查过问题文件，是否问过王、谢二人的年龄、身体状况等。贾玉文就重复前面的答案。这时，陈大状说，我可否提议：事实上你知道被告，你的顾客，在以前是叫过一些专家看文件的？贾玉文说不正确。陈大状于是又转而追问那些样本图片的来源……

依我看，陈大状是想通过跳来跳去的提问搞乱老贾的思维，从而打开突破口。贾玉文则沉着应对，严谨回答，始终没有让对方抓到“把柄”。

这样，陈大状又将提问转到什么样的样本最好上，可以看做是陈大状打出的第三炮。他先读了一段徐立根教授著作中的有关段落，说，这是一个指引法则，对吧？你第一要注意的是样本的时间，以及问题文件的假定时间？贾玉文说，是的。最理想的是得到同时期的样本。因为在过了一段时间之后，人的笔迹或签名可能会显示出明显的改变。陈大状说，那么，一定会有很多例子说明出书写有某一特征的字的能力在几年后是消失了的，对吧？贾玉文说，书写能力是不容易失去的。陈大状说，如某人已发展了新的签名特征，那么一些旧的特征就会消失了？贾玉文说，一般情况下是这样的，但不是说新特征一出现，老特征马上就没有了。陈大状说，因此，没有同时期的样本，鉴定人可能就会遇到一些困难？贾玉文说对。陈大状说，所以用十年前的样本，就不能说这是一个可靠性的显示，因为鉴定人不知道问题文件做成时签名中是不是还有那样的特色？贾玉文说，不对。要确定签名检材与样本是否同一，我们完全可以把近期、早期的样本综合使用，而且要分析早期样本中的某些特征，是标志着一种技能的特征、还是单纯的习惯特征。陈大状说，但无论哪种情况，隔了几年，都可能会有变化吧？贾玉文说对。陈大状说，如果没有同时期样本，你就不能对问题签名作出结论？贾玉文说，不对。作为笔迹专家，可以具体分析这些特征的变化，判断书写人有无可能在签名中出现原有的特征。任法官说，假定你有问题签名之前和之后所写的样本，是不是更好？贾玉文说，当然。如客观情况并不那么理想，我们就只能根据现有样本，分析笔迹变化规律模式，并给出我们的结论。陈大状说，在案件里，王先生最后的已知样本都是在五年前的，这真是一项猜测性工作。你是否能够说出在全部已知样本里存在的某种特色或特征在1990年问题文件里做成的日子里还会存在？贾玉文说，我不喜欢用猜测一词，这是专家的意见。陈大状说，好吧，这是专家看了样本后得出的意见。由于五年里都没有样本，专家就要想象出王先生的笔迹或签名的发展并作出一个设计来？贾玉文说，是的。由于五年里都没有样本，任何人都不能验证专家的意见。如专家只可依靠一个相同的样本才能作出同一结论，我想任何对中文签名熟悉的人也都可做出同一个判断。真正困难的是，当样本不是那么理想充分时，这时候才能体现出专家的经验和专业知识的重要性来。陈大状说，在本案里，就算包括你，都不能说，“我事实上是有证据去显示出王先生在1990年的签名一定有在问题签名里找到的特征”？贾玉文说，当然，我不可能那样说。

休庭前，陈大状提醒贾玉文两件事，一是看看笔记是否带来香港了，二是提交来港的日程表。贾玉文说都记下了。任法官说，好吧，明天10时。

73

17日开庭后，陈大状先问，昨天让你办的两件事，办了吗？贾玉文说，来、离香港的日程表已做好，而有关我在内地进行的会议记录，我没有带在身边，我已致电我的同事，尝试替我在沈阳找找。在日程记录呈交法官后，陈大状说，贾教授，如果你有会议记录的进一步材料，请马上通知我。否则，我每次都要问你了，好吗？贾玉文说好的。

这天，陈大状问的是鉴定的先后次序问题，前面问的是样本时间的重要性。

他照例引用了徐教授的著作,说,徐教授同意你的看法,要先看有问题的文件。你曾经说过,如果先鉴定样本签字,专家有可能会错误地认为,样本里找到的特征便是所有的特征了。问题是,先鉴定问题签名怎可防止这些错误呢?贾玉文说,原因有三,第一,问题文件是检验的焦点;第二,先研究问题文件及其形成条件,可以明确鉴定对象的特点是什么;第三,我们研究了鉴定对象,可以进一步明确需要什么样的比对样本。这就是说,研究问题签字是我们这起案件鉴定的出发点。所以,以我们的经验和理论来说,都强调在鉴定时,首先要吃透检材。陈大状认为贾玉文这番话并没有回答他的问题。任法官说,或许我们可以较科学地探讨这个问题。假设你鉴定问题签字并找到了六个特征,然后在样本上找到五个特征,但它们只有三个特征能对上。贾玉文说,这很有可能。任法官说,反过来,我们先在样本上找到五个特征,又在问题签字上找到六个特征,还是只有三个特征能对上。陈律师想知道,这两种鉴定次序,为什么一个能防止错误,另一个则不可以呢?贾玉文说,按我们的程序,是应先看检材,原因我已讲了,有三条。假设样本不变,我先鉴定问题文件,然后再研究样本,我还可以返回来研究检材,检验过程也是专家对检材反复研究不断深入的过程。陈大状说,如果先看样本,也可以这样反复看检材和样本。我想我们的争论点是在于,你认为如果专家先鉴定样本文件,此方法会影响其意见的准确度,这是我想问你的地方。贾玉文说,明白了。我们的一般规则是先研究检材后研究样本,如果你不先研究检材,你就不知道检材有什么样的特点。若先研究样本,那么你知道这些样本是具有可比性的样本吗?你不知道,因为你没看过检材。当然,如果一个专家看到的是全部样本,又能认真分析研究这些样本,包括快写、慢写,不同书体的变化规律,返回来再和检材进行比较,这样也是可以的。陈大状说,但你不能说先看样本他的答案就一定是错的。贾玉文说,我只说是很容易错,不是说一定的。贾玉文举例:美国专家 Lesnevich 的鉴定报告中,他只从谢先生在警局的证供上抽取了八个签名样本,他认为这八个签名书写流利,又与书写检材时间相接近,他可能认为这是很好的比对样本。不过,他没有清楚地说明样本是在什么情况下形成,他没有面对检材与样本之间在书体及书写速度上有明显的差别。这种比对得出的结论很难有说服力。

陈大状说,关于你说的内容有没有任何数据支持你呢?贾玉文说,这个规则是由广泛的经验积累而成的,不仅仅是笔迹专家,其他方面的专家,如痕迹、手印、指纹专家,在解决检材与样本是否同一问题上,也都遵守这一规则。陈大状说,我想知道的是有多少个真实个案去指出先不鉴定问题文件是错的。你是否有数据可支持你呢?这时,李大状插说,我想如果你这样问,案件会需时三年。任法官说,审问的目的是要测试答案是否为法庭所接受。贾玉文说,我没有这方面的数据。

陈大状说,你说要先鉴定问题文件的第二个原因是使你知道问题文件是在什么情况下形成及其特征。但你先鉴定样本后看问题签字,也可以找出问题签字是在什么情况下形成呀?贾玉文说,我并不是说这方法一定会错,但有时专家可能不会知道这些样本能否达到要求。当我知道问题文件是在什么情况下形成后,我再研究样本文件的形成情况,特别是两者的形成情况很相似或相同,这次序能保证鉴定质量,是有效率的。任法官说,如果先检验样本签名,你必须牢记样本的形成条件以及所有的特征?贾玉文说对。陈大状说,实质上,对于一个全面的鉴定专家来说,无论他是鉴定签字还是文件或是样本,都要牢记文件的形成时间、条件以及心理、身体状态等?贾玉文说对。

陈大状说,现在让我说说第三个原因吧。如果你先鉴定问题文件,你便会知道哪些样本是适用的。如果你先鉴定样本文件再鉴定问题文件,你仍然可以回答此问题,对吗?贾玉文说,是,当然可以,你是可以这样做的。陈大状说,如果你发现手上有的样本不适用的话,你会尝试寻找更多的样本,对吗?贾玉文说,我要先鉴定问题文件才能决定样本是否适用。陈大状说,先看样本后看检材,也是可以的吗?贾玉文说,先看检材后看样本,是很顺当的,何必翻来覆去的。陈大状说,对这个问题,先检验样本,也不会有什么丢失呀。贾玉文说,作为一个严肃的公正的专家,可能不会有什么丢失;如果他以为这些样本可以代表写字人全部的笔迹特征,那么,用大律师的话说,就可能会有丢失。规则就是规则,这个规则在中国及其他海外国家或地区都被接受和认同。陈大状说,这个规则应用于签字的鉴定或笔迹的鉴定?贾玉文说,都包括了。

这时,陈大状从面前的桌上拿起厚厚的证据札,说出其中的页数请庭上各位翻看,他说,请看这段,“如可行的话,我们不应先鉴定问题文件,而是先鉴定样本文件”。奥斯本先生没有支持要先鉴定问题文件的看法,你是否同意?

原来他翻来覆去纠缠在次序的提问上,是要诱你进入奥斯本这个埋伏圈呀。面对这记突如其来的撒手锏,贾玉文说,我要知道奥斯本这一段的标题是什么。陈大状说,他说的是调查笔迹的步骤。贾玉文说,在这里写的是否为鉴定笔迹和签字的一般规则?任法官说,贾教授,或许我能帮助你。任法官念出了一段原文。贾玉文说,也就是说,这不是用于笔迹鉴定的一般规则。任法官说,他是说笔迹的调查方法。他建议应研究样本文件,这个章节在“问题文件”这部分。陈大状说,我问证人的问题是,他是否同意奥斯本先生没有认同要先鉴定问题文件这规则呢?贾玉文说,有条件地同意。陈大状说,为什么?贾玉文说,奥斯本在这里讲的,不是笔迹鉴定的一般规律,而是在“如果可行的”情况下,他对一些具体做法的建议。作为一般方法和规则,我不同意这种说法。但是在如果可行的情况下,采用奥斯本的建议,我还是同意的。陈大状说,你现在应该明白,奥斯本所指的不可行的情况,是指不应先看问题文件。贾玉文说,奥斯本没有说必须先看样本文件。陈大状说,从他的这段话的意思,就是应该先看样本。贾玉文说,我想这段话,指的是样本比较充分,样本能充分反映出签名的变化规律,在这种情况下,如果可行的话,通常建议先看样本。但这不是一般规则。陈大状说,你说中外笔迹专家都是支持你的观点,包括奥斯本吗?贾玉文说,我是在上世纪五十年代中期开始研究笔迹检验的,我的老师是前苏联的两位专家,他们给我讲的当时国际上同行专家的一些观点,以及我看到的一些著作和论文,没有在一般规则上出现相反的观点,即先看样本后看有争议文件。陈大状说,包括奥斯本先生吗?贾玉文说,记不大清楚了。任法官举起一本书,说,给你封面看看,是不是这本书?贾玉文说,这本书我没有看过。这时,李大状说,我有些疑问,法官大人,除非你是先看问题笔迹,否则你怎会知道哪些样本可用做比对用途,何况还要记住书写时的速度和风格?任法官说,你是要与奥斯本争论,或是……李大状说,哦哦,不是。

然而,到了下午一开庭,陈大状说,其实奥斯本是支持你的。贾玉文说,我没有看过他的书,不知道。陈大状说,你不知道他支持你?贾玉文说,不知道。

原来如此。

注释

①参见《太阳报》2002 年 1 月 12 日 A1、A3 版。

第二十四章

陈大状法庭提问"王德辉"

74

"遭遇"奥斯本这一回合,就像是一个不大不小的玩笑,却提醒了我们,长期以来在文件鉴定技术领域的国际交流确实贫乏,翻译出版的有关资料、专著也仅是凤毛麟角,对于一些国际上同行的学术研究知之甚少,在这方面确实是需要补课的。

接下来,陈大状又回到徐教授的书上,念了一段关于鉴定程序的内容后说,你是否同意这一段只适合于笔迹的鉴定,而非签字的鉴定呢?贾玉文说,应包括签字的鉴定。在其后的较长提问中,陈大状想表达的意思是,签字与一般书写中出现的名字写法是有区别的,但国内专家在鉴定问题文件 A、B、C 的正文时,对出现在正文中的"王德辉"三字只用手中的签名样本进行了比对,而没有使用一般书写的样本比对,违反了徐教授书中所列的鉴定程序。贾玉文说,就王先生的签字来看,由于他的签字不是特别的设计,签字是符合书写中国字的规则的。因此在鉴定工作开始时,我们没有特意把王先生的签名与他一般书写的姓名分开,而且样本里面就包括横写格式的"王德辉"三字,也就是王先生的一般书写笔迹,而不是他的签名。事实上,我们在鉴定时所比对的内容要比鉴定报告里写的内容要多许多,但是在写报告时,我们只把主要内容写了进去,而不是全部。陈大状说,我想,这些内容是应该写进去而没有写进去,是不对的。贾玉文表示谢谢陈大状的批评,同意在鉴定问题文件正文时,放入报告里的最好样本应是书写的名字,而报告里选入的样本并不是那么理想,虽然用签名样本也能说明问题文件正文不是王先生所写。

陈大状在这里所抓的问题,其实在对方的专家那里也存在,这是由于样本不足造成的。我们在鉴定时的考虑是,不管写名还是签名,能够说明问题就可以了,现在看来是有些简单化了。当然,这也不是多么了不起的问题,它与对遗嘱签名的认定并无矛盾。任法官说,这不是关键性问题,只是一偶发的对专家的提问。陈大状则认为,这个问题有更多的牵涉,关系到方法,还有可信性……陈大状是想以此为支点来撬动我们的整个结论,这个想法显然是有些过头了,因为这只是一个样本的选择问题,而且与对问题签名的鉴定并无直接关联。

18 日,提问开始进入到王德辉的签名上,陈大状逐个问了四个问题签名和样本的笔画次序特征,他说他只想明白我们所说的“普遍相似”指的是什么。提问几乎囊括了所有笔画,很是仔细,冗长又乏味。在我看来,这种忽略特征、面面俱到的提问方式很没有效率。但是,陈大状要这样提问,贾玉文也只能有问必答,这个过程中基本没出现什么大的分歧看法。

但是,随着提问的进程,陈大状把话题引向了英文签名的鉴定上。他说,教授,你是非常谦虚的,事实上,你在英文签名方面亦做过大量研究吧?贾玉文说,做过一些研究。陈大状说,一个很繁忙的商人在签名时,如果每日要签 50 或 60 个签名,他的签名速度就会渐渐地加快并且很熟练,这个规则在中文和英文的签名上都有效?在得到贾玉文同意的回答后,陈大状说,现在,我想与你去说王先生笔迹的一系列发展,但不幸地我将要说的签名是英文的……

李大状反应很快,当即提出反对意见:法官大人,我的伙伴或许应向法官大人解释一下,为何要在这时开始英文签名的提问?这可是一个新范围。任法官同意。陈大状说,我可否叫证人离开?任法官于是很委婉地告诉贾玉文,也包括旁听席上徐立根和詹楚材,要三人暂时离开一下,他们有些法律问题需要决定。于是,我们三人到庭外休息,时间是下午 4 时,返回时是 4 时 25 分。任法官说,贾教授,对不起,刚才就一些法律问题进行了商讨。这一天的庭审也就结束了。

法官与两位大状的商谈及争辩过程肯定是不便于让我们旁听,才让我们出去的。在本案判决后了解到的大概情况是:陈大状想通过王先生英文签名速度变化的发展过程和笔画变化,来说明问题签名是假冒的。因为问题签名的书写速度是不快的,而与其同时期的英文签名则写得较快。同时,签名的笔画也都简化了,不重要的装饰都去除了。这也是一个间接的证明方式。对此,李大状的意见是,英文签名的提问与中文签名提问不属于一个方向的题目,而且被告方已经失去了审问原告方专家同一题目的机会,况且被告方专家的专业技能是在中文签名方面,不是在英文方面,增加提问英文签名显然很不公平。庭辩的结果是,任法官不准许陈大状提问贾教授有关王先生的英文签名,这样是不公平的,所以提问要限制在王先生这些年来中文签名的改变上。

其实,抛开公平因素,单从技术层面看,陈大状这样的类比也是简单化思维，并不适当。中文要比英文变化多得多，单讲汉字书法就是一门历史底蕴深厚的独立艺术，具有一定书法技能的人，想怎样写就可以怎样写，有很大的随意性和随机性，与书写时的环境密切相关。我们可以设想，王先生在书写遗嘱时，完全可能采用比较郑重的隶书风格签名，而不是像平日在商业票据上那样去签名。

75

经过双休日，21 日又回到法庭。陈大状开始对笔迹之间的“自然差异”表现出兴趣，提出了诸如它的含义、判断方法、需要的样本多少等问题。在得到贾玉文肯定的回答后，陈大状说，你认为谢先生的样本签字是否足够呢？贾玉文说，首批提供的样本基本足够，但不太合意。于是又围绕着“合意”来提问。陈大状提出一些逻辑性问题，如样本足够与不足够会怎样，合意与不合意又会怎样，是否向被告方律师提出增加样本的要求，等等。这些问题的答案其实都很明显，贾玉文随着陈大状的问题绕来绕去，但最终还是回到了最初的说法：当时提出过要多些样本，但得到的答复是，“在这阶段我们的样本便是这么多”，我们回到内地进行鉴定工作时，认为拿到的样本已足够回答问题，也就没有再要求多些样本。如果能有多些合意样本，可能会进一步支持我们的鉴定结果。因为，我们已有的样本已能显示出很广泛的差别处。陈大状又问王先生的首批样本是否足够。贾玉文说，足够，但不合意。由于缺乏 1985 年至 1990 年之间的样本，我只可以进行分析和解释。

下午，陈大状开始问有关的鉴定方式，他说，你的证供中提到，你是基于三个原因来取得结论的。第一，根据签字的整体位置、字的大小和风格等。你认为它们是一样的。第二，仔细的笔画鉴定。它们是一样的。第三，由于它们全部是用书法笔书写，你认为由不同人用同一支笔把签字书写成同一方向的机会很少。贾玉文说对。于是，陈大状拿出贾玉文提交法庭的一些鉴定图表，对贾玉文表达的看法逐步验证。贾玉文说，采用不同的伪造方式，在整体外貌上会有不同的结果，如利用投射描摹方式，可能就不会出现签字的排列问题。随后，陈大状拿出一些图表——在刚才那些贾玉文的图表上的四个王德辉问题签字都附加了直角三角形，以标示出每个字的倾斜度。这些字大部分的倾斜方向基本一致，只有少许的不同。陈大状又拿出王德辉不同时期的样本与问题签字比较。经过陈大状精细的比较，四个问题签字确实与样本之间在倾斜的角度上存在着差异，陈大状认为这种差异足以说明它们之间在整体编排上并不一致。但贾玉文认为，这些差异实在是过于细小，并不重要。这个过程中有个小插曲有点儿意思——

在问到一个护照上的样本时,签字是写在照片上的,其中的"辉"字与印章相接触,陈大状说,我们当然不知道照片上的文字是在盖章前或之后才写上,你可否跟我们说说。

在我看来,这个问题对于验证问题签名并不重要,似乎有点考试的意味。

贾玉文说,我需要看看。任法官说,根据我的理解和回忆,应是在照片上写下签字再送往政府,由政府人员在护照上盖印。陈大状说,这很合理,不过我们通常会在照片的背部这样做。

贾玉文用显微镜看过之后说,我认为签字是在盖印后才写上。

为什么呢?任法官马上要求开动投影机和显微镜。贾玉文说,你可从照片中看见,盖上印后,照片表面变得凹凸不平了。在"光"部近横画部分及横画之下和上部分有一条深粗的墨水斜线。任法官看着画面说,以及在左边的直画?贾玉文说,对。在直画左边的下部分,以及直画和下横画的交汇点,都有一条深墨水线。这些墨水线与因盖印后留下的痕迹吻合。如果签字是在盖印前写上,我们便看不见这一现象了。这个样本由于书写空间狭小,在整体编排上肯定要受影响,但还是有些特征能说明与问题签字的一致性。

陈大状继续用样本的倾斜度与问题签字之间的差异提问。我在做笔记时都感到这些问题没啥意思,都感到实在是有些难以忍耐而没有做记录。估计老贾也是这种感觉。因为这都是属于正常的差异。贾玉文终于如此表白:我想这样的编排,向左多些和向右多些,没有任何特别的意思。但任法官很感兴趣,他特别指出,问题签字的一般编排是偏向左上角或右下角,而样本 669 的则偏向上。贾玉文同意存在着差异,但在样本签字之间同样也存在这类差异,看不出其中有规律性变化,因而这些差异只能归于自然的差异。如果这种差异有其规律性,那是有意义的。陈大状说,事实上,从四个问题签字中看到,其编排和组成签字的各字未知的差别处都与样本上的不同,它们不属于样本签字中自然差别处之列,对吗?贾玉文说,我不同意。因为在样本中可以找到与问题签字很相似的部分。而且,这种细小到一毫米的计算,我看是不好的,不合适的。随后,贾玉文指出一些样本的相同处。

这一天的提问,可以说是典型的机械比对,而且是精确到了毫米。采用这种方法,尤其是精确测量的比对,显然任何笔迹对比都不会不存在差异,正如自然界没有两片相同的树叶。试想,如果仅仅因为有差异,而且不去对差异进行任何具体分析,就下个否定的结论,那么笔迹检验还有什么科学性可言?

76

22 日,陈大状继续关于问题签名与样本签名在编排上的差异提问。贾玉文说,对不起,法官大人,昨天我不是完全明白你所说的问题。于是,陈大状说,返回图表37B,我们会由基本的开始,你会看见如以正方形空格内的横线作为参考,四个问题签字"王"字的第一横画,右边高了一点,左边低了一点,是不是……

陈大状连续地提问,贾玉文连续地回答"正确"。任法官突然意识到陈大状是在重复昨天的内容,而且把问题分解得很细,不禁说道,我的天呀,你能否有一较快方法?于是,陈大状将问题提出:在将样本669与四个问题签名进行比较,四个问题签名都是向左上方倾斜,而669差不多是直的,是不是这样?贾玉文说,我可以说,在一些笔画的方向,即669签名里的横画以及在四个问题签名里一些横画的方向之间是有相同的或是相似的点;而在竖画的方向,也有一些是相似的。任法官说,我想陈大状对不相似或不同的地方是有兴趣的,对他的提问你是否同意?贾玉文说,四个问题签名的支持角一般是比669的稍微大了一点,但不是全部都这样。陈大状说,那么在其他样本里有没有与问题签名倾斜角一样的?贾玉文同意没有完全一样的样本,但是有些是可做比较的。完全一样和可做比较这是两件完全不同的事情。陈大状又用贾玉文学术著作中的观点来发问,涉及行线、中央轴心、支持角等概念。他认为贾玉文著作中的意思就是指,倾斜度不同就可否定同一。而贾玉文则说自己所论述的并不是这个意思。为了在这部分内容的理解上达成一致,陈大状、贾玉文,还有任法官,三人费了不少口舌,但似乎他们还是各有各的理解。

在讨论完一些基本概念后,又回到了问题签名与样本签名的倾斜度的比对上。陈大状要求贾玉文举出一个最好的例子,来说明问题签名和样本签名在笔画倾斜度上可比较的例子。贾玉文说,样本668、669辉字的光部两直画,军字的最后横画……那方向也可在四个问题签名里找到。任法官表示不太明白贾玉文的意思。贾玉文说,这就是说,在669里,有些笔画的方向并不与问题签名一样的倾斜,但也有一些笔画的倾斜程度是一样的。这时,李大状向任法官提议休庭,他要在几位专家离开后跟任法官谈一些看法。

于是,我们和贾玉文都出庭休息,法官和两位大状继续在庭上交谈。后来知道的大致情况是:李大状认为在对行线的理解上存在问题,行线应指的是整行字,比如一行字越写越高,形成倾斜,而不是指每个字的倾斜度。任法官认为,问题签名都是有点儿向右倾斜,而668、669和其他的样本,都与中央轴心平衡,这是问题的关键。李大状说,我不知道,那是不是贾教授所说的行线的意思……如法官大人并不接纳我的建议,那也是公平的,因为你是法官。法官大人,但我一定会再次审问这条线的。任法官说,我想你再次审问是比较好的……李大状说,我的理想,法官大人,是去肯定证人是真的知道每一个人所说的是什么,而每一个人亦都是明白他所说的事,那就是我插入的目的。当然,我对法官大人是鞠躬的。最后,任法官建议陈大状先不问涉及行线的问题。陈大状则表示可以转到对个别字的提问上去。

77

贾玉文再回到法庭时,陈大状给准备了显微镜和胶片等工具,他要求贾玉文在胶片上逐个示范四个问题签名的笔画次序,并通过投影仪细致讲解。李大状说,这样会使证人的眼睛很疲劳的。任法官说,教授,如你觉着看着投影仪感到疲劳,请告诉我们。陈大状说,任何时候,如你想休息,请告诉我们。

接下来,便是冗长乏味的笔画梳理。四个签名的每一个都要在胶片上描一遍。陈大状不时对笔画提出质疑或断言某处有重描,贾玉文就要加以解释或断然否定。李大状也偶尔指出,陈大状的提问,在他自己的专家证明里并没有提及过。任法官对陈大状说,我想你最好还是集中在有分歧的地方提问。

我作为旁听者早已是不耐烦了,也懒得记笔记了,都是关于笔画的写法,说实话,这笔记也确实不好记,直接用图标示还便利些。这样的提问用去了两天多时间。我想,在这里只把其中的分歧归纳简述一下,其他内容实在没啥好写的,不写也罢。

关于王德辉问题签名 A 王字的另起笔和色调问题。

在王德辉问题签名 A 的王字上,竖笔画与第二横笔画交接处,陈大状说,那里有一重新接触的起笔,墨水的颜色也是不同的。陈大状说,你可从郑先生提供的相片清楚地看见色调的不同,上部分颜色比较深,而这横画部分,以及向上的部分,它们之间有一清楚的色调分隔线。

贾玉文说,在显微镜下的原件上,看不见陈大状所说的颜色色调不同,也没有所说的清楚的分隔线。在电脑屏幕上,可见一较深的斑点,但你不能在显微镜下看见。贾玉文提议,让陈大状看看显微镜下的显示,看看他所谓的分隔线。

任法官说,那么你是说在显微镜下所观察到的和我们在屏幕上所观察到的是不相同的?贾玉文说,正确,效果是不相同的。

于是,陈大状一方的专家徐志强先生先来看显微镜,然后是陈大状、李大状看,任法官也过来看了。其后,陈大状依然坚持他的看法不变:有另起笔和颜色的不同。贾玉文说,我不能看见任何不流畅的部分。

关于王德辉问题签名 A 德字的"膨胀"问题。

在王德辉问题签名 A 中,德字下部的心字左边的斜点处有一"膨胀"部分,其形成笔画无法看出来。一般来说,这应是使用书法钢笔时墨水下注过多造成的洇散现象。陈大状要求贾玉文在显微镜下观察并解释这处"膨胀"。贾玉文仔细讲解了他所理解的那个心字的笔画次序,指出那里有笔画的相交和重叠。

但是，陈大状并不认同，他觉得这样写不会出现“膨胀”。贾玉文说，因为问题签名使用的是书法笔，笔尖较粗，而左边的交角较小，再加上墨水的洇散和融合，就很可能形成一个圆滑的凸起。陈大状说，那为什么笔画的外缘不圆滑？贾玉文说，我只能用偶然性来解释。哲学上有个观点，叫做偶然中包含着必然。我们可以看看王先生 1985 年的一个签名样本，也出现了类似现象。贾玉文正要举例说明，但陈大状先提问，你所告诉我们有关的笔画次序，是基于你的经验，而不是基于你在显微镜下或其他方式的任何特别观察而获得的吧？贾玉文说，我需要依靠问题签名 B、D 和 C 的三个德字加以比较，并作出一个加强的评定。陈大状说，这个“膨胀”部分是不是不可解释？贾玉文说，这处笔画的边界或走向我不能清楚地看见，但我想我完全可以解释。我请你们看看王先生的个人签名样本 4 - 1，那是在 1985 年写的。

于是，样本 4 - 1 被放到显微镜下，并连接到电脑上和投射到银幕上，大家都能看见。那个德字的心部左边是多写了一个斜点，由于没有墨的洇散，笔画可清楚确定。陈大状说，你可否排除这种可能性，在屏幕上所见的一点只是一种意外？比如，在书写后，不喜欢这样写，或位置不太对，又重新开始。贾玉文说，我是实实在在地在样本中观察到的，至于王先生当时怎么想，我怎么能知道？任法官说，为什么会写成这样呢？贾玉文说，因为一个人的签名未必每一次都是按一个模式去签，它会有一些变化。按照这个签名，极有可能是，当签名人发觉这个撇笔不够长时，就单独加了一个点的笔画。但是，陈大状依然紧紧咬住那个膨胀部位，认为是极不自然的笔画，有重描。贾玉文说，这是你的观点，不是我的观点。

这时，陈大状取出一张问题文件 A 的胶片说，这是直接来自最初底片的照片，效果最好，让贾玉文在显微镜下看并讲解笔画。陈大状说，我想你早些时候的答案是，这是一个斑块，你不能看清是什么，现在你应该能说得出来了吧？贾玉文一看这张照片，确实比自己手中的要清晰些，在显微镜下仔细观察后说，是的，现在我可以看清楚些了，而且我找不到任何基础来支持你的看法。陈大状说，但是无论怎样，此部分很明显是有过重描。贾玉文说，这不能看成重描。陈大状说，从照片上看，这里的墨水颜色不一样。贾玉文说，我认为用这种书法钢笔书写，折角笔画上墨水浓淡的变化是正常现象，没有明显的界限。

关于问题签名 B 德字撕裂处的争议。

在王德辉问题签名 B 的德字中，有一处微小破裂。就这个地方发生的辩论有点儿意思。陈大状的看法是，此处墨水颜色不同，是重描。贾玉文说，纸张破裂肯定给墨水等物质造成破坏，但我看不出颜色有什么变化。陈大状说，教授，如果我在原来的文件有笔画的部分撕开文件，这会使没有撕开的部分损失墨水？贾玉文说，现在你写一笔画并撕开它，效果当然不会一样。陈大状说，那么假设我今天写一笔画后撕开，三年后会产生同样效果吗？贾玉文说，那就请大律师自己去处理这件事吧。

关于问题文件C上王德辉签名王字疑被抽取墨水物质问题。

在王德辉问题签名C中的王字上，中间一竖的连笔处有一破损，我们在鉴定书中已清楚地讲明，在复印时发现此处有划破痕迹，并稍有翘起，其原因可能有三：一是书写时笔尖划破纸张，二是此处笔画被提取了墨水，三是复印时触及已破损的纸张。但陈大状的提问却让我们有些不明白。

任法官说，我从没有允许任何人在问题签名中抽取墨水，而且每次使用后都要检查文件然后再封口保存。但是，现在发现C的裂痕变得更明显了。陈大状由此提问贾玉文等三人在政府化验所检验文件时的情况，问题包括检验的第一天有无复印、使用了什么仪器、什么时候发现文件上的破损等。贾玉文都一一重复了我们在鉴定书中所记录的实际情况。

陈大状说，当你在复印文件时，陆先生提出过那个文件是有撕裂的痕迹，对吗？

在我们当初检验文件时，这个陆先生是原告方在场的律师代表。我们在鉴定书中是这样记述的：当三位鉴定人询问在场的律师是否知道检材字迹笔画已被提取过墨水物质时，在场代表原告的律师表现出很惊讶的样子回答说"不知此事"。但现在轮到贾玉文惊讶了，他说，陆先生什么时候看到了？

陈大状说，在你复印时看到了。贾玉文说，他怎么看到的？陈大状说，用肉眼看到的，陆先生向你提及文件上有小部分不见了。贾玉文说，我不记得他有没有问这个问题，但我邀请陆先生到显微镜上观察这处破损，他用显微镜看到在王字上是有丢失部分。

陈大状说，陆先生提及这个问题后，你们三位都说失去的部分是因为抽取墨水造成。贾玉文说，他是否说失去的部分是什么？陈大状说，我不会回答你的问题，我是在问你当时的情形。任法官说，当你向他问问题时，他有权澄清。他不是在向你发问或需要你提给证供。于是，陈大状作出回答，其实陆先生没有实在地表明是什么遗失了，他只是提出问题，有些东西遗失了。贾玉文说，我记不起当时的情形。当我们检验这文件时曾商量这问题，复印中我们发现破损，到后来复印完毕，我们将它放在显微镜下审核，又请陆先生一起审核，经过就是这样。

其间，任法官两次问陈大状，此事与案件有什么关联。陈大状说，是有些关联，但不是很多。主要是这些专家对这件事太防卫了，他们又特别作出很仔细的报告。在指出那是由于抽取墨水时，双方的律师都不承认，但是他们觉得需要在报告里指明是他们的证据。

任法官说，贾教授并没有说就是因为抽取墨水，还提到了另两个原因嘛。

以我的意思,我们在这里应停止,因为完全没有关联的。陈大状还要就此提问,但终被任法官制止。

原来陈大状费了半天的口舌为的是这原因。在前面他已经表示过不满,我们一直不明白是在什么地方有所“冒犯”。我想,如果在鉴定书中我们不写对方律师很惊讶或写双方律师都惊讶,恐怕就不会有这段纠缠不休的内容了。但是,陈大状所称是陆先生先发现破损并提出问题,以我的记忆,这是根本没有的事。因为检验原件的是我们,而陆先生只是在一旁监督。

关于问题签名C的德字。

王德辉问题签名C中的德辉两字笔画,似乎在书写时钢笔加过墨水,形成了比其他三个问题签名都粗重的笔画。我们在检验时主要是看整体风貌以及运笔的习惯特征,虽然笔画粗重而在其他方面并无异常,因而作出同一认定。但是,陈大状可以通过机械比对从中挑出许多所谓的差异处,甚至不好解释的笔画,作为攻击我们观点的根据。陈大状说,德字的第一笔有重写。贾玉文说,这一笔不是一次完成,有二画或三画,可以叫重写。陈大状说,如果是王先生的签名,为何他会重写这一笔?贾玉文说,我不清楚他写字时的思维及原因。任法官说,这个重描是不是伪冒的标志?贾玉文说,我认为不算是伪冒的标志,只是偶然形成。陈大状说,为什么不算?贾玉文说,因为我要看是否有其他的伪冒特点存在。

依我看,这里出现的德字第一笔的重写完全可以合理解释。一般情况下,我们写字在钢笔水不足时,习惯于连写两下或多下,然后吸水重写。签名人写这一笔时很可能就是这种情况,由于刚吸墨水,下水过足,结果形成了一个浓粗的点状笔画,但其中留下了重写痕迹。

只是陈大状并不认可这些,他认为重写就是伪冒了,他开始念贾玉文专著中关于模仿笔迹特点的段落,然后问贾玉文同意否,在得到贾玉文的认同后,便接着指出这里有形快实慢、那里有重描。贾玉文说看不出来有此类情况。陈大状甚至认为笔画粗重洇散的地方是用笔一下一下填满的。贾玉文说,如果是填补的,用显微镜会看到很多不实的地方,另有枯点的笔画,这里却没有。

其实,陈大状提的很多问题完全是由于没有使用书法钢笔造成的。在法庭上当贾玉文用圆珠笔照着问题签名临写时,根本就形不成签名那样粗细变化的笔画,于是就有了诸如填墨的诘问。

对于王德辉的问题签名D,仅提了德字的笔画,不外乎笔画的粗细变化的形成原因。最后问题转到了笔力和笔压的讨论上。贾玉文说,笔压是笔尖对纸的垂直作用力,而笔力包含笔压的因素,即轻重节奏的变化,还有行笔的力度。笔压和笔力既有联系又有区别。一个人的笔力快慢轻重是有节奏的,而伪冒者体现不出来这种节奏。任法官说,模仿最难的是原书写人笔力的变化规律?贾玉文说是这样的。

78

问完四个王德辉的问题签名,春节已然临近,1 月 25 日迎来节前最后一天的庭审,陈大状主要问了这么几个问题——

关于写名与签名的区别。根据王德辉的样本中的写名与签名,我们判断二者的基本特征是相同的。陈大状提问,写名会否出现隶书风格、会否出现签名中看不到的特征等等。贾玉文说,这些情况不好说。任法官说,笔者签名时的动作是否属于潜意识和很自然,并且比写名写得更好呢?贾玉文说,对,很有可能,因为始终这是个签名。陈大状说,事实上,这不只是有可能,而是几乎肯定,是吗?贾玉文说,这个不重要。任法官说,你可以说是不重要。但对于我们来说,这两个字包含很大的差别。陈律师,请继续……

任法官在此处的用语让我隐隐感到某些背后的东西,他使用"我们"一词,应该是指他和陈大状了,这似乎是一种下意识的流露。此前任法官给我的印象,一直是站在客观中立的立场上看待双方的观点,但是他的倾向性还是一点点地表露了出来。在后来的一审判决书中,他把写名与签名完全对立起来,而根本不顾二者之间的相似特征,使其成为攻击我们的一个论点。在这一点上的分歧,说到底仍然是基本方法的分歧,即是采取具体的综合分析方法还是以机械比对的方法进行笔迹鉴定。况且,我们鉴定的任务对象是签名而不是写名。

关于问题文件 D 的签名位置。这份文件是用英文写成的,上面的王德辉签名和谢炳炎签名均为竖写,我们在鉴定书中把它作为一个一般性特征,即四个王德辉的问题签名位置大体相同。陈大状说,文件 D 的正文是横读的英文,为什么签名要竖写?贾玉文说,由于内容是英语,他应以英语签写。但为什么文件 D 会是这样,我很难做判断。陈大状说,王生在文件 D 这位置上签名很不寻常?贾玉文说,这很难说。因为前三个问题签名都是竖写,他可能会以同一个方式处理第四个签名。这个可能性是存在的。

关于四个王德辉问题签名的同一认定。我们主要是通过四个问题签名进行比较得出结论的。陈大状提问,对签名之间的差异点是如何看法?没有通过与样本比对,如何就作出同一认定?贾玉文说,差异点这里有两种,一种是一般的自然的变化;另一种是签名者个人书写习惯的多样性的表现,就是说,有时这样,有时那样,这种多样性是他的特征。陈大状说,在你没有与样本比对的情况下,你便不可以不理会除了属于自然的变化之外的不同点,对吗?任法官说,我完全同意。贾玉文说,这个阶段,我们是有样本的,但我们根据差异点的部位等,是可以判断出这种差异是否重要。我们认为,这种差别是一个人书写多样性的表现，正像我这个人，会有笑、激动、严肃等表情，这就是我的表情的多样性。王先生的签名中也表现了这种多样性。我们根据四个问题签名中的相同点，虽然也可以作为是同一人书写的根据，但如果把签名特征的多样性表现，与已知样本中的相同点进行比对，那么这种结论的根据会更加充实可靠。

实际上，我们在比对了四个问题签名后，紧接着就是与样本签名的总体比较，所有的相同点、差异点都进行了检验，作出了合理的解释。这就是说，虽然鉴定报告在表达上是分成几部分的，但在实际鉴定中并不是把它们割裂分离，它们互相之间都是融会贯通的，我们都是从整体上去加以把握的。

关于王德辉问题签名中的抖动问题。在综合检验问题签名与样本之后，我们认为，大体可以认定，问题签名为王德辉亲笔所写，但是还有一个不好解释的现象，即问题签名的某些长笔画存在抖动现象，而在样本签名中却没有这种现象。后来，我们了解到王德辉从马上摔下来的事实，由此判断，问题签名中的抖动很可能与王德辉摔伤的事实存在着因果联系。我们在鉴定书中是按这种分析进行表述的。陈大状总是喜欢从程序上寻找破绽，他说，你们在没有找出抖动原因前，就认定是王先生的笔迹了？这时候是不是不能给结论？贾玉文说，我们是在进行了完整的研究后才下的结论。我们对抖动有个一般性的判断，即它不是由于模仿形成的。陈大状说，我想知道，抖动发生在什么部位，才能不是伪冒笔画？贾玉文说，抖动的部位是重要的。因为模仿的抖动容易发生在连笔、环绕的笔画上，还有长的笔画上。陈大状说，事实上，问题签名的抖动就是出现在长笔画上。贾玉文说，这需要进行综合评判，不能说有抖动就是模仿，还有疾病、年龄等原因，也能形成抖动，而且多出现在长笔画上。就本案而言，我们经过评判，认为抖动的原因很可能与王德辉的摔伤相联系。

关于签名的隶书特点问题。王德辉问题签名带有明显的隶书特点，在18个签名样本中，只有1958年和1961年的668、669这两个样本具有明显的隶书特点，而在其他样本中，只是个别笔画有隶书特点。陈大状说，有没有考虑，王先生过去就有这种知识，有了这种知识后，可以在任何时候表现出来？贾玉文说，对，如果会隶书签名，正常情况下，不会很快丧失。陈大状说，签名是一个很自觉性的动作？贾玉文说，那当然。陈大状说，如果王先生自觉地签名，会反映他的习惯？贾玉文说，反映习惯是肯定的，但不限于原来的需要，他还可以调度自己的需要，完成最好的签名。陈大状说，作为一个鉴定人，有争议的签名是怎么在样本中体现的？贾玉文说，有争议的签名比较好地体现在样本668中，其次是669，其他签名只是个别笔画上有隶书特点。我作为一个鉴定人，对四个有争议签名经过检验，进行全面比较，认为是完全可以作出同一认定结论的。至于1985年时，没有看到有这种突出特点的签名样本，只能说现有样本写得都较快、潦草。而1985年以后王先生的签名是什么样，我们没看到，所以假设有争议签名是1990年写的，那么1990年王先生会不会写出这样的签字？我认为王先生有能力写出来，这是一个推断。陈大状说，有争议的签名与样本668、669的角度是有差异的。贾玉文说，这种差异，我认为太微小，可以不考虑。陈大状说，上次让量谢先生签名的高、宽比例，你也同意是检验的根据之一呀。贾玉文说，是一个参考的根据。但必须是差别明显。陈大状说，在我们的证据中，有一个方程式对签名的差异进行测量，通过分组测量比对，可以作参考。贾玉文说，在中文笔迹鉴定中，不用这种做法。测量计算用统计学的方式是可行的，但只有差别明显，才具有区分意义。

79

2002年的春节基本没给我留下什么印象，回京后主要就是休息了，十来天的时间一晃而过，正月初五我们就都回到了香港。2月28日，也就是初七，贾玉文继续出庭作证。

陈大状用了四天时间对四个王德辉问题签名进行了最后的提问，但仍是以笔画的长短、间距等差别为主要内容。

关于王字的第一横笔。陈大状说，年前问的是王先生的签名。有关王字的第一横笔，已知签名是平的，问题签名是斜的，请你解释。贾玉文说，我认为主要是书体变化的原因。陈大状说，怎么会突然改变书体？贾玉文说，这不是突然改变，是用具有隶书特点的行书签名。陈大状说，在以后的签名中怎么没有这些特点？贾玉文说，不是全没有，只是隶书的特点不明显了。陈大状说，王先生为什么要用不同的书体？贾玉文说，我想这是王先生的知识技能决定的，他可以根据需要决定写什么书体。陈大状说，你可否进一步告诉我们，为什么要用这种特殊的书体？贾玉文说，王先生当时怎么想的，我不知道，无法证明。

关于王字第一横与竖笔之间的空隙。我们认为，此处有空隙，在样本与检材中都存在，所以把它作为一个特征提出来。陈大状认为，检材的空隙要大些，样本的要小些，而且有的样本，如写在照片上的签名样本，不好进行比较。陈大状说，按照贾教授书中的观点，形成笔迹要受到诸多因素的影响，比如在粗糙不平的条件下对书写的限制。那么在照片上的那个签名样本不是好样本，可比性差。任法官也说，是不是不应该用照片上的签名与有争议签名比较？贾玉文说，我只是拿有空隙这一特征去比较，至于那空隙是大于还是小于0.5毫米，我认为不重要。

关于书写速度问题。陈大状说，王先生的签名是有三种速度？贾玉文说，在现有样本中，速度是不同的。陈大状说，由于签名是自觉的，不同时期的速度是一致的，对吗？贾玉文说，不一定对，签名速度要受到书体的影响，楷书要比行书慢一些。陈大状说，书体一样，速度是否一样？贾玉文说，差别没有多大……

他们的对话就这样不咸不淡地进行着，没有什么原则性分歧，倒是任法官提了一些关于隶书的问题，诸如：检材具有隶书特点？样本 668、669 都属于隶书特点？圆珠笔也能写隶书字吗？隶书是书法家写字时开笔重收笔轻吗？在一一得到贾玉文肯定回答后，任法官说，我这些话不是证言。我是听了你的证言后，才知道签名有隶书的特点，我也试写了一下。等这个案件判决时，在判决书上，你会看到我有隶书特点的签名。当然，我不是证人，所说的也不是证言，这是我要说明的。

关于辉字车部的第一横笔问题。在开庭第 78 天时，贾玉文曾谈到过，问题签名 A、C 中辉字车部的第一横笔的收笔写法，在样本中没有找到。陈大状再次提出。贾玉文说，这不是一个特有的特点，应把四个签名综合起来看，不能把个别的自然变化当做特有的特征。陈大状说，这正好证明了签名不是真的。贾玉文说，不能只拿一点来说明不是真的。任法官说，你可以解释吗。贾玉文说，因为书体不一致，容易出现差异。陈大状说，如果伪冒人用真名去伪冒四次，四次的特征不可能一样，你同意吗？贾玉文说，这是可能的。陈大状说，可是所有样本中没有这种变化。贾玉文说，我是在综合比较后，看到有那么多相同点，只有这么一个差异点，我认为是可以解释的。陈大状说，你在回答中，不应把问题签名 C 放在其中，因为它与 A 不一样。贾玉文说，这样精细地看它的变化，没有必要。陈大状说，你认为 C 这个笔画的收笔应是怎样？这一笔与其他三个有差异的。贾玉文说，如果这样看，18 个签名样本中都不一样。陈大状说，要点是，如果差异点不能得到满意解释，就不能说是真的。贾玉文说，不对。要想满意，就要将所有特征满意地找到，但这种情况很少，差异点是普遍的，这就要靠专家去评判差异点的性质，是自然的或是偶然的变化。陈大状说，你在当时作证时说是偶然的变化，不是伪冒的，原因有两个，一是伪冒者根本没有这样的样本，二是不大可能是伪冒者的习惯。贾玉文说，假如是伪冒的，为什么在样本中没有？第二个原因是这些样本中没有伪冒者得到的样本。陈大状说，你给的原因没有逻辑性。贾玉文说，我觉得我说得很有逻辑性，因为你要模仿，必有样本，没有样本模仿谁？任法官说，双方的意见不一，这要由法庭来定。相信所有专家都会有这个看法，有一个重大差异点得不到解释，那就是伪冒的。贾玉文说，对，一定要是重大的差异点得不到解释。任法官说，大律师向你指出的也是这一点，因为样本中找不到，又得不到合理解释。贾玉文说，我认为只是一种偶然的变化，不是本质差异。任法官说，你说的我们都理解，问题在于怎么理论，大律师认为不合逻辑，你认为合乎逻辑。贾玉文说，我在回答大律师提问时说，为什么找不到样本却又是模仿的？我的回答是据此而说的，是很有逻辑的。陈大状说，现在说第二个理由，你说伪冒人不会把自己的习惯流露出来？贾玉文说，特征的出现是多方面的，不一定差异点就是模仿人流露的特征。一般伪冒者只是看形态，对特征是没有研究的，对一些差异点找不到样本就说是模仿，没有这个逻辑。因为差异点形成的原因是多样的。任法官说，另外一个原因是，伪冒者没有注意到这一笔画是向左还是向右，你同意吗？贾玉文说，这一点我们叫走样，模仿得走了样。

关于特征的比对数量问题。陈大状认为在我们的鉴定报告中所列举的特征太少，他说，问题签字A的王字只提了两个特征；C的王字提了笔顺，而在A、B、D中没有提。贾玉文说，这里没有具体写出来，实际比对既要看大体特征，也要看运笔细节特征。至于笔顺，王字的笔顺特征都是一致的。陈大状说，凭王字的两个特征你就可稳当地说是王先生写的？贾玉文说，问题不合逻辑，我说王德辉三字是王先生写的，至于王字写的不具体是另一回事。陈大状说，你提出王字的两个特点，你用了两个样本，想说明什么？贾玉文说，第一想说明横画，样本669也有稍稍上扬的趋势；第二是它们的连笔方式相同。陈大状说，只提出两点，符合点是不是太少了？贾玉文说，同意，我们举例太少，列举的特征也没有详细展开说明。任法官说，你们三位的报告只举了几个例子说明，选例子时是选反映特征比较好的，是吗？贾玉文说，应该是这样。但这个报告写得比较简单，应该综合起来写。任法官说，如果最好的例子不能支持你的观点，不好的例子也不能支持，是吗？贾玉文说，当然。陈大状说，你刚才说这个报告应该是综合写，什么意思？贾玉文说，就是应该将四个王字与样本综合比较，把细节特征逐一列举出来更好。我以前说过，我们写的这个报告是有缺陷的。陈大状说，你觉得应该写得更细些，那么一个笔画的起、收、运行特征是应该指出来的，对吗？贾玉文说，我们讲运笔，就包括了起、行、收的特点。陈大状说，那么你没有写进报告是不对的。贾玉文说，我不认为不对，因为讲运笔就包括了起、行、收笔的过程。

关于特征概念及其标准的分歧。陈大状说，符合点就是指个人特征？贾玉文说，我理解个人特征，很少有独一无二的特征。所谓个人特征是若干具体特征的一种组合，靠这个组合来体现一个人的特有风格。陈大状于是指出王德辉签名样本与检材的差异点，包括有的笔画长一些，有的起笔比较重。贾玉文说，我认为这些都不重要。有的在同一笔上也有很好的符合点，有的笔画容易变化。陈大状说，关于特征组合，在数量上是不是太少了？贾玉文说，你说的个人特征，笔压、长短等和我理解的不是一回事。按你的标准，已知样本与有争议签名要一模一样，这是不可能的。

陈大状说，现在看德字，左边的竖笔很长，已知样本的短；右边部分有差异点。贾玉文说，左边部分的长短，首先要看比例，从它们的比例看是差不多的；右边部分只能大体去看。陈大状说，这样标定的标准太低了吧？贾玉文说，不，这个特征价值比较高,一般人不这么写。

陈大状说,你是根据所有的分析之后才作出结论的?贾玉文说对。陈大状说,根据你在报告中所举的符合点例子,我的结论是,你的结论得不到支持。贾玉文说,不对,报告的缺点并不能掩盖事实。任法官说,如果有十个特征,一个找不到根据,你可根据其余九个作结论,对吗?贾玉文说对。

在进行德字的具体笔画细致比对时,贾玉文说,有些地方不一样,但不算是重大差异,比如德字右边中间的四部有时是画一个圈代替,可算作是一个变化特征。陈大状说,教授,你定的这些符合点的标准太低了。贾玉文说,我想不出来还有什么更高的标准。陈大状有些不好意思。任法官说,请具体说说。贾玉文说,大律师说标准太低了,我回答想不出还有什么更高的了。正面说,我的标准是高的。

陈大状指出检材 D 德字的偏旁与 668 有差异,贾玉文完全同意。陈大状说,笔画的起笔对笔迹鉴定是很重要的话,这是不是重要差异?贾玉文说,你看 668 和 669,不是也有差异吗,难道因此就说不是王先生写的吗?陈大状说,你是不同意我的观点了?贾玉文说对。

陈大状说,现在看辉字,669 的军部很长,检材 A 的军部很短,这就不一样了。贾玉文说,那么 668 也不是王德辉写的了。陈大状一时不明其意,瞪大了眼睛,后经任法官再次提问才明白。陈大状又问军部的笔顺写法,然后说,你刚才指出的笔顺不是价值低,而是没有价值的。贾玉文说,价值不是很高,不要说的太绝对化了。陈大状说,作为一个专家,依赖笔顺是不适当的。贾玉文说,专家是很注意笔顺的。陈大状指出 668、669 辉字军部笔顺与检材 A 是不一样的。贾玉文说,不是完全一样。任法官说,或者说有不一样的地方。贾玉文说对。陈大状说,总的来看,符合点有,但应考虑差异点。贾玉文说对。陈大状说,符合点比重不大,对吗?贾玉文说不对。

关于问题签名王德辉的提问主要的内容大致是这些,对方基本是按照我方报告中提出的符合点和差异点来提问的,此外还不厌其烦地提问了笔顺写法,占了相当多的时间,他们也有笔顺写法的一套标图,但是贾玉文对其中一些的笔顺分析是不同意的。因这部分并不直接涉及签名的真伪,所以在我的叙述中给省略了,免得把诸位读者搞得昏昏欲睡。由于我们的报告在挑选已知样本时,没有注意到全面性、具体性问题,因而被对方抓住反复提问。这虽然在内地目前是无关紧要的,但必须引起足够的、实实在在的注意。对方主要就是说我方比对找的特征点标准不高,还有就是在差异上大做文章。贾玉文对此很快就摸透了,顺手拈来样本之间的差异进行反驳,往往使对方没有了进一步的说辞。对于搞机械比对的那一套观点,只要理论联系实践地加以剖析,就能明确其局限性和荒谬处,也是不难应对的。

第二十五章

陈大状法庭提问“谢炳炎”

80

2002年2月22日,开庭后便进入了对四个问题签名谢炳炎的提问。一开始似乎陈大状是在请教问题,诸如为什么需要指出四个签名是在同一位置?你是怎么决定四个签名的书写水平是同样的?横写签名与竖写签名是否具有可比性?等等。这些内容基本是我们的鉴定书中所涉及的,听着好像是让贾玉文再说一遍,看看是否一致,其实是想从中寻找破绽,或是顺势发挥,就此提出质疑,但有时候却不由自主地显示出陈大状在笔迹鉴定方面的知识欠缺。比如,陈大状说,你说要考虑运笔是否流畅自然、合乎法度,这里的法度含义是什么?贾玉文说,我是指他的运笔是否符合这种书体的笔法。陈大状说,比如说,谢字的言字旁,一横的笔画从左向右写是合法度,从右向左写是不合法度?贾玉文说,你的说法太简单,几乎没人把笔画从右向左写的。

陈大状提问,在看书写水平时,鉴定书中只挑选了1990年和1999年的四个样本,相差9年,书写水平怎能一样?事实上书写能力是有衰退的,1999年样本较之以前的字有更多的抖动。贾玉文不同意陈的说法,指出在1990年之前和之后的样本里都有明显的抖动现象。陈大状又让贾玉文一组一组对比。经过放大图表的对比,陈大状没有得到他需要的根据,于是他又把提问转到了书写速度上。在得到贾玉文关于书写速度变化致使笔画素质变化的回答后,陈大状马上提问,你的报告里说检材与样本的书写水平是相同的,而现在你又说是有区别的,这怎么讲?贾玉文说,我说书写水平相同,是通过对谢炳炎签名的分析,指谢先生的书写技能是相同的,至于由于速度过快而使笔画的素质下降,这也是谢先生的书写水平和书写能力所决定的。比如,一部汽车以120迈速度行驶很平稳,当车速提高的170迈时,车可能就出现摇摆。车如此,人的能力也是如此。陈大状说,当然,一个人的能力不像机器,同意吗?贾玉文欣然同意。

陈大状确实把机械比对的理论发挥到了极致,即使有毫厘之差也要给挑剔出来,而在这里却说起了人的能力不像机器,真是灵活机动,想怎么说就怎么说。只是老贾所比喻的意思与人不是机器并不相矛盾。

陈大状说,你在报告中拿样本与检材做细节比较,在笔画的比较上,是否同意谢字言部的第一、三横笔长度,检材与样本是不一样的?贾玉文说,四个检材之间也不是一样的,而样本与样本也不一样,有的样本与检材中某些言字旁也没什么区别。陈大状要求贾玉文就言字的一、三横笔逐一进行比较。贾玉文说,这样比较不科学,专家更看重的是邻位笔画之间的比例,那就是看第一二笔画或第二三笔画之间的比例。而且我们看比例,也不会去量长短看是否差零点几毫米。

但是,陈大状坚持要问,任法官也要问,于是贾玉文根据要求进行比较。陈大状说,在现有的1990年样本中,谢字言部的第三横笔没有像问题签名中那样长的笔画。贾玉文说,我想,已知样本中的书写条件与检材形成的条件相同的不多,所以尽管有争议签名与1990年样本相比,言部笔画有差别,但不能认为是多重要的差别。而且在1994年的样本中,言部第三横画是短的也大有存在。

陈大状又问了谢字的"射"部,认为身字和寸字二者的高低是有明显的差别。就这一点问了许久,基本是按照机械比对的路子,稍有不同就把它当做差异点,而对于相似点则少有理会,或者说这样的相似点很一般,价值不大。贾玉文当然不能同意陈大状的看法。于是法官将其确定为两方的一个分歧看法。第一天没问多少内容就过去了。

我觉得,到了谢炳炎这部分,陈大状的提问战术偏于直白,基本不再引用贾玉文的论著观点,就是问你认定的相同点或特征是什么,然后找出不相同的样本或笔画予以反驳,以此来证明我们的鉴定没价值,或者称某处有重写,等等,有时候为一个笔画要理论上很长时间,枯燥至极。所以,我也只能选择一些比较典型的内容加以记述,以便大家能够对这一段庭审情况有所了解。

关于谢字的交接点问题。一是指身部的竖钩与小撇的交接点。陈大状让贾玉文描述小撇与钩笔画的交接点。贾玉文说,小撇与身的钩笔,顺序是先有钩,然后经过三个横笔画的书写运动,最后形成短撇。撇与钩之间,只能以钩为参照,看出撇比较短,至于钩与撇之间交接的具体位置,并不重要。陈大状说,我说的是撇笔的长度,检材上的小撇都写得较短,与1990年样本不一样。贾玉文说,不能这么简单地看问题,因为还必须考虑到其他因素的变化,如速度、书体等。陈大状说,就是由于这些因素导致的变化吗?贾玉文说,对。你可以看看,一是1999年样本里的那一撇也是有长有短。二是在寸部中一点与竖笔的交接点,陈大状问有什么特征。贾玉文说,点笔搭在竖笔中偏下的位置。陈大状说,这些位置,很多人都这样写,根本不是特征。贾玉文不同意,说,标准写法点与竖笔是不相连的,只是在这里虽然是个特征,但不是很特殊;至于点笔与竖笔相交时交接多少,这并不重要。

关于炳字的特征。陈大状说,关于炳字的特征,你提了两点,包括笔顺和笔画搭配比例。你认为炳字的笔顺特征是什么?贾玉文说,主要指左边的火部,左右各一点,再写撇、捺。陈大状说,这个笔顺特征有什么特殊的?有什么根据?贾玉文说,一般是这样写,有的人不这样写。在顺序上,先是左边一点的收笔轻轻向上提,向上运动有两个目标,一是向右边的点笔起笔点,二是向撇笔的起笔点。但是,左方点笔收笔没有上回笔的趋势,而撇笔的起笔又是左上向左下的弧形运笔。仅此一点,我倾向是写了左点接着写右点。陈大状说,左边那一点是往上的,对吗?贾玉文说,是往上,但往上的方向不一样。陈大状说,根本没有任何理由说你的观点是对的,同意吗?贾玉文说不同意。陈大状把检材A的炳字放大让贾玉文看,说,左边一点的收笔部分,你会看到没有墨水。贾玉文说,我认为左边一点的收笔可以看出,是向着右上方的。

随后,陈大状又让贾玉文看检材B的炳字,然后是检材C。贾玉文说,我曾说过,判断笔顺应该是参照几方面进行,而从未说过只根据一点就能判断,比如炎字里也有火部,就可以参照,这样根据才充分。陈大状说,你要把炎字联系起来支持你的结论?贾玉文说,是需要把炎字联系起来进行综合分析。在炎字中虽然看不到收笔点,但能看到运笔的方向,这方向与右边点的起笔点呈相交。陈大状对着放大的图表说,如果炎字是这样写,是不合逻辑的。贾玉文说,我看不出有什么不合逻辑的地方。陈大状说,你就这样断言?贾玉文说,我作证,当然是我断言了。陈大状说,如果你的假设是对的,价值也是不大的。贾玉文说,我不同意。

关于炎字的特征。陈大状说,炎字的符合点是什么?搭配比例是一个特征吧?贾玉文说,还包括上下火字的比例是一致的。陈大状说,你比较所有的样本与检材特征都一致?贾玉文说,不是所有的字都一样,它们也有变化。陈大状说,上下两部分大小一致,这是一个共同点吗?贾玉文说单就上下大小而言,这只是一般的特征。陈大状说,在这案件中,这些特征有什么特殊的?贾玉文说,上下火字点笔的搭配比例关系很有特点,这些笔画可以交融在一起,如检材A、B等。陈大状说,检材D的炎字笔画就不是这样的。贾玉文说,人写字不是机器,不可能丝毫不差。陈大状说,炎字最重要的相似点是什么?贾玉文说,上面火字的撇、捺笔画较短,下面两个点的起笔位置,在四个检材中基本上是一致的,因为它们还有细微的差别,如A、C右边的捺笔和下面的点笔,B、D上面的捺笔稍稍向右突出一点。我所关注的是类似这样的搭配比例特征。陈大状说,这一特征与样本比较是很多的，对吗？贾玉文说对。陈大状说，像样本10－1等等，都是撇笔与捺笔盖住了下面火字的两点，但实际上样本比D还要宽？贾玉文说，我们没有测量过。陈大状说，差异是很明显的。贾玉文说，我不认为很明显。陈大状说，此外还有什么特征？贾玉文说，当然还有。如两个撇笔的起笔点、捺笔的收笔点，等等，在检材上基本都一致，一般都交会在一个点上。陈大状说，样本10、11就不是这样。贾玉文说，对，因为书写的速度快。陈大状继续寻找与贾玉文所说的相似点不同的样本，或说这里有差异，或指那里写法也不同。贾玉文说，按照大律师的方法，你认定的笔迹我都能找出差异来。

但是，陈大状仍然继续提问，让贾玉文说出火部的笔顺特征来。贾玉文如前面那样说了后，陈大状说，这根本不是什么特征，只是极为常见的写法。贾玉文说，我认为即使常见，但因为在写法上不只一种笔顺，还是有它的特征价值。陈大状说，事实上四个检材，你不能肯定是先左后右的笔顺。贾玉文说，我认为就是这样。陈大状说，你说说炎字的运笔特征。贾玉文说，如在检材上，左点的起笔，有的从左上方起笔，有的从左方起笔，右侧的点笔，起笔一般带有一个回转的动作。又如上面的火部的撇笔，是从左上方起笔，然后从一个弧状向左下方收笔。下面火字上的撇笔较长，收笔朝向左方或左下方，右边的捺笔，在起笔部位上，有的有一个竖向的动作，收笔有一个明显的捺角，末端有一个急速的回笔。主要的是这些。任法官说，左方点笔只能从左方起笔，根本不是一个特征，对吗？贾玉文说，如果四个字都是从左上方起笔，确实意义不大，但检材上有两种情况，意义就要大些。陈大状说，检材C的炎字，与已知样本不一样。贾玉文说，右点没有明显的回笔。陈大状说，这个笔画不是谢先生写的，而是伪冒人的。贾玉文说，不足以说明。陈大状说，这也不能作为符合点。贾玉文说，样本7－6的右点也没有回笔……

当陈大状说“这个笔画不是谢先生写的”时，我感觉，在他眼中签名已不是一个整体，而是一堆笔画组合，他要逐一过滤筛选，以便从中挑出哪些笔画不属于谢先生。

关于身部竖笔有无停顿。陈大状说，请看检材A中，谢字中间的身部，右边的长竖笔，至横笔处停了再写，对吗？贾玉文说，我不同意。陈大状说，如果真的这样写，就是套摹的。贾玉文说，按你的逻辑，套摹人简直是个白痴，不知身字怎么写。陈大状说，他可能往下写长竖，为了写完整，在竖笔的一部分下面是重写的。贾玉文说，我看不出来。任法官说，长竖钩笔是一次完成的，但在与横笔左方有一条墨水线，右方是一直下来的，对吗？贾玉文同意。陈大状说，这样说公正吗？竖笔是直写下来的，横笔进入竖笔的右方，而且往下——这在谢先生样本中是少见的。贾玉文说，我认为横笔到右端时进入了竖画，然后笔画有一个向左下的回笔，形成左下方部分的墨水痕迹，这个动作是为了写下一撇笔。

如果像大律师说的那样,横笔到竖笔中发生转折向下,对于圆珠笔来说,转折后笔锋会发生变化,但在现在所指部位看不到变化。所以,我不同意大律师的设想。陈大状说,看横笔的一条线往下弯的这个位置,这竖笔在曲线的交接点形成三角形,说明是另起笔写的。贾玉文说,这是巧合。陈大状说,这不是巧合,就是这样写的。贾玉文说,我不同意。任法官说,另外,从上往下的竖画,可隐隐约约看到一条自上而下的白线。陈大状说,那条白线只有下面有,上面没有。贾玉文说,怎么没有?这个地方不是很明显有一条自上而下的白线吗?陈大状说,不,在交接点上面和下面的白线,其实不是同一条白线,粗细有变化。贾玉文说,从上到下是有弯曲的变化,如果这条白线是两次形成的,绝对不会这么好!

关于检材D的谢字色调变化。陈大状说,请看检材D的谢字,言字旁的色调变化看得很清楚,还有身部的横折钩部位,知道吗?贾玉文说知道。陈大状一一指出:图像色调相对变了;笔画到转折时变细了;过了转折后,颜色变回到转折前一样;等等。贾玉文都说对。陈大状说,现在向你指出造成这些现象的原因,是由于在转折前后的笔画是重写的,便出现种现象,转折点只写了一次,转折前、后写了两次。贾玉文说,我不同意这个说法。任法官说,陈大律师说的事实你都同意的,为什么不支持他的看法?贾玉文说,因为我们都可以看到笔画中有一条白线是直接连起来的,转折前、转折点、转折后是相连的,这是圆珠笔的笔痕特征;如果转折点的前、后是重新写的,我认为笔痕特征不能吻合,而且所说重新起笔的部位,也不像圆珠笔重新起笔的特点。任法官说,也许你说的不清楚,为什么陈大律师向你指出的是不对的——转折前、后是重新写的,刚才你对所看到的情况——横、竖笔画颜色重一点,横笔中有一条白线,转折部位颜色深一点,等等,你解释一下这个现象。贾玉文说,对身部转折部分颜色的浓淡、笔画粗细的变化,我认为是圆珠笔书写转折笔画时,它是随着笔压、运笔方向的改变,而容易产生的现象。我们从照片看,相关部位是存在浓淡的界限,但不像屏幕上显示的那样是间断的。任法官说,这个现象是不是证明是慢写的,笔压轻而分散?贾玉文说对。任法官说,但如果是快写的,就不会有这样的现象?贾玉文说,这要看运笔的形态特征,看是不是慢的笔画。任法官说,法官想确定的一点,为什么在转折时写不快?如果慢写时,为什么这里写得慢?贾玉文说,如果写得快,笔画容易呈圆弧形,不易形成转角。任法官说,由于这个笔画是慢写的,转折时更慢了,再就是笔压变了?贾玉文说,对,笔压增加,笔画变粗。任法官说,如果那个人整个笔画写得慢,到这个部位更慢,对吗?贾玉文说,如果整个是慢的,到这个部位没有必要更慢写了。任法官说,我做了试验,慢写时到此要改变方向,对吗?贾玉文说对。陈大状说,如果是慢的方式,到转弯时肯定要放慢的。贾玉文说当然。陈大状说,教授,刚才问的问题,你的回答看来不太理解,如果理解了,你会不是这样回答的。在写横折钩时这里有一笔,后又另重写了一个上去。这里有重描。贾玉文说,我不同意这个笔画是重描过的。

遇到对方硬说某处有重描,这时就没有什么好讲的了,只能表明不同意对方的观点。

关于检材D炳字的横笔画。陈大状说,现在请看D的炳字,丙部的上横画。贾玉文说,横笔的右端看不出有什么尖。陈大状说,你是否同意横画是往右上的?贾玉文说,横画的走向是对的。陈大状说,这一笔只在D中有,其他检材中没有。这难道是一个人写的吗?贾玉文说,但在样本中有类似的写法。陈大状说,请你把想到的样本告知一下。贾玉文说,样本8、9、1992年回乡证,其他的样本由于在横画右端有明显的连笔、回笔,所以右端不太像。陈大状说,现在把这几个样本放到屏幕上看看,有哪些是接近的、相同的?样本8没有往上,对吗?贾玉文说,我认为这个差别不重要。陈大状说,不论重要不重要,是有差别的。贾玉文说,如果机械比对是有差异的。陈大状说,回乡证上,横画的收笔不一样。贾玉文说,横画右端的收笔与其接着写的下方的竖画,它们是相关的,那么在稍快或稍慢时都会有变化,正如我们看到的样本8和9也不一样。

关于谢先生慢写签名抖动的原因。陈大状说,前面问过,谢先生的签名抖动是怎么造成的,你回答是由于书速、年龄大、身体不太好等原因,对吗?贾玉文说,我是这样看的。陈大状说,谢先生在1999年时是70岁,你知道吗?贾玉文说,我没有计算,知道他年龄大。陈大状说,检验谢先生字迹时,你是否知道谢的身体情况?贾玉文说,我后来知道了,他在1999年病逝。陈大状说,你对1999年签名检验时,有无有关谢的材料?贾玉文说,我只能根据他的签名作出判断。任法官说,在1999年签名中,有无特别的东西给你一种印象,他当时是有病的?贾玉文说,抖动在他过去签名里就有,我不能根据抖动判断他是否得了什么病。陈大状说,在1999年以前,谢先生在口供上签名时签写得较快,在1999年得病时则写得比较慢,为什么?贾玉文说,这只能是相对概念。陈大状说,难道不会接受这样的说法——签名是明显的习惯改变,由于他的连写签名?贾玉文说,我不同意。任法官说,这是说,写得慢,不一定是生病了?贾玉文说,对。他以前的字也有写得慢的,但不知是否生病了。

关于王德辉受伤问题。到此,陈大状的提问已近尾声,故又回到了王德辉的问题上。陈大状说,从你的报告看,说了王德辉签名的抖动问题。当然,正如你说,有些人到50余岁已出现抖动了,对吗?贾玉文说,有的人可以。陈大状说,你在报告中提过,王德辉受伤时穿的衣服上有血迹,请看彩色照片,是不是说有咖啡色的就是血迹?贾玉文说,我没有化验过,我只看到照片,给我的印象,这是血迹。陈大状说,你没有看实物?贾玉文说,我只看照片,没有看实物,也没有化验过血。陈大状说，教授，起码对内裤的血迹，你是被误导了。贾玉文说，这照片上的血迹比实物还要小或大吗？陈大状说，这颜色是血迹？贾玉文说，一切咖啡色的东西都可能形成这个颜色。如果是血迹，需要洗了之后才能成为咖啡色。陈大状说，如果你只是看了照片，就把它写进了报告，那就是被误导了。贾玉文说，委托方向我们介绍了情况，而我们又没有根据去怀疑这个情况，所以就写进了报告。陈大状说，有人向你说，衣服上有大片血迹，所以你有印象，血迹是大的还是小的？贾玉文说，血是流动的，不能根据大小来判断血痕。陈大状说，在2001年在对给王德辉治伤医生的一份调查报告中，只说了有擦伤，如果告诉你这一点的话，你是不会作出报告的结论。贾玉文说，请问擦伤在哪个部位？陈大状说，不知道。贾玉文说，难道王先生骑马时不穿衣服吗？陈大状说，另一位检验过王先生的医生证人，他没有说衬衫上有血的问题。从照片上看到的红色不可能是血迹，伤也没有这么严重。贾玉文说，我没有说王先生受的伤多么严重，只是说受了伤。如果委托方介绍的情况是真实的，王先生是骑马摔下来受伤的。至于衣服上的是否为血，我相信委托方的报告；至于出血量多少，需要仔细研究才能得出答案。问题的关键是有没有受伤，只要有伤，不在出血量的多少，一个重伤者可以一滴血也不流在体外。所以血痕的多少不是什么重要问题。任法官说，在你的报告里说检材有抖动，是受了严重的伤，对吗？贾玉文说，不一定是严重的伤。陈大状说，看补充材料，是否代表你的看法，有无改变？贾玉文说，现在还没有发现有何改变的。

2月27日下午后一段时间进入了最后的提问。陈大状说，你作证时说过什么，你记得吗？贾玉文说，只能记得基本观点。陈大状说，你看过你的证言吗？贾玉文说，我不能阅读英文，需要翻译。陈大状说，你在法庭作证时，没有接受过别人的提示吗？贾玉文说，我曾经要求翻译提示我想不起来的事。陈大状说，是在法庭外还是在法庭内？贾玉文说，我有时问徐立根教授，他懂英文，能看得懂。陈大状说，在什么情况下问的徐先生？贾玉文说，比如今天大律师怎么问的我，有时要问一问“大律师是怎么问的”。陈大状说，除此之外，还有向他人问吗？贾玉文说，我记不清了问过什么，我们在一起时会问问。陈大状说，我们是指谁？贾玉文说，我们三位鉴定人。陈大状说，有时候，你是在和他人讨论问题？贾玉文说，请放心，律师已经提醒我们，不能讨论本案问题。仅此而已。

在16时45分时，任法官说，教授，经过盘问，你的回答完了，但作证未完，明天10时还要求接受李大律师的盘问。

第二十六章

李大状复问有争议签名

81

从2月28日到3月1日，贾玉文又在法庭上度过了一天半时间，先是任法官提问，然后是李大状提问。

任法官特别感兴趣的是四个问题签名王德辉的倾斜度。他将专门制作在坐标纸上的检材打在屏幕上，然后移动字的方向，让贾玉文记住移动前后的坐标轴的不同度数。然后是样本，同样显示移动前后的坐标，让贾玉文记住它们的度数变化。任法官最后说，在样本中也找到了相应的倾斜度？贾玉文说对。后来才知道，任法官是要确定检材与样本之间在倾斜度上的差异，把它作为否定我们结论的根据，但是在当时完全看不出来任法官这样提问的目的。

任法官大约问了一个多小时，然后是上午中间小休，便是李大状问了。李大状说，教授，刚才任法官问的问题，不要有什么想法。贾玉文说，我没什么想法，这很正常。李大状说，盘问是很正常的，内容都是你们报告中的。贾玉文说对。随后，李大状问了当初是否想到要到香港法庭出庭、过去出过庭没有、是否想过对方怎么盘问，等等。

在法庭上，如果是接受对方律师提问，一般只要你答是或不是，难得有机会进行更多的解释说明，所体现出的是对方的绝对主动权；而自己一方律师的提问主要是在进行引导性作证，会尽量让你在回答中阐明自己的观点、结论，特别是那些可能引起争议的地方，会尽量让你讲清楚自己的看法的。李大状基本把与陈大状有分歧的地方再问了一遍，有的回答与当时所说大致一样，有的回答则增加了一些解释。所以，为了减少重复我尽可能选择一些有新内容的问题进行介绍。

关于样本的选择。李大状说，在回答对方提问时，提到报告中有关的图选的不是太好，对吗？贾玉文说，对，鉴定书上的样本挑的不是太好。李大状说，如果从头开始，会用另外的方式去制作报告吗？贾玉文说，我想如有机会，重新挑选样本，会让法官大人满意的。

关于签名中的抖动。李大状说，任何人的签名出现抖动，是伪冒的、不自然的现象，对吗？贾玉文说，对于抖动，仿冒中出现的抖动是不自然的，而对于因受伤、疾病等出现的抖动是自然现象。李大状说，作为专家，怎样判断抖动是正常的或伪冒的？贾玉文说，伪冒出现的抖动不只是一种现象，它必然伴有形快实慢、中途停笔、修饰重描。如果没有这些反常现象，而只有笔画中的某些抖动，就要研究这个人的签名样本，看其中是否有同样的抖动现象。如样本中有抖动现象，不会根据问题签名上的单纯抖动现象就判断它是仿冒的。如在样本中没有出现同样的抖动现象，我就要进一步研究问题签名是否符合模仿笔迹的特点，是否还有其他的模仿特点。如果掌握的样本比较少，不能充分展示不同时间的习惯特点，尤其缺少与问题签名时间相同或大致相同的样本，我会尝试根据我掌握的材料去推断在问题签名的那个时间有无可能出现某些抖动，分析是什么原因形成的抖动。根据我掌握的资料，采取逐个排除的方法，如王先生从马上摔下来的时间与问题签名的时间相当接近，就可能形成所说的抖动。在我们的报告里，对抖动现象的判断，就是这么一个过程作出的。

任法官说，所以人的身体状况等影响到手的抖动，这与你所说的签名抖动是有关系的？贾玉文说，对，因为当时王先生只有56岁，是个成功的企业家，又是马会会员，好骑马，后来陈大律师又告诉我王先生是个工作狂，这样的人一定精力旺盛，身体不错的，他的签名应当像以前一样，没有抖动。那么，在有争议的签名上却出现了抖动，这就需要分析了。任法官说，你一定看过有的人的签名，是因病而导致手的抖动，导致签名中有抖动，对吗？贾玉文说，那要根据疾病不同，形成的抖动也不同，若是艾滋病，是很难写出好字的。任法官说，换句话说，抖动是有医学解释的？贾玉文说对。

李大状说，在本案中，根据你的证言，王先生、谢先生的签名都是有抖动的，那么谢先生的签名找到的抖动是伪冒形成的吗？贾玉文说，我认为谢先生签名的抖动是属于年老体弱者的抖动。

关于检材C王德辉的德字。李大状说，现在看检材C的德字，除心部外，你作证时认为是一笔写成的。现在请你用显微镜看看，是一笔还是多笔写成的，请你非常仔细地看。贾玉文看了后说，我认为这部分符合一笔写成的特点。如果是由两次完成的话，显然四部以上是一笔完成的，这不会有分歧。心部除了右边一点外，也是一笔完成的，也不会有分歧。问题是四部下面的横画上。我为什么说是一笔完成的？主要是分析了四部到它的下横笔，以及下横笔有没有回笔连着下面的一撇。那么现在分析,四部中的左边一短竖与右边的短竖相连,问题是右边短竖向左下方行笔,构成一条斜线,到了下横画的右端后回笔,已经比右下方要粗,上去再下来连成一撇。如果下横画是单独起笔,和四部中右边的点没有关系,那么下横画的起笔点不会这样低,而且作为横画而言,至少应要平一些,也就是说,这一横画的起笔应再高一点,可以倾斜,但起笔点不会像现在这样低。李大状又把四部的下横笔放大,让法庭上都看见那横画上有上下连接的回笔,说,关键在于此笔画,对吗?贾玉文说对。

李大状说,现在看德字双人旁的第一点笔是怎么写的。贾玉文说,这个笔画有两种颜色,它肯定是用艺术笔笔尖的宽面从左上到右下斜着写成的点,然后,再描了一下的可能也有。因为单纯点一下就不会将点写成这么大。由于这里看不出墨水笔画的界限,那么是不是从左上向右下又点了一下,这个细节情况我无法判断。李大状说,现在看这个德字的全貌,然后看心的这个部位之间的点笔,与左双人旁的点笔比较。贾玉文说,只能说明一大一小,没有什么意义。这个心部是运笔到这里笔锋向右成为一个圆形,但是双人旁不是画圆圈形成的。李大状说,这个心部,假设是在这里停了笔,然后这样写了一笔,对吗?贾玉文说,我看不出有停顿笔。

关于检材 D 谢炳炎的谢字。李大状说,谢字身部的横折钩笔画,你作证时,对方讲在横折部位有重描,你是不同意的,对吗?贾玉文说,没有重描,就是一笔写成的。李大状说,为什么说是一个笔画写成的?贾玉文说,这里可以看到横折钩的横笔部分颜色较浅,说明笔压小,速度较快,而在转折后笔压加重,在横的部分没有重描痕迹。从墨线来看,横到转折部位是相互连接的。转折前出现的笔画间断现象,以及竖笔开始部位墨水浓淡的变化,还有边缘形态宽窄的变化,这都是圆珠笔在书写时,发生在转折部位的常见现象。所以,我仍然认为横折钩是从身部的左竖笔返回后一笔写成的。

任法官说,笔画上的白色解释是什么?贾玉文说,圆珠笔书写时,在转折时容易出现墨迹间断现象。我可以肯定地说,它不是一个笔画的收笔点。李大状说,这个现象是不是由于纸张原因造成的?贾玉文说,也许有一定的关系。

李大状说,看谢字的钩笔,你在作证时说,身部的竖笔是一直往下,转折时直接往上的,对吗?贾玉文说对。李大状说,寸部也是一竖笔往下,到末端收笔时连接向上的,钩笔上没有条纹(即前面讲过的圆珠笔书写时因油墨不匀而形成的白线)。贾玉文说,不能说没有条纹,只是方向与竖笔不一样,身部的钩笔也有相应条纹。李大状看着图说,可以再放大一点,使它看得更清楚一点。你说寸部钩笔上的条纹是什么意思?贾玉文说,钩面上的条纹是圆珠笔的珠面所分布的油墨在纸面上的反映,也可能是珠面有划痕,也可能由于固定圆珠的珠座边缘凹凸不平,使之形成线条状的分布。任法官说,竖画和钩画上面的条纹,一个在上面，一个在下面，为什么不说？原告方指是模仿的，是在写完竖画后重描的。

在这里我要说明一下，在陈大状问到这个问题时，由于表达得不太明确，不大好写清楚了，而且我并不认为很重要，所以就没有记述。但是，任法官在这里又提了出来，看来是很重视这里的笔画，这就有必要记述了。

贾玉文说，我看这里没有重描，也没有竖笔压着钩的右下端的现象。但是为什么这里竖和钩笔画的颜色有差别呢？为什么竖画的左边缘与钩画形成一个明显的界限？是因为写竖时笔压较重，而向上写钩时，动作快，笔压迅速减轻，这就出现了浓淡的差异，淡的笔画掩盖不了浓的竖画的边缘。至于竖画上的墨水线与钩上的墨水线不同，那是因为写两个方向笔画的时候，不是同一个圆珠面作用的结果。所以，我不认为有重描。

李大状说，现在请你看一下钩的起笔部分，是在边缘的左边还是右边？贾玉文说应在边缘的右方一点。李大状说，你看看 D 和 B（谢炳炎）的竖钩笔的特点如何？贾玉文说，两者在竖钩笔画的特征是相同的。李大状说，所以两者在射部的运笔动作基本上是一致的，只是稍有变化？贾玉文说，对，D 与 B 身部的钩笔是相同的，两个寸部的钩笔也是相同的。李大状说，现在看谢炳炎回乡证的签名样本，谢字身部和寸部的钩笔，与 D、B 的钩笔，请你告诉我们它们的写法是怎样的？贾玉文说，证件上的身字竖钩笔的竖笔下部有点向左弯，也是类似于 B、D 的相同部位的动作，在钩的上方竖画有一个间断，这也是圆珠笔在进入转折时出现的特点，是正常现象。李大状说，这是明显的停顿吗？贾玉文说不是。

关于样本签字王德辉的德字心部。李大状说，请你看一个文件，1968 年王德辉的英文签名。对方大律师曾提到这文件上的英文签名，如果看到这张纸上端有王先生的中文签名，这是王先生本人写的吗？贾玉义说，是王先生本人写的，王德辉三字的基本特征与其他王德辉签名样本特征基本相同。李大状说，现在请你看德字的心部，在心的左方有两个撇笔，这是怎么写的？贾玉文说，靠右的撇笔是从四部连续下来的，这是王先生签名时通常的一种习惯方式，但在这个签名中，在左上方平行地又写了撇笔，这一笔是代表心部左边的一点，然后再写右钩笔，连写中间和右边的两点。用从右上方回笔代替心部的第一个点是王先生的一种常见的习惯方式；但有时他不认为右上方的回笔是心部的一点，就再加一点，从上方写下来一笔。这是王先生的另一种写法。

李大状让贾玉文在纸上写出这个字的笔顺来。任法官看了说，样本的两撇笔中间有墨迹，是什么？贾玉文说，我认为是靠右那一撇的。任法官说，这里有无回笔？贾玉文说，我不能确定。李大状说，但是有可能吧？贾玉文说，对，有可能。李大状说，有时王先生会多加一个笔画作为点笔？贾玉文说对。李大状说,是指样本4-1吗?贾玉文说对。

上面所问的是一个写法特别的样本,在德字心部左边有两撇,不合常规,需要解释。我想,这是在表明王先生签名的多样性,确实存在着随机的、偶然的、不好解释的笔画。这样的多余笔画若出现在检材中,肯定会引起重大疑问,因为是样本,其真实性是确定的,它也就成了说明王先生签名特征的一个依据了。

关于谢炳炎签名样本的谢字。李大状说,对方在盘问你时,讲到1990年签名样本的谢字,寸部比身部高,而1999年的签名样本,则是寸部低一点,对吗?贾玉文说对。李大状说,书写人在书写时,因为身体和纸张的位置不同,对笔迹会有影响吗?贾玉文说当然。李大状说,现在请看谢先生1990年在警局口供上的签名样本,请注意每个签名的位置,谢先生身体与纸张的位置,提供你的看法。贾玉文说,谢先生签名时,纸张在其右方。李大状说,纸张斜一点,然后在右下签名?贾玉文说对。李大状说,为什么会影响到特征的变化?贾玉文说,这样签,影响到行线的倾斜,而谢字本身是左中右结构,那么身部的最高点与寸部的最高点的比较,也是一种横向关系。所以在这种情况下,寸部的起笔位置容易偏高,而样本6中的寸部有竖笔过高这种现象,又与他签名潦草、书速快有关。

关于谢字身部上撇与竖笔画的交接点——这是最后一问。李大状说,在陈律师盘问你时,谈到谢字身部的第一笔撇笔与竖笔,检材的交接点与1999年样本不同。贾玉文说记得。李大状说,在1999年样本交接点下的部分多,1990年的则少。贾玉文说对。李大状说,看样本8,当撇笔与竖笔两个笔画连起来时,书速怎样?贾玉文说,当然要快。李大状说,所以有关交接点的位置,与签名时的书速有关系,对吗?贾玉文说,我们从样本上可以看到,当撇笔很快连到竖笔时,交接点以下的部分就很小,当一笔一画楷书书写时,交接点的位置就会上升,这是变化的规律。任法官说,如果速度慢、楷书书写时,撇与竖相交就有了不同的变化,但写的快时又不同,对吗?贾玉文说对。

到这里,李大状说已经没有问题要问了。任法官对贾玉文说,谢谢你,教授,今天已经是第36天,谢谢你从沈阳远道而来,谢谢了,祝你身体健康,新学期万事如意!终于可以离开这个座位,到后面舒服一点的座位坐了!

法庭提问的结束时间是2002年3月1日13点40分。

第二十七章

几位证人的证言

82

贾玉文出庭的任务完成后，我们三人于3月初离港回到了内地，但是争产案的审判仍在进行中。

随后，有原告方传召的证人叶理光出庭。据报章介绍，叶是王德辉的生前好友兼表兄弟，是王德辉将1968年遗嘱存入银行保险箱的见证人，在前面王廷歆的证供中多次提到他，原告方把他列为重要证人传召出庭。

叶理光的证供主要是集中在王德辉和龚如心的关系上。他说，王德辉多年来并不重用龚如心，不让龚如心处理华懋事务，但是没有说出原因来。任法官问为什么。叶理光说，我不能说，如果说出来会被人找麻烦。在任法官的追问下，叶理光说，原因是王德辉认为龚如心做事的态度。任法官随即把追问此问题的决定权交还给李大状，由他决定是否追问下去。李大状继续追问，他提醒叶理光只可说实话。叶理光说，我说的百分百正确，王德辉说龚如心做事是“玩玩吓”，只顾表面，不懂得深入下去了解，“冇定性”，所以王德辉只把事情一件一件交给她做，看着她做。叶理光补充说，在1961年至1969年间，我要王德辉把一些事情交给龚如心做，王德辉就跟我说这番话。叶理光又说，我不愿说出此事，是因为龚如心对我的误会很多，所以我不想再增加她对我的误会。

任法官说，自王德辉被绑架后，龚如心成了一个很成功的女商家，这是否能认为王德辉当年犯了错误？叶理光说，我不知道龚如心是成功的女商家，所以不好回答这个问题。

李大状用前汇丰银行主席沈弼的书面证供来质证叶理光。沈弼认识王德辉夫妇逾40年，第一次见面沈正在汇丰银行中环总行上班，曾长时间与龚如心讨论信贷业务,后来华懋扩展到地产业务,与龚如心接触减少,但仍保持联系。沈弼说,龚如心对华懋的地产发展有影响力,积极参与华懋的管理,是一名关键的决策人。王德辉1990年遭绑架后,华懋仍能成功扩展,可支持这一看法。叶理光回应,沈弼的证供证明华懋在1961年后与银行的关系不太重要,在1970年叶理光离开华懋前,华懋从未向银行贷款发展地产,所有开支都用现金支付。

叶理光出庭作供涉及的范围很广,也包括王德辉当年房地产做大的过程。叶理光说是他向王德辉提出让买家分期付款而不安排银行贷款给买家的。那时候买家分期付款是新事物,王德辉还不大了解。叶理光告诉王德辉,让买家分期付款是桩好生意,每月可向买家收取逾1.3厘利息,一年就可收息16厘,四年半便可回本。当时的地产投资商的投资方式是拿一笔本钱买地,再向银行借钱作建筑成本,也是需四年多才可赚到相同利润,但相对而言,借钱给买家的方式风险较低。如让买家到银行贷款,收取银行金钱并将其投资买地建房,一旦市场有变化,可能会被银行收地。对叶理光的这一提议,王德辉觉得买地后地价可能会升,借钱给人则没有升价。叶理光便介绍王德辉购买"乙种"换地权益书,有钱就去买,这样无人知道你有多少财产,同时也不需请好多职员做事。说到这里时,任法官指出,当时华懋的临时买卖协议有很苛刻的条款,如华懋延误交楼时间令买家损失,华懋不会赔偿;但如果买家延误供款,华懋便会没收买家款项。叶理光回应,这些条款不是他制定,他记得有没收延误供款买家款项的条款,但并非像法官所说的那样苛刻。

叶理光在证供中讲述,20世纪60年代的政府土地拍卖会竞争很激烈,主要竞争对手包括泰盛的香植秋,由李兆基、郭得胜和冯景禧三人组成的永业,还有霍英东,都是香港的富豪。永业后来拆为恒基和两间新鸿基。王德辉最初不及这些主要竞争对手,但后来这些主要竞争对手都上市了,而王德辉的华懋则没有上市,所以难以比较各人的身家。叶理光说他在离开华懋前,华懋及其附属公司没有向银行按揭贷款。但是李大状拿出一些文件与叶理光对质,这些文件表明,华懋一附属公司于1969年10月向香港广东银行借了170万元按揭贷款以兴建某大厦,而叶理光是该公司董事兼股东。叶理光说对此事无印象,华懋是家族公司,王德辉想怎么做就怎么做。

在李大状的盘问下,叶理光还讲述了在香港暴动事件发生后1968年前往台湾投资地产的过程。王德辉曾和台湾的华懋股份有限公司董事长吴昌涛做生意,留下龚如心在港打理香港业务。在台湾的投资是在新店建两幢五层高大厦,名为新泰、新安,后又在木栅买了一块地。但是按照图纸设计只应建一幢大厦,是王德辉给分成了两个;台湾当时普遍建四层大厦,是王德辉给改成五层的。叶理光发觉这个问题后,认为与买家要求不符,可能会引起麻烦。但王德辉坚持自己的意见。叶理光最初以为吴昌涛在台有财有势,能摆平此事,后来才知吴因此事在1972年至1974年期间被定罪坐牢。

在叶理光提及王德辉的生日时，他和李大状发生了争辩。叶理光说自己是1926年出生，但身份证上的出生日期是1925年，王德辉比自己小7岁，应是1933年出生。李大状拿出一份文件指出，王德辉的出生日期是在1934年9月9日。叶理光说，王德辉的正确出生日期确是9月9日，但不是西历，而是旧历。李大状说，王德辉选择在龚如心18岁生日结婚，显示王德辉很浪漫。叶理光说，龚如心来港三个月便结婚，可能是他们急于结婚，由于龚如心的生日比王德辉早，所以王德辉选择在龚如心生日当天结婚。李大状说，龚如心是9月29日生日，比王德辉迟。叶理光则坚持王德辉是旧历的9月9日。

对于叶理光指王德辉1990年遗嘱是假的，认为签名不是王德辉的真迹，以及王德辉很少用中文签名的证供，李大状说，叶理光不是笔迹学家，不具备鉴定资格，而且仅就呈堂的文件显示，王德辉在中文文件上就会使用中文签名。[①]

83

王廷歆的长女、王德辉的妹妹王德娴是在叶理光之后的4月份出庭作供。在陈大状的引导性提问中，王德娴称龚如心"不忠、不孝、不仁、不义"。她说自己不会随便说别人的不是，这些话都是她埋藏心底多年想要讲出来的，而且从没跟爸爸、妈妈、丈夫、子女讲过。王德娴述说，她母亲曾告诉她，龚如心有男朋友。这是不忠。在王德辉被绑架后，王母任玉珍日日哭啼，龚如心要王德娴带走母亲；母亲前年跌倒受伤，入住安老院后想自杀，要请专人照顾，月薪一万七千元，龚如心嫌贵，不肯付款请人。这是不孝。20世纪50年代龚如心与王家兄妹同住时，龚如心买食物返家后，会一个人在房内独食；王德辉在美国度新年，想开支票送"利是"给王德娴时，找不到支票簿，问龚如心，龚如心说不知道。这是不仁。龚如心初来港时，王德娴从母亲处得知龚如心有肺病，便对她照顾有加；王德辉1990年被绑架后，王廷歆心情差，病了多年，加上王廷歆的妾侍年老，王德娴要求龚如心替父亲请一个菲佣，但龚如心不肯。这是不义。

对于有争议的王德辉1990年遗嘱，王德娴称，遗嘱第一页上的草书是龚如心自己的字迹。王德娴说，在1955年至1959年间，王德辉五兄妹和龚如心在放假时会在饭厅一起练习毛笔字和钢笔字。龚如心很喜欢练习王德辉的中、英文签名。有一次，龚如心练完王德辉的签名后，拿给王德辉看，笑说她冒签的程度连王德辉也不能分辨。龚如心又将此签名拿给王德娴看，问她能否分辨，王德娴当时不能辨别，王德辉对此事只是一笑置之。

王德娴又指出王德辉对待文件一丝不苟，不会随便找工人见证立遗嘱。遗嘱上的字眼与王德辉性格不符。比如，王德辉不会称呼龚如心为爱妻或妻子，只会叫龚如心。而且父母很爱王德辉,不会令他失望的。[②]

84

曾在1999年9月替王德辉1990年遗嘱见证人谢炳炎准备书面证供的律师林芳维也被传召出庭。陈大状说,1990年遗嘱上还有一个看来是英文签名,林芳维身为律师,为见证人准备书面证供时有没有问谢炳炎关于那个英文签名的问题?有没有问谢在遗嘱上签名时是否与王德辉面对面一起签名?林芳维回应,他是没有向谢炳炎提出那些问题,而他也记不起为什么不问这些问题。陈大状要求林芳维将与谢炳炎会面的笔记带上法庭。林芳维说他的律师行前年5月曾遭匪徒盗窃,今年2月又搬迁,文件很杂乱,已找不到有关笔记。[③]

85

龚如心的弟弟龚仁心作为被告方证人出庭作供。龚仁心从1968年起在内地做医生,经王德辉夫妇申请于1980年到香港,1983年通过考试获得香港医生资格,开有一家私人诊所。据龚仁心作供,王德辉夫妇外出游玩时,龚仁心会驾车送他们去机场。1984年王德辉夫妇外游出发前,曾把一封信交给他,指内有王德辉的遗嘱,要他安全保管,并告诉他,如他俩发生事故一去不返,龚仁心要打开信封并按信内指示办事,但如两人中有一人或两人能安全返港,便要把信封交还。龚仁心当时叫王德辉不要说不吉利的话,王德辉夫妇告诉他,这只是以防万一。这次出游王德辉夫妇安全返回港,龚仁心便把信封还给了他俩。同样的事1985年还有过一次。

龚仁心后来从报上看到关于王廷歆要按1968年遗嘱申领王德辉遗产报道,觉得奇怪,曾电话问龚如心关于1984、1985年两份遗嘱的事,但龚如心不耐烦地说“知啦、知啦”。龚仁心后又看到关于龚如心因1990年遗嘱遭勒索的报道,再致电龚如心重提该两份遗嘱,龚如心告诉他当时已把这两份遗嘱撕毁。

龚仁心说,王德辉喜欢打球,由于他的诊所有物理治疗仪器,王德辉打球后觉得身上酸痛,便会到诊所来做理疗,他不会收费。1990年3月王德辉坠马受伤后,也是立即来到诊所做理疗。王德辉当时手臂、背和头部都痛,龚仁心担心王德辉有大脑内伤,由于王德辉坠马后有呕吐和头痛,以他的普通内科医生经验看,王德辉受脑震荡,其后便送王入院治疗。

关于王德辉夫妇的关系,龚仁心形容是“恩爱夫妻”,两人虽兴趣不符,但龚如心愿舍弃兴趣如跳舞及绘画陪王德辉工作。王德辉也很关心龚如心,甚至不可以一分钟看不见她。龚仁心举例,他们到访王德辉夫妇家时,通常是王德辉与大家用餐后便独自上楼回房间，他们则留下来闲聊，但没过一会儿王德辉便会在楼上大叫“傻猪！傻猪！”要龚如心上楼。他们最初以为有什么急事，后来才知道王德辉是要妻子上楼相陪看电视。

龚仁心还讲到王德辉的节俭，举例说上海人宴客时通常会尽量准备充足的饭菜，但王德辉宴客时若看到大家差不多吃饱了，便会叫佣人停止做菜，这与一般上海人好客之道不同。王德辉 1983 年首次被绑架获释后，没有立即回家，而是先去了龚仁心的诊所。当时王德辉告诉龚仁心，绑匪待他还好，甚至提供食物给他，但埋怨龚如心给绑匪太多赎金。龚如心来到诊所后，王德辉见到她的第一句话便是责怪她给绑匪太多赎金。④

86

在贾玉文之后出庭的证人除了上述几位之外还有一些，因为都是围绕着王德辉夫妇之间的关系向法庭提供证言，旨在证明王德辉夫妇的关系好或者不好，并不对遗嘱的真伪构成直接证明，所以就不再一一叙述了。

龚如心的出庭时间安排在所有证人出庭之后的 2002 年 7 月，但她临时向法庭提出不出庭作供的请求。案件开审之初就有媒体报道，说龚如心若非绝对需要将不会出庭作供，李大状还就此跟记者们解释过，龚如心的意思是指若非绝对需要将不会到庭旁听而不是指出庭作供。现在，龚如心是真的提出不出庭的要求了，什么原因没有说，也许就是觉得该说的都已经通过证人说清楚了，没有必要再出庭了。这样，诉讼双方的举证全部完毕。

2002 年 10 月 7 日再次开庭，由诉讼双方法律代表展开结案陈词。双方再从案由说起，详细陈述己方观点，驳斥对方的指控或举证，至 15 日完毕。当日，任法官宣布案件审讯结束，将押后作出裁决。

2002 年 11 月 21 日，香港特别行政区高等法院原讼法庭宣告了这起争产案的判案书，裁定龚如心手持的遗嘱属伪造，龚如心败诉。当日并没有正式开庭，只是传召双方的辩护律师到庭，将厚厚的四册判决书交给了他们。

此次案件庭审，原定审期 30 天，预计 6 周可审结，结果总共用去 172 天，破了香港司法史上民事诉讼审讯天数最长的纪录。1997 年香港曾判过一起借贷纠纷案，审讯期达 158 天。由于审案时间过于冗长，在审讯刚结束时就受到了媒体的批评。按照香港的司法制度，此案的原告展开这次审讯只需花费 1450 元的起诉费，而被告不用交付法庭任何费用，双方在这 172 天中所占用司法机构大量的时间、人力所需费用全部由纳税人支付，因此有人通过媒体提议，希望司法机构的民事审讯改革委员会能对这个问题予以重视，并进行探讨。与此同时，诉讼双方为聘请法律代表、鉴定专家等的费用支出，据一些法律界人士估算已超过8000万元，还有的竟算出约2亿元的巨额讼费来。[⑤]

注释

①参见《东方日报》2002年3月14日A16版、3月15日A14版、3月16日A12版、3月21日A16版、4月11日A20版。

②参见《东方日报》2002年4月25日A22版。

③参见《东方日报》2002年5月23日A12版。

④参见《东方日报》2002年6月20日A10版。

⑤参见香港《文汇报》2002年11月22日A3版，及同一日《成报》《东方日报》《大公报》等。

第二十八章

原讼法庭的判决书

87

作为参加此案笔迹鉴定的专家，我们三位闻知龚如心败诉的消息后，无不感到万分震惊，当时的心情难以言表；而在看到判决书后，看到那些带有攻击性、侮辱性的语言，我们又未免生出些许的愤慨；直到冷静下来，我们开始认真研读这份判决书，这时候才有了一些信心的恢复。因为在我们看来，这份判决书已经偏离了客观、公正的立场，从用词的选择与口吻，均带有十分明显的倾向性，对其所作出的结论也就毫不奇怪了。

也许是由于此案前后庭审共计172天创下空前纪录，其判决书也有如一部煌煌巨著，英文原件有560多页，译为中文后，正文加上附件约有30余万字，如此规模实属罕见。此案编号为香港特别行政区高等法院原讼法庭遗嘱认证诉讼1999年第8宗，内容为“关于已故王德辉的遗产”，由“原告人王廷歆对被告人龚如心又名王龚如心”，主审法官为高等法院原讼法庭法官任懿君，审讯日期为2001年8月6日至2002年7月9日、2002年10月7日及10月15日，正文名称为“判案书”，分为四册四部33章及6大附录，宣告日期是2002年11月21日。

在判案书之始写有这样一段话：“世人行动实系幻影。他们忙乱，真是枉然。积蓄财宝，不知将来由谁收取。”这段话引自《圣经·诗篇》。而在总目录之后的第一部之首又引用了《圣经·箴言》中的一段话：“吃素菜，彼此相爱，强如吃肥牛，彼此相恨。”法官似乎是以此来概括自己对这一讼案的看法，同时又有喻世劝导之意，很有些局外哲人智者的味道。

判案书的架构很像长篇小说，写法上更像是一部大作品的提纲，在此基础上很便于展开更为详细的叙述。它的第一部名称是“王氏家族”,开篇是一串将要涉及的公司和人名列表,如同是大部头小说前面的人物表。第一章名为“前言”,从死者王德辉先生在 1990 年 4 月 10 日被绑架到死亡的认定写起,像文件报告那样,一条一条用大小序号罗列下来,文字简明扼要。接下来讲明死者所立的三份遗嘱及其来源、诉讼双方对不同遗嘱的法律请求、双方专家无所争议的内容、原告人和被告人的案由以及争论点等等,层次清晰,一目了然。

接下来的几个章节叙述了王家在不同年代中与本案相关联的情况。第 2 章名为“1911 年至 1960 年的王氏家族”,分为早期、韩战的冲击、王德辉和龚如心、塑胶生意、1960 年遗嘱这么几个部分,是从王老先生在 1911 年 10 月 15 日出生写起,还用括弧注明是在国民政府成立后第五天出生,让人对年代的久远能有一个具体的感觉。内容包括王老先生的婚姻与子女情况、他所经营公司的变迁、与龚家的最初交往等等。这里叙述的事实,一般都要列举出处,如无出处就进行推断,时有“大概“、”“似乎”、“可能”等字眼出现。比如,“王老先生因而减少生活上和业务上的开支,部分员工被解雇遣返内地,跑马地的一个单位交还业主。大概 1952 年连司机也辞退了,全家搬入余下这个先前叶理光及其他员工居住的跑马地宿舍。”“遭开除学籍是家中严守的秘密,似乎只有王德辉和父亲知道,看来,叶理光甚至乎龚如心也直至审讯才知道王德辉在 1952 年停学的真正原因。”“王老先生作证时说与王德辉的关系‘很好’、大家‘同心同德’。王老先生虽然退了下来,重要事情王德辉依然征询他的意见。事实很可能就是这样而毋庸置疑。”“婚后龚如心和家翁王老先生的关系似乎良好。王老先生到台湾料理业务时,龚如心将自己和王德辉的照片寄给他,其中一些照片是叶理光拍的。王家举家同室共处直到王德辉和龚如心在 1960 年搬出为止。”对于诉讼双方的证言相互矛盾的地方,则是通过分析作出取舍。

第 3 章讲述了“1960 至 1970 年”里王家的情况,内容极多,包括这段时间里华懋置业股份有限公司与香港华懋有限公司的关系及股权变化,还包括叶理光所述这段时期各事之可信程度、龚如心 1960 年代中期去美国那段时间与王德辉的关系、王德辉去台湾那段时间产生的问题、被告人在 1968 年的婚外情、拟订 1968 年遗嘱的律师张贯天的证词、保险箱内发现的 1968 年遗嘱、提取 1968 年遗嘱的过程、叶理光离开华懋的原因、龚如心对叶理光的指控、龚如心对家翁的指控、王老先生的可信程度等等,基本认定了被告方对原告方的指控都不是事实,接受了原告方所作的证言。比如法官认定,“庭上有足够证据支持龚如心很可能曾经通奸,这是王德辉签立 1968 年新遗嘱、更改 1960 年遗嘱使龚如心不再是遗产的受益人的原因。在这方面,龚如心在誓章中从没有否认她当年有婚外情(为公平起见应指出王德辉有婚外情在先,而龚如心有婚外情在后)。”判词对这部分专门进行了解释:“如非必要而与本案有关,这篇长判决书不会作出事实的认定。这里认定的事实都是有必要而且与本案有关,是用以解释王德辉在 1968 年及其后的行径包括写有'One life one love'的文件 D,及考虑那四份有争议的文件究竟是真实的还是伪造的。"

第 4 章是关于 1970 年以后的情况。判案书称:"这个时期也可称为'华懋的后叶时期'。龚如心其后在华懋担当更为吃重的角色,这一点双方没有争议。另外,她与王德辉的关系在过去十年所发生那些事终于得到改善;这也是双方没有争议的。"但是,随后的分析所得出的结论是,"夫妻的关系改善和慷慨的生者之间供给只表示王德辉想靠生者之间的供给而非遗嘱性质的条文去使龚如心受惠。"

经过前四章的对王氏家族矛盾关系的充分展开叙述后,第 5 章集中在了 1990 年王德辉遗嘱的"可疑之处"上,并以此结束了判案书的第一部。此章首先引用了两个英国的判例来说明,由于被告方提交的王德辉 1990 年遗嘱存在着"可疑之处",举证责任应归于被告方,并"认为这些包括举证责任是不必要的争论"。这里所指的"可疑之处"就是被媒体广为传播的"争产案九大疑点":

一、何以无故改变意愿?王德辉在 1990 年坠马后突然更改遗嘱,将全部财产留给龚如心,为何王德辉在 1983 年被绑架时没有这个决定?更何况没有证供显示王德辉憎恨父亲。

二、为何是自立的遗嘱?王德辉为何会要求两名至今身份未明、又不是律师的人士在他家中撰写遗嘱?但在 1968 年却找律师代劳?他的性格注重私隐,不让龚如心开封查阅遗嘱,却让包括见证人在内的其他四人知道内容?

三、遗嘱在何时、何地由何人拟定?坠马受伤到遗嘱上标明的时间很短,因此写遗嘱的时间、地点、撰写遗嘱的人都难以获得合理的解释。

四、与王德辉性格不符的其他例证。王德辉在处理法律文件上一向谨慎,但 1990 年遗嘱却是草率地撰写,甚至出现墨水笔"无墨"、重写等痕迹?

五、意义交错及不合情理的字句和内容。王龚两家关系良好,王德辉深爱父母和弟妹,为何在遗嘱上写家人"令人讨厌",并禁止龚如心给他们好处?

六、欠缺撤销条款。既然订立 1990 年遗嘱,为何不取消 1968 年遗嘱?

七、证人谢炳炎及其陈述书。见证人谢炳炎在遗嘱签名,为何声称不知道这是一份遗嘱?

八、被告人不该预知 1990 年文件的内容。龚如心声称对密封的遗嘱全不知情,但其后又向律师表示其中一名见证人已死?除非她已知悉遗嘱内容,或是其中一名伪冒者?

九、被告人提呈 1990 年遗嘱要求认证时的表现。龚如心在宣誓下强调 1968 年遗嘱已取消,却如何未卜先知地相信自己是丈夫遗产的唯一受益人?

在对这九大疑点进行了详尽阐述后,判案书给出了一个总结论:根据庭上的证据,本席认为单凭这些疑点已足以证明 1990 年文件只是一些伪造的文件。这是对案中各疑点所作的一个独立评估和结论,完全独立于笔迹证据的评估和结论。

在这里,仅仅根据一些环境证据就宣称作出了"独立评估和结论",只能表明法官的倾向性是如此明显。实际上,被告人一方在审案中对这些疑点都有自己的解释和举证,比如谢炳炎本人的陈述书,对王德辉让他签名的过程写得清清楚楚,只是法官基本上都不接受,都认为靠不住,基本是采纳了原告人一方的指证,认为"原告人提出的各种疑点已足以令人对 1990 年文件的真确性产生极大怀疑"。

——对上述这些疑点我不大了解,基本上没有什么发言权,但我要说的是,疑点不是证据,它通常只是进一步调查证实的起点而不是终点;若是在司法判案中,因为所谓的疑点多、疑点大,就以疑点当证据、以疑点来断案,那将会有什么结果,我想,不用说大家都是清楚的。

88

判案书的第二部名为"笔迹",又分为 A、B 两部分。先是两段摘自《Osborn 1947 年论各种可疑的文书》的文字,都是专业内容,不妨照录在此:

"若字迹的差别无论在质量或数量均超出平常写法的一定变化规范,而这些变化又无法以书写人本身的情况,或者书写环境的改变作合理解释,这样就可以稳妥地断定这不是真迹。"

"若要辨别某个人,就不得不依靠他的疤痕、身体缺陷、指纹或者可确实量度出来的种种数据;若要鉴定某人的身份或笔迹,则不能容许任何无法合理解释的重大差异;笔迹鉴证的大部分失误是由于鉴证时过于忽视或者未能妥善解释差异所造成的。有一些差异虽然昭然若揭,仍有些不实的证人和辩护人不惜鼓其簧舌,竭力为这些差异'诡辩'。"

这两段文字似乎是对这部分内容的一个总括、提示或是有所指向。接下来又是一长串以人名为主的简写列表,然后开始了第二部的 A 部。第 6 章介绍了有关笔迹鉴证的法律要点,内容涉及文件真伪是否唯一的争议、举证责任、举证准则、可接纳的笔迹以及签名的鉴辨证据等。这里依然强调了举证的责任归于被告的身上。又引用有关的法律说明对笔迹的鉴别不只限于专家,外行也可鉴别,比如"其目睹了那人书写;或致函那人,并收到据称来自那人的复函;或在一般业务的过程看过据称载有那个人签名的文件"等情况。法庭接受了西方笔迹鉴定的技能和方法对中文笔迹的鉴定是同等适用的。法庭接受了写名与签名是不同的证据观点。

第7章为“鉴定签名、笔迹等物证的基础及原则”，开篇指出：“与讼双方都同意，在进行签名和笔迹的比较时，凡涉及的相似点和相异点都需加以留意”，“虽然如此，被告一方仍批评原告的专家在比较笔迹时过分侧重相似点，而在比较签名时却又过分侧重相异点；原告一方反而不满被告一方的专家比较笔迹时忽视了那些重大的相似点，而比较签名时又忽视了那些重大的相异点。”

——对这一段文字我是同意的，在法庭上的交叉质询中确实显示了这个特点，但这只是表象，没有进一步的实质性分析。为了否定同一，自然要强调差异点，反之亦然，关键是在于本案中哪些差异点是属于重要的，哪些是属于自然的变化，所以还要看双方进一步的理由是什么，能不能站住脚，这才能得出客观科学的判断。

接着开始论述什么是相似点和相同点，当然是引用相关专家的观点予以说明。其中以奥斯本的理论为多，还有本案中原被告双方专家的观点。美国专家Gus R. Lesnevich先生关于鉴证员不懂某种语言也能对某种文字进行鉴别的观点也引用在此，他认为，“对于文书的鉴定者来说，一般而言，签名不论是用中文还是英文，甚至是鉴定者也不懂的语言的分别都不大。”但判决书接下来又综合其他专家的观点指出：“对于不谙表意的中文或韩文的鉴证者来说，他们的工作在这个框架内的确是较为困难的。”这是引文部分观点对立的地方，其取舍不大明确。

第8章介绍了王德辉的真实签名或签名样本。详述了各方专家使用的18个签名样本的来源及可靠性，专门指出：从辩方的证据来看，被告人的几位专家极之倚赖668、669（即1958年和1961年）这两个样本，所以，如果这两个样本并非真实的，辩方几位专家的论点及理据将难以立足。

这两个早期的签名样本均由叶理光提供，并且据称该样本的正本文件保存在王德辉的手中，而且叶理光在1969年还给过王德辉该文件的影印本。判案书因此推断，辩方应拥有及可找到668和669的原件或影印本。

法官的意思是说，被告方要按照668、669样本去伪造签名是有条件的。不过，按照这个推测，被告可以找到的王德辉的签名不止这两个，为什么偏要使用这两个容易让人起疑的早期签名来临摹？

第9章为对王德辉签名的宏观看法。原告方专家认为四个问题签名是使用临摹方法伪造的，临摹的是1950年代后期或多于一个的签名，特征相似于668和669。被告方专家意见是，四个问题签名是王的真实签名。但是，按照法官在庭审中的印象，他认为被告方的鉴定报告是在匆忙条件下产生，并在最后一刻才被提交和送达。

在宏观分析中，法官首先指出，大部分问题签名是偏向中间线左边，两个1958年签名样本较偏向左边，其余样本大约在中间线的位置。

——但是,根据我们的测量方法,法官在这里所说的"偏向中间线左边"的偏差实际上极为微小,所有签名的方向都是相似的;而且这种用画矩形来测量字体排列的方法不适合用来解释签名的方向。

法官就依据这个中间线方法,指出被告方专家所举的符合点,是"根本没有逻辑可言","武断的说法",等等。然后是大段引述原告方专家的观点,关于签名的分类呀,王的书写能力衰退呀,等等。而对于被告方专家的观点少有提及。在一些地方,法官是直接按照他自己的理解去进行解释。比如,"我的意见是,这两个差异点不是很重要",然后开始他的推论,云云。

在这里,法官也提出:对于书写问题文件此特殊情况,假若王是笔者,他为何不选择近期的签名风格,而喜欢以此特殊风格签名。贾教授在法庭上的答案是,有能力写出一个有特殊外貌的签名是一回事,习惯以一特殊方法签名是另一回事。法官承认,在逻辑上此类区分是可接受的,但为何王德辉要使用这种早期风格的签名,他还是认为这是不能解释的。

第 10 章是对王德辉的问题签名进行微观分析。基本是对被告方专家观点的逐一批驳。又是逐字分析,哪一笔长些、哪一笔短些、哪一个圈大些、哪一个连笔的不同,等等,又进行了一番机械比对。对贾教授在法庭上回答的内容基本上给予了否定,比如贾玉文不同意对方专家对某个笔画的解释并提出自己的看法,就断言他"并不是一可靠的专家证人",或者作出"这不能作为一个诚实的答案"、"不是一位令人满意的专家证人"等等指责。其实,所有分歧都在交叉质询中经过交锋,只是法官在法庭上没有即时表明态度,而在这里则明确了他是同意原告方专家观点、不接受被告方观点。法官的结论自然是王的四个问题签名并不是他的真实签名。

第 11 章是关于王德辉签字上的手震和医疗证据。此章列出双方专家对手震现象的观点,原告方认为是因为摹写冒签造成的,被告方认为与王先生坠马受伤有直接关系。被告方请的医疗专家同意,一个很严重的受伤或小小撞伤有可能或没可能影响写字。原告方请的医生说,因头部受伤,手震会更厉害。有位吴医生说,严重的头伤是会有严重的手震,而轻微的头伤就会有轻微的手震。他说什么事都可能发生,但是这个问题没有医学上去证明的情形。有位周医生列举了五个病例去说明,轻微的头伤对写字是无影响的。于是,法官同意了原告方的结论,"这些手震是冒签者的,因为他尝试照着王德辉的字样慢慢写",断定受伤会影响写字手震没有医学根据。

——对法官在这里引述的医生证言,依我看,受伤与手震之间的联系固然医学上没有明确证据,但也没有绝对否定,实际上是"什么事都可能发生",存在这种可能性,是个不确定的情形。不知为何法官只接受了否定的说辞。我们之所以认为问题签名中的抖动可能与王先生头部、手臂部受伤有关,完全是基于经验和生活常识:写字时的用力引起某受伤处疼痛加剧致使出现抖动。这种情况究竟是不是存在,我想人人都可以作出评判。

在这部分,法官写下了这样的词语:我想这三位这样有名望有本事的先生,尤其是贾教授和徐教授都是课本的作者,但是很不幸,我要说我很怀疑他们的可靠性和可取之处。以我的意见他们是很大火力的枪手。

——对于判词中出现如此明显攻击性语言,实在让我们感到吃惊和不解,无法接受。这些话语是作为一个独立段落出现的,完全不涉及对证据的评判,也不存在上下文的连接过渡,真搞不懂法官是怎么想的,硬是加入了这么一段侮辱人格的话。

89

第二部的 B 部是关于谢炳炎的签名,从 12 章到 16 章。先是摘录原告的陈述。原告认为,问题文件上的谢炳炎签名是使用套摹方法伪造出来的,即问题文件的纸极薄而近似透明,极有可能是将那纸放在真正的签名上,一笔一画描写出来的,存在着发抖、犹豫、不自然的停顿或再修整。从谢的 1995 年之前的签名样本看,签名速度较快及连笔自然流畅,而 1999 年的签名书写较慢较差,还有颤动现象,这是因为谢的年岁和所知的疾病所致。

法官认为,贾教授所说的在 1990 年左右的样本亦有抖动的说法,是因为在开庭前所看的样本而引致的错误。对于辩方专家所使用的样本 8 和样本 9,这是两个报销凭证上的签名,法官认为不是真的,而另一个在回港证上的样本签名,也是不可接受的,因为是用一支坏笔签的。

接着,罗列出被法庭所接受的和不接受的样本签名,包括上面提到的样本都被列为不可接受的样本,因为原告方对这些样本的真实性有质疑,被告方出庭作供的证人不熟悉谢的签字,也不能证实这些文件是真的。

然后是"谢炳炎的签名专家概要",摘录了双方出庭专家的观点。先是叙述了原告方专家的一些观点,结论是认为问题签名是摹写的,用横写的签名样本作版本,是使用 1994 年后谢的签名逐字套摹的。然后列出被告方三专家的观点。随即,法官直接写明,"我不同意三个辩方专家……""被告方专家不可以接受……"之类的话语。法官在第 15 章里,开始对被告方专家的观点进行批驳,而且多是从字迹鉴定的角度进行批驳,细到笔画的长度比较、有无手震、样本的好坏等等。在这里,法官所用的观点,基本都是原告方专家和律师在法庭上提出过的观点,还有他自己的观点。法官说:这里我用显微镜完成了分析四个有问题姓谢签字。法官在把谢炳炎四个问题签名与样本对比后得出的结论是:A.有许多明显分别,虽然有些不是很明显,但是在显微镜之下看到许多不同之处。

B. 有很多笔画很不自然,有停笔、震动及重写。C. 这些问题签字上有很多重写的情形出现。法官接受原告方专家对这些字的分析,谢的签字是冒签的,冒签的是临摹出来的;而被告方专家的意见"是不可信的,虽然他们是有本事及有知识,我们只是不能接受他们的意见"。

——对于控辩双方专家的意见,哪些采纳,哪些不采纳,这是法官的权力。但是,对于法官直接进行鉴定,并在判案书中用来批驳一方专家的意见,还直言"我发表的是我独立的意见",不知是否也属于法官的权力。如果说用显微镜看看就能搞定笔迹鉴定,那真没必要设置这个专业了。对此,我只有用"吃惊"二字来表示自己的感受。

90

第 17 章是关于四份有争议遗嘱正文的笔迹鉴定,我们按照委托要求,只鉴定是不是王德辉本人的笔迹,作出的否定结论与控方专家结论相同,没有分歧。法官重点讲述了控方认定正文部分是被告人笔迹的意见,法官接受了控方的意见。至此,笔迹鉴定部分完结。

第三部为"墨迹书写时间鉴定",从第 18 章到第 30 章。法官可是下了大工夫,包括分析的方法、涉及的法律、科学的效验、科学界以及法庭的接纳程度等,非常专业。比如还包括这样的题目:任意分隔熔合/重叠的色谱顶峰、染料比率法的非逻辑性结果……法官又进入了理化分析的鉴定领域,最后结论是不采纳控方墨迹专家的意见。

第四部为"总结论",包括"最后的结论"、"后语"、"讼费"三个章节。"最后的结论"又是从王廷歆老先生 17 岁写起,简述一遍法官所接受的法庭证言,又对王德辉四份遗嘱文件提出种种怀疑,再对辩方证人证言提出种种怀疑……疑点所导致法官作出以下不可抗拒的结论:本席裁定被告人未能消除所有可疑之处,无法证明 1990 年的遗嘱应获遗嘱认证。本席必须指出单凭这些可疑之处,本席已可裁定这几份 1990 年的文件是伪造的。对于专家证言,法官认为,文件上王德辉的签字使用临摹方法冒签。被告方专家提出的所有相同点,全部是临摹出来的。签字上的手震不是因为王德辉坠马受轻伤而造成,而是冒签的特点。谢炳炎的签字是用套摹方法冒签。法官确信这八个王德辉及谢炳炎的签名都是伪造而非真实的。关于文件 A,法官断定很可能是由被告人所写。法官不接纳原告方专家测试墨水书写时间的意见。法官根据以上所述可疑之处及有关的笔迹证据,确信这些可疑的王德辉和谢炳炎签字是冒签的,这些 1990 年文件是假文件。

关于讼费的判决作出的是临时命令:原告人就是次诉讼及所涉及的反申索

可得85%的讼费，双方如未能就讼费数目达成协议，则交由法庭评定。

在“后语”中，法官对律师的协助、法庭书记、法庭高级传译员、速记员、司法资讯科技小组等分别表示了感谢。对原告方律师表示致谢，而对被告方律师和专家则是批评多于致谢。法官在结尾时称：本席一直毋忘引致此诉讼的本因是王德辉遭非法绑架，并于1990年4月左右死亡，原告人王老先生及被告人王龚如心女士痛失至亲，前者丧子，后者丧夫，本席谨向他们致以深切的慰问。最后又再次引用诗篇作结，以表达在审讯期间一直萦绕在法官心间的深切感慨：世人行动实系幻影。他们忙乱，真是枉然。积蓄财宝，不知将来由谁收取。

第33章“讼费”是在2003年1月21日经过再次聆讯于同年1月30日颁发。判词中再次指华懋集团主席龚如心向法庭呈交假遗嘱，判定龚如心很可能是文件A的作者，认为龚如心作为假遗嘱的始作俑者，企图取得利益，加上在诉讼中的一些不恰当行为，如她的大律师向证人作出不当的冗长盘问，以及拒提交相关文件等，因而对她作出惩罚性讼费赔偿的判决。裁定原告人可得到是次诉讼及有关的反申索85%的讼费。法官认为，由于原告人在笔墨定年争议上的失败，而此争议又花去15%的聆讯时间，因此案中这15%的讼费属双方各自聘请墨水专家的费用，由双方自行负责。

第二十九章

刑事调查步步紧逼

91

原讼庭的判案书写得很细致,倾向哪一方的态度也很明显,在笔迹鉴定方面,基本是全盘接受郑佑生、徐志强和美国专家的观点。后来才知道,判案书中对笔迹的分析和评议这一章节,95%的文字都是从陈景生大状最后的法庭陈词中“搬字过纸”;而对于我们的主要观点则明确予以否定,认为“不合逻辑”、“难以令人满意”、“说法很不正确”等等,并时有“无诚信”、“观点是荒谬的”等词汇出现,特别是指称我们三位是“火力很强的枪手”,这是肯定无法接受的。

在冷静下来后,我们开始仔细研究这份判案书。我们依然认为,我们所做的鉴定结论没有错,是实事求是的,符合笔迹检验科学的程序和方法。我们三个就笔迹部分的判决,每人都写了上万字的书面意见,作为上诉的材料交给了被告方律师。

我所提出问题大致有这样几方面:

法官对原告方出庭的三位专家证人之间观点互相矛盾、对立的看法只字不提,只提不利于被告方的证词,表现出明显的不公正。比如,法官接受了美国专家认为不懂中文也可以鉴定中文的观点,而徐志强先生、郑佑生先生都认为,鉴定中文时拥有中文及其书写知识是重要的。

法官接受和依据了徐先生提出的观点,即:在鉴定签名笔迹真伪时,差异点是主要因素;但在鉴定一般笔迹的真伪时,相同点是主要因素。这是典型的机械、实用的说法,根本找不出理论根据。我们的观点是,必须对相同点和差异点进行综合评判后才能作出结论。

法官根据徐先生的错误观点认为,检材签名笔迹与样本签名笔迹的差异点在数量和质量上，与样本签名笔迹的变化范围不符合，差异点是不能解释的，据此认定两份相比对的笔迹是不同一的；而根本不提或忽视了其中相同点的性质。在我们看来，法官所认为的那些“重要及未被解释的差异点”，这些自然的变化正是表明真实性的有力证据。

法官认为四个王德辉签名可能是依照1958年和1961年的两个签名样本临摹的，并断言所有相同点都是临摹的。我们认为，从签名的内部变化和相同点看，这些相同点是伪造者无法模仿到的，不论是用一个或两个以上的签名样本。并且，法官在没有事实依据的基础上就断言被告具有1958年、1961年王德辉的两个签名样本，即样本668和669。事实上，这是原告方提供的作为比对的样本。

法官忽略了王德辉签名的书写工具——粗笔尖的书法笔在签名时对笔迹特征的影响。在原、被告的专家鉴定书中均已指出了这一点，用这种书法笔书写时，总的来说，其书写速度比用圆珠笔、普通钢笔书写要慢一些。当签名人用这种笔在写带隶书特点的签名时，必然某些笔迹特征要受这种笔和书写风格的影响。这一特点，徐先生也是认可的。

法官把在四个王德辉签名中找到的各种其他特征称之为“重要的差异点”。但在我们看来，这些所谓的差异点，其中不少是机械比对出现的，有的差异点还与原告专家的看法正相反。我们认为，这些差异点都是能够解释的。而且在法庭上贾教授根据对方律师提问的一些差异点采用放大观察时，对方所说的笔画变化，与贾教授庭上看到的多有不同之处。

法官问了贾教授一些无关紧要的问题，而忽略了王德辉可以自由选择书写工具、书写材料、书写速度和风格等问题。我们认为，法官应该考虑如下问题：(1)书法笔签名的特点。(2)以多个签名为样本进行临摹是否困难？(3)模仿者为什么要用书法笔而不用常用笔模仿，而且要用1958年的签名进行模仿？

法官没有把握四个王德辉签名中所出现的笔力、自然变化及运笔方向等有力证据，而相反抓住签名中出现的不属于临摹特征的抖动、弯曲笔画做文章。

法官认为四个谢炳炎签名是套摹写成的，这一判断是错误的。因为：既然是套摹，最起码字形的大小应该一致，但在法庭上比较的结果是出入很大。另外，以谢炳炎签名三个字之间不是连接的来证明是套摹，既没有任何根据，也不合逻辑。

法官没有看到，四个谢炳炎签名字之间的距离不一致，这与谢的样本签名正好相符；徐先生提出这种不一致是因为使用横写签名进行竖写套摹造成的，这种说法只是猜测，而没有任何根据。

法官认为谢炳炎签名笔画上的抖动是套摹特征；事实上，模仿笔迹中的抖动特征是无规律的，尤其会在连续、转折部位出现，而谢炳炎签名上的抖动只在长竖画上出现，这是由于年龄、身体等因素造成的抖动……

92

然而，不论我们对原讼法庭的判案书有多少意见，它已经具有了法律效力，尽管下一步可以进行上诉，通过上诉法庭和终审法院两次审理的机会争取让法官接受和采信我们的观点，但由此而使败诉方蒙羞的极其不利地位在当时却是在所难免的。香港的媒体上关于此案的报道可以说是铺天盖地，有的以任法官的判案书来解说争产案，有的刊登了原、被告方人员以及相关人员对判决的看法，有的对这场空前的冗长官司浪费纳税人钱财表示不满……报纸头版抢眼的特大字号标题和巨幅照片都是在报道龚如心败诉这件事。而对龚如心最为不利的是，她向法庭提交的王德辉遗嘱被指伪造，下一步将面临被追究刑事责任的官司。按照香港的刑事法，伪造文件罪最高可判监禁 14 年，有律师发表看法：考虑到此案审讯时间之长、耗费人力物力财力之大诸因素，如罪名成立，刑罚将会高于一般犯此罪者。

但是，民事案件对证据的要求标准不同于刑事案件，比如在一般情况下可以采信一些证明力不太强的环境证据作为判决的根据；而刑事罪案所接受的证据必须是强有力的，而且需要在毫无疑点的情况下才能将被告入罪。因此，虽然在遗产案的判决中已确认王德辉 1990 年遗嘱系伪造、龚如心很可能是遗嘱文件 A 的书写人，但这一结果却不能简单地挪用到刑事案件中。

当初，香港警方根据王廷歆的报警，商业罪案调查科已经对这起伪造遗嘱案展开调查。在争产案开庭期间，该科著名的“破伪神探”高级侦缉督察张少伦曾被传召出庭作供，并且商罪科一直派员到法庭旁听审讯，始终关注着案情进展，因而判案书一出，商罪科立即迅速跟进龚如心案。

在侦缉此案之初，商罪科已经通过香港政府化验所高级化验师郑佑生先生完成了对遗嘱的笔迹检验，也完成了对遗嘱信封、信纸的检验，这两项检验的结果都已在审理王德辉遗嘱案中众所周知；据说警方也进行了遗嘱墨水制造年份检验，不过没见公布结果；当初还准备从遗嘱纸上提取指纹，但遭到遗产案控辩双方的反对而作罢，反对的理由是担心会对文件表面造成破坏而影响笔迹鉴定，现在遗产案已有了一个宣判，一些法律界人士估计这项调查会再次启动。[①]

在判案书宣告整一个月时间的 12 月 11 日，商罪科对华懋集团首次进行接触性调查。这天清晨 6 时左右，以商罪科 C 组（全称为伪钞及伪造文件组）为主的调查人员及军装警员 50 多人分赴华懋集团总部和山顶百禄径龚如心寓所，主要任务是搜查与伪造遗嘱案有关的证据，并邀请龚如心等协助调查此案。警方已提前一天通知龚如心的代表律师，希望她早作安排。因此，龚如心于 11 日晨7时在律师陪同下自行到香港警察总部商罪科协助调查。

按照香港法律，警察执行拘捕或搜查行动时，要向法院宣誓并签署一份申请手令的誓章，并说明需要手令的原因，在获得法院签发的手令后，便可按照手令上规定的目标采取搜查或拘捕行动。不论行动的结果如何，每一张手令只可以执行一次，如需再次搜查，便要申请另一张手令。当相关案件开庭时，需将手令呈堂，以确定执法程序是否合法。商罪科准备对华懋集团总部和山顶百禄径15号住宅两处进行搜查，所以在行动前申请了两张手令。

对这次行动警方计划得十分周密，除了要确保行动成功外，主要力量都用在了在防范记者上。因为龚如心是知名人士，她被警方邀请协助调查的消息传出后，很快就引来大批记者分头聚集在警察总部和华懋总部等处守候，目的是要抢拍到龚如心被警方带走的照片。警方采取的策略就是派出多辆客货车和私家车先后在停车场内不停地兜圈，成功地将记者引开，然后展开真正的行动，从不为外人熟悉的通道进入华懋广场大厦。大批记者追随着“可疑”的客货车在华懋广场的停车场兜了几个圈子，空忙一场，谁也没有拍着龚如心，只好记录下一些警车如何与记者“捉迷藏”的文字，也算是对采访做了一个交代。

在这一天，警方搜查了位于华懋大厦顶楼的龚如心办公室及寓所，并请多名华懋职员到警察总部助查，要求一些职员提供笔迹，取走了包括数幅售楼草图在内的一批相关文件，因为上面有一些签名及笔迹。从记者拍下的现场照片看，俨然一派大抄查的气氛。

龚如心在接受调查后，被警方正式以涉嫌伪造文件罪拘捕，并准许她没有任何附加条件地以自签500万元保释。12月12日凌晨，警方再次以声东击西的方式引开守候记者的注意，在免受骚扰的情况下将龚如心送返华懋大厦。

对警方的这次行动，外界提出两点评语：一是警方发言人只证实拘捕了一名65岁的女子，指她涉嫌与1990年一宗怀疑伪造遗嘱案有关，而拒绝诱露涉案人的姓名和行动详情，让人怀疑对龚如心有优待之嫌。因为在2002年时，警方公共关系科曾与传媒界开会商讨，答允为方便案件报道至少要告知媒体涉案者的姓氏及年龄。二是认为对龚如心自签保释的安排不妥，因为假定龚如心逃跑的话，便要交出保释金，但因无担保人，这笔保释金则无从追讨。[②]

93

因争产案而衍生的遗产接收管理官司，也始终伴随着案件审理的进程而缠讼不止。

1999年王廷歆向法院提出要根据1968年遗嘱取回儿子遗产时，就提出了要求法院授权会计行接收管理王德辉遗产。2000年4月，法庭委任罗兵咸会计师行的张逸明和德勤关黄陈方会计师行的陈文裘为王德辉遗产管理人。两位会计师即着手接收遗产。一般来说,这种接收过程在遗产官司悬而未决的情况下都是不顺利的,在这起争产案中也是如此,遗产管理人与龚如心始终官司不断。同年6月,遗产管理人向法庭申请,龚如心必须交代华懋旗下公司的财政情况和王德辉夫妇联名户口账目,获法庭批准。

2001年8月,遗产管理人提出入禀状,指在王德辉1990年4月失踪两个月后,龚如心与弟弟、弟媳在华懋旗下的参明有限公司联手发行新股,大幅摊薄丈夫的股权,并将丈夫的股份转归自己名下。后在1998年龚如心获派股息1.35亿元,王德辉却未获分毫。要求取消龚如心发行的新股,以账目显示龚如心所持新股获得的股息,并由法庭决定龚如心是否要交出股息。张逸明在法庭上披露,根据掌握资料王德辉遗产有3亿元,估计还有数十亿属于王德辉的资产尚未取到。龚如心的代表律师称,自2000年5月开始至今遗产管理人已从遗产中花掉了2000万元费用,而这些并不是迫切需要做的事情,法庭也无权要求龚如心向管理人交代财产情况。这一争议经过审理,直至9月4日上诉庭裁定,龚如心必须回答遗产管理人的提问。

2001年11月,根据遗产管理人提出的龚如心摊薄王德辉在参明有限公司的股份控告书,原讼庭判龚如心交出因发行新股而获得的15亿股息作为遗产抵押,但不用交出管理账目文件,否决了委派两名遗产管理人代表王德辉成为参明股东的申请。双方都对判决提出上诉。

2002年6月22日,遗产管理人再次入禀原讼庭,称在王德辉失踪一年后,龚如心将华懋旗下主要公司属于王德辉的股份转到自己名下并获取红利,要求法院作出声明,这些股份应属王德辉拥有,并要龚如心交出从有关股份中获得的近200万元红利及赔偿有关损失。

2002年7月,高等法院上诉庭对前次要求交出15亿股息的判决上诉作出判决,认为有充分理由要求龚如心交出15亿元股息作抵押;龚如心必须交出参明的管理账目;现阶段无须委派两管理人成为参明股东,因为两人所需的是有关资料,而非参明管理权。

2002年11月14日,遗产管理人向法庭提出,拟出售王德辉的山顶百禄径15号大宅,筹集资金应付律师及会计师每月的庞大支出。此请求获法官颁令,批准其登广告及招标出售大宅。

2002年11月21日,原讼庭判决争产案龚如心败诉后,王廷歆的代表大律师表示将向法庭提出申请,要求先发放一笔王德辉遗产给胜诉的王廷歆,以迎接龚方的上诉官司。按照香港法律,败诉方上诉须在28天内向对方律师发通知书。2002年12月27日,司法机构证实,龚如心方已向高院呈交要求上诉的文件。此期间,遗产管理人也入禀法庭,要求龚如心提交华懋所有账目。龚方则要求暂时搁置有关股份账目的诉讼，等遗产案上诉有了结果再审理。

2003 年 2 月 27 日，遗产管理人由于每月要花费数百万元处理遗产诉讼及会计等事务，在急需现金的情况下，正式招标出售王德辉名下的山顶百禄径 15 号豪宅以变现，于当日就出售物业程序向法庭申请指示。

2003 年 3 月，龚如心的暂时搁置有关遗产账目诉讼的要求获原讼庭批准。但是，遗产管理人就此提出上诉。4 月，龚如心就法官批准出售山顶百禄径 15 号大宅的提出上诉，认为有关颁令不公允。此上诉被当庭驳回。6 月，上诉庭判遗产管理人反对搁置有关遗产账目诉讼的上诉得直，认为遗产案与遗产管理是两宗性质不同的诉讼，遗产管理人可继续诉讼。

2003 年 7 月，遗产管理人入禀高院，控告参明有限公司的龚如心等六名股东在 2002 年 6 月底前，将 45 亿财产以无抵押贷款方式转到华懋集团关联公司，损害了同是参明股东王德辉的利益，要求作出赔偿并交出所有转移财产的账目。

2003 年 9 月，王德辉与龚如心在山顶百禄径 15 号的爱巢终以 3800 万元售出。王德辉于 1978 年以 395 万元购入此处豪宅，总面积 15820 平方呎，以一座两层小楼面积 3660 平方呎计算，每平方呎卖价达 1.4 万元。

2003 年 9 月 19 日，遗产管理人就是否能向王廷歆一方提供遗产资料一事向高院寻求指示，龚如心方明确反对。经内庭聆讯，法官批准管理人自行决定将哪些资料向王廷歆方披露。龚如心当庭提出申请将命令暂时搁置，等候进一步上诉，但遭法官拒绝，并判由龚如心方承担当日庭审的讼费。

94

2003 年 9 月 29 日，世纪争产案上诉正式开庭，由上诉庭法官杨振权、袁家宁及原讼庭法官王式英审理。龚如心没有再用李大状等原班人马，而是聘请了唐明治、张健利、翟绍唐三名资深大律师代表出庭。王廷歆方继续委聘助他胜诉的大律师公会主席兼资深大律师陈景生，还聘请了在民事诉讼中被喻为“顶级人马”的资深大律师邓国桢。据称，当时全香港的资深大律师总共是 63 人，而在这场争产案以及相关个案中双方动用的资深大律师达 10 余人，这也是史无前例的。

唐大状在上诉陈词中针对原讼法庭的判决，指出原审法官犯下“七大错误”，要求推翻原判，必要时发还重审。这七大错误是：(1)原审法官任懿君错误地将立遗嘱的环境证供与笔迹专家证供分开考虑。(2)将王德辉 1990 年立遗嘱所谓 9 点可疑之处的举证责任错误地推在龚如心身上，违反法律原则。(3)“疑点”其实涉及立遗嘱的情况，除立遗嘱者外，无人可解。(4)即使“遗嘱”有

“九大疑点”，也不等同于伪造文件。(5)原审法官任懿君单凭环境证据，认定1990年遗嘱可疑及为伪造文件，再引申指龚如心是伪冒者，指控非常严重，连王廷歆一方也没有于审讯时提出，这对龚如心不公平。(6)原审法官任懿君在判词中，大量搬字过纸“抄袭”王廷歆一方的结案陈词。(7)原审法官任懿君未能客观、宏观地审理本案，引致立下错误结论。

唐大状在陈词中指出，在原审时王廷歆一方也只指控龚如心提交的4页遗嘱是伪造，原审法官任懿君应将双方证据公平地分开处理，任懿君却以自己的方法去分析证据，最后作出一个无人提出指控的裁决，除认为1990年遗嘱的首页伪冒，更断定龚如心是该页的伪造者。而“伪冒者”的指控十分严重，有刑事成分，按香港现行的民事程序举证标准，处理民事案件的法官不应将同样指控加诸诉讼的任何一方。

任懿君在判词中曾提出1990年遗嘱的9大疑点，包括1990年的遗嘱并非由律师办理，王德辉不会用近乎无墨的墨水笔签遗嘱等，得出遗嘱是伪造的结论。但是，任懿君没有给予具体理由去支持这些疑点，却依靠这些疑点认定遗嘱是伪造，在处理笔迹的证供时，便理所当然地不会裁定笔迹出自王德辉，否则只会自打嘴巴。

任懿君还在判词中大量“抄袭”王廷歆方律师的陈词，将后者部分结论直接搬字过纸用在判案书中，违反法庭作出独立裁断及交代理据的责任。

同时，这宗案件原审花了172天，横跨14个月，无论开审前夕还是审讯期间都吸引了传媒大肆报道，律师、证人甚至法庭翻译都曾被传媒滋扰，有报道更将龚形容为坏女人；又有证人作供时，未能分辨其所听所闻及报纸的报道，而王廷歆胞妹王德娴作供时，也因为知道有传媒在场，借机会批评龚如心“不忠、不孝、不仁、不义”。这些传媒报道令原审法官任懿君面对巨大压力，令人怀疑他判案时能否保持客观。

杨振权、袁家宁二位法官对原审法官判决持支持态度，认为环境证供与裁定遗嘱真伪有关，非常重要。以王德辉的性格，立遗嘱不会草率，必会由律师负责，而不会找来下属谢炳炎当见证人。王德辉与龚如心的关系虽有好转，但不会忘记妻子曾经对他不忠，而将所有遗产留给妻子却不留给父母。龚如心并未出庭解释案件中的疑点，则原审法官有理由对她作出不利揣测。龚一方能提交的证据中，能直接证明遗嘱是王德辉亲手撰写的极之有限，而当时龚如心却没有出庭作供，只要龚如心能交代丈夫当日如何将遗嘱交予她，对其证供将有影响。

王式英法官提出，原审法官所强调的王德辉孝顺父母、生性严谨等证供均属环境证供，但环境证供的疑点与遗嘱真伪无关。例如，王德辉绝对有理由将遗产全部交给爱妻；王德辉信任在王家多年的管家谢炳炎，由谢来见证遗嘱，完全是可以理解的。1968年，王德辉怀疑妻子不忠，在盛怒下改了遗嘱，将所有财产交给父亲，这是在不正常情况下订立的遗嘱。但是后来，王、龚夫妇形影不离、经常牵手出双入对，表面甚为恩爱，相信更因此令夫妻关系更稳固，王德辉将所有遗产交给爱妻不足为奇。龚如心为免私生活进一步在人前披露，原审时选择不出庭作供是可以理解的，不应因此构成负面影响；在遗嘱真伪并无定论的情况下，原审法官不应对龚如心作出不利揣测。而且，为王廷歆作供的笔迹专家是外籍人士，不谙中国书法。

三位法官一致同意，原审并无足够证据证实1990年遗嘱系龚如心伪造，但杨、袁二位法官认为此点并不影响原审裁决。

上诉法庭原定聆讯11天结束此案，结果进行了28天，于2004年6月28日作出判决，以二对一驳回龚如心上诉的请求。判词长达300多页，三位法官详述了判决的理由。杨振权、袁家宁二位法官认为，龚如心未能证明遗嘱由王德辉本人签署，裁定王德辉遗嘱上的签名是由他人冒签。王式英法官认为，应裁定龚如心上诉得直，或将案件发还重审。

95

上诉失败的消息仍是李景涛律师告诉我的，他在电话里说又输了。听到这个结果，我当时就愤愤地冒出一句粗口。他紧接着说，现在看有点儿希望了。我说怎么有希望了？他说，二比一，毕竟有一位法官采纳了我们的结论。另外，有两位法官不信纳谢炳炎的签字是伪造的，这就是说谢炳炎问题签字被认可是他本人亲笔所写。听了李律师的介绍及看法，我觉得二审比一审是进了一步，现在只能把全部希望寄托在终审上了。

在原讼庭作出判决后，中国刑事警察学院2003年2月曾邀请六位专家对王德辉遗产纠纷案的签名鉴定问题进行了研究复核，并出具了复核报告，专家们一致认为四份遗嘱上王德辉的签名是王德辉先生本人书写，四份遗嘱上作证人谢炳炎签名是谢炳炎先生本人书写。其后，最高人民法院司法鉴定中心、公安部物证鉴定中心、北京大学法学院、西南政法大学司法鉴定中心的五位笔迹专家又先后两次赴香港查验原始材料，各自独立进行鉴定，于2004年4月15日出具鉴定结论，认定四份有争议的王德辉遗嘱上的王德辉鉴名均是王德辉本人书写，四份遗嘱上的证人谢炳炎签名是谢炳炎先生本人书写。这两次的检验报告都提交给了龚如心的代表律师，我想，这对我们三人的鉴定结论肯定是有加强作用的，而且也表明了内地文件检验专家对此案的一致性意见。

2005年3月，龚如心派私人代表到北京邀请了部分内地知名法律专家，对王德辉遗产案的审理情况进行了一次法律研讨，专家们依据香港媒体公开披露的案件信息和案件一、二审判案书，提出了几个值得进一步讨论的话题。

一是中文鉴定的资质问题。与会专家认为,此案至关重要的直接证据是龚如心出示的1990年王德辉所立遗嘱的真实性问题,而遗嘱真实的关键是王德辉本人的签名和遗嘱见证人的签名是否真实可信。对于中文签名的笔迹鉴定的证据力问题,法官遵循自由心证原则作出判断。但是在考虑证据力的大小问题时,专家的专业资质及实践经验应该作为重要的因素予以考虑。而来自英语语境的笔迹鉴定专家和来自中文语境的笔迹鉴定专家相比,谁提供的鉴定结论更具有说服力?

二是如何认识内地中文笔迹鉴定的专业水平问题。专家认为,内地中文笔迹鉴定水平是国际一流的,这一点毋庸置疑。在内地的司法实践中,因为中文笔迹鉴定专家而出现的失误或丑闻几乎没有发生过。无论是鉴定数量还是鉴定质量,中文语境下的笔迹鉴定专家无疑更具有权威性和拥有科学的程序、标准。在争产案原讼庭法官任懿君的判案书中,评价内地的专家证人是"很大火力的枪手"。就龚如心个案而言,这是缺乏事实根据的不负责任的言论;对内地整个笔迹鉴定专家队伍而言,也是有失公允的偏见和伤害。

三是如何理解签名的真实性问题。专家认为,民事证据的真实是相对的真实。绝对的真实只有签字的当事人自己才可以证明。本案的当事人已经被法庭判决宣布死亡,那么其签名的真实性就需要双方各自举证,但无论如何举证,也只能是互相比较谁更接近真实。在上诉法庭的三位法官中,王式英法官认为1990年遗嘱(受益人是龚如心)是更真实的,而另外两位法官杨振权和袁家宁认为1968年遗嘱(受益人是王廷歆)是更真实的。那么其中的真实性差别有多大?打个比喻,可能是5%或更少。这意味着,判案书确认了1968年遗嘱是真实的,但同时也不能必然得出1990年遗嘱是假的结论。事实上,二审三位法官也一致否定了任法官认为龚如心可能伪造遗嘱的结论。

四是遗嘱人的意图是无法真实再现的,要求龚如心完全确定无疑地展示遗嘱人王德辉的内心世界是否可行?上诉法庭王式英法官肯定了遗嘱人王德辉1990年遗嘱反映了遗嘱人的内心世界的真实愿望,但另外两位法官杨振权和袁家宁不认为1990年遗嘱充分反映了遗嘱人的内心真实想法,因此驳回龚如心上诉的主要理由是:龚如心不能证明遗嘱人具有执行其遗嘱的意图。但是,这个标准的判定是异常艰难的事情。这起争产案双方的诉讼花费估计要超过两个亿。那么,他们争论的实质是什么?站在遗嘱人的角度看,王德辉无疑是个成功的企业家,而企业家最关心的是企业的未来和发展。那么,华懋集团交给何人才最符合发展需要?或者说符合王德辉作为企业家的心愿?和王德辉共同打理华懋集团的太太龚如心无疑是相对合适的人。这样的分析是合乎王德辉内心世界的真实愿望的。王式英法官在判决书中也有相关的表述:龚如心多年和丈夫一起打理华懋集团,夫唱妇随,既是夫妻,更是生意伙伴和工作伴侣。

从企业家的角度出发,从更好地经营华懋集团的角度看,1990 年遗嘱更接近遗嘱人的内心真实。

五是这场世纪争产案争的究竟是什么？仅就财产而言,龚如心个人资产超过 23 亿美元,脱离企业的经营来考虑,她要更多的钱也没什么意义。根据媒体公开报道和龚如心身边工作人员介绍,龚如心和她丈夫一样是个工作狂,以工作为乐趣,每月个人花销仅几千元港币。专家推测争产案真正争的是华懋集团的经营权。而经营权关系到企业对社会的贡献和企业员工的切身利益,任何一个负责任的企业家都不可能抛开企业不顾,而只想到自己的个人得失。

六是世纪争产案判决结果是否隐含了中华传统文化的偏见？中国人一般认为,夫家遗产被外姓人获得是常人难以接受的事情。即使太太,也觉得是外姓或外人。事实上,这样的案例无论是内地还是港台,无论是民间还是作为文化现象的影视作品,都有很多反映。那么,上诉法庭杨振权和袁家宁两位法官的审判心理是否受到这些传统文化观念的影响？[③]

专家们所提出的问题,对于有兴趣了解这场争产案的社会公众来说,无疑提供了一个新的解读视角。

96

2004 年 11 月 17 日,龚如心正式向上诉庭申请上诉到终审法院,申请获得批准。龚如心方的大律师称,根据香港《终审法院条例》,民事案的争议,涉及款项或价值额达 100 万元以上,就可上诉到终审法院。而此案中王德辉的遗产远超过此数,故向终院提出上诉。王廷歆方的大律师则说,此案现在的争执点并非涉及遗产本身,是龚如心所提交遗嘱的真实与否。

在上诉庭审理此案期间,王德辉遗产管理人也在步步紧逼,为追回王德辉的遗产频繁地起诉、上诉,与龚如心一方在法庭上反复较量。龚如心则向高院申请,要求撤换两名王德辉的遗产管理人陈文裘和张逸明。双方的缠讼大战虽然看上去很热闹,但暂时没有什么重大进展,也难有进展,因为争产案毕竟没有尘埃落定。

然而,龚如心在焦急中先等来的却是刑事案的提讯。2005 年 1 月 28 日,警方商罪案调查科以涉嫌伪造文件、使用虚假文书和妨碍司法公正三项罪名起诉龚如心,并随即在东区裁判法院进行了讯问。

按照香港法律,裁判法院的法官称为裁判官,可行使刑事司法管辖权,审理多种可公诉罪行及简易程序罪行。所有公诉罪行最初均在裁判官席前提出;律政司司长可因案情的严重程度而申请将案件移交区域法院或交付高等法院原讼法庭审理。不服裁判官的判决而提出上诉的案件,由原讼法庭法官审理。

这是自2002年12月龚如心因涉嫌伪造遗嘱被捕后的首次法庭提讯,说明警方已从案件调查阶段转向起诉阶段,调查结果显然不利于龚如心,但究竟到什么程度,谁也不知道。

是日上午11时,龚如心按照警方要求,先到湾仔的警察总部商罪科报到,被通知将被刑事检控。下午2点,龚如心由承接此案的代表律师麦至理陪同,乘坐蓝色凌志轿车来到法院。大批记者蜂拥而至争抢采访,警方不得不架起铁栅栏维持秩序。

法庭上,龚如心表情如常,先是站着听法庭书记读控罪书,后在她的律师要求下,经裁判官允许,坐在法警搬来的木椅上听指控宣读。商罪科的指控说,龚如心在1997年4月至1998年1月,与他人制造一份声称是丈夫王德辉立下的最后遗嘱,并以此企图诱使他人接受为真文书。另外,龚如心还在1998年1月至2002年11月期间,向法庭出示该份虚假遗嘱。按照控方的安排,龚如心此次过堂无须答辩,只是由控方申请将案件延至3月23日再提堂,以准备文件转到原讼法庭审理,并请求法庭下令准许龚如心以5500万港币现金保释;同时要龚如心即时交出所有旅游证件给商罪科,但不限制她出入境,只要她在出入境前后向商罪科报告即可。此期间,还要求龚如心必须居住在她报住的华懋广场寓所内,不得直接或间接与此案及争产案中所有曾作供或录取口供的人士接触。过堂结束后,龚如心按照法庭要求将早已准备好的巨额保释金交给法庭会计部,有关证件交给商罪科人员,然后在律师陪同下离去。

律师麦至理向传媒表示,案件已拖延了一些时日,没有什么新鲜的内容,唯一可以庆幸的是,龚如心终于等到今天有机会出庭作出解释,相信终会无罪释放。至于保释金的数额,那是经过协议确定的,都认为很合理。商罪科的代表在庭外表示,此案证据充足,而对传媒提出的所有问题,均回应无可奉告。

此后,龚如心分别于3月23日、4月22日、6月24日到东区裁判法院接受提讯,控方是为将案件转到高等法院完成证据认证等程序性工作。6月24日开庭时,控辩双方申请进行为期2周的初级侦讯,让裁判官决定案件是否有足够证据交付到高院原讼庭聆讯。控方准备传召王廷歆、叶理光、郑佑生三名证人出庭作供。为避免与7月的争产案终审"撞期",聆讯推迟到10月进行。

注释

①参见《成报》2002年11月22日A5版。

②参见《东方日报》2002年12月12日A1、A2版,13日A2版。

③千龙网《内地专家关注"亚洲第一富婆"争产案》2005年3月7日。

>>> 第三十章

五比零上诉得值

97

2005 年 7 月 11 日,终审法院对世纪争产案终极上诉展开聆讯。负责主审的五名法官为陈兆恺、李义两位常任法官和列显伦、鲍伟华、施广智三位非常任法官。根据《香港终审法院条例》,一般情况,终审法院审判庭须由终审法院首席法官及三名常任法官,以及一名非常任香港法官或一名其他普通法适用地区法官组成。但在因某一原因致使出庭常任法官人数不足的情况下,首席法官可委派非常任法官出庭。

对于龚、王双方来说,这是此案的终极决战,双方都聘请了来自英国的御用大律师。龚如心方有御用大律师 Geoffey Vos,还包括资深大律师余若海、翟绍棠,以及大律师 Ramesh Sujanani。王廷歆方有御用大律师 Robert Neville Thomas,加上原本的资深大律师陈景生,大律师曾汉坚、陆英华。加上双方处理各种事务的其他律师,总数超过 10 人。由于双方出庭律师阵容庞大,所牵涉的各种文件数目庞大,约近千个文件夹需要地方摆放,终审法院的法庭都比较小,所以终审聆讯选在较大的可容纳约 100 人的高等法院 4 号庭进行。

代表龚如心出庭陈词的是御用大状 Geoffey Vos,他从七个方面陈述了龚方的上诉理据:(1)王廷歆一方原指,见证人谢炳炎在 1990 年遗嘱上的签名为他人冒签,以此证明遗嘱并没有"妥为签立",但上诉庭已接纳谢炳炎的签名并非伪冒,所以上诉庭应该接纳遗嘱已"妥为签立",法庭不需要再考虑遗嘱是否伪造。(2)既然谢炳炎的签名并非伪造,若法庭仍然认为遗嘱属伪造,等于指控谢参与串谋诈骗的刑事行为,法官要得此结论必须要有真凭实据而不能只靠未经证实的猜测,否则就不能得出遗嘱是伪造的结论。(3)遗嘱有否"妥为签立"或者是否人为伪造，本应一同处理，但无论是原讼庭还是上诉庭，都错误地将题目分开处理，其中上诉庭虽然接纳遗嘱已经妥为签立，但仍认为遗嘱是伪造。(4)两级法院都将解释遗嘱疑点的责任交给龚如心一方，这是错误的。因为指证遗嘱是伪造的是王廷歆，应由王廷歆一方提供遗嘱是伪造的证据。(5)原审法官任懿君在判词中提出遗嘱的“九大疑点”，但在王廷歆一方的状词中从没提及其中的一些疑点。(6)级法院都没有全面地考虑所有证据。(7)龚如心得不到一个公平审讯。在争产案外，还要面对王德辉遗产管理人的“夹击”，又牵涉伪造遗嘱及妨碍司法公正的刑事检控。Geoffey Vos 还指，如果真是有人伪造王德辉的遗嘱，作为见证人的谢炳炎其实不需要在 4 张遗嘱上面都签名，也不必大费周章地伪造 4 份文件，还写下英文“One life one love”这些容易惹起争议的字句。

龚如心与王廷歆当日都没有到庭旁听。

在此后的聆讯中，由警方商罪科的数名探员护送关键证据王德辉 1990 年遗嘱到庭。在接触文件时，警员以及法庭书记均戴上黑手套。五名法官特意临时退庭 15 分钟，专门在内庭对四份遗嘱文件进行了细致的检视。

龚如心方的余若海大状用电脑在庭上将王德辉与谢炳炎的签名放大并进行分析，批评原审法官及上诉庭法官置笔迹专家的专业意见于不顾，反而自己充当专家，否定遗嘱上签名的真确性。多名专家都认为王、谢的签名笔迹自然，各签名之间亦有合理差别，但原审及上诉庭法官却忽略这些理据，以薄弱的疑点裁定王的签名是伪造的。

王廷歆方的御用大状 Robert Neville Thomas 称，龚如心及其胞弟龚仁心的证供自相矛盾，王德辉 1990 年遗嘱不过是龚如心为得到遗产所编造出来的。法庭于 1999 年 9 月拆开王德辉 1990 年遗嘱，龚如心曾表示她不知道内容，但却于同年 7 月宣称自己是丈夫遗产唯一受益人，显示她并非不知情。龚的胞弟龚仁心在审讯开始前的 7 个月，在证人证词里并无提及王德辉曾于 1984 年和 1985 年两度出国前将装有遗嘱的信封交他保管，直至案件开审前 9 天才再立证供谈及此事。质疑龚如心是在法庭宣布王德辉死亡后，因感到遗产继承人的地位受威胁，遂利用伪造的遗嘱及胞弟的供词，令人相信她是遗产继承人。

终审法庭于 2005 年 7 月 22 日结束聆讯，就在终审结果将要揭晓的前一天，即 2005 年 9 月 15 日，发生了一件离奇遇袭事件。当晚 7 点左右，龚如心胞弟龚仁心结束工作后，带着他心爱的唐狗离开他在豪景花园商场开设的西医诊所，去与在附近开车等候的妻子会合，然后一同回家。在他行至商场后巷时，突遭四条汉子持木棍狂殴约一分钟，致使面部及手臂受伤，他的爱犬也为护主被打至重伤……

我是从凤凰卫视上看到这条消息的，当时就有一个直觉：龚如心的官司赢了!

后在较详细的报道中提到,四名袭击者得手后迅速逃离。有目击者报告,这四人跑到青山公路登上接应车辆向荃湾方向逃去。龚仁心迅速报警,称有人好像要绑架他。由于并无任何财物损失,袭击者又显然是预先设伏,针对目标明确,说明他们熟悉龚仁心的活动规律。事发后各大传媒并无即时收到任何消息,而在一个多小时后却有"神秘人"主动向传媒报料,显然是希望将此事件快速传播出去,而第二天正是终审作出判决的日子。袭击者的动机和指向性是明摆着的。因此,警方向媒体透露,会循多个方向调查,也包括调查此事件与争产案是否有关联。

9 月 16 日的判决正如我的预感:终审法院五位法官一致裁定龚如心上诉得直,推翻下级法院对此案所做的判决,确认 1990 年遗嘱为王德辉生前的最后一份遗嘱。[①]

这个期待已久的判决使我们三个老家伙大大地舒了一口气,终于可以尽情地乐上一回了!都是从事几十年文件检验的教授专家,号称为"数亿人中才出现的一个铁三角组合",却在香港被法官认定是当了他人的"枪手",缺乏"诚信",把签名鉴定搞错了,现在终于有了一个公正的交代!那种释去千钧重负的飘逸轻盈,那种从内心深处喷涌而出的透彻快意,那种直捣黄龙与君痛饮的酣畅淋漓,可以说是百感交集、五味杂陈,根本不是言语所能表达清楚的。

注释

①参见《东方日报》2005 年 9 月 17 日专题新闻版。

第三十一章

终审法院的判决书

98

终审法院的判决书包括五位法官的判词,厚厚的一大本,内容是根据对上诉人龚如心和答辩人王廷歆的聆讯,全面分析原讼庭和上诉庭的判决意见和结论,作出对此案的最后判决。细读这份判决书,感触良多,胜诉的好心情自不待言,一条一条的分析鞭辟入里,更多给我的是启发、是收获,当然,其中也包括反思我们的不足之处。

首先是陈兆恺常任法官的判词。陈法官作出的判决是以上诉庭对笔迹的判决为基础:杨振权法官维持遗嘱上王、谢签名均属伪造。袁家宁法官认同王签名是伪造,但不同意证明谢签名属伪造的举证标准。王式英法官认为王、谢签名均属真实签名。王廷歆同意上诉庭袁、王二法官的判决,即不予理会谢签名是伪造的裁定。由此确认上诉的基础为1990年文件上谢签名是真实的。

陈法官又指出,答辩人的几位笔迹专家对王签名的判断不是很肯定:Lesnevich 先生是不怀疑签名属伪造;徐先生说王先生没有写这些签名,作证时又不太肯定,在他的正负10范围内,给出的是“-5”;郑先生将肯定程度分为四个级别,即(1)肯定不是,(2)极可能不是,(3)很可能不是,(4)可能不是。在审讯中给出的“很可能不是”级别。

本案除了笔迹证据外,还有其他证据,特别是谢先生在两份陈述书中提供的证据。“要裁定的关键问题是根据所有笔迹证据,谢先生的证据能否稳定地被接受。如果法庭考虑了所有证据后,信纳谢先生所说为事实的举证标准,那么即使有相关证据,仍可裁定1990年文件的真确性。”陈法官列举了数起关于遗嘱的判例,在笔迹专家证人意见与见证人证据不一致情况下,都是法官否决了专家证人的意见,而采用了见证人的直接证据。

陈法官叙述了龚如心方关于王德辉签名的上诉陈词、检验及比较签名笔迹的适用原则、中文笔迹特征、用于比较的签名样本等等,在“王签名的总体特征”一节,否定了根据遗嘱签名与样本签名在方向和排列方面的差异而得出王签名是伪造的结论。因为有关方向和排列问题只是在对贾教授进行交叉询问时才提出,问题是王廷歆传召的专家证人根本没有仔细分析过方向与排列的差异点所具有的重要意义,因此主审法官“在没有专家证人证据的情况下即裁定方向和排列上有重大差异点是不对的,他没有权利仅依据这一所谓的差异点证明伪造”。

为什么 1990 年文件上的签名与 1958 年签名样本相似,而与其他签名样本不同?按照任懿君法官所说,既然龚如心持有 1958 年签名文件正本的复印件,则她有机会模仿签名。杨振权法官甚至提出有可能根据 50 年代写的其他文件模仿签名。陈法官认为:他们在提出各自的观点时,似乎已假定王签名是伪造,而他们只是在考虑伪造者是如何伪造的。陈法官也不接受贾教授关于王先生有两种签名方法以及签名属“连写风格,带有文书特征”的解释,因为这没有解释为什么王先生在时隔多年后又选择用这样的风格。陈法官认为,龚如心的律师提出的书写风格和书写速度的不同可以解释与 1958 年签名相似的观点比较有说服力。因为所用的纸很薄,王签名确实写得慢一些。书写工具也会对笔迹有影响。粗笔尖的书法笔写字会减慢书写速度,这已被王签名确实写得很慢这一证据所证实。陈法官认为,书法笔的使用合理且有效地解释了相似问题。但不幸的是在审讯中没有对此问题进行深入分析。

王签名是否自然?Lesnevich 先生认为“总的来说都写得很流畅、很美观”。徐先生认为王签名的书写质量并不低,但他也指出这一点并不是太重要。郑先生认同这些签名中没有重描。贾教授也确认这些字书写自然。然而主审法官不认为王签名书写自然,在判决中指出,王签名存在 9 处有重描及书写不自然现象。陈法官指出,主审法官的这部分判决大部分是照抄了代表王廷歆的律师的陈述,他不会去分析这些重描现象,原因一是王廷歆的专家证人都不认为存在重描或书写不自然现象;二是只有贾教授才提出与这些重描现象相关的直接证据,但他的证据全部否认了这些现象。代表龚如心的律师提出,法官根据自己的观察,找出连专家也无法找出的重描现象,其实是自以为是专家的表现。陈法官对此评说:即使法官有权用他自己的观察来判断,但我们还是无法确定地说,这些签名中有重描或书写不自然现象。关键问题是专家证人没有提出支持证据而法官便裁定王签名中有重写或书写不自然现象,这样做缺乏证据基础。

关于抖动。王签名中有稍微抖动的迹象,而在签名样本中没有,这一点没有争议。没有专家证人认为本案中的抖动迹象有重要意义。贾教授说,既然签名随意自然,那么抖动迹象就无所谓是伪造的结果;如果抖动现象与伪造有关,那么应该在更复杂的笔画而不是一横或一竖中有抖动现象。但是,主审法官认为这些抖动现象与伪造密切相关,他在判决中进行一番分析后说,“既然在最后一章中,本席认为有理由得出可疑签名是伪造的王先生签名这一论断,本席也认为这些抖动现象至少部分地由伪造者而不是王先生自己的心理状态引起的”。陈法官指出:本席必须承认不理解该结论的逻辑,这等于说“因为我已经发现这些签名是伪造的,所以我现在就说这些抖动是伪造的标志”。这种方法很明显是错误的。在此,被主审法官否定的对抖动的一种解释是王先生的心理状态,比如“紧张或兴奋”。陈法官认为那也至少是抖动现象的原因之一,并且对这种解释不感到惊讶:第一,王先生在住院之前发生了坠马意外,他不听医生建议,擅自出院回办公室,而那时是一般下班时间过后的晚上;第二,谢炳炎的陈述书证明,那天晚上王先生情绪不稳定。

关于重大的相似点和差异点。所有专家证人都同意找出王签名和签名样本之间的相似点和差异点很重要,而没有达成一致意见的是:(1)某处特征是相似点还是差异点;(2)这些相似点和差异点是否重要。陈法官指出,专家证人同意必须进行综合评议,比较所有的相似点和差异点后才能得出结论。但是,主审法官没有这么做。陈法官对双方专家证人的相似点和差异点进行了分析,认为“这些相似点看起来似乎不重要”,“这些差异点很容易看出来,它们并不重要”;只认为在王字中和德字中各有一处差异点,“很细微但很重要”,“可以同等考虑两者是否显示了伪造”。

关于一致自然变化。陈法官引用了奥斯本的一大段话:“显示亲笔书写的文件、或大量的笔迹、或两处以上的有争议签名真确性的标志之一是书写细节上的自然变化。没有经验或不留心的检验者,很难理解一组签名的一定程度的变化以及全部亲笔书写的文件中的同一字母或同一词的变化可以是真确性的证据。伪造者不理解为什么一定要有自然变化,他只是尽可能地把字母和词写得很相像。所以,如果有争议文件中的几行字,或检材上的几处签名,显示了同一字母或同一词的这些自然变化,当然在真迹的变化范围之内,尽管变化本身看起来很奇怪或很荒谬,其实是真确性的有力证据;反之则是伪造的证据。”在奥斯本看来,先找出签名样本中的自然变化以确定变化的范围很重要,而且一致的自然变化都必须是细微且不易发现的。代表龚如心的律师列举了6个一致变化的例子来证明王签名的真实。任懿君主审法官引用了王廷歆的律师陈词,即可疑签名模仿的蓝本不止一个,以此解释这种一致自然变化。袁家宁法官似乎接受了多蓝本理论。陈法官认为,这6个一致自然变化例子,有4个看着很明显,所以在比较分析中不是很重要,但有两个不同。王签名检材和签名样本中存在相同的自然变化,这不可能仅仅是巧合,这两处一致自然变化很细微不易察觉。它们是王先生的个人书写特征,这些一致自然变化很明显地显示了真确性。主审法官和上诉法院的多数似乎忽视了一致变化的作用,他们没有分析这两个一致自然变化的重要例子,而它们是真确性的明显标志。

关于伪造的固有可能性与不可能性。1990 年文件的真确性有争议,要不都是真实的,要不都是伪造的。如果是伪造的,则意味着肯定要用不同方法临摹了至少 8 处签名。这样做只会使更多的文件接受检验。而且有三份文件是写在薄纸上,王签名用的是书法笔,由于使用这样的笔和纸,纸上有刮割的迹象。那么他或她为什么会冒着划破纸的危险而用这样的笔和纸呢?至少他或她应把被识破的风险降到最低,避免引起他人对伪造缺陷的注意。陈法官认为,这些情况都显示了伪造的固有不可能性。

陈法官的综合评议是,在处理笔迹证据时,法官犯了几项错误(略)……法官和上诉法院多数法官作出的王签名属伪造这一裁定在本质上就是错误的,因此不能成立。对笔迹证据的综合评议则认为,不能肯定地说王签名真实的可能性大于伪造的可能性,反之亦然。

陈法官专门还谈到了对贾教授的不公正批评,认为"缺乏诚信"的评论很刻薄,是对专家的严厉指控,除非法官有充分的理由,但本席认为不存在这样的理由。判词的最后一项是结论:谢先生在陈述书中明确地说他看见王先生在 1990 年文件上签名,然后他自己作为见证人也签了名。在分析所有证据后,包括不确定的笔迹证据,没有理由认为谢先生的证据是虚假的,没有理由不接纳他的证据。

李义常任法官的判决书最长,详细地叙述了此案的来龙去脉,包括事实背景、宣告死亡的申请和其他预审、答辩人的遗嘱文本誓章、打开两个密封信封(一个信封装有 1968 年遗嘱复印件,另一个装有四个小信封,每个信封中各装了一份文件)、法庭的审讯与裁定、本上诉的理由。这一回顾使不了解案情的人对该案的每一个关键点都看得十分清晰。比如 1990 年文件 A 上有一个姓 Lee 的见证人的签名,龚如心认为像她持有的李建生先生的签名,该人死于 1996 年。李建生是与王先生关系很好的建筑承包商,其办公室就在华懋公司的楼下。

随后,李法官陈述了一些判例中有关遗嘱的举证原则,包括伪造案的推断原则。随后进入此案的举证责任究竟应该由哪一方来承担的讨论。李法官认为,在此上诉案中,根据答辩人的案由,如果谢先生的签名属伪造,虽然谢先生在法定声明和誓章中都确认了签名的真确性,那么肯定存在伪造者或伪造者们的共同犯罪。任懿君法官裁定王签名和谢签名均属伪造。然而,在上诉法院只有杨振权法官维持了该判决。袁家宁法官和王式英法官都否决了谢签名属伪造的判决。但是,袁家宁法官补充说:“本人必须说明不能因此认为本人承认提出文件上的谢签名是在1990年所写。”这样支持的理论在聆讯中称为“隐形伪造”。

接着,李法官讨论了该上诉案所适用的原则。讨论了下级法院所使用的原则是否恰当,以及分析证据的方法。李法官认为:任懿君法官把“消除所有可疑之处”的举证责任加于被告人,这种分析事实证据的方法是错误的。李法官指出:“上诉人作为提出遗嘱人,有责任在何者可能性较高的基础上证明王先生妥当地签立了遗嘱。她最终需证明有可能这是他的真迹。这跟先找出‘可疑之处’然后要求上诉人消除它们完全不同。答辩人的责任是提出合理评议的证据,说明根据这些证据足以得出相关签名属伪造的合理推断;仅提出有争议遗嘱的‘可疑之处’是不够的,这种做法是让实际无法消除可疑之处(受到人类能力限制)的提出遗嘱人承担举证责任,证明可以在法庭上分析所谓的可疑之处以及未回答的问题——这样的举证责任比排除合理怀疑的刑事举证标准还苛刻。”

上诉法院的杨振权法官指出任懿君法官不应该仅基于这些可疑之处裁定伪造。但是,杨的结论是:“本席认为法官有理由认定他得出的环境证据不支持1990年文件的妥当签立。”理由是虽然不能信纳任法官基于可疑之处作出伪造的裁定,但是上诉人没有排除列举的疑点,证明了任法官做出的没有完成举证责任的裁定是正确的。李法官指出:杨振权法官把“消除可疑之处”的举证责任加于上诉人的做法也是极其错误的。

袁家宁法官反对任懿君法官仅基于上诉人“没有排除可疑之处”足以证明伪造的裁定,但认为“可能被称为‘可疑之处’的证据足以裁定上诉人是否完成了证明签立的举证责任;而这些未排除的可疑之处可能‘使法官怀疑’应拒绝授予遗嘱认证。”李法官分析:袁家宁法官的方法是问涉及“可疑之处”的“证据”是否让法官产生了怀疑。这是错误地把未回答的问题作为拒绝授权的有效基础。

李法官写道:根据前面的分析可得出任懿君法官和上诉法院的多数采用的方法都存在差错,因为都错误地应用了“排除可疑之处”概念,因此他们的裁定都应在上诉中复审。

首先是有关谢先生作为见证人的证据。李法官详述了谢先生见证王德辉在1990年文件上签名和他自己签名的过程,包括他两次完成法定声明的内容;叙述了谢先生去世前两个多月从香港到大陆的行程及去世情况。认为谢先生的声明如果有效的话,就关于王先生签立遗嘱的直接证据来说,它们具有头等重要的作用。那么是否有证据支持谢先生签名属于隐形伪造共同犯罪?任懿君法官全盘接受反证谢先生陈述书的论点,这些论点包括王先生不可能指定谢先生见证遗嘱;谢先生声称他不知他在见证遗嘱;给林芳维先生的陈述书是事先准备好的;等等。李法官在逐条分析这些论点之后,结论是谢先生的声明和提供的证据并不因为这些论点而降低效力。提出的攻击并没有形成隐形伪造的案由。谢先生的证据是关于1990年遗嘱签立的直接证据,因此具有重要作用。

关于上诉人的遗嘱文本誓章是否为本案证据问题。对于双方的分歧,李法官裁定,遗嘱文本誓章必须看做已经被作为证据接受,特别是关于提出1990年遗嘱的誓章。

关于对上诉人可信度指责的分析——

认为龚如心毫无理由地推迟向法院提交1990年遗嘱,损害了其可信度。龚的解释是担心王先生的安全,也是尊重王的意愿不能在他有生之年打开它,龚一直相信王还活着。任懿君推断,被告人希望借拖延手法,令诉讼胎死腹中,这样信封便永远不用打开;被告人知道,信封所装的是不会让人相信是有效的遗嘱。杨振权法官也支持任法官的观点。李法官不接受这些观点,因为在上诉人当初提出打开信封可能对王先生的安全造成危险的顾虑时,任懿君法官是完全信纳的,所以命令只有法院授权信封才能被打开。后来在审讯中也没有指明因何事改变了对这些顾虑真确性和合理性的认同。

李法官还分析了上诉人对密封信封的非法知情的指责,并推翻了这些指责,认为上诉人只是论辩性地提出假设她有可能是唯一受益人,而不是暗示她知道她是这样的唯一受益人。

关于上诉人和李建生的问题。1990年文件A上有一个Lee签名,龚如心当时还没看到文件就判断是李建生写的,李已经过世。任懿君法官认为,"只有她之前看过文件A,或她是伪造文件A的同党,她才会知道。"李法官分析后认为任法官的裁定都是建立在错误的证据基础之上,不能接受。

关于龚医生和假日遗嘱的问题。上诉人的弟弟龚医生证明王夫妇曾两次给他一个信封说那是关于他们的遗嘱。然而,龚医生在之前的第一次证人陈述中没有提及这些假日遗嘱。任法官认为,"龚医生证据中关于假日遗嘱的这些内容完全属于捏造,应不予考虑。"李法官认为任法官有权得出这样的结论。这明显破坏了上诉人的可信度。

上诉法院的多数(两人)都认为上诉人没能认定Lee签名的书写者,或至少没能努力这么做,这一点相当可疑,对她的可信度损伤很大。李法官在分析后认为无法得出这样的结论。

在讨论了对上诉人可信度的种种攻击后,李法官认为关于假日遗嘱的裁定确实让上诉人的可信度受到损失,所以给予遗嘱誓章的重视也很明显由此降低。然而,与谢先生的法定声明和陈述相比,这些誓章的重要性只是次要的,因为谢先生提供的是关于王先生签立1990年遗嘱的直接证据。李法官认为,谢的陈述削弱了这些攻击,并能坚而不摧。上诉人的誓章实质上与那些陈述相辅相成,说服力强,重要性大。

关于对王先生订立1990年遗嘱的可能性分析——

任懿君法官的结论是:证据证明王先生没有理由改变1968年遗嘱中显示的遗嘱意愿,即答辩人为唯一受益人。李法官认为该裁定没有依据。

任法官指王德辉是因为接受父亲的业务而致富的,但证据刚好相反,王先生不是因为接手父亲的化学药品业务而致富,而是在20世纪60年代他与上诉人自己开发房地产,花了大约30年之久建立起他们的大企业。

任法官认为王德辉对父亲一向深感厚恩和充满敬意。就这一点而言,应该说,在每个月给他父亲19000港元的生活费、而其中的8000港元是给母亲一事中很难反映出。王先生家财万贯,即使从一位稍不如此勤俭的人手上拿走这笔钱,都可以说是少得可笑。

任法官还认定上诉人通奸。但那些裁定完全没有理由,是否有婚外情从来不是争议点,做这样的裁定不是法官的责任。尽管毫无疑问是婚姻问题导致订立1968年遗嘱,但是证据充分地证明20世纪70年代中期夫妻感情已好转,而且后来夫妇俩一起建立起了他们的大企业(因为没有孩子,他们喜欢称他们的企业为“他们的孩子”)。很多证据表明他们“是恩爱夫妻也是生意伙伴”。

任法官还认为,“中肯的结论是,夫妻关系的改善和慷慨的生者之间供给只表示王德辉想靠生者之间的供给而非遗嘱性质的条文去使龚如心受惠。”但没有丝毫证据可以支持该结论。

因此,得出王先生没有理由改变遗嘱意愿的结论完全站不住脚。李法官认为,进一步分析证据可以得出上诉人更有可能被定为受益人的结论。

关于其他的可疑之处——

为什么王先生一直到1990年才改变1968年遗嘱?李法官认为,根据证据,有可能是1990年3月10日的坠马事件刺激了王先生做出这样的行为。庭审中表明,王先生有点脑震荡,昏迷不醒,失去记忆且身上多处受伤,他害怕丧失记忆,可能意识到该事件的后果还会更严重,这刺激他出院后就订立了遗嘱。

为什么是自立遗嘱?很简单的解释是可能王先生做了该临时之举后,并不认为要马上用正式文件代之,而不幸的是他还没来得及这么做就遭到了绑架。

为什么是非传统文件,用的是不寻常的语言?1990年文件确实显得有点奇怪,不容易解释:四份文件装在一个密封信封内,而只有文件A是遗嘱文本;让谢先生做所有文件的证人,包括明显不是遗嘱文本的文件D;文件B和C说王先生对他父母感到失望,这一点很费解;更不解的是文件C还提到上诉人的所有家人都“令人讨厌”,特别是想到坠马时间后龚医生对王先生的治疗;还包括文件书写潦草，所用纸张很薄，所含文件非同一人所写。李法官认为，法庭需要作出的推定无疑是这样一个完全正确的推定：伪造者希望能伪造得很成功，也就是说，愚弄世人相信他的签名就是立遗嘱人的签名。由此可以说伪造者不可能冒着被发现的危险，比如在四份文件上都签名，而只有其中一份文件才有用等等。这样的推理不是猜测，而是对固有可能性的分析。结论是，关于 1990 年文件形式和内容的证据是两面性的；这些证据可以提出的应该回答但没有作答的问题，可以对上诉人有利，也可以对答辩人有利。

关于笔迹证据——

根据判例，笔迹证据的说服力比签立的直接证据的说服力要小。笔迹证据不是“科学证据”，而是“专家意见证据”，带有主观色彩。任懿君法官和上诉法院的多数在判决书中对上诉人的三位专家提交的共同报告提出了可以理解的批评，贾教授受到了由共同报告所致的指责，但最后所评议的上诉人一方的证据主要是贾教授漫长的作证中提出的证据，而不是共同报告中的证据。

任懿君法官几乎逐字逐句地照抄答辩人关于笔迹证据的书面陈述而忽视上诉人的答辩陈词，怠慢法律责任，因此遭到批评。他没有理解或恰当地重视贾教授解释的一致自然变化的遗嘱认证价值，因此受到批评。他因为作出签名是伪造的裁定基础而受到批评。李法官认为所有这些批评都具有重要意义。

任法官试图找出专家都没有指出的九处“重描”现象。李法官就其中的一个样本进行了分析。陈大状曾指文件 A 的签名王字中有重描，李大状当即指出此处专家都没有这么说。陈大状说当时没有用显微镜检验。任法官说：所以你只是建议教授看看他是否同意，事情就这样吧？在随后的检验中，陈大状指肯定是在写了中间的横画之后才写的竖画；贾教授解释，写竖画时是很厚重的一笔，所以纸上留下大量墨迹，单向上绕笔时速度较快，笔压较轻，留下的墨迹少些，结果横画看上去轻薄些。竖画颜色较深并不意味着是写在横画上面。后来用显微镜检验，陈大状指出从颜色的不同可看出重描来。贾教授说，通过显微镜直接观察，看不出有重描。陈大状说，黑色色调的差别是非常非常难看出吗？贾教授同意比较难看出。任法官就根据这些内容，在判决书里认定此处是下行画盖着上行画的重描，并对贾教授“竟表示不觉得色调有差异，此点这是令人惊讶，他说的不可能是实话”。李法官认为，这样的裁定陈词对贾教授很不公平。因为，贾教授说他无法看出这样的差异，陈大状也同意“非常非常难看出”这样的差异，从没有指出贾教授的回答有欠真诚。此处，任法官还犯了一个专家文献告诫的大错误——奥斯本曾明确提醒：“在确定不同宽度或不同颜色深浅的笔画顺序时应特别谨慎，两画交叉时，浓重的笔画看上去总是像在较浅或不明显的笔画上方，而白色或浅色的笔画看上去总是像在黑色笔画的下方。根据这样的情况，可能不大能确定哪一笔是最后一画，而经验不足和不懂的人很容易出错。”

抛弃 Re H 和 Lee Ming Tee 原则。这是来自于实际判例的两个原则，Re H 原则的大意是指关于何者可能性较高的举证标准，“在分析可能性时，法庭要记住，事情越严重越不可能发生，所以需要更有力的证据证明该指控是建立在何者可能性较高的基础上”；Lee Ming Tee 原则是指推断必须恰当地建立在主要事实基础之上，“不是通过猜测……只是从已证明的事实中得出结论”。任懿君法官认为 Re H 原则适用于笔迹证据，然而他使用深思熟虑的“自己完成”方法与他从未将 Re H 和 Lee Ming Tee 原则适用于答辩人提出的伪造案由形成鲜明对比。可以回忆起在文件 A 和 B 上发现有横写的英文的淡淡痕迹，下方还有“Nina”这个词。该痕迹被认为是有人写了一文件，没有放在密封信封内，被称为文件 E。任法官在没有相关证据的情况下，推定文件 D 和 E 是上诉人所写，充满了犯罪的含义。认定的理由就是“Nina”这个词出现在痕迹中。李法官认为，这种错误的严重性以及这种方法的不公正性显而易见。上诉法院一致否决法官对文件 A 和 D 内容书写者的裁定。

关于上诉法院的方法。杨振权法官认为，法官有权在没有专家支持情况下提出诸如重描等问题，因为诉讼的本质是审问式的。李法官不同意此说，因为这种方法充满了危险和不公正。袁家宁法官同意杨振权法官裁定王签名属伪造，但依据的理由很大程度上是她自己对可疑签名和既存签名的评议。李法官针对袁法官所分析的几个事例认为，法官自己自行作出这样的决定是很危险的。答辩人的专家都认为，专家应该对某一案件中什么是十分重要的差异点达成共识。所以，法官称一些有能力的专家都没有提及的特征为显示遗嘱伪造的“重大的差异点”，这种做法的有效性必然会引起怀疑。王式英法官虽然对笔迹进行了激烈的争论，表达了明确的异议，但对任懿君法官的批评没有充分的分析，也没有予以纠正。杨振权法官和袁家宁法官，同任懿君法官一样，只着重分析证明伪造的方面，而没有重视支持真确性的反驳意见。

关于总体证据的结论。李法官认为：“如果考虑全部证据，则上诉人已明显完成了举证责任，在何者可能性较高的基础上证明了 1990 年遗嘱是王先生的遗嘱。关键的支持证据来自于谢先生的法定声明和宣誓，其中谢先生确认了他见证王先生在 1990 年遗嘱上签名，他自己也作为见证人签名。”“恰当地分析，综合考虑支持伪造的证据和支持真确的证据后，关于笔迹证据的唯一合理的结论是证据不确定，与其他相关证据一起都无法推翻真确性的结论。”

关于原文照抄和不公正判决问题。上诉人认为任懿君法官大量抄袭答辩人的书面陈词，并在判决书的副本上标出抄袭的部分。王式英法官估计在判决书的笔迹部分“抄袭的内容达 95% 左右或更多”。李法官认为：法官经常采用一方或另一方的观点，经常从书面陈词中原文摘抄部分内容。然而，如果照抄程度到如此地步，用如此方式，则会出现严重问题：法官是否怠慢其司法职责？或至少他的行为是否没有履行一位独立法官应履行的公正？王式英法官信纳此问题可以作为上诉人获得重审机会的理由。杨振权法官和袁家宁法官都注意到了大量抄袭的问题，但不认为这表示没有独立的司法审查，并列出几点理由。李法官认为，这些为法官解围的论点不能让人信服，并以具体事例说明任法官由于照抄陈词所出现的前后自相矛盾的情况。李法官认为：抄袭程度之深引起了对任懿君法官是否独立审判的怀疑，这成为指控的理由，而上诉法官对此没有给予足够认可。然而，该指控是空洞的。即使信纳上诉人有合法理由怀疑一审判决是否公正，在上诉法院 28 天的聆讯后这些理由也不存在了。在本庭，该指控也是空洞的，其理由不一样，即有充足的理由支持上诉成功。

李法官作出裁决：允许本上诉，撤销下级法院的命令，命令在被任懿君法官标为“文件 A”中的日期为 1990 年 3 月 12 日的王德辉遗嘱为其最终遗嘱，授予遗嘱认证。

列显伦非常任法官详述了谢炳炎对 1990 年遗嘱证明的过程以及法官对该证明裁定的疑问。列法官认为，几乎一开始就有两件事使诉讼过程失去公正。开始时它们显得微不足道，后来却破坏了整个过程，淹没了真正的争议。

一是陈大状在开案陈词中提出的：本案的主要争议点是被告能否消除 1990 年遗嘱表面和其签立的疑点以及她提出 1990 年遗嘱后的行为。在审讯第四天，李大状问为什么它是争议点，陈大状没有回答。而在结案陈词中，陈大状提出一系列王太太没有消除的可疑之处，共有十处，其中九处被写进了任懿君法官的判决书中，很多是逐字抄袭。列法官认为，让王太太承担消除这些疑点的举证责任，是犯了原则性错误。

二是在审讯第 20 天，任法官问李大状是否考虑到这样的问题：谢先生的签名是真实的，但是后来写在文件上的。法官还说伪造有两层意思，第一是这不是他的签名，但伪造的意思也可以是比较隐形的，即签名是后来由同一人写的。李大状马上反驳：那是完全不同的情况。法官说该问题由律师来考虑。审讯结束时，法官裁定 4 处谢签名均属伪造，隐形伪造问题不再具有相关性。但在上诉法院，这问题又卷土重来。袁家宁法官同意王式英法官谢签名属伪造的判决不成立，但她补充说：但是我应该澄清不能由此信纳提出文件上谢签名是在 1990 年写的。列法官认为：就这一句话，上诉法官给王太太蒙上了隐形伪造的疑云。他们采用了这样的方法，也许就不奇怪多数认为王太太没有解释很多问题。

接着，列法官又讨论了六个问题。

关于谢先生的陈述书。任懿君法官说谢先生去大陆，“使独立侦探永远无法询问他”。未说明的指控是他有东西隐瞒。但是，没有证据显示谢先生是在逃避警察。如王式英法官所说,除非由王廷歆提出该案由,不然本案由是“未指控、未说明的共同犯罪”。

关于王太太的遗嘱文本誓章。任懿君法官认为誓章证据没有接受交叉询问的检验,该证据的重要性被“可疑之处”抹杀,而根据这些“可疑之处”又得出了伪造和共同犯罪的推断。所以就主审法官而言,王太太在誓章中的描述肯定不真实。杨振权法官的立场基本一样。袁家宁法官认为王太太是唯一与真相有关的在世证人,她决定不作证关系重大。列法官认为唯一妥当的看法是李义常任法官在辩论时提出的看法:法庭上的某些证据证明了真确性,这样的证据可以被其他证据或相关因素削弱或反驳。

关于李建生。如果文件 A 上的“Lee Ksg”签名是李建生,这有可能。他是华懋建筑工地的注册承建商,其办公室就在王先生办公室楼下。他于 1996 年 6 月去世。双方都没有让专家对此问题提供意见证据。对此,可以作出不同的分析。但是,猜测不能为推断提供充足的依据,特别是关于伪造和共同犯罪如此严重的事情。

关于王太太处理信封的行为。在绑架事件发生后的几年里,王太太与答辩人关系友善,答辩人每天去华懋办公室看报纸。到 1997 年 4 月,王先生被绑架快到 7 周年之际,答辩人突然提出要求宣告死亡的诉讼。王太太反对他的诉请因为她相信王先生还活着。她的立场是只要王先生还在世,她就不应该打开信封,这样做会威胁到她丈夫的安全。任懿君法官在 1998 年 4 月 29 日的判决中接受王太太的证据。然而,在本案的判决中却称被告人“千方百计阻止披露誓章内容”,所提出的“理由软弱无力而且不合逻辑”。这跟法官之前的裁定形成鲜明对比。唯一合理的解释是他盲目抄袭律师的陈词,根本没有独立评议问题。

关于王太太开庭时没有作证。主审法官对诉讼无法控制,任由各种造谣证据纷至沓来。还允许提出中伤的指控,指责王太太 1968 年通奸。没有事情显示法官想控制交叉询问的范围或保护证人不受关于中伤、不相关事情的压抑提问。审讯第 169 天前,李柱铭律师告诉法官他不准备传召王太太作证。有很多人证明王先生和王太太关系密切,而且王太太为华懋的成功作出了贡献,据某些人所说,华懋是“他们的孩子”。当然,还有贾教授的证据证明了遗嘱上签名的真确性。王太太在庭上已有足够的证据证明遗嘱妥当签立。如果王太太被迫作证,那么她的私生活的点点滴滴将暴露无遗。根据对上述问题的分析,列法官认为,王太太不作证的影响远没有上诉法院多数认为的那样严重。

关于笔迹。上诉法院的多数推翻了任懿君法官对谢签名伪造的裁定。在本庭 Thomas 律师同意法官可以认定谢签名真实。王廷歆传召的三位专家中的两位都在分析王签名时比分析谢签名时更不确定它们属伪造。上诉人的专家们在共同报告中关于王签名的结构和基本特征结论，答辩人的专家没有提出实质性的异议。关于四处王签名中没有停顿、笔画重写等模仿迹象的结论，Gus Lesnevich 先生同意这些看法。

在法庭上贾教授用了 17 天时间进行分析，包括使用显微镜检验签名，把图像放大投影到屏幕上分析，他的证词比共同报告要具体得多，他更加确定真确性的两项原因都没有在共同报告中提及：一致自然变化和签立可疑签名时用的书法笔的影响。贾教授发现了王签名的 9 处一致性变化。一致性变化越多，真确的可能性越大。主审法官推翻了贾教授的观点，而且指责他“论学上有欠真诚”，这段话几乎是全文照抄了律师的结案陈词。王式英法官试图纠正这种不公正的做法。

原告方传召的三位专家都没有发现重描的迹象。主审法官自己找出了 9 处重描，他认为是书写不自然和伪造的标志。至少有一处重描结论出自律师的陈词，法官只是原文照抄了那些陈词。重描的裁定是法官关于遗嘱伪造结论的核心部分，没有证据可以支持他的结论。

贾教授关于书法笔的证据，在一定程度上解释了为什么四处签名与 1958 年签名如此相像，而与后来的签名不同。答案可能是 1990 年签名似乎写得更慢、更慎重，用的是粗笔尖的笔；而 1967 年以后的签名写得较快，是用圆珠笔写的。Lesnevich 先生认为自 1958 年以后王先生的签名退步了。杨振权法官和袁家宁法官认为，王先生后来不再使用 1958 年签名样式。所有这些假设都没有证据证明。任懿君法官在判决中没有考虑用来签名的笔的类型，他在分析“王”字之间的圈时，指出四处可疑签名中有三处的圈是“几乎闭合的”，而用圆珠笔写的“王”字的圈是开的，据此认为这是一处重大不同点。事实上，徐志强先生已证明用粗笔尖的书法笔比用圆珠笔更难留出空隙。这似乎是常识，而主审法官却对此不予讨论。

王式英法官正确地指出，主审法官的方法是片面地寻找不同点，采用陈景生律师的陈词。未对签名进行深入分析，未考虑所有的相关因素，如笔的类型、笔压、墨水扩散以及书写速度。还要记住可获得的王先生签名样本数量很小，只有 18 个，从 1958 年到 1985 年。在 18 个既存签名中同样的笔画写法有多种。如果把样本 668 看成是一个可疑签名，与其他 17 个样本比较，则根据任懿君法官的方法，668 会被认为伪造。列法官认为，王式英法官得出推翻王签名属伪造的裁定的结论是正确的。而在分析了杨振权法官和袁家宁法官关于笔迹部分使用的方法和一些结论后，列法官认为，王签名属伪造的多数判决不合理。

列法官在总结中说，在本诉讼中，答辩人想通过致命的一击获取胜利，由 Speckin 先生检验并出具了墨水定年报告，其分析结果被认为不可靠。Speckin 先生的结论事实上对原告方不利。他的证据证明文件 A、B、C 所用墨水在 1990

年便可买到。本诉讼提出的争议点仅仅是几行字。如果法官能很好地控制诉讼过程,证据则能被限制在狭小的范围之内,除专家笔迹证据外,在法庭上提出和分析其他证据只需几天时间。任何民事诉讼的目的都是公正、快速、经济地处理问题,本审讯在这三点上都是失败的。

列法官的最后观点是:必须接受本上诉,而且必须授予1990年遗嘱认证。

鲍伟华非常任法官的判词最简短。他首先明确表示同意另四位法官的观点,必须接受本上诉,撤销下级法官的命令,而且授予1990年3月12日遗嘱认证。

鲍法官想说明的是伪造结论所依据的证据,特别是笔迹专家的证据无法有力地证明死者的签名属伪造。任懿君法官信纳王老先生的三位专家的证据,否决了贾教授的证据和共同报告中的意见。主审法官有权利这么做。但是,他的判决书抄袭了代表王老先生的陈景生律师的陈词。王式英法官的评论是“根据判决书中对笔迹的分析和评论这一重要章节,抄袭内容达95%或更多”,对此没有异议。杨振权法官和袁家宁法官虽然认为这样做“让人惊讶”、“也是不明智的”,但不同意这说明了立场不独立。鲍法官不同意他们的意见,认为主审法官没有说明他恰当地评议了专家笔迹证据。

在上诉法院,杨振权法官认为谢签名属伪造,袁家宁法官认为没有证据证明该结论,王式英法官认为该签名不属伪造。在本庭Thomas律师不再提出谢签名属伪造。这样,王老先生传召的三位专家提出证据证明1990年文件死者的签名属伪造,这些证据的效力已经削弱了。因此,必须非常谨慎地分析和衡量王太太的专家证人贾教授的证据。

鲍法官完全同意陈兆恺法官的裁定,即笔迹证据不确定,不清楚;同意谢先生和王太太的证据有决定作用;同意此项上诉,同意授予1990年遗嘱认证。

施广智非常任法官同意其他四位法官的判决意见,但他坚持自己解释说明得出此结论的理由。他概述了下级法院各位法官的裁定意见。他认为,笔迹专家的意见证据总体上是模棱两可的,既没有为王先生的签名为伪造这一结论提出明确理由,也没有证明签名为真实的结论是正确的。他表示非常同意:任懿君法官在对待贾教授及其证据的态度上是不公平和不合理的。

施法官认为,此案唯一的争议点就是文件A上是否有王先生的亲笔签名。为了使该文件有资格进行遗嘱认证,必须有证据证明所称为王先生的签名确实为其真迹,必须有证据证明在签署文件时王先生是欲令该文件为其遗嘱。因此,遗嘱上签名者谢先生就成为对本诉讼的关键证人。谢先生在1999年9月6日,在林芳维律师面前做了一份法定声明,称他亲眼看见王先生签署了这些文件。1999年9月9日,谢先生在另一位律师梁镇宇面前做了一份更加详细的法定声明,重申了该证据。谢先生在1999年12月6日去世,因此无法在审讯时提供口头证据。他的法定声明被作为证据接纳，但无法以交叉盘问的形式检验。

在分析了下级法院对谢签名的裁定后，施法官认为，谢先生或是一位诚实可信的见证人，或是一位愿在伪造及欺诈的阴谋中帮助王太太的不诚实的同谋。假如王先生签署了文件 A 这一前提被接纳的话，那么他欲通过此行为令文件 A 被视为其遗嘱的推断便强而有力。

关于举证责任和标准。施法官认为，王太太必须使法庭信纳，在何者可能性较高的基础上，文件 A 上王签名确为其真迹。王太太也必须使法庭信纳死者在文件 A 上签名时，是欲使其所签的文件成为其遗嘱。但是，王老先生提出了 1990 年遗嘱上的王签名和谢签名为伪造的指控。那么，提出证据证明这些指控的责任便落在了提出该指控的王老先生身上。关于谢先生，一旦大家知道他确认了谢签名都是真实的，如果要坚持王老先生的案由，便必须指控谢先生是同谋。如果谢签名是伪造的，那么，谢的法定声明就一定构成了伪证。关于这所有的指控，提出证据使法庭信纳其为真实的责任都落在了王老先生身上。施法官引用判例来说明举证标准，其中有这么一段话：在某一案件，衡量可能性时法庭着意的一个因素是，指控越严重，事情属实的可能性就越低，故在何者可能性较高的基础上，法庭需要更强有力的证据才可奠定指控得到证实。施法官认为，必须有非常有说服力的证据，法庭才能有正当理由裁定他们其中的一人涉嫌提出一份伪造遗嘱的阴谋。

任懿君法官在判决书中要求王太太必须在成功获准进行遗嘱认证前“消除可疑之处”，这种处理方法构成了一个严重错误的指示。王太太无须消除法官指出的九种可疑之处引起的怀疑。状书中对她不利的案由是伪造，而用刑事法庭的话说，她有资格被假设为无罪。施法官认为，主审法官一开始的观点就错了，他本应全面地考虑所有合理的环境证据并思考是否足以使对王太太及谢先生作出的严重指控成立，而不是要求王太太消除可疑之处。上诉法院的杨振权法官和袁家宁法官的处理方法在法律上也是错误的。他们实际上是使要求对 1990 年遗嘱进行认证的王太太承担消除由一些情况引起的伪造疑点，而这些情况本身并证明不了伪造。

关于谢先生的证据。施法官认为，主审法官认为王先生不可能找谢先生为他遗嘱做见证人的推测是站不住脚的，该论点完全没有任何实质的内容。家仆为立遗嘱人在其家中签署遗嘱见证是很普通的事情。主审法官认为谢先生的法定声明是有人授意写的。施法官认为这一评论对谢先生不公平、不公正且存在偏颇。没有证据支持谢先生的法定声明是事先草拟好的推论。主审法官指“自王先生失踪后王太太一直极为善待谢先生”，明显有意暗示谢先生是为了报答王太太帮助她伪造遗嘱。施法官认为，王太太对谢先生很迁就很宽容并不是一个造成疑点的原因。只有假设谢先生协助王太太进行了伪造，那么这种宽容和迁就才能被当成疑点。在主审法官及王老先生的律师陈述中,认为谢先生在1999年9月24日从香港到了大陆是逃避司法管辖,以便使自己无须受到关于伪造的盘问。施法官列举事实:1999年9月14日谢先生离开香港去了大陆,18日回到香港,9月24日返回大陆。他在老家为自己建了一座房子。11月14日到深圳人民医院门诊部就诊并住院,经CT扫描被诊断为肝癌。12月4日他离开深圳医院回到香港住进玛嘉烈医院。12月6日在该医院去世。必须注意,没有证据证明他或其他任何人,意识到他患了晚期癌症,直至深圳人民医院作出该诊断。从王老先生向警方提出伪造控告到谢先生住入香港医院这段时间,没有证据证明警方曾试图与谢联系,他们本来可以轻易找到谢的地址,写信给他表示希望安排一次会面;也没有证据证明王老先生的律师曾试图询问谢关于1990年文件的事及其是否了解文件上的签名。在缺乏任何证明这些努力及其失败的证据的情况下,谢先生故意离开香港或是王太太安排其离开以避开询问这一暗示是不能成立的。

对于杨振权法官裁定有"正当理由否决谢的声明"的几点理由,施法官进行分析后表示了反对的意见。认为杨振权法官从谢先生9月24日离开香港到大陆这一行为得出的推论是基于王太太取得了一份伪造遗嘱这一假设。如果遗嘱是真实的,那么9月24日谢先生到大陆去就没有任何可疑之处。

袁家宁法官表示,谢先生是该案中最重要的证人,她不同意任懿君法官否决林芳维先生提供的关于谢先生书写的9月6日声明的证据,但是仍裁定"法庭仅按声明来行动是不稳妥的"。对于袁法官所说的谢先生离开香港"使警方无法找到他"的等结论,施法官认为没有证据可以证明。

施法官认为,谢先生被否决或不被接受的理由是经不起严格检验的,谢先生宣誓过的关于他在1990年文件上签名的情形的证据应该被接纳。

关于王太太的证据。任懿君法官在判决书里引用了王太太向法庭提交两份誓章的内容,这表明法官已经把他所参考的誓章内容当成该庭上的证据。但是,杨振权法官和袁家宁法官认为,王太太没有出庭作为证人作证,是在逃避交叉询问。施法官认为,王太太并非有意逃避交叉询问。没有接受交叉询问不是王太太的错。法官如果怀疑誓章证据的真确性的话,他应该命令王太太到证人席作证并接受交叉询问。此外,王老先生的律师可以要求对她进行有关其誓章方面的交叉询问。施法官相信,他们没有意识到他们可以这么做。

关于可疑之处。施法官对任懿君法官提出的1990年文件可疑之处进行了质疑——

王先生没有理由改变其在1968年遗嘱中表明的将其所有财产留给父亲的意愿,在1990年订立一份将所有财产留给妻子的遗嘱是很不合理的,这证明了遗嘱伪造。施法官认为该论点是完全荒谬的。王氏夫妇是在1968年出现了相当严重的婚姻问题,但到了70年代早期这些婚姻问题得到了解决,经过差不多15年时间他们共同建立起一个庞大的以房地产为基础的商业帝国,并证明了他们彼此之间的感情,表明这是一段成功的婚姻。

王先生订立一份自立遗嘱是可疑的。施法官认为,从3月10日发生坠马意外到3月12日订立自立遗嘱,这件事并不是特别奇怪。并不一定是摔伤严重导致王先生考虑遗嘱问题,而可能是摔伤导致住院的情况提醒了王先生生命是有限的,从而促使他考虑了遗嘱问题。这里有两个奇怪之处:一是他没有约见其律师将该自立遗嘱转为一份更加正式的声明。施法官认为不能因为他没有这么做而怀疑他的自立遗嘱为伪造。二是王先生签署了四份文件并要求谢先生为他在每份文件上签名作证。文件B和C是委托性质的,D是一份特别的文件,并没有必要对它们签名进行见证。这些文件被一起装在了一个信封中。还有就是书写文件的笔迹不尽相同,也不是王先生或王太太写的。施法官认为,这些奇怪之处未曾也无法得到满意的解释。但为什么它们代表着伪造?任何理性的立遗嘱者不会这么做。同样,任何理性的伪造者也不会写出四份文件并签名来增加被发现的机会。这些奇怪之处同样无法说明这些签名是真实的还是伪造的,对于证明伪造并没有重要的举证意义。

王先生没有机会拟定这四份文件。施法官不接纳。文件中有的可能是在坠马意外发生之前很久写的,有的或是在他自行出院之前在医院写的。主审法官把关于文件是在何时、何地及由何人写的问题称为"应该回答但未做作答的问题,应该解释但未解释的问题,除非文件是伪造的"。施法官不这么认为。

王先生写这四份文件的方式不符合其性格。施法官认为,这仅仅是重复了自立遗嘱的观点。该观点不存在合理证明遗嘱伪造的证据。许多立遗嘱人都表现得很异常。

文件B和C的观点与王先生对其所关心的人感情不一致。施法官认为,这些意见重复了上面谈及的一些奇怪之处。如果签名是伪造的,那么被认为与真确性不符的特征同样是无法解释的。

文件A中欠缺撤销条款,这代表着伪造。施法官认为这一论点如"无理由改变意愿"的论点一样脆弱。

王太太明显知道根据文件A她是受益人与她所说从未打开信封这一点不相符。施法官认为,王太太可以从其丈夫将遗嘱交给她保管这一事实中得出她是遗嘱受益人的推论,她称自己是"唯一受益人"是想试图反对王老先生申请委任王先生财产的管理人。不认为她说的这些话在伪造的判断中包含了很重要的证据。至于王太太被称提前知道李建生,这些证据都太脆弱,无法证明法官的"除非她看过文件A,或文件A属伪造,否则不可能知道"的结论。

王太太在提交1990年遗嘱时的表现可疑。施法官表示无法理解,为什么王太太拒绝接受其丈夫去世的事实以及反对王老先生申请宣布其丈夫死亡会被认为引起疑点。这对丈夫命运未卜、希望其丈夫没有死亡的心烦意乱的妻子来说，很正常。施法官更倾向于指责家翁，因为他在绑架发生后的 7 年中与媳妇或是寡妇表面友好，而实际在很早之前就通过法律对她提出法律指控，称她用伪造及欺诈来与他作对。该指控推测成分很大，目的在于攫取她对她遭绑架且很可能死亡的丈夫的财产的控制权。施法官发现，任懿君法官的判决对一个丈夫遭绑架遇害、家翁对其攻击的悲伤寡妇表现得漠不关心。

施法官认为“可疑之处”的重要性可被忽略，其无法充分证明王太太和谢先生是提交伪造遗嘱计划的同谋。

最后是陈兆恺常任法官作出判决：因此本庭一致接受上诉，撤销下级法院的命令，并命令授予任懿君法官标为“文件 A”中日期为 1990 年 3 月 12 日的王德辉遗嘱认证为他的最终遗嘱。

……

第三十二章

争产案尘埃落定

99

终审判决令王廷歆方的律师大感意外。就在出庭听取判决结果之前,王老先生的大律师还面对记者镜头,两手高举,打出一对漂亮的“V”形,口称对官司充满信心,相信香港司法制度完善,法官英明。

在终审法院法官陈兆恺宣布了龚如心胜诉且不会有重审的判决后,王老先生的律师团人人脸上晴转阴云,极度失望的心情表露无遗。大律师曾汉坚在接受传媒采访时说:我对判词非常失望,经过 8 年长期抗战,得到这样的结果,非常失望。曾汉坚相信,终院的判决会影响到警方正在办理的龚如心伪造文件案。但他不排除警方掌握有其他证据的可能,刑事案有可能不是这样的结果,若警方在检控时有新证据,他们或可以再向终审法院要求重审。王廷歆本人听到消息后,透过代表律师表示简直难以置信,对裁决十分失望。

代表龚如心领取判决书的乔柏仁律师走出终审庭时向传媒表示,得到最终胜利感到非常高兴,龚如心一直认为此前的裁决是错误的,她获悉后也觉得如释重负,并指出应随之撤销对龚如心的刑事检控。而且,由于龚如心已经正式成为遗产继承人,有关遗产管理人的案件也就到此结束了。李柱铭大状得知龚胜诉后,兴奋地说:公义得到了最后的胜利!我们应该早就赢。我从一开始就相信四页遗嘱上的签名是真确的。开始判我们输是判错了……就是圣人也会犯错,我们都得直!

宣布判决当天,大批记者在华懋广场外耐心等候采访龚如心,但龚如心一直没有露面。大约晚上 7 点 30 分,龚如心的私人助理王礼泉出来,向记者分发了用中英文写成的华懋声明:因为我们一直都有信心取得这判决,所以为这冗长的争议取得一个成功的总结而感到欣喜。王礼泉说:多谢传媒关心。我们主席对这宗官司好有信心,觉得香港的法律是公正的。王礼泉解释,基于保安的理由,加上其胞弟龚仁心刚刚遇袭,故龚如心不会露面,并会加强保安。龚如心已吩咐他尽快找到王老先生,一如既往地照顾他所有的需要。

终审判决在香港市民中引起的反响相当巨大,大抵是为龚如心能最终反败为胜而吃惊而纳罕,坊间流传有几个版本的说法,不过都是些拿不出也找不到任何根据的猜测传言。

出现这种反应其实很正常。当初,我就感到,龚如心在这场官司中所处的地位极为不利,翁媳之争不合乎中国的传统观念,媳妇理当孝顺公公,大多数香港市民的同情心自然是放在王老先生一边的。但是,只要稍加注意一下争产案的起因就会看到,龚如心始终是处于无奈的、被动的地位,可以相信,作为被告人的她,始终是不想发生这场官司却又无法避免这场官司。媒体曾报道翁媳之间进行过庭外讲和,谈得如何不详,事实却是争产官司依然确定不移地打下去了。况且,公众所掌握的争产案"真相",恐怕在很大程度上都是来自于原讼法院的判决书,按照那些"疑点"经过推论所得出的"真相",结论只能是龚如心伪造了王德辉1990年遗嘱。

细细研读终审法院的判决书,使我充分领会了从对抗式的法庭辩论中获取事实真相的智慧与理据,比如在本案的举证责任的确定上、本案的举证标准与适用原则、对判例的使用、对案中可疑之处的分析方法等。而有关笔迹证据的内容,更是很有启发,令我反思。坦率地说,我们最初所提交的鉴定书确实存在着不够翔实的问题。其实,在终审判决书中所指出的那几个问题我们都是想过的,而且是经过了反复思考,并不认为有什么无法解释的地方,但思考落实到文字的表述上则是比较概括、省略,现在看确实有简单化的问题。经过这场官司,我跟贾教授都有这样的感慨:如果是在七八十年代接触到这样的笔迹鉴定案件,那我们的教材肯定就不是现在这个样子了,肯定会有许多内容要增加进去。但是到了这把年岁,也难得有精力张罗这件事了,只能留给后来者去完成了。

终审法院虽然认为,就双方的笔迹证据而言,无法得出确切结论,但终审判决对1990年王德辉遗嘱的认证,实际就意味着法庭接受了遗嘱上的签名是真确的。

然而,正如许多案件一样,争产案仍然留有疑问。所谓办案也好,审案也好,主要目标就是要通过已知条件找出未知的真相,只是有许多案件因已知条件的残缺不足,即使到了能查清并证明主要事实的程度,却仍无法百分百地弄清真相,在案子已经办结终审后仍会留存有疑问,终归觉着不是那么"完美"。这起争产案所留下的疑问是:最终也不知道遗嘱正文的两名执笔人是谁、为什么1990年的王德辉签名与他早期的签名相似等。我们只能遗憾地说,有些事实真相已经随着王德辉的被绑架失踪而永远石沉大海,成为永久的谜;除非时光倒流,或许还能够找到新的线索。主审法官任懿君对这些疑点作出了一种不利于被告人的推断,并以此去推翻王德辉1990年遗嘱;而终审法官则按照举证的责任等理据否定了这些结论,并依据一切疑点利益归于被告方的原则,对疑点作出了有利于被告人的推断。我们由此可以清楚地了解到,在审案中如何对待疑点是大有讲究的;如果以为单凭着所谓疑点就能定论断案,作出的判决肯定是不靠谱,不公正,不符合法理。所以,终审法官最终是以谢炳炎先生的法定声明证据认证了王德辉的最终遗嘱。

100

终审判决当天,负责侦讯龚如心伪造文件一案的警方商罪科人员到法庭领取判词后,在庭外一度表示终审判决对刑事审讯不会有影响,但在受到记者追问时却不再说什么了。据警方消息称,香港过去从未发生检控程序受民事诉讼结果影响的先例。此案下一步何去何从,须由律政司作出决定。但是,曾代表龚如心出庭打官司的资深大律师李柱铭直言,律政司应立即撤销对龚如心的检控,终止有关刑事审讯,以免浪费纳税人的金钱。

2005年10月17日,按照程序安排,对龚如心的刑事检控在香港东区裁判法院继续开庭聆讯。在多名保镖护送下出庭的龚如心看上去神采奕奕,不时地与身边的代表律师轻松交谈。在庭上,龚方申请继续以5500万元现金延长担保,得到法庭批准。控方申请将此案押后至明年1月23日再开始初级侦讯,以便警方进一步研究案件。

11月4日,控方向高等法院申请发放被指是王德辉1990年遗嘱的四份文件及信封等原件,以便警方化验及调查,确定这些原件上是否有龚如心的手指纹。按龚如心所述,这些文件是封存在王德辉交给她的一个大信封里,她从没打开过,后由法庭拆封,故此文件上绝对不应有龚如心的指纹。早在1999年10月王廷歆报案之初,负责此案的律政司高级助理刑事检控专员薛伟成曾向法院索取四张遗嘱进行指纹检验,而法院以化验有可能损毁遗嘱为由拒绝了。现在终审已定,化验指纹的申请获得批准。

11月23日,高等法院正式颁令撤销委任两名遗产管理人,还下令两名遗产管理人向法庭提交最后报告;龚如心须尽力协助管理人处理移交遗产。从2000年始,遗产管理人在用完遗产中可动用的现金外,还拖欠管理费用约1.7亿元,主要用在聘请会计师接收有关账目和聘请律师与龚如心打官司上。龚如心一直对管理人的巨额支出很有看法。在法庭上,管理人的代表律师说,管理人费用须在王德辉的遗产中扣除,若龚对有关费用有争议,管理人希望尽快交法庭裁定。代表龚如心的资深大律师强调,龚如心一直希望能私下与管理人就管理人费用及支出等问题达成协议,故同意将案件押后,希望双方能达成共识。

12 月 2 日,指控龚如心的刑事案在东区裁判法院进行了最后一次开庭。

高级助理刑事检控专员薛伟成到庭,向裁判官申请撤销对华懋集团主席龚如心涉嫌伪造及使用假遗嘱的三项控罪。薛伟成表示,在详细研究终审法院较早前的判决后,加上警方化验过遗嘱的真伪,有关指纹报告证实遗嘱上并没有任何龚如心的指纹痕迹,亦没有任何新证据,以及在寻求律政司内部及外面的法律意见后,认为撤回对龚如心的起诉是最恰当做法,因此律政司决定撤销指控龚如心伪造、行使假遗嘱及妨碍司法公正三项罪名。

法院裁判官应律政司撤罪申请颁令将龚如心当庭释放。整个聆讯历时不足 10 分钟,而原定于明年 1 月 23 日的初级侦讯也被下令取消。

龚如心离庭后,透过代表律师麦至理表示,对律政司的决定表示高兴。她感谢终审法院能正确分析事实真相;并指律政司长终止对她的刑事起诉是公平决定,证明自己是清白的,让所有涉及王德辉遗嘱的案件告一段落。

2006 年 4 月 26 日,龚如心入禀高等法院申请,要求王廷歆供出“幕后黑手”,并要“幕后黑手”来支付争产案 8 年来估计达 2 亿元的讼费。

原来,在龚如心 2002 年 11 月原讼庭败诉后,不时有传言及媒体报道,指有富商名人等在王廷歆背后资助他打官司,以求在王廷歆胜诉取得巨额遗产后获益。这种行为被称为包揽诉讼,在英国是一种古老的刑事罪行,源自普通法,指出钱或出力支持他人进行与本人无利害关系的诉讼,靠胜诉后分得利益。20 世纪 60 年代末英国已废除此罪行,但在香港仍属犯法行为,当事人可能要受到刑事检控。

龚如心的代表大律师在庭上指,龚不会向家翁王廷歆本人追讨讼费,但家翁每月在王德辉的遗产中只获得 3.8 万的生活费,却有庞大资金聘请律师提出诉讼,认为家翁背后是有人资助打官司,若估计正确,龚则反对在王德辉的遗产中扣除讼费,而是要出资打官司的“幕后黑手”来支付讼费,故要求王廷歆一方披露是否有人资助以提出诉讼。

由于争产案的讼费官司定于 2006 年 10 月在终审法院审理,所以高院法官让龚方先向终审法院寻求指示,由终审法院决定是否会在 10 月讼费诉讼中一并处理龚的这一申请。

8 月 16 日,龚如心就要求家翁王廷歆供出为他出钱打官司的“幕后黑手”向终审法院寻求指示。终院认为此申请无须在现阶段处理,但下令王在 14 天内交代有否为争产官司支付过费用及有关金额,以及如何安排支付仍未缴付的律师费。终院法官陈兆恺表示,这样做的目的,是要王协助法庭裁定王在争产官司的讼费,是否在王德辉的遗产中扣除。法庭一方面应先处理是否有权要求王的"幕后黑手"支付讼费,若法庭有权作出有关命令,才会处理要求王披露"幕后黑手"的申请。陈法官还提到,由于王廷歆早前申请生活费时,向法庭表示自己有经济困难,但另一方面,多年争产诉讼所牵涉的讼费不菲,有关文件也显示,王已向有关方面支付讼费,故根据表面证据看来,王似乎有这样的经济能力。

10 月 25 日,终审法院就争产案讼费安排颁下判决书。据终院判决书以及传媒透露,在整个官司中,龚如心的讼费约为 3 亿元,王廷歆的讼费逾 2.6 亿元,遗产管理人的花费为 3 亿元,总计约为 8.6 亿元。终院表示,王廷歆夫妇现每月向龚领取 7 万余元生活费用,王先前透过誓章表明自己仅付了 100 万元打官司,借了 4100 万元,共计 4200 万元作为律师费付给陈国明律师行,但仍有约 2 亿元律师费未缴付,王廷歆除了仍自称拥有华懋集团两成股权外,已没有其他财产,因此龚想知道幕后人士身份是合理的。

终院因此下令王廷歆在 14 日内披露借出 4100 万元助他打官司人士的身份;龚在一个月内可向终院提出申请,要求有关人士及代表王廷歆的陈国明律师行进一步披露有关人士的身份和安排,以决定是否向他们追讨讼费。

终院指出,王德辉把遗产留给太太是很自然的事,王廷歆提出与王德辉夫妇行为有关的疑点,没有任何一项是合理与讼理由。因此,终院不准王廷歆由儿子遗产中支取讼费。王德辉 1990 年遗嘱表面上有不寻常,王廷歆有怀疑,要求法院作裁决,这是无可厚非的,但他的怀疑过了头,他不应向龚如心提出怀有敌意的诉讼,也不该草率地指控龚伪造遗嘱。王廷歆可以要求龚如心证明 1990 年遗嘱是真正的遗嘱,并盘问有关证人,甚至要求法庭委任独立笔迹专家验证该遗嘱。但是,王廷歆以 1968 年遗嘱做筹码,想从龚手中夺到华懋的控制权,在王德辉失踪 7 年即提出诉讼,未看过 1990 年遗嘱便指控龚伪造遗嘱,当 1990 年遗嘱见证人谢炳炎身份曝光后,又不尝试向谢求证,反指见证人的签名也是伪冒,又指律师串谋伪造证据,甚至质疑龚与儿子的婚姻是否合法,令这场有敌意的诉讼不必要地"膨胀"下去,故王廷歆须付原讼、上诉及终审庭的部分堂费给龚。

堂费的计算是,龚如心在诉讼期间聘用了三至五名大律师,但终院认为聘用三名大律师已合理,故龚只能按三名大律师计算堂费;龚如心有三分之一讼费是认证遗嘱的必要开支,王要支付龚其余三分之二讼费;但基于代表龚如心的资深大律师李柱铭在原讼庭不必要地拖长审讯,故王在原讼庭部分只需支付龚三分之一讼费,而上诉庭及终院的两次聆讯须支付龚三分之二讼费。以此计算,王廷歆连同自己一方的讼费支出及须付的三分之二遗产管理费,至少要负担 5.6 亿元讼费。

95 岁的王廷歆从律师口中得知讼费判决结果后,知道要负担 5 亿之巨的讼费，还要在14日内供出借钱助他打官司的钱主身份，感到非常伤心失落，心情恶劣，指“终审法庭弄假成真，一错再错”，是“有法理、无公理！”但他很感激传媒及公众的关怀，并表示会在心情平静后，透过传媒公开交代事件。

龚如心透过律师乔柏仁表示非常满意判决，又强调为了保持家庭和谐，并无意向王廷歆追讨有关讼费，但现在可能会考虑从其他途径追讨。

代表龚如心的孖士打律师行发言人称，律师行很满意裁决，会仔细研究判词内容。龚如心希望尽快恢复家庭和谐，会根据对方14日内的回复再决定下一步行动。而龚如心本人认为今次诉讼已告一段落，不欲再评论判决。

11月8日，法庭限定的14日到期之日。王廷歆坐着轮椅在一家酒店以接受记者采访来回应判决。他对记者的提问几乎是有问必答，但对一切有关“幕后黑手”的问题都予以回绝：我不会讲，要告就告，法庭要判我坐监，我就坐。

王廷歆仍然当龚如心是媳妇，称“又没有离婚，当然是我的媳妇，媳妇就是媳妇”，但每每提及均十分激动，双拳紧握，说：龚如心欺人太甚，华懋集团是属王家的，龚如心把它抢走，又不当我是人，过去10年从没有来探望我。我坚信善恶到头终有报，天理循环，我只好借此机会劝她不要再做坏事，回头是岸，改过自新，好好对我。

对于终审法院指王廷歆是“恶意诉讼”，故要求他负担大部分讼费，王反驳说自己并无敌意，是龚如心存有敌意。虽然龚如心透过律师表示重视家庭和睦，不会向王追讨讼费，但现在的表现，却是出尔反尔，“简直是想逼死我！”

依照终院的判决，王廷歆要承担大约5.6亿元讼费。王廷歆说，如何缴付讼费，还要跟律师商量，目前是见步行步。他表示自己仍拥有华懋20%股份，应该足够缴付数亿元的律师费，就算不足，亦不怕会被媳妇申请破产，“破产就破产，不怕！”

“就算要为藐视法庭坐监，亦不会供出贷款人身份。”在王廷歆向传媒表明其坚硬态度的数日后，龚如心透过代表律师乔柏仁向传媒表示，决定不会要求王廷歆负担讼费，不会再向传言中的“幕后黑手”追讨讼费，也不会追究王廷歆藐视法庭。

“凡事总有完结的一天，既然王廷歆不肯交代借款人……我一直尊重家翁，只是家翁不了解，毕竟家翁已95岁，我无意作出任何攻击性的行动。”龚如心如是说。

历经9年缠讼的世纪争产官司至此尘埃落定。

第三十三章

积蓄财宝由谁收取

101

2007 年 4 月 4 日上午，我正在家中集中精力于一起案件的笔迹检验，接到了李景涛律师的电话，告诉我说龚如心昨天去世了。当初，正是通过李律师的介绍，才使我第一次听说了龚如心的名字，而在相隔 7 年之后的今天又是他通知了她的死讯，难道这是一种命数吗？我的第一感觉就是太可惜了，刚刚了却难缠的官司，又创建了那么大的事业，坐拥那么些的财富，然而人生无常、世事逆变，如今却已撒手尘寰、驾鹤西游，当下自有一番感叹唏嘘。

很快，我又接到香港孖士打律师行陈律师的电话，她先说了王太去世的信息，我说已经知道了。她说现在出了很多传言，很可能又会发生一场遗产之争，如果涉及笔迹鉴定少不了还会麻烦你们。我说可以。

龚如心一生无子女，因此在她刚去世，谁会成为她的遗产受益人就立即成为坊间报章热议的话题。正当各种猜测纷杂之时，曾为龚如心在王德辉遗产争夺案中打刑事官司的麦至理律师郑重发表声明，称遗产受益人另有其人，意即与社会猜测的版本并不相同，他宣称准备在适当时候公布。新的争产案已在暗中布局，一触即发。

王德辉遗产争夺案的最后一场官司结束于 2006 年 10 月，据报载，大约正是在那时或稍晚一些时候，龚如心被确诊为患有卵巢癌，已属于晚期症状，后虽经肿瘤专家精心治疗，然而回天乏术，肆虐的癌细胞蔓延至腹腔及肝、肺等处，2007 年 4 月 3 日在香港养和医院辞世，享年 70 岁。但华懋集团同仁在报章刊登的悼词中提出了不同的说法，文中说龚如心是在 2004 年初健康检查时就“愕然发现患病”，“虽经世界名医诊治，用了多种最前沿的药物，终究不治”。[①]

在争产案期间，我们与龚如心女士仅有过几次礼节性的见面。她给我的印象是，人很随和，有礼貌，话不多。她的发式很有意思，一边一条小辫，扎着红绳子，完全不像是60多岁的人，都说这是仿照她所喜欢的日本漫画《小甜甜》中的孖辫形象，所以许多港人喜欢称她为“小甜甜”。她婚后的名字加上了丈夫的姓，叫王龚如心，英文名字叫Nina，我们是随她身边人对她的称呼，叫她王太。

记得到香港时第一次与王太见面，请我们在酒楼吃饭，一块吃饭的有六七个人，点了十几道菜，喝的是茅台酒。席间，王太很热情地给我们介绍菜肴的味道，和我们一同举杯，她也能喝两口。宴请结束前，专门负责接待我们的黄先生问了一句，“走吧？还打包吗？”王太很干脆地说：“打包打包。”在服务员打包的过程中，王太又说：“那个酒也打包。”这样，餐桌上除了剩下半盆汤菜不好带，其余菜盘子都空了，打包打了八九个饭盒，还有瓶中的二两酒，都带走了，真是一点儿没糟蹋。这位亚洲女首富的节俭过去只在报纸上读到过，现在才知道果真名不虚传。受此影响，我回内地后外出吃饭，只要是我请客，剩下的饭菜总是要打包带走的。

2002年春节前，我们回内地过节，临行前同王太告别，徐立根顺便问王太喜欢吃什么内地的特产，回来时可以给她捎来。王太说想吃茴香馅饺子。节后，徐立根真用饭盒装了荤素两种馅的饺子带给王太，只是由于在广州转车耽搁，打开一看，里面的冻饺子全软烂碎了，旁边的人都说不好再吃了，王太却毫不在意，说可以煮成面汤吃。

从我跟龚如心不多的接触中，感到她确实是一位节俭意识很强的人。在香港，一些人称王氏夫妇为孤寒财主，香港话孤寒的意思是小气、吝啬。著名的一例是在王德辉第一次遭绑架获释之后，他们夫妇说要宴请参加破案的警务人员，结果，一干办案人员被夫妇二人请到了一家快餐店，吃了一顿麦当劳。虽然三明治是他们夫妇平日爱吃、常吃的膳食，不过如果想到他们的亿万富翁身价，肯定会觉得未免过于抠门了。其实，即使是吝啬，它与节俭在绝大部分上都是相通的，并非完全不好，而肯定要强于穷奢极侈、纸醉金迷的挥霍无度。先哲老子就说过：治人事天莫若啬。老子把倡导俭啬之道提到了齐家治国的最高原则，其中深意值得思考；特别是在当前超前消费、过度消费盛行而节俭意识式微的大氛围下，更有必要深刻反思。

王氏夫妇固然崇尚节俭，但也不乏慷慨解囊的一面。据媒体报道，在王德辉第一次被绑架获救后，曾将一幢三层洋房赠送警方，后来警方将其命名为王德辉别墅。这是他们夫妇首次公开捐赠。1988年，夫妇二人创立了华懋慈善基金有限公司。自王德辉第二次被绑架失踪后，龚如心便善行不断：以100万元人民币设立“如心农业基金”，资助内地发展农业。为1991年华东水灾捐出1000万港元赈灾；1993年华东再次水灾，又捐善款2300万港元。1996年至

1997 年,捐出 5000 多万港元在美国哈佛大学成立"龚如心学者奖",每年资助 25 名解放军军官到哈佛接受培训。1997 年捐款 2000 万元于北京设立教育基金会……到她去世时,仅捐赠给内地的教育、医疗和慈善事业至少达 10 亿美元。在她去世的当月,恰好中国社会工作者协会公布了"2007 年中国慈善排行榜",龚如心获得"中国慈善终身成就奖"。

那么,龚如心究竟拥有多少财富?据 2006 年《福布斯》公布的全球富豪榜,估计龚如心身家达 328 亿港元排第 154 位,占亚洲女富豪榜首。2007 年的《福布斯》排行榜,龚如心以 400 亿港元的资产继续蝉联亚洲最富有的女人的地位。而在龚如心去世后,有传媒竟估算她的遗产有可能超过千亿港元。由于华懋集团并非上市公司,龚如心是否遗下千亿财产还有待于得到证实。

龚如心始终坚信丈夫王德辉仍活在人间。1999 年 9 月,在高等法院审理王廷歆要求法院确定失踪超过 9 年的王德辉已死亡的诉讼中,龚如心列举了若干证据来证明王德辉仍然活着:

1990 年 4 月 23 日晚曾与王德辉通电话,龚如心以上海话问:"王德辉,你好吗?你在哪里?"王德辉对她说了头很痛便被绑匪阻止。龚如心称听出是丈夫的声音。

1996 年 9 月 2 日晚,龚如心在日航饭店吃饭时,有服务员告诉她有电话找她。待她出了包间,服务员便转口说是有人找她。龚与一 30 多岁西装男子见面,那人出示了一张王德辉的照片,龚说愿出高价买下,那人却说这会令她失去联络王的机会,取回照片便迅速离开。

1996 年 12 月 14 日下午,龚如心接到神秘电话相约见面,到了日航酒店咖啡室见到一名约 40 岁的胖男人,对方当着她的面拨电话号码,然后将手提电话交给龚。龚急切地说:"Darling,是你吗?"电话里大喊:"不要付钱,傻猪!"龚听出对方是丈夫王德辉,而"傻猪"是王对她的昵称。电话即挂断,那男子抢过电话跑了。

1999 年 1 月底,龚如心收到一张圣诞贺卡,上面写着"王先生仍在人间。我可以带你去见他。"这张贺卡是 1998 年 11 月 25 日从香港寄出的。

1999 年 5 月 26 日,龚如心收到从内蒙古发出的一封电报,上面写着:"王德辉先生的消息,尽快打大陆的传呼区号……"然后提供了一个区号、传呼名字和号码。龚如心拨打那个号码但没有实际结果,于是向警方报告。

……

法官对这些证供一一加以分析,认为均不足信。聆讯结果接受了王廷歆的申请,正式宣布王德辉"死亡"。就在那天聆讯结束后,龚如心冲离法庭,一人躲进洗手间内抽泣失声。因当时是内庭聆讯,记者不得旁听,不知龚为何而泣,以致引来猜测纷纷。

虽然法律上宣布了王德辉死亡,但龚如心仍在持续不懈地寻找着丈夫。据报道,从1990年到2007年的17年间,龚如心前后遇上内地三大骗子,被骗金额超过200亿港元,却毫无罢手之意。她为寻夫在所不惜的坚韧由此可见一斑。龚如心至死都深信王德辉仍活在世界的某个地方,或会在她死后出现,因而她过世后的讣闻是以丈夫王德辉名义刊登,她的灵堂正中摆放的是王德辉"致送"的红玫瑰花圈,所有王德辉的名字均无加上代表已殁的黑框——相信这一切安排是体现了龚如心的生前意愿。②

2007年4月17日下午,香港殡仪馆设灵,数以千计政商界知名人士及华懋职员前往灵堂悼念龚如心。灵堂的正面悬挂着"永远怀念王龚如心"的横匾,灵堂内放置了龚如心生前的三幅遗照,更设有多部投影机及大电视连续放映龚如心传奇一生的珍贵照片和录像片。灵堂内外处处是以白、红两色为主的花海,使用的全是从荷兰、新西兰、日本等地空运来的昂贵名花,耗资约300万港元。在那摆满殡仪馆内外的无数花圈之中,有一个花圈是属于贾玉文、徐立根、詹楚材致送的。我们委托李律师代送花圈,谨以此来寄托心中的哀思。

4月18日上午,龚如心丧礼在香港殡仪馆隆重举行。公祭仪式于9时开始,前去致祭的各界人士络绎不绝,与龚如心最后道别。10时举行大殓仪式。11时辞灵出殡,缓缓开出的灵车披满白花,车前车后均挂着以红玫瑰缀成的大红心,前往柴湾歌连臣角火葬场举行火化遗体仪式。

然而,丧礼刚过,龚如心的骨灰尚未安放,争产风波骤起。在丧礼当日出版的香港《壹周刊》刊出龚如心2002年7月28日所立遗嘱副本,列明全部财产拨归华懋慈善基金有限公司,要求华懋慈善基金必须供养家翁王廷歆及照顾王德辉的弟妹等,并有责任帮助华懋集团的员工。这一举动意在澄清当时关于遗产继承的各种传言,以正视听。

其后,龚如心家人以华懋慈善基金有限公司名义,代表华懋率先到高等法院遗产承办处申请知会备忘,即任何人欲申领龚如心遗产,须事先知会华懋慈善基金;而法院亦不得在未通知华懋慈善基金前,颁发遗产给任何人。

几乎与此同步,遗产"神秘受益人"浮出水面,律师麦至理代表陈振聪向传媒发表声明,指陈振聪拥有龚于2006年10月16日所立的最后遗嘱,是龚如心遗产的唯一继承人,并向遗产承办处申请同样的知会备忘。至此,龚如心遗嘱"双胞胎"现身,遗产争夺摆开阵势。

三个月后,年届97岁高龄的王廷歆透过律师也到遗产承办处呈交同样知会备忘申请。有法律界人士认为,龚如心2002年遗嘱清楚列明要供养家翁王廷歆,已彰显王廷歆是遗产受益人之一,他要取得部分遗产作生活费应无问题,但若要获取千亿遗产则胜算甚微。

接着是香港律政司司长黄仁龙派出代表,继华懋慈善基金、陈振聪、王廷歆之后向遗产承办处递交了第四份知会备忘，这是因为龚如心遗产的去向将关乎庞大的慈善款项，政府作为慈善基金的守护者，登记知会备忘的目的是要维护慈善事务的权益。

围绕着龚如心千亿遗产所呈现出的局面，显然要比王德辉遗产案复杂得多，一场新的争夺战已经展开。而且，随着此案的开审，其中必定要闹出许多隐私秘闻、耗费大量钱财……至于为什么会走到这一步，却是谜团重重。倘若龚如心在天之灵有知，真无法猜测她会作何感想。

诚如《圣经》所言："世人行动实系幻影。他们忙乱，真是枉然。积蓄财宝，不知将来由谁收取。"

注释

①参见香港《文汇报》2007 年 4 月 15 日 A13 版。

②参见《东方日报》2007 年 4 月 14 日 A22 版、8 月 27 日 A1 版。

参考书目

1. 李明编著:《小甜甜生死传奇》,香江文化事业公司,2007年版。

2. 贾玉文主编:《文件检验学教程》,辽宁人民出版社,1990年版。

3. 张泽民著:《科学神探》,中国人民公安大学出版社,2003年版。

附图

图1 王德辉遗嘱检材 A、B、C、D

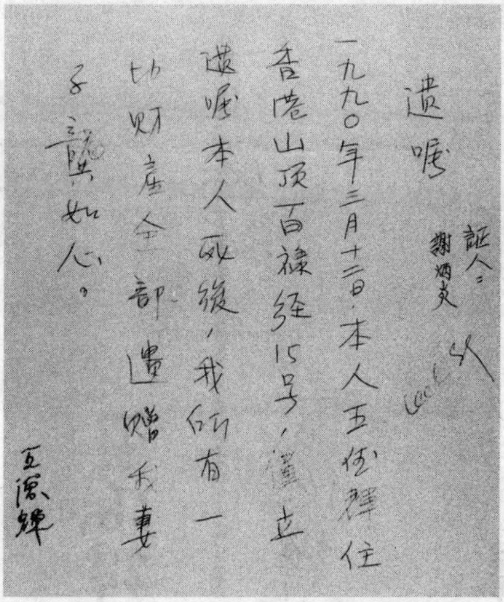

遗嘱

證人：谢炳炎

一九九0年三月十三日，本人王德辉住
香港山顶百禄径15号，謹立
遗嘱本人死後，我所有一
切财產全部遗赠我妻
子龔如心。

王德輝

A

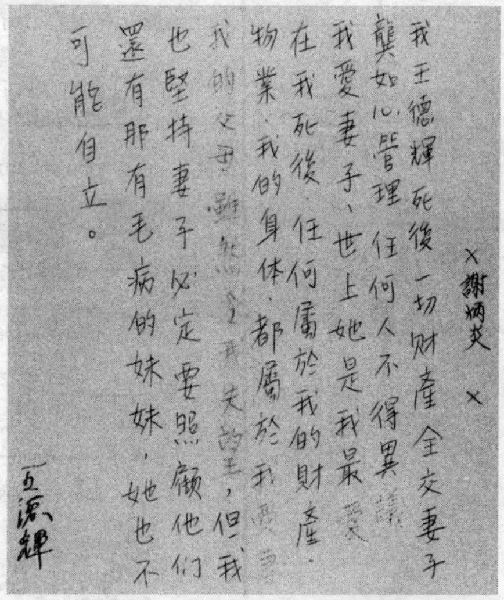

我王德輝死後一切財產全交妻子
龔如心管理任何人不得異議
我愛妻子，世上她是我最愛
在我死後，任何屬於我的財產
物業，我的身体，都屬於我的妻子
我的父母雖然是我失散的王，但我
也堅持妻子必定要照顧他們
還有那有毛病的妹妹，她也不
可能自立。

謝炳炎

王德輝

B

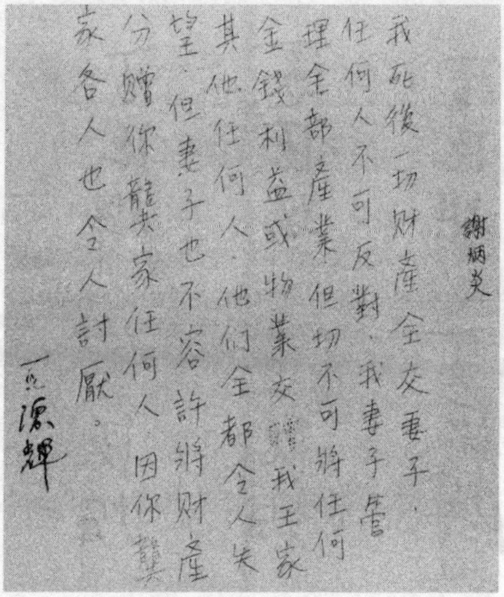

我死後一切財產全交妻子，
任何人不可反對，我妻子管
理全部產業但切不可將任何
金錢利益或物業交贈我王家
其他任何人，他們全都令人失
望，但妻子也不容許將財產
分贈你龔家任何人，因你龔
家各人也令人討厭。

謝炳炎

王德輝

C

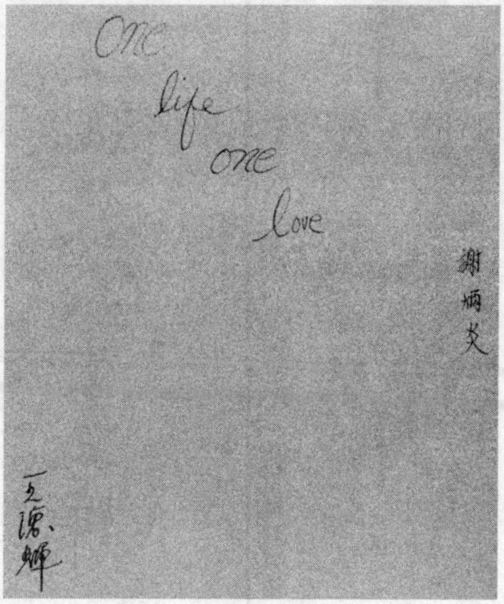

one
life
one
love

謝炳炎

王德輝

D

图2 “王德辉”签名样本总表

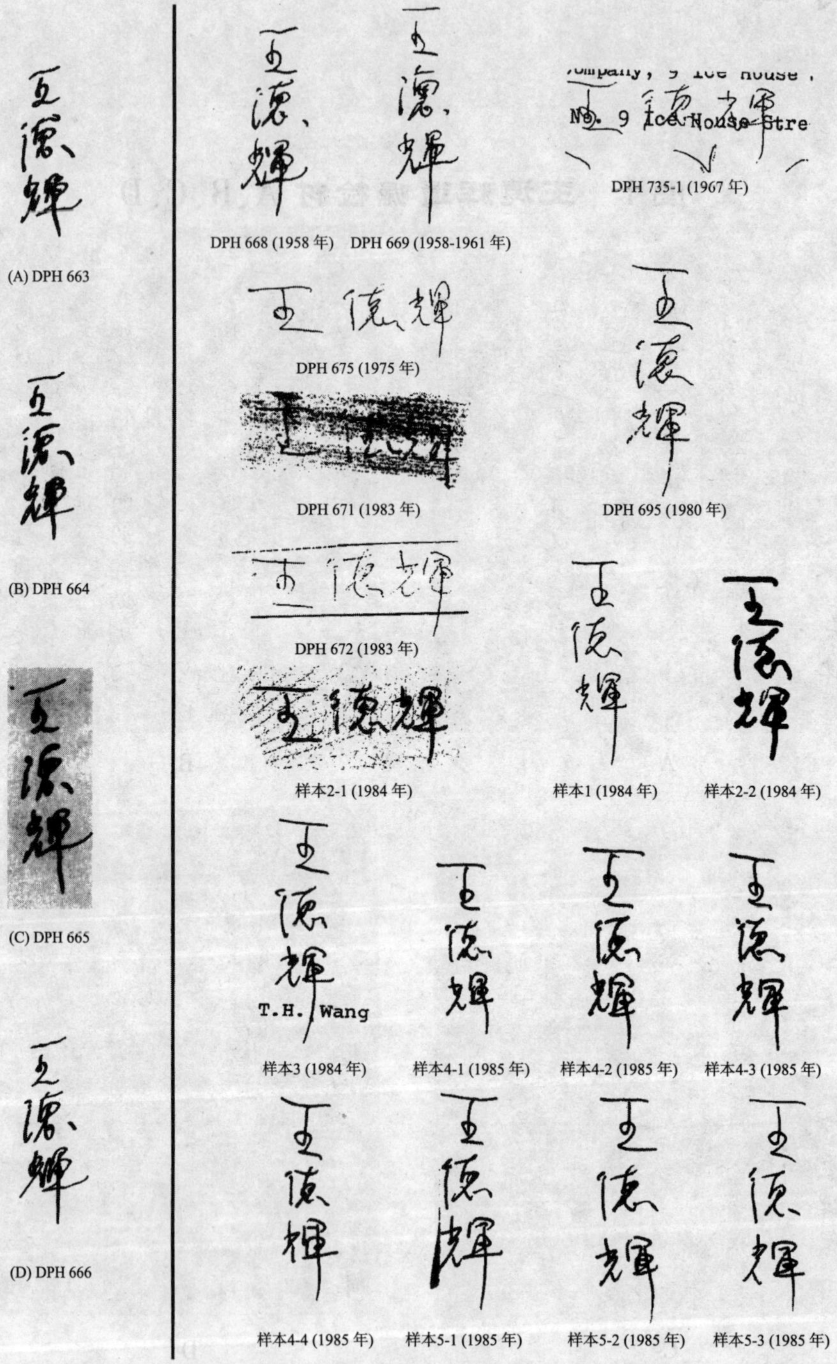
(A) DPH 663
(B) DPH 664
(C) DPH 665
(D) DPH 666
DPH 668 (1958 年)
DPH 669 (1958-1961 年)
ompany, 9 Ice House
No. 9 Ice House Stre
DPH 735-1 (1967 年)
DPH 675 (1975 年)
DPH 671 (1983 年)
DPH 695 (1980 年)
DPH 672 (1983 年)
样本2-1 (1984 年)
样本1 (1984 年)
样本2-2 (1984 年)
T.H. Wang
样本3 (1984 年)
样本4-1 (1985 年)
样本4-2 (1985 年)
样本4-3 (1985 年)
样本4-4 (1985 年)
样本5-1 (1985 年)
样本5-2 (1985 年)
样本5-3 (1985 年)

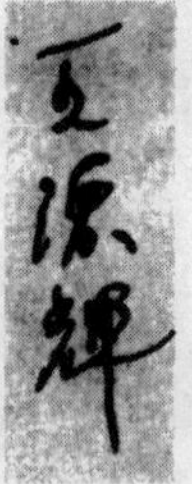

图3 “谢炳炎”签名样本总表

(A) DPH 663

(B) DPH 664

(C) DPH 665

(D) DPH 666

证件1回港证 (1979 年)　样本8 (1990 年)　样本9 (1990 年)

样本6-1A (1990 年)　样本6-1B (1990 年)　样本6-2 (1990 年)

样本6-3 (1990 年)　样本6-4 (1990 年)　样本6-5 (1990 年)

样本6-6 (1990 年)　样本6-7 (1990 年)　样本6-8 (1990 年)

DPH 700 (1990 年)　样本7-1A (1990 年)　样本7-1B (1990 年)

样本7-2 (1990 年)　样本7-3 (1990 年)　样本7-4 (1990 年)

样本7-5 (1990 年)　样本7-6 (1990 年)　证件2回乡证 (1992 年)

DPH 1829(1993 年)　证件3身分证明书 (C1)(1994 年)　样本10-1 (1999 年)

样本10-2 (1999 年)　样本11-1A (1999 年)　样本11-1B (1999 年)

样本11-2A (1999 年)　样本11-2B (1999 年)　样本11-3A (1999 年)

样本11-3B (1999 年)　样本11-3C (1999 年)　样本11-4A (1999 年)

样本11-4B (1999 年)　样本11-5 (1999 年)

后　记

这场世纪争产案结束于2005年9月。大约在2006年春，我们开始酝酿这本书的写作，同年4月下旬正式动笔，没想到这一写，竟然不知不觉跨越了5个年头。2009年2月完成初稿，进行修改增删整理又用去一年，其间，因这事儿那事儿多有耽搁停笔，还发生过一次电脑硬盘损坏、造成数千字蒸发的“杯具”，数量虽然不大，但却令人沮丧之极。完稿之日，早已疲惫不堪。加之写作过程中，又不断闻听噩耗传来，更在爬格子的辛苦中添加了许多无以排遣的悲戚苍凉。此种状态下，每每让人叹及生命的短暂与渺小，当初燃起的写作热情几乎因此而消磨殆尽。

曾和我们一同对王德辉遗嘱签名进行笔迹鉴定的徐立根教授于2008年1月24日晚不幸逝世，享年83岁。

龚如心于2007年4月3日病逝，享年70岁，这在书中已有记述。2010年，王廷歆的元配任玉珍于2月8日病逝，享年101岁；王廷歆于同年7月1日病逝，享年99岁。

以上仅仅是我们所知晓的情况。

随着王德辉遗产争夺案的两位主角先后作古，他们二人间的恩怨也已烟消云散，渐行渐远；即便是作为一段曾经轰动的事件，也会如同许许多多的人间往事，随着岁月的流逝最终将永远沉入历史的长河。

然而，围绕着龚如心遗产的争夺官司如今仍在媒体不厌其详的报道中进行着，虽然香港高等法院已于2010年2月2日作出陈振聪败诉的裁决，但这只是初审，距离最终的判决还须假以时日、拭目以待。

天下熙熙，皆为利来；天下攘攘，皆为利往——两千多年前的这一概括描述，实在是精辟绝伦，一语中的。只是这个“利”，并不总能带来满足、快乐、幸福，来来往往的聚散奔忙、欲望打拼，稍不留神，就会让人陷身于永无休止的是非麻烦、争斗死掐，甚至是惹上血光之灾、饱尝牢狱之苦。

人生如此，奈之若何？

也许，所有的财富，或者说所有超出个人需要之外的财富，都应该像比尔·盖茨、巴菲特那样，将它们用于世间的慈善事业、公益事业，让它们惠及普天下那些最需要帮助的穷苦民众。

也许，这才是那些巨额财富的最好归宿。

作　者

谨记于二〇一〇年处暑之时